[MIRROR]
理想国译丛

imaginist

056

想象另一种可能

理
想
国

imaginist

理想国译丛序

“如果没有翻译，”批评家乔治·斯坦纳（George Steiner）曾写道，“我们无异于住在彼此沉默、言语不通的省份。”而作家安东尼·伯吉斯（Anthony Burgess）回应说，“翻译不仅仅是言词之事，它让整个文化变得可以理解。”

这两句话或许比任何复杂的阐述都更清晰地定义了理想国译丛的初衷。

自从严复与林琴南缔造中国近代翻译传统以来，译介就被两种趋势支配。

它是开放的，中国必须向外部学习；它又有某种封闭性，被一种强烈的功利主义所影响。严复期望赫伯特·斯宾塞、孟德斯鸠的思想能帮助中国获得富强之道，林琴南则希望茶花女的故事能改变国人的情感世界。他人的思想与故事，必须以我们期待的视角来呈现。

在很大程度上，这套译丛仍延续着这个传统。此刻的中国与一个世纪前不同，但她仍面临诸多崭新的挑战。我们迫切需要他人的经验来帮助我们应对难题，保持思想的开放性是面对复杂与高速变化的时代的唯一方案。但更重要的是，我们希望保持一种非功利的兴趣：对世界的丰富性、复杂性本身充满兴趣，真诚地渴望理解他人的经验。

理想国译丛主编

梁文道　刘瑜　熊培云　许知远

[美] 福阿德 · 阿贾米 著　　钟鹰翔 译

阿拉伯人的梦想宫殿：民族主义、世俗化与现代中东的困境

FOUAD AJAM

THE DREAM PALACE OF THE ARABS:

A GENERATION'S ODYSSEY

图书在版编目（CIP）数据

阿拉伯人的梦想宫殿：民族主义、世俗化与现代中东的困境 /（美）福阿德・阿贾米著；钟鹰翔译．-- 北京：当代世界出版社，2022.7

书名原文：The Dream Palace of the Arabs: A Generatioin's Odyssey

ISBN 978-7-5090-1648-0

Ⅰ．①阿… Ⅱ．①福… ②钟… Ⅲ．①阿拉伯国家－研究 Ⅳ．① K370.07

中国版本图书馆 CIP 数据核字 (2022) 第 014037 号

版权登记号：图字：01-2022-3227 号

书　　名：阿拉伯人的梦想宫殿：民族主义、世俗化与现代中东的困境
出 品 人：丁　云
监　　制：吕　辉
责任编辑：高　冉
出版发行：当代世界出版社
地　　址：北京市东城区地安门东大街 70-9 号
邮　　编：100009
编务电话：(010) 83907528
发行电话：(010) 83908410（传真）
　　　　　13601274970
经　　销：新华书店
印　　刷：山东临沂新华印刷物流集团有限责任公司
开　　本：965 毫米 ×635 毫米 1/16
印　　张：24.25
字　　数：326 千字
版　　次：2022 年 7 月第 1 版
印　　次：2022 年 7 月第 1 次
书　　号：ISBN 978-7-5090-1648-0
定　　价：95.00 元

目 录

前 言

本书书名出自 T. E. 劳伦斯（T. E. Lawrence）的那本《智慧七柱》（*Seven Pillars of Wisdom*）。“我要创造一个国度，要恢复已然失落的影响。我要为两千万使用闪米特系语言*的人打下基础。缘此，他们才能兴建那座民族精神所系的梦想宫殿。”劳伦斯写道。诚然，劳伦斯的经历有其传奇之处——其实他的传奇经历，阿拉伯人大都满不在乎——可在阿拉伯现代史上，这位才干超群绝伦、身心备受折磨的劳伦斯只能算一个边缘人物。他纵横沙漠的故事也不过是历史上的一段小插曲。《智慧七柱》这本书，倒是时不时透出几分文学上的美感，让人颇能动容。不过，它写的终归是一个外来者的故事，主人公只是误打误撞闯进了阿拉伯人的生活。对此，劳伦斯本人也清楚：“本书并非对于阿拉伯民族解放运动的历史记录，只是在描写身处这场运动之中的我。” xi

* 泛指犹太人、阿拉伯人以及东非非洲之角等地使用闪米特–含米特语系诸多语言的民族群体，此处特指阿拉伯人。（本书脚注均为译注）

如今*，那座梦想宫殿早已建成。在军营和大学中，在阿拉伯世界的各大城市——贝鲁特、巴格达、大马士革、开罗，阿拉伯人以自己的双手筑好了他们梦中的宫殿。它属于知识界，象征着世俗倾向的民族主义与现代化的生活。借由本书，我将回顾这座宫殿过去25年历经的变迁。书中涉及许多公共事件。它关乎一个民族的历史，记录了这个民族知识分子之间的争执和主要社会思潮的发展与归宿。它也是一场私人的探寻，探寻我这一辈阿拉伯人——也就是第二次世界大战之后出生的男男女女生活的世界，以及这个世界的种种遭遇。

书中的第一个故事始于一起自杀案，以及此后人们对阿拉伯文化寄托的哀思：1982年6月2日晚间，以色列军队入侵黎巴嫩的同一天，天才诗人哈利勒·哈维（Khalil Hawi）结束了自己的性命。本书第一章便以他为主人公，讲述他的一生。诗人的死别有一种神
xii 圣感：爱国者之死，仿佛是祖国悲惨命运的一种象征。我仔细研究了哈维的生平与故去，发现了他的丰富经历。回望他的一生，我仿佛置身于他成长的黎巴嫩山区（Mount Lebanon），又似在拜访他的家族，诗人扬名立万时身处的城市贝鲁特也浮现在了我的眼前。论年龄，哈维比我大了四分之一个世纪。可是，我对他的世界却分外熟悉。想着哈维人生的点点滴滴，我也好像拾起了斑驳的记忆碎片。

贝鲁特的城市规模并不太大。它属于哈维，也是我的家乡，幼年时的我也许还曾与哈维在这座城市的街头擦肩而过。20世纪50年代，他发表了那首名为《桥》（“The Bridge”）的作品，当时我不过十四五岁，但这首诗被我铭记于心。他本人的生活、他身边的人

---

* 本书英文版首次出版于1999年，书中出现的“如今”“现在”等类似表述，均指本书刚出版的时间。后文不再一一说明，请读者留心分辨。

所遭遇的那些事情，让我知晓了一代阿拉伯人的集体经历：他们身处文化的大潮之中，见证了20世纪五六十年代的潮起，又在80年代中期亲眼看着潮水退去。我竭尽所能，力图在文字中还原哈维本人的面貌。我会忠实重现他起于贫困与劳苦，收获成功与荣誉，最后由于精神苦闷而走到终点的人生。各位读者也许会问：哈维其人其事，算不算那个年代阿拉伯知识分子的一种“典型”？没错，他的生平确有代表意义，但又具备其独特性。我会努力还原他的个人悲剧，借由他的故事讲述那一代人共同的心曲。

书中关于哈维的篇章跨度很长。不少个中细节可以追溯至两次世界大战之间的岁月，甚至和19世纪末期以及其后政治与文学上的“阿拉伯的觉醒”（The Arab Awakening）[*]有些关系。相比之下，第三章《祖先之形》讲述的时段更为紧凑，内容全都发生在20世纪八九十年代，涉及阿拉伯文坛与政界。首先，读者将会来到20世纪80年代中期。这个时候的政治领域已被神权占据，伊朗已经完成了一场宗教革命。在阿亚图拉·鲁霍拉·霍梅尼（Ayatollah Ruhollah Khomeini）[†]的召唤下，阿拉伯世界开始分崩离析。霍梅尼的存在让神权统治产生了莫大的吸引力。本章内容的核心在于介绍一道分水岭，剖析两代阿拉伯人——信奉世俗政治原则的父母与他们沉迷神权的孩子之间——的对立僵局。我提及的作家，无论是阿多尼斯（Adonis，本名阿里·艾哈迈德·萨义德[Ali Ahmad Said]）、尼扎尔·卡巴尼（Nizar al-Qabbani），还是阿卜杜拉赫曼·穆尼夫（Abdelrahman Munif）和萨迪克·阿兹姆（Sadiq al-Azm），无不属于阿拉伯文学世界中的明星，都是家喻户晓、大名鼎鼎的人物。他们创作的材料、关注的问题，无不属于阿拉伯现代史的重要 xiii

* 指阿拉伯知识分子在文化与政治上掀起的、倾向世俗现代生活的启蒙运动。

† 阿亚图拉（Ayatollah）是伊斯兰教什叶派的一种宗教头衔。

主题。我的讲述从他们开始，但我真正关心的主题其实是我们身后那个时代的阿拉伯民族世俗传统的断裂。

那是一个充满悖论的时代。它始于阿拉伯世界乃至整个伊斯兰世界“恢复先人荣光”的志向和神权政治，终于一场战争。1990—1991 年间，外部势力为了维护“美国治下的和平”，向盘踞于巴格达的暴君开战。这个暴君向阿拉伯人要弄手段，让他们做起实现“历史复兴”的大梦。其实，虚无主义才是当时政坛的主旋律，我将在这一章还原历史的原貌。要找寻那个阿拉伯时代和与之相关的穆斯林群体的真相，无疑要深入物质环境之中。25 年（1960—1985 年）来，经济高速发展渐渐难以为继，神权政治之风漫卷而起。1973 年之后，原油价格一度飙升，阿拉伯诸国和伊朗突然发了一笔横财。30 年间，阿拉伯诸国与伊朗经过了高速的城市化发展，人们尝到了繁荣的滋味，却难以负担繁荣的代价。20 世纪 80 年代中期，阿拉伯诸国的经济因为油价的跌落而触底。随着城市化而生的一代人及其子女被困在了一片无人之地，哀叹不已，而正是他们的痛苦塑造了那个年代的政治与文化。1990 年 8 月，萨达姆的军队进入科威特。他们之所以觊觎当地取之不尽的石油资源，是为了抢夺一份礼物，献给所有被之前那个令人惊骇的时代伤害与嘲弄的人。

对于阿拉伯人来说，“美国治下的和平”代表着一种陌生的强权，阿拉伯世界离它很遥远，并不支持和相信美国的居心。这种强权唯有在这个世界的边缘地带才能得以顺利施展。我会讲到 1990—1991 年美军那场疾如闪电的战役，讲到仅仅过了五六年时间，阿拉伯人对美国的印象便天翻地覆，就连曾经极力支持那场战争的人也改变了态度。

第四章《在埃及》将以埃及现代史上的标志性事件开始：1981
xiv 年 10 月，安瓦尔·萨达特（Anwar al-Sadat）遇刺身亡。在萨达特和杀死萨达特的那帮年轻杀手身上，体现着一种弥漫于埃及人的精神和该国历史之中的张力。许多年前，我曾对那次刺杀事件的种种秘辛万分着迷，搜集并通读了几乎所有与该事件相关的庭审记录与警方档案。案件主犯是一位二十岁出头的年轻中尉。他的一句话至今仍然时不时在我耳边响起——“我杀了那个‘法老’！”讲这个故事又让我重拾了这份回忆。

萨达特遇刺后，埃及这片向来善待作家、热爱文学的土地经历了一场激烈的争执。其间，该国境内叛乱频仍，煽动叛乱的正是那些曾和当年那帮刺客怀着相同政治立场和信仰的人。埃及的文化生态微妙且怪异：这里同时存在着世俗主义、现代性、对世俗事务的关怀与神权政治。我觉得，埃及的深邃与复杂远远超乎人们已有的认识。这个国家的真实面貌从未改变。早在 1935 年，埃米尔 · 路德维希（Emil Ludwig）就捕捉到了这一面貌。在外来的记录者中，数路德维希对于埃及的观察最为精准。他在同年出版的游记《埃及的尼罗河》（*The Nile in Egypt*）中有过一段阐述：“这个国度曾让法老走上神坛，让庞大的工程变为必需。大规模灌溉在这里升级成了艺术，理性思维的原则也在此奠定……如今，酷烈的日头似乎榨干了人们的反抗意志，泛滥的尼罗河水连同无尽的偶像雕塑淹没了哲学的思辨。”不少专家都觉得，埃及的命运迟早会被神权政治的极端分子所裹挟。还好，他们的预测一直未能成真。但神权政治元素确实已在埃及社会当中生根发芽。埃及人担心，他们付出了巨大的努力与热诚才获得的现代生活，可能会因此遭遇不测。

埃及的故事就好像西西弗斯一般：这里的人一直向往全民的解脱与新生，却总是难以遂愿。这个国度有着一种两面性——埃及人衷心期盼现代化的生活，却无法摆脱神权政治的魅影。我上一次造访埃及是在 1997 年 5 月，那一次，作为游人的我很是幸运，所见所得远超我的期待。在埃及期间，我偶遇了一位才华横溢的电影制作人。他叫陶菲克 · 萨利赫（Tawfic Saleh），是大文豪纳吉布 · 马

xv 哈富兹（Naguib Mahfouz）的密友。在萨利赫的引荐下，我得以与马哈富兹结识，与他共同度过了四个夜晚。这位已经 80 多岁的作家身体欠佳，视力也衰退得很厉害。当时他正在恢复身体之中——宗教极端分子用刀砍伤了他，废掉了他用来写作的那只手，差点儿要了他的命。马哈富兹的遭遇恰能代表埃及的现代化进程。同样以坚持世俗化政治为原则的文化人，似乎都有着相同的命运。为了帮马哈富兹加速康复、提振精神，他的主治医生建议他每天晚间离开自己的寓所，在城里不同的地方打发时光。我参与的四次聚会既是为了促进思想者之间真诚讨论，也是为了当面向这位杰出作家致敬。其间，我遇到了各式各样的人：有医生、学者和新闻界人士，还有从事时装设计和市场营销的年轻人。各行各业的男男女女蜂拥而至，争当马哈富兹的座上宾。每一次聚会，大家都畅所欲言，而负责照顾马哈富兹的几位密友则会保证聚会在恰当的时间结束。

衰弱的身体并不能掩藏马哈富兹的强大内心：他对现实保持着关注，他的思想锋芒毕现。他对于自由主义和世俗政治原则有着长期的偏好，引得宗教极端人士无比愤恨。比如奥马尔·阿卜杜拉赫曼（Omar Abdul Rahman），此人因策划 1993 年美国世界贸易中心爆炸案而被定罪，他坚信：要是纳吉布·马哈富兹一早就因为他那些宣扬自由的招牌作品而得到“应有的惩罚”，萨勒曼·鲁什迪（Salman Rushdie）的《撒旦诗篇》（*The Satanic Verses*）也许根本不会出现。[*] 但我也曾亲眼见识到一些埃及人对于马哈富兹的爱戴。他们虽然都很年轻，却都感佩他的巨大贡献，对于父辈时期那种更

* 马哈富兹于 1959 年出版了寓言体小说《我们街区的孩子》（*Children of Our Quarter*）借由他的家族史回顾亚伯拉罕系宗教发展的历程。一些宗教人士认为，马哈富兹此举有“亵渎与冒犯”之嫌。马哈富兹被人持刀袭击就和此书引发的争议有关。而萨勒曼·鲁西迪的争议之作《撒旦诗篇》因与马哈富兹的作品写法相似，被部分宗教极端分子认为是得自马哈富兹的启示。

为开明的政治环境更是非常好奇。由此可见，文化与理性在埃及这个国家有着深厚的根基。某天晚上，聚会的一行人乘着凉风登上可以俯瞰整座城市的摩卡塔姆山（al Moqattam）。当天的宾客足有十五六个，比平时多出不少。大家边走边聊，话题无所不包：有人提到在埃及实施代议制民主的可能性，有人说起埃及的经济，有人谈到过去那个时代资产阶级对于政局的影响力，还有人对埃及的文化现状、埃及与以色列的关系感兴趣。末了，当大家集体和马哈富兹挥别时，看到了他的座驾与贴身卫队：有一辆警车，有穿便衣的安保人员，还有一名坐在马哈富兹身边、荷枪实弹的保镖。

最后一次聚会当天，我自己驾车，陪着马哈富兹一起前往大家相会的那座酒店。我们的汽车驶上一条紧邻尼罗河的郊区大道。开罗的拥堵状况一如既往，四周的司机和行人很快注意到了旁边的这辆汽车，以及车内这位戴着墨镜、举止文雅的老者。那一刻，大家对马哈富兹表现出真挚的敬爱之情。一些司机开车朝我们的车靠了过来，好些车辆则在相邻的车道上紧跟着我们。有个行人带着十一二岁的儿子正好路过。他往我们的车窗里瞥了一眼，立即认出了副驾驶座上的这位老人。这次相遇仿佛天降的礼物，让他惊异万分。他站在十字路口中央，陷入了一种狂喜的状态，给他的儿子指着车里的作家。但这种温馨热闹的场面往往涌动着危险的暗流：一位魁梧的青年安保人员坐在我的后面，膝盖上放着一把枪，瞪着双 xvi
眼时刻警惕着窗外的车辆与行人。

为了写作《在埃及》这章内容，我特地回到了这个让我魂牵梦萦的国度。假如大家能从我的文字中品出一点儿埃及这个国家的微妙之处，体验到埃及人追寻现代化的痛苦，我的努力就算值得。

最后一章《无人喝彩的和平》聚焦阿拉伯知识分子与以色列的关系。自以色列诞生以来，谈论这个国家就是在谈论阿拉伯人自己，就是在反省自己的处境。以色列与阿拉伯既是敌人，也是邻居。他们和我们离得那么近，却又那样遥不可及。他们的复国主义刺激了阿拉伯人的敏感神经，让后者愤怒和郁闷。由于种种原因，以色列变成了我们阿拉伯人不敢言说的禁忌，而这个禁忌永远是一个千头万绪的复杂问题。

在某种意义上，以色列问题与阿拉伯世界现代化的问题是捆绑在一起的。要争取现代化，阿拉伯人关于政治的想象就应当超越原先的敌对关系。本书提到的不少知识分子都有同样的认识。一些人
xvii 甚至表示要让过去成为过去，化干戈为玉帛。不过，绝大多数人仍不肯与以色列达成历史性的和解。他们觉得，现在还没到两族重归于好的时候。还有人更是坦率地表示，要把对立进行到底。本书接下来就会讲到，于他们而言，阿以冲突关乎的是他们对于各自世界的真理的忠诚。

序幕

遗产

1996 年夏，伊拉克诗人布兰 · 海德里（Buland Haidari）落葬 3
伦敦。阿拉伯文坛的男男女女送别了他，却难以忘怀他一生的悲怆。1926 年，海德里生在巴格达。他这一辈子经历过两次流亡：先是为摆脱伊拉克国内的专制统治而避居贝鲁特，后来又从贝鲁特的乱局和因乱而生的种种问题中脱身去了伦敦。到他离世之前，阿拉伯语世界几乎所有的政治新闻从业者与文化人都已流落海外。几代阿拉伯人遗留下来的政治理想——也就是他们对于世俗的启蒙运动与现代化的向往——最终未能实现。整个阿拉伯世界受困于重重疾患，遭遇了滔天动荡。海德里流离四方、客死他乡的故事不过是乱世之中一个小小的篇章。与他志同道合的那些阿拉伯人全都没了奋斗的方向，失去了文化上的家乡。

海德里的诗人生涯始于 20 世纪 40 年代。他这类诗人比较特殊：他们有志于诗界革新，视推行阿拉伯语文学的现代化为己任；
他们胆大任性，深信文字的魔力，觉得文学改良与政治变革息息相 4
关；他们很反叛，反对权威、习俗和传统，反抗自家的长辈父兄。

海德里本人出生在土地贵族家庭，却尝过不少的寥落和艰辛。他见识过巴格达的市井生活，还结交了好些漂泊江湖的潦倒畸零人。海德里一族的富贵史可以追溯到 16 世纪上半叶，也就是苏莱曼大帝（Suleiman the Magnificent）那个时代。当时，他们家族积累了难以计量的土地，出了许多宗教法官、学者与政府官僚——都是当时聚居穆斯林城镇中的土地贵族家庭青睐的行当。这个家族有着库尔德人的血统。还好，他们发迹的时候，族裔民族主义尚未兴起。上流世界仍是门户开放、出入自由，足以保证海德里一家人跻身其中。到了 19 世纪，奥斯曼帝国开始实施集权，削弱远离中央的地方土地贵族的势力，海德里家族同样难逃影响。不过，他们保有的财势足够雄厚，由此安然渡过难关。1921 年，英国人在伊拉克扶植起了君主制政体。对于这个古老的政权而言，海德里一族的地位有如“国之柱石”一般。

布兰·海德里为什么会奋起反抗他的家族所代表的那个世界？具体的缘由，我们并不知晓。有人觉得，事情源自他的大伯、在旧政权里身居要职的达乌德·帕夏·海德里（Daud Pasha Haidari）*。幼年海德里刚刚失去父亲，便被这位大伯剥夺了继承家产的权利。另有一种看法，他的反叛倾向与他浪迹街头、沉醉于左翼思想的经历有关。总之，年近二十的海德里摆过一段时间的摊儿，替人写状纸（在那个年代，阿拉伯地区城市里的各大官署门口都有这种文书人员，为目不识丁的人写状纸）。布兰德的摊子摆在司法部门口，而司法部正由他的大伯掌管。“反叛与流亡，是我天生的性格。”离世前夕，海德里曾经回忆：“在我与伊拉克旧有的统治秩序决裂之后，叛逆的性子更是不可收拾。”

* “帕夏”是奥斯曼帝国的爵位。中东、中亚及印度次大陆习惯将头衔与姓名并称，翻译时一般将其视为姓名的一部分。

再后来，伊拉克的旧制度覆灭了，事发于1958年仲夏的某一天。经过几场骇人的流血暴力，年轻的国王费萨尔二世（Faisal Ⅱ） 5
及其家人死在了政变军人的手中。乱局之中，布兰·海德里和他的同辈看到了希望。新世界的曙光就在他们眼前：土地贵族的特权即将瓦解，王室灰飞烟灭，就连英国人强加在伊拉克社会的影响都会消失不见。与海德里同年出生的诗人阿卜杜勒·瓦哈卜·巴亚提（Abdul al-Wahhab al-Bayati）觉得，1958年的这场革命会让整整一代人梦想成真。他在诗中唱诵道：

> 太阳升起，在我城市的上空
> 钟声鸣响，召唤着一个个英雄
> 醒来吧，心爱的国度
> 让我们拥抱自由

没过多久，狂热信徒与政变军人建起的新秩序就陷入了自相残杀的喋血内讧。新的政治格局并非只带来了兴奋和欢愉。那一代阿拉伯青年自以为迎来了黎明，后来却被卷入政治纷争的背叛与血腥。很快，布兰·海德里的祖国再次屈从于新一轮的残酷命运，他也进了监狱。

后来，海德里逃出了伊拉克的政治漩涡，来到贝鲁特稍得喘息。在这座仁慈之城，海德里得以和阿拉伯各国的政坛弃儿相聚。他们都曾在政界掀起风云，到头来也都一败涂地。大家觉得，流亡贝鲁特期间的海德里平和安静。他已经尝遍了暴力与难容异己的专断，爱上了这里的包容气息。他和不少诗人与作家成了朋友，这些朋友都来自不同的信仰阵营——有共产主义者，有阿拉伯民族主义分子，还有认同“叙利亚与黎巴嫩同属于一个地中海国度”的人。海德里热爱贝鲁特，因为它给了他新的机会。他在贝鲁特开过书店，办过科学杂志，做过自由职业。他的爱好兼容并蓄。他著书立说，阐述艺术与文化之间的关系，大谈清真寺建筑的发展史。在黎巴嫩这个超脱于阿拉伯世界纷乱局势的孤岛，海德里开始了一段新的人生岁月。他仍旧在写诗，并热心参与同一时代兴起的阿拉伯民族主义运动。他认真严肃地谈论“阿拉伯民族”的团结一体，大力提倡文学
6 与文化的“阿拉伯文艺复兴”，积极响应五六十年代的社会呼声，坚信阿拉伯人终会摆脱贫困、落后和依靠强权的命运。全新的生活需要全新的文学、全新的表达方式来衬托。海德里把全部精力都投注到了阿拉伯文学的改革事业之上。他如此急于彰显身为阿拉伯人的归属感，也许与他拥有“库尔德人”这个身份有关。他不关心族裔政治，不在意库尔德人和阿拉伯人的差异。阿拉伯文化襟量宽宏，容得下所有宗教派别，自然能包容海德里这样的少数族裔。海德里写的是阿拉伯语的诗歌，他心心念念的光明未来也属于全体阿拉伯人。

战火还是烧到了贝鲁特，“阿拉伯的觉醒”的美好愿望在宗教仇杀、族群纷争的现实面前碰了壁。不少人选择逃离，去了巴黎、伦敦、北美或是其他任何可能容身的地方。逃离贝鲁特的人群中就有海德里的身影。他从一个“养子”的角度吐露了告别第二故乡的心绪，他在诗集的献词里说：“谨以此集献给那些离开贝鲁特却在心里记挂着它的人们，献给那些留在贝鲁特却被它遗弃的人们。”

那一次，无数的阿拉伯人背井离乡。阿拉伯语版的杂志、报纸和出版社在异国扎根。餐馆老板带着自家的招牌和菜单到远方做起了新的生意。作家、记者无不缅怀那个逝去的纯真年代，却只能委身他乡追念过去。那一代人的遗产——他们那世俗倾向的政治理念、对于社会进步与现代化的期盼——已经渐渐流失了。前后两代阿拉伯人之间的纽带——关于什么该留下、什么该抛弃、什么该修正的微妙约定——断裂了。躲进阿拉伯语这片禁地，躲开西方人、以色

列人、各类“敌人”以及“东方主义者”的注目和探听，旅居西方
的阿语媒体人无不直率敢言、口无遮拦，没人看得懂他们在说什么。
他们不需要说太多细节，在谈到阿拉伯世界发生了什么时，他们只
需微言大义就足够了。他们熟悉阿拉伯现代史的发展轨迹。任何与
海德里年纪相仿、认识相近的人都会在政治与文化方面经历巨大的
断裂。他目睹过 20 世纪 50 年代的文化盛事——识字率的提高、大
众民族主义的政治自信、妇女解放的浪潮，还有作为艺术形式的新
文学、新诗歌得到普及与受人喜爱的全过程——以及这场盛事的冷 7
落。他将在 1956 年遭遇苏伊士运河战争——这是阿拉伯民族主义
狂想的最高峰——并在十年之后的 1967 年眼看着那股民族主义的
信心因为“六日战争”的失败而破碎一地。到了 20 世纪 80 年代中期，
海德里那一代人在阿拉伯世界的年轻一代之间已经看不到自己的影
子了。用我们简单阐释阿拉伯文明的方法来说就是：年轻一代的阿
拉伯人放弃了老一辈尊崇的世俗政治原则，选择了神权政治。新老
两辈分道扬镳，但在激荡的政治与文化局势下，还有更多东西的命
运飘摇不定：故乡、记忆、一代人继承文化的方式，还有他们那些
不容置疑的政治与社会思想，统统消散无踪。作为阿拉伯精英阶层
的一分子、海德里的同龄人与理想上的同志，哈齐姆·努赛贝（Hazem
Nusseibah）曾用一段简短的文字记录了 80 年代中期的那段往事。
努赛贝是巴勒斯坦裔的约旦外交官，同时也是一位作家。对于那个
时代的阿拉伯民族主义分子，他这样评价：“他们坚信，新近发现
的阿拉伯文化遗产中最优良的那一部分会和现代西方文明与文化交
融一处。他们还觉得，交融的过程定会顺畅无碍。”到了 20 世纪 90
年代，再也没有阿拉伯人能说出这样的话。阿拉伯与西方文明在人、
事、物之间的分隔已经被打破——如今的我只需来到距离纽约上西
区的住处几个街区之遥的地方，就能买到家父在 50 年代的贝鲁特
经常阅览的那份报纸——但是它们的相遇伴随着剧烈的骚乱、愤怒

与暴力。无边的动荡席卷阿拉伯大地，叫所有人猝不及防。阿拉伯人过去的自述、写下的历史、向子孙后代传递的真理与信念，全都跟随时代沉沦于黑暗之中。

海德里就能以那种微言大义的方式讲述阿拉伯的历史。他知道他的读者可以看明白他在说什么。“阿拉伯人陷入了一片‘恐怖的汪洋大海’。”海德里写道。恐怖之水淹没了整个知识界。他说，恐怖来自那些自命代表“真主的律法”、声称要把人间变成天堂的“宗教原教旨主义者”，来自自诩民族主义和国家之唯一代表的政权，
8 也来自部族中心主义、种族清洗行径和大国沙文主义。“这三种恐怖成了政治上的三位一体，完全不能悖逆。任何敢于质疑它们的人都可能丢掉性命，或是背上‘叛教’与‘背弃民族’的罪名。”他还指出，每一天，“阿拉伯大地”的每个角落里都会传出文化界人士遇害惨死的消息。屠刀与暴力从不放过任何人，包括年迈的埃及知名小说家马哈富兹，他的伤便是在1994年他在开罗遭到一群年轻狂徒袭击时落下的。海德里绝望地写道，“恐怖的汪洋大海”肆虐当前，哪里还有可能让阿拉伯世界的思想者与文学家奋起迎击。为了活下去，大家被逼着当“三不猴”——不看、不说、不听。

一般作家总是会向读者详细说明某事件发生的时间、地点和各种知识，海德里在讲部族战争和沙文主义的时候却无须多加解释。当时，民族主义者呼吁了一个世纪的泛阿拉伯主义早已瓦解。海德里是一个库尔德人，对此他的不少读者无疑都心知肚明，他们知道几年前库尔德斯坦山区的那桩惨案。那是1988年夏天——准确地说，惨案发生在当年8月25日到27日之间——伊拉克政府使用化学武器悍然镇压本国的库尔德族人，数千人死于非命。当局制定了一项令人发指的“再安置计划”，划出一片广袤的区域，允许军队自由开火，无数村落与城镇因此被毁。库尔德居民与伊拉克政府的紧张关系始于第一次世界大战末期，战后的外交处理措施也未能缓

和双方的矛盾。以前在库尔德人的地界就爆发过反叛活动，但像这种由政府发动的暴力行动，其规模之大、手段之凶残却是前所未见，阿拉伯社会许多领域的禁忌和底线都被打破了。1988 年夏天库尔德山乡的那出惨案，不过是在阿拉伯世界诸多怪诞变迁暴露出的冰山一角。

海德里的那段文字意指的正是这场发生在山乡的惨剧，它并非
什么孤立事件。除了这场惨剧，海德里的读者们还拥有许多类似的
回忆，听闻过同样的事情，它们赤裸裸地证明了阿拉伯世界已然分
崩离析。他们见过黎巴嫩的不同族群互相残杀，见过叙利亚的不同
教派冲突不断。虽然民族主义阵营编造故事想要收买人心，不少外
国的“友好人士”竭力粉饰太平，但也无法掩盖可怖的现实。伊朗
与伊拉克之间的惨烈战事前后持续了足足八年。鼓吹战争的人声言， 9
这是一场阿拉伯人对决波斯人的“种族之争”。阿拉伯民族之中多
达数百万的什叶派信众的身份问题，在那些年间变成了不可承受的
负担。到了 1996 年，锐意创新、心系阿拉伯文化革新的诗人海德
里去世了，其遗体长眠于异国的泥土中，他的读者——直至诗人生
命的最后几年间，他们还一直在读他为伦敦的阿拉伯语周刊《杂志》
（*al-majalla*）撰写的文字——深深感受到了诗人无法魂归故乡的沉痛。

我和海德里不是一代人。我出生在 1945 年的黎巴嫩，论年纪，我和我的同龄人算是海德里的子辈。早在我踏进文学与政治的世界之前，召唤海德里那一辈阿拉伯青年男女踊跃投身政坛、倾注热情、寄予希望、后来又遁走他乡的世俗主义政治遗产——阿拉伯民族主义的大厦已经竣工了。我们是听话且顺从的中间一代：在我们前面，有海德里这一代父辈，本书记录的就是他们的人生；在我们后面，阿拉伯世界近年来的崩溃让我们的后人悲痛万分。今天，外人提及阿拉伯诸国时总是会说，神权政治的劲风裹挟着今日的阿拉伯

世界。可是，阿拉伯世界并非一直都是今天这般光景。它也曾充满希望，灌注了几代阿拉伯人的努力与热情。乐于评论阿拉伯局势的外人却认识不到这一点。这也难怪，各位来客的眼中只剩下一片历经风暴凌虐的阿拉伯大地。这片土地上曾经存在什么，他们无从知晓；这个世界完好无损时的真实面貌，他们也不得而知。刚刚一头扎进火场的消防队，总是难以想象烈焰纵怒之前的废墟曾有的风貌。我曾经生活过的地方——如今在时间和空间上都与我相距遥远的地方，我在黎巴嫩度过童年的地方——成了记者报道黎巴嫩乱局的政治素材。20 世纪 80 年代黎巴嫩内战期间，西贝鲁特的准将酒店成了外国记者的集散地，因此声名鹊起。各大媒体的重要通讯都从这里发出，一批又一批的掮客、军阀、外交人员与间谍在此地来来去去。酒店的酒吧里养着一只身怀绝技的鹦鹉，能够模仿炮弹呼啸而至的
10 声音。这里还住着一只名叫“肥仔汤米”的猫咪，整日猫在路透社和美联社的滚动新闻条之间呼呼大睡。这里的服务人员精明又能干。外国记者登记入住的时候，他们总会体贴询问：“您是想住在狙击手经常射击的那一侧？还是想和汽车炸弹袭击离得近一点儿？”这家酒店的故事，就是陷黎巴嫩于战火的民族的故事。身处这家酒店，他们的恶劣行径似乎都变得气派了一点儿。我和准将酒店结缘是在它名声大噪之前。酒店和我婶婶的别墅离得不远，别墅跟我就读的中学只隔着短短一段脚程。午餐的时候，我常常溜进婶婶家休息。每逢明媚的暖阳天，我可以从别墅露台观看酒店里的人在泳池里戏水或者晒日光浴。当时我们对酒店的了解来自号称知道内幕的堂兄，他说这里是外国航空公司的空姐玩乐嬉戏的地方。

我的出生地远在黎巴嫩南部的一个小村。村子靠近黎巴嫩与以

色列的边境，坐落于“十字军”[*]时期的古堡博福尔要塞（Beaufort）脚下。20 世纪 80 年代早期，博福尔要塞几乎天天都能上新闻。巴勒斯坦武装人员与以色列军队的一场纷争，正好发生在要塞及其附近地域。巴勒斯坦武装人员肆虐于山上的城堡里和山下的村庄中。以色列军队追踪而来，想把巴勒斯坦人及其武装从城堡和周边的高山地带清除出去。于我而言，这座要塞不单是一处古迹。我对它别有一番亲密的记忆。我小时候就已经对它很熟悉了，它就坐落在我居住的小村旁边的山崖上，与祖父的田地和葡萄园相去不远。它虽早已荒废残旧，却不失宏伟庄严，矗立在嶙峋的绝壁边缘，利塔尼河（Litani River）的湍流从它身下淌过，山巅与水面距离 1,500 多英尺[†]。要塞的残垣断壁远看如同巨龙的牙齿一般，身处其间，可以望见白雪覆顶的赫蒙山（Mount Hermon）和以色列北部的加利利海（Galilee）。在我的童年时代，那里还是一片无法踏足的禁地。铁网密布的边界线将它与我的国家隔绝开来。据史册记载，以前的卫兵经常利用要塞上的烽火台传递消息，在赫蒙山的顶峰、托伦城堡（Castle of Toron）乃至 30 多公里之外的海滨小城西顿（Sidon）都能看得到。当年“十字军”王国沿着大马士革方向最有可能入侵的漫长路线修筑了一连串的堡垒，首尾直线距离达 100 多公里，博
福尔要塞便是其中之一。学生时代的我把自己视为城堡的主人。每 11
次读到圣殿骑士团的传奇，想起那个时期的僧侣与武士修整要塞、在城堡中庭立起一座哥特式殿堂的故事，我都恍惚觉得曾与他们并肩作战。其中，“西顿的雷金纳德”（Reginald of Sidon）[‡]尤其让我

* 11—13 世纪，天主教士兵组成的军队。他们以收复被阿拉伯人占领的土地为名，对地中海东岸国家发动了一系列战争。

† 1 英尺约等于 0.3048 米，1,500 英尺约合 457.2 米。

‡ 指雷金纳德 · 格雷尼尔（Reginald Grenier），活跃于 12 世纪的耶路撒冷王国贵族。下文提到的事迹发生于 1187 年爆发的哈丁战役期间，不同于作者所述，雷金纳德并未死于此战，他被抗击“十字军”的阿拉伯人领袖萨拉丁释放，一直活到了 1202 年。

迷恋。他是那种“东方化的法兰克人”，曾主持博福尔要塞的军政要务，率领军民迎击由穆斯林组成的部队，在重重围困中坚守了一年有余。后来，他因伤重被俘，却仍在城外向部下大声喊话，告诫他们不要投降。敌人把他绑在树上，他也不忘勉励守军支撑下去。最终，守城的兵士齐发箭矢，让他得以从折磨中解脱。到了我生活的年代，博福尔要塞再一次登上历史的舞台——它脚下那座小村庄从未想过这里会发生这么多重大事件。我的祖父算得上是这个小地方的一位大人物，他刚撒手人寰，麻烦与外来势力的侵略便接踵而至。

村庄里的土壤很贫瘠，山间道路崎岖难行，就连出产的烟叶也长不大。一些文人赞颂阿拉伯民族在文化与政治上的“觉醒”，但肯定不曾踏足这里。我的家族拥有一些土地，全家的生计系于烟草生意。我们属于什叶派，在穆斯林中属于少数群体。到了 20 世纪 40 年代末期，我四岁的时候，家人们顺从当时的文化浪潮前往贝鲁特追寻机遇。其实早在 30 年代，我的几位姑叔长辈就曾在贝鲁特待过一段时间，本指望这座城市能够提供更好的教育环境，没想到他们却在贝鲁特失去了自信，最终又回到了南部山乡的熟悉天地。40 年代的贝鲁特之旅则完全出于求存之故，我们一家也得以定居在那座城市。后来我渐渐长大，对 50 年代贝鲁特的政治与文化愈发熟悉。这种政治与文化未能为我的长辈接纳，却成了我生命的一部分。

1956 年苏伊士运河战争爆发的时候，我才 11 岁。1958 年，黎巴嫩内战的星火点燃，美国海军陆战队突袭贝鲁特海岸的时候，我还不到 13 岁。我们这代人早早地登上了政治舞台，是因为我们受所在的城市、身处的时代，以及对民族主义的满怀激情所影响。有一次，我顶着长辈的怒火，在 1958 年那个酷热难耐的夏天刚过去不久，跟同伴挤上大巴去了大马士革，参加为埃及领袖贾迈勒·纳

赛尔（Gamal Nasser）举行的盛大集会。我们见到了这位阿拉伯民
族主义伟大领袖的真容，他出现在一座官邸的阳台上。那个年代的 12
人都很纯真，大家都相信阿拉伯民族将在不久之后迎来光明，而这位埃及领袖正是大家的引路人。

我对宗教懂得不多。我只知道我们一家都是什叶派穆斯林。我之所以知道我家是什叶派，是因为我们的祖国在宗教上四分五裂，有十六七个教派，所以几乎所有黎巴嫩人都知道自己属于哪个教派。但在宗教仪式这个问题上，事情就完全不同了。贝鲁特西北部是亚美尼亚人的聚居区，我父亲曾在这里买过一块地，建了一栋房子。一座清真寺——一座什叶派的清真寺被建在了这里。最初是一位富有进取精神的毛拉萌生了建造清真寺的想法。由于缺乏启动资金，这位毛拉不得不为了筹款而远赴异地。他去过西非，很多出身黎巴嫩南部乡间的什叶派商人在那里经商，他的请求几乎让他们倾其所有；他去过伊朗，获得该国国王穆罕默德·礼萨·巴列维（Muhammad Reza Pahlavi）的资助。在伊斯兰国家的诸位元首当中，唯有巴列维信奉什叶派。今天，在这座清真寺的入口处可以看到一块感谢这位“万王之王”（Shah of Shahs）的牌匾。这座清真寺时建时停。只有新的捐款到位，修建工程方能继续。供奉它的什叶派信徒刚刚挣脱土地的桎梏。走出乡村的他们既没有钱，又缺乏在城中立足的根基。回想当年，我和我的同伴既不懂任何宗教仪式，也不参加星期五的主麻日*祷告。我们不是在宗教中长大的人。指导我们生活的是世俗的政治和文化世界。

我的生活总在来回摇摆，有时身处祖辈与族人的那个世界，有时又会遭遇城市文化。黎凡特（Levant）的孩子们都习惯了这种摇摆不定的日子。这就是带有阿拉伯特色的现代性：它与古老的禁

---

* 穆斯林的聚礼日，于每周星期五举办。

忌、祖传的恐惧心理比邻而居。它被过去笼罩和控制，却又一直想从中脱身。我的父辈只关心切身的私事：祖父留下的那些土地，垄断烟草生意的大亨每年给烟叶出多少价，身居利比里亚和塞拉利昂的姑姑伯伯能挣多少钱，还有我的父亲在沙特阿拉伯的生意有何进展。而我关心的是公义，因为我的生活要比他们轻松许多，这得感谢长辈们的辛勤努力。母亲出生长大的地方与巴勒斯坦相距不过
13 咫尺，但她一点儿也不在意阿拉伯人与犹太人之间的事。她有她自己的世界，并对这个世界有着明确的看法。她总爱说“Al-dahr ghaddar”——“命运会报复人”。她觉得，世间男女都躲不过命运的玩弄，巴勒斯坦人的坎坷遭遇也是由于命运弄人。母亲的这种想法和我以及我这一辈人的看法都不一样。

瞬息之间，父母的世界因民族主义而天翻地覆。旧事物一下子都有了新名称。我的童年小村和我母亲家族所在的城镇紧挨着加利利海附近那些犹太人定居点，这里的人和黎以边界另一侧的犹太人居民来往频密。村里的走私贩子往来于两块土地之间，带回不少关于“耶乎德”（Yahud，也就是犹太人）和他们那些定居点的故事。1948 年“立国之战”之后，以色列建国，小贩们竭力维持自己的走私生意，但战后的走私贸易变得艰险了许多。在靠近边境的这片荒野上，我们能通过铁丝网看到对面那片土地，能听到对面的交谈声。到了夜晚，梅土拉（Metullah）的一盏探照灯直射我们村所在的那处山脊。祖父说，光源就在犹太人的定居点里。我从祖父口中听到了许多历史知识——村里没有保存文字记录的传统，也没人写日记——听说了很多地方，它们如今都在一道远比铁丝网更大的屏障那边。我知道阿科（Acre）、采法德（Safad）、太巴列（Tiberias），知道灌木和沼泽遍布的胡莱湖（Huleh Lake），那里草木繁茂，人在骑马穿越那里的时候必须紧贴马儿的脖子，花一个多小时才过得去。有关犹太人定居点的种种故事一早就在村里传开，有人说犹太

女人会和男子肩并肩一起在田间劳作，行走四方的农夫与商贩会带回旅途中的新奇见闻。到 20 世纪 50 年代末期我有一些政治意识的时候，阿拉伯世界就已经变成了今天这个样子，大家对于犹太人似乎只剩下纯粹的怨愤。在接下来的很长一段时期里，巴勒斯坦问题成了沉重的负担，为整个阿拉伯世界的政治带来了无穷无尽的麻烦，让所有人耗尽了心力。

我的价值观脱胎自一种没什么固定形态的阿拉伯民族主义。我是黎巴嫩人，而黎巴嫩的穆斯林深受纳赛尔的影响。我参与过西贝鲁特的穆斯林组织的政治活动。1958 年夏天，伊拉克王室倒台，美国军队在德怀特 · 艾森豪威尔（Dwight Eisenhower）“清除阿
拉伯激进分子”的命令下开进黎巴嫩；对于伊拉克的各位王室贵 14
胄，我没有感到半点同情。我那时还年轻，听风就是雨，和大家一样，相信美好未来正等着我们。贝鲁特的另一头是东城区，东城区以基督徒居多，是一片完全不同的天地。当地居民多半是马龙派（Maronites）*。他们富有独立精神，刻意和四周的伊斯兰世界保持距离。他们的生活自成一体，自有一套强大的教会体系，有自己的学校，和欧洲关系密切，跟法国尤为亲近。他们还有一段独特的历史记忆：他们的祖辈曾在叙利亚的平原上遭受压迫，后来搬到了地势高耸的黎巴嫩中部，在这里获得了自由。不过我并不了解他们的历史，恕我无法和你们分享。

我的家族也有过离乡远走的经历。我的高祖父原籍是伊朗大不里士（Tabriz），直到 19 世纪 50 年代的某个时候，方才落脚在了我视作祖籍的那个小村。岁月如梭，那段来时的路如今已经没了踪迹，不过我们家和波斯的关系仍然有迹可循：到了新的家乡，高祖父被

* 主要分布于黎巴嫩山区的基督教派。

大家叫作“达希尔·阿贾米”（Dahir Ajami）*，也就是“波斯人达希尔”的意思。他的子孙后代连一点儿寻根的兴趣都没有。我的几代先辈或是选择迁入城市，渐渐习惯了那里的生活；或是选择远赴西非经营生意，赚了钱以支撑日益壮大的家族。我和我的兄弟姐妹对于家族的渊源更是毫不关心。我们自有我们喜爱的文化气息：我们沉醉于民族主义，想为阿拉伯社会的现代化尽一份力，痴迷于 50 年代兴起的美国流行文化。

我们享受着一份丰厚的文化遗产，却并不理解它。我对贝鲁特的现代化受之坦然：姑姑们穿着高跟鞋似乎并无不妥；大家求学的西方学校（以美法两国赞助的居多）理所应当就该存在；至于小姑背着长辈才敢翻上一翻的埃及小说，以及贝鲁特流光溢彩的都市风情，都是再正常不过了。当初，正是城市的生活方式吸引了我的几位姑伯。他们使尽浑身解数，想活出城里人的样子。如果没有他们，我根本无法想到，贝鲁特的现代性得来不易，是整整一代人奋斗不息、一点一滴挣下的。1928 年，在我的家人还没踏上奔向城市的路
15 途时，贝鲁特出现了一本惊世之书。作者纳齐拉 · 扎因 · 丁（Nazira Zayn al-Din）是位年轻的女性穆斯林。她在这本广博、沉重和富有非凡勇气的书中探讨了妇女罩袍的存废问题。她大胆指出：脱去罩袍，并不妨碍女性对于信仰的忠诚。我很熟悉纳齐拉的背景。她的父亲是个法官，她的家族属于贝鲁特社会上层的资产阶级。我还清楚地记得她家的氛围。她住在一扇厚重铁门后的宽阔宅院里（那时的贝鲁特没有高楼大厦，城市化进程也远未开始），院子里有一座花园，黄昏时分，她会和家人聚在花园里，享受父亲的宠爱和关心。她把她的书《脱下罩袍》（*al-Sufur wa al-Hijab*）献给了她的父亲萨义德 · 扎因 · 丁（Said Zayn al-Din），一位上诉法院的院长。她

---

* 阿贾米（Ajami）在阿拉伯语中的意思是“波斯人”。

说，这本书是“光的倒影”，是受她父亲的智慧与自由信念之光的启迪而写下的。宗教保守人士的非难没能让纳齐拉退缩半分。她在书中表示黎巴嫩的大地上方笼着四层“罩袍”：一层罩住了黎巴嫩女性的身躯，一层罩住了智慧，一层罩住了正直的良心，一层罩住了进步的精神。她别无所求：她生来便是自由身，只希望她的祖国和女性能获得“文明国度”的自由。她坚称，既然男性穆斯林都已经渐渐不再佩戴菲斯帽这种东西，女性也就有同等权利脱去罩袍。我在那个时代的贝鲁特目睹的那种自由，我的姑姑们早就习以为常的那种自由，其实是一种新生事物。捍卫那种自由并非那么容易。纳齐拉的争议之作问世的同时，另一位勇敢的女性萨尼亚·哈布卜（Saniyya Habboub）登上了前往幸福街的有轨电车——我小时候几乎每天都会坐这趟车在城里四处逛——然后走进了贝鲁特美国大学的大门。在大学这座庇护所里，哈布卜脱下了罩袍，过起了课堂生活。

20 世纪 50 年代，我刚开始了解贝鲁特的社会与政治现实。那一阵，只要提到西贝鲁特穆斯林聚居区的名门，人们都会想到萨拉姆（Salam）这个家族。他们一家人兴办教育、热心慈善，还是政界的活跃分子。20 世纪初，这家的萨利姆·阿里·萨拉姆（Salim Ali Salam）曾经担任贝鲁特市长，是城中首屈一指的巨贾与公共人物。此人当选过奥斯曼帝国议会的议员，黎巴嫩大地上的风云大
事他全都参与过：从奥斯曼统治的最后岁月到第一次世界大战，从 16
阿拉伯人普遍梦想着当家作主的战后初期，到法国托管叙利亚与黎巴嫩的年代。到了 20 世纪中期，他的儿子赛义卜·萨利姆（Saeb Salim）主持贝鲁特政坛。他的职务总在议员、内阁成员和总理三者之间来回变换。我原以为这家人安于手中的权势和城市生活方式。直到后来，我读了赛义卜的大姐安巴拉·萨拉姆（Anbara Salam）的回忆录，才知道萨拉姆家族曾努力推动自身和整个城市的文化发展。十岁的时候，安巴拉披上了罩袍。她脱去罩袍是很多年之后的事，

期间经历了大量的内心挣扎。安巴拉与赛义卜的母亲去看牙医，也得用罩袍覆盖身体，只露出一张嘴以便医生作业。在回忆录里，安巴拉谈到了年轻时的一次远洋航行。那是在 1912 年，她去了埃及，见识了那里的现代化，大型百货商店和灯火通明的城市让她眼花缭乱。这场旅行让她第一次接触到“电”这个东西。两年之后的 1914 年，黎巴嫩也通了电。相形之下，我那个时代的贝鲁特人自诩领先埃及人数十年。与他们相比，我们又时髦，又体面，更为西化。但这种心态是有问题的。问题在于我们自诩先进的心理不过是源于傲慢，在于大家以为贝鲁特的现代生活来得并不艰难，完全不知道珍惜这份文化遗产。要理解和欣赏一份文化遗产，需要一双冷静、耐心的眼睛。

纳齐拉的作品问世十年之后，又有一本书轰动了整个贝鲁特。书的名字是《阿拉伯的觉醒》（*The Arab Awakening*），作者叫作乔治·安东尼乌斯（George Antonius）。此书堪称阿拉伯民族主义运动的宣言。作者本人的经历正可代表那个时代的精神：他信仰希腊正教，出身于商人家庭，他的家乡是黎巴嫩山的贸易重镇代艾尔卡马尔（Dayr al-Qamr）。他生于 1891 年，在家乡长到 11 岁，而后随家迁到埃及的亚历山大港（Alexandria）。当地丰富多元的文化很快迷住了他。他负笈剑桥大学，获得国王学院的工程学学位。他是 E. M. 福斯特（E. M. Forster）的游伴，陪着作家走遍城中的大街小巷，见识当地人的生活（当然，是当地富贵闲人们的生活）。当时正值第一次世界大战，福斯特志愿为红十字会服务，在亚历山大港待了三年。1922 年，福斯特推出作品《亚历山大港：历史与导览》（*Alexandria: A History and A Guide*）。他在书中特地致意“安东尼
17 乌斯先生”，感谢“他带我参观亚历山大港的清真寺，以及城中那些鲜为人知的漂亮建筑”。安东尼乌斯曾为英国政府效命，后来移居耶路撒冷。他获得了巴勒斯坦的公民身份，一度成为当地教育部

门的巡视员。他的妻子凯蒂·尼米尔（Katy Nimr）擅长交际，他的岳丈法里斯·帕夏·尼米尔（Faris Pasha Nimr）是埃及首屈一指的大人物。法里斯在出版业白手起家，攒下了一份大家业，拥有了英国国籍。他出身寒微，来自黎巴嫩东南部的贫苦山区，曾就读于传教士开办的叙利亚公教学院（也就是日后的贝鲁特美国大学）。1885 年，他的生活出了变故——奥斯曼帝国的总督把他盯得很紧，而管理学院的福音派传教士也变得愈发严苛——因此，他才选择离开故土、出逃埃及。

安东尼乌斯一生只留下了《阿拉伯的觉醒》这部可供传扬的作品。该书于 1938 年付梓。1942 年，贫病交加的安东尼乌斯就因癌症去世，享年仅 50 岁。《阿拉伯的觉醒》能够成书，还要感谢查尔斯·R. 克莱恩（Charles R. Crane）的资助。克莱恩是芝加哥的金融大亨和工业巨子，他性情怪异，有反犹倾向。他醉心于异国探险，总想在遥远的地方开创伟业。1858 年，克莱恩出生于一个因芝加哥的迅猛发展而兴起的家族，但是他却不喜欢家里经营的水管、配件、铁铸件和电梯生意。相比这些东西，他更向往外面的世界，喜爱海外旅行，自称俄罗斯文化和斯拉夫文化的专家。此外，他的眼光还投向了中国。渐渐地，大家都觉得克莱恩经历丰富，知道国外的世界是什么样子。他的名声引起了塔夫脱总统（William Howard Taft）的注意。1909 年，克莱恩出任驻华特使。总统希望，这位工业巨子能为美国资本敲开中国市场的大门。当年 7 月 16 日《芝加哥纪录先驱报》（*Chicago Record-Herald*）吹嘘，克莱恩"精通两门外语，水平可与当地人媲美。据说他懂十二种语言（其中包括波斯语），能用六到八种语言流利交流"。这些话都是编出来的，但因为克莱恩出过国，单凭这一点就能骗过别人。

就在克莱恩准备离开旧金山奔赴中国的前一天，美国国务院 18
却决定收回他的委任令。后来，他因为财大势大获得了伍德罗·威尔逊（Woodrow Wilson）总统的宠信。1919年巴黎和会，克莱恩不请自来。同年6月，他和一个名叫亨利·C. 金（Henry C. King）的人共赴叙利亚、巴勒斯坦、黎巴嫩及土耳其南部等多个国家和地区，展开了一场业余调查，了解奥斯曼帝国遗民的民意。这个金—克莱恩代表团不过是来做做样子，可是阿拉伯人民却对克莱恩等人寄予厚望。代表团寻访了36座市镇，拜会他们的各方代表则来自1,500多个小城与乡村。7月，克莱恩一行抵达贝鲁特。当地妇女组成的请愿大军也找上了他们。妇女们希望代表团主持公道，帮助黎巴嫩脱离法国的"委任统治"取得独立，前文提到的安巴拉·萨拉姆也在请愿者之列。克莱恩已经受够了"近东问题"。他在黎巴嫩期间见到了安东尼乌斯，便邀请后者担任美国新罕布什尔州汉诺威（Hannover）的当代世界事务研究所（Institute for Current World Affairs）的研究顾问。这个研究所成立于1925年，也是克莱恩操办的事业。有了工业大亨的资助，乔治·安东尼乌斯夫妇得以入住一处体面的老宅。宅子在耶路撒冷的谢赫贾拉区（Shaykh Jarrah），处于斯高普斯山（Mount Scopus）山间，旁边的一条道路可以直通橄榄峰（Mount of Olives）。宅子里满是藏书与漂亮的地毯，各式唱片应有尽有。喜欢呼朋引伴的凯蒂·安东尼乌斯常在这里组织聚会，成了20世纪三四十年代耶路撒冷社交文化界最有名望的沙龙女主人。

写作《阿拉伯的觉醒》对安东尼乌斯而言并非易事。他要写下阿拉伯文明跌宕多舛的复兴历程，记录一战之后英法之间缔结的各类条约给阿拉伯世界带来的分裂，以及阿拉伯人对此的反抗。书的内容很沉重，但作者的心境更是脆弱。安东尼乌斯竭力不让自己的笔触显露出一丝一毫的怀疑与焦虑。但是，只要读过他的作品，就不难察觉他的心情。我曾在的汉诺威、位于耶路撒冷的以色列国家档案馆以及伦敦的公共纪录办公室，找到几份安东尼乌斯寄给克莱恩和当代世界事务研究所的信。借由这些文件，我们可以看到安东尼乌斯不为人知的一面。1931 年，他曾在信中自陈，他感到自己无力胜任这份工作：

> 我给自己设定了一项任务——用文字绘制画卷，展现这场名 19
> 为“阿拉伯的觉醒”运动的方方面面。面对这项任务，我自觉愧为一名穆斯林。我只有两点长处。首先，我身为阿拉伯人，又接受过西方的教育，这种背景使我往往倾向于通过比较的方式，从两个侧面考察影响东西方关系的问题。至于第二点，我已经说过了：我干这份差事已有 16 年，去过不少地方，目睹了各种事件，有时候还能亲手推动一些小小的改变。

安东尼乌斯倾注了全部热忱，时刻关注着阿拉伯人与犹太人对巴勒斯坦的争夺。在他那本记载阿拉伯世界政治发展历程的书中，巴勒斯坦问题被列为头等大事。借由这个问题，他抒发了对于英国托管当局的不满——他曾为托管政府效命多年，渴望得到晋升和接纳，却屡遭拒绝。然而，《阿拉伯的觉醒》刚刚写好，他的生活境遇便开始急转直下。这本书在英美两地反响平淡，偏偏安东尼乌斯又对此倾注了太多心血。为了完成克莱恩和研究所交付的任务，他不得不往来奔波，离开耶路撒冷的家，前往贝鲁特、大马士革、安曼（Amman）与开罗等地，有时还得去上几趟阿拉伯半岛。羁旅生活严重伤害了他的婚姻和健康，而那个更大的阿拉伯世界也让他越来越感到失望和受挫。

1938 年，身在亚历山大港的安东尼乌斯给当代世界事务研究所的主管沃尔特·罗杰斯（Walter Rogers）去了一封信。他告诉罗杰斯，自己很难觅得新的写作素材，也不能自由地谈论重要的议题。安东尼乌斯有种感觉：在阿拉伯世界，畅所欲言的自由正在步步收紧，公开发表意见的障碍越来越多。他写道：

> 题材是无限的，内容也可以无穷无尽，只要不触及事件的本质与根源。但是，这样写作并不符合我一贯的风格……我的意思是，如今国民陷入了盲目狂热的偏见之中，党派纷争趋于白热化，
> 20 人们已经听不进有益的独立言论，只要是迎合之语就大呼欢迎，只要是反对之辞就拒不接受。自从去年冬天来到埃及，我涉猎了一个又一个关于这个国家当代生活的研究领域，却发现这些领域无一不与政治有关。如果我还想在埃及自由活动，继续与人接触交流，不去戳破他们的自信，就最好不去碰这些领域。就连单纯的文化议题最好也不要触碰。这一点，您可能难以置信，但事实确是如此。文化不但是阿拉伯语民族主义的源头，在宗教复兴运动中也占据着重要地位。而民族主义者和宗教复兴势力变得比一两年前更自信、更敢于发声了。两派人马会为了文化事务大打笔仗，也会为了纯粹的政治议题互相攻伐。这样的情势让我感到无所适从，有时候甚至相当绝望。

第二次世界大战爆发后，旅游限制与言论审查随之而来，安东尼乌斯的游历生活自然难以为继。他本就靠四处活动、替接济他的研究所撰写报告为业，损失之大可想而知。赞助人查尔斯·克莱恩在 1939 年辞世，又让安东尼乌斯少了一位强有力的后盾。他只好恳请研究所的各位董事理解他的难处，再给他一些时间。1940 年 4 月，安东尼乌斯从开罗发出一封信件，提到“正常的信息来源都枯竭了”以及寄送普通邮件与报告方面的困难。他曾向美国驻贝鲁特与开罗的领事机构自荐，但是对方觉得他不过是一位研究员，他的报告也并非基于现场实地的一手材料，属于可有可无。一位和拜占庭研究会有联系的美国人住在黎凡特，1941 年 5 月时写过一封信提到他见过安东尼乌斯，当时的安东尼乌斯“对于事业的前景相当茫
21 然”，而且痛苦地意识到赞助他的人对他那“微不足道的工作”十

分不满。另一位美国人则在 1941 年 7 月 22 日写给当代世界事务研究所的信件里告了安东尼乌斯一状。此人觉得“安东尼乌斯其人麻木又懒散……在我印象里，他终日缩在某位黎巴嫩前总统的妻子留下的宅邸里，生活相当优渥滋润”。

一个星期之后，当代世界事务研究所决定解除与安东尼乌斯的合同，给他写了一封告知信，请美国驻贝鲁特总领事代为转交。安东尼乌斯想让对方收回成命。他从贝鲁特给当代世界事务研究所的主管拍了一封电报：“非常理解各位董事的失望之情。我对自己也很不满，但还是恳请您耐心等待我的报告与回信。请不要因为一些我无法控制的因素而解除合同。毕竟，终止合同也无助于弥补工作上的亏欠。对于这些亏欠，本人深感惭愧而决意全力补偿。”

电报发出后的第四天，安东尼乌斯再度给当代世界事务研究所写信 。信中，他又一次表达了对工作不力的愧意以及继续履职的决心。安东尼乌斯写道：

自贝鲁特

1941 年 11 月 25 日

亲爱的罗杰斯先生：

我对目前的生活远远称不上满意。相反，我深感自己无能，因此心情低落、相当泄气。首先，社会上真正值得记录的大事寥寥无几，我也只能碌碌无为，智慧与精力完全无从宣泄。即便我正在从事的这点研究也有欠完整，无法具备我想要的彻底性。其次，我要仰赖当代世界事务研究所的资金维持生活，却无法履行合同而作出回报，我觉得这很不妥，心里为之过意不去……我已和法、英、美三国派驻本地的政府机构接洽，愿意为他们提供毫无保留的全方位报道。当然，我仍坚持两项牵涉报告范畴或地域的保留意见：其一，我只接洽本地区的报道工作，毕竟我要继续为研究所观察与研究本地局势的发展；其二，我的报道工作一定要服务于公众利益，而不仅仅是为了政治宣传。

22 其实，那时候的安东尼乌斯也该返回耶路撒冷与妻女团聚了。他与癌症的斗争即将以失败告终。1942 年 2 月，他从耶路撒冷给查尔斯 · 克莱恩的儿子约翰 · 克莱恩（John Crane）寄去一封信。信文如下：

约翰 · 克莱恩敬启

自耶路撒冷卡姆穆夫提街

1942 年 2 月 12 日

亲爱的约翰：

一周前，我离开贝鲁特，准备前往开罗，却因肠疾发作而不得不在这里滞留数日。今年夏初我就在医院待了很长时间，这次在从埃及归国的路上可能还得在医院住一段时间。在英军开入叙利亚作战的整个期间内，我一直住在贝鲁特美国大学医院……此后不久，法国维希政府与意大利委员会[*]就开始对我施行迫害。他们原本想要将我驱逐出境，后来又打算把我送进集中营。要不是我有恙在身，并被美国总领事搭救，恐怕我免不了要受迫害之苦。

你永远的乔治 · 安东尼乌斯

安东尼乌斯没去成开罗。当年 5 月 21 日，他在耶路撒冷去世。三天之后，约翰 · 克莱恩向当代世界事务研究所的主管告知了安东尼乌斯的死讯。

---

* 指意大利与法国停战委员会，是意大利为落实 1940 年 6 月 22 日与法国签订的停战协议而成立的临时机构。

自芝加哥
1942 年 5 月 24 日，星期日

约翰·克莱恩致沃尔特：

相关消息也许不曾见报，谨以此信向您通知乔治·安东尼乌斯的死讯。他已于上周三在耶路撒冷去世。关于他的死，尚无其他细节消息传出……顺便提一句，我不知道我们还可以向谁告知这个不幸的消息。我不清楚尼米尔博士最近和他的关系怎么样。

同年 5 月 27 日，当代世界事务研究所收到了凯蒂·安东尼乌 23
斯的电报：“乔治在 21 号突然离世，请通知媒体。”一年过后，凯蒂给约翰·克莱恩去了信，信的内容坦率直接，既有她与亡夫关系疏远的痛与怨，也有对一位热心公义的民族主义者的哀悼。我在汉诺威看到信件原文的那一刻，仿佛被它带回了历史的现场，字里行间的愁、怨和亲密历历在目。凯蒂·安东尼乌斯写道：

自耶路撒冷卡姆穆夫提街
1943 年 6 月 13 日

凯蒂·安东尼乌斯致约翰·克莱恩：

乔治弥留的几个月间，当代世界事务研究所寄来了几封信，至今仍然让我愤愤不平……您知道，过去两年里他在贝鲁特有一处公寓，常在耶路撒冷、开罗与贝鲁特之间奔波。您看，乔治死后没给自己的孩子留下任何遗产——除了那份保险。没错，我父亲会接济我。可是，乔治毕竟在这儿工作了 16 年，又为您效了 11 年的力啊……一想到他艰难度日的样子，我心里真是难过。

而后，她笔锋一转，谈起了亡夫的著作。对于此书，凯蒂·安东尼乌斯寄情深厚。

> 无论在这里还是在埃及，都买不到这本书，真是让人吃惊——想看这本书的人太多了……我在这里和开罗都碰到过别人问我这本书的阿拉伯语版，问过好几次了。我不是想靠这本书赚钱，但是我真的很希望它能被更多的人读到。我觉得，在关于阿拉伯民族的理想与奋斗的著述中，它是写得最好、最清楚的一本，我们这个民族需要一些指引和一些清醒的声音。大家愈发为乔治的死而感伤。他的作用无可代替。我认为，我们的民族现在有如一艘随波逐流的船。乔治至少可以算作一个掌握前进路线的舵手。

乔治 · 安东尼乌斯长眠在了耶路撒冷锡安山（Mount Zion）一处专门安葬希腊正教徒的墓园，是当地规模最大的基督徒墓地。以
24 色列作家梅隆 · 本韦尼斯蒂（Meron Benvenisti，曾担任耶路撒冷副市长）对这座城市了如指掌，写过很多书，其中一本搜集了耶路撒冷各墓园的掌故，由此勾勒出整座城市的历史。在走访调查的过程中，他偶然间发现了安东尼乌斯的落葬地点。本韦尼斯蒂曾向我提起那次经历：他虽是犹太复国主义的热心分子，也向这位“阿拉伯的觉醒”运动的记录者表达了敬意。安东尼乌斯非常勤勉。对于自己从事的各种活动，他都巨细无遗地记录下来。一天，我被这没完没了的历史档案弄得头昏脑涨，就想去作者的安息之地拜访一番。墓园的看守直接把我领到了目的地——它在一棵高大的松树下，受到圣母安眠大教堂的荫庇，有一块做工粗糙的墓碑，遗世独立。在它的附近有许多大型的拱顶结构，是耶路撒冷望族的埋骨之地。安东尼乌斯活着的时候独自奋斗，死时孤身一人，连入土后也无人陪伴。我去的那天，他的墓碑上摆着一枝红玫瑰，已经有十几天了。很明显，在我之前，看守还带过不少其他访客。墓碑的内容除了以英语和阿拉伯语刻写的死者姓名与生卒日期，还有一句阿拉伯语颂诗。颂诗援引自 19 世纪黎巴嫩文学巨匠易卜拉欣·雅兹奇（Ibrahim

al-Yaziji）* 的诗句，也是《阿拉伯的觉醒》里的题词——“站起来，阿拉伯人，觉醒吧！”（Arise, ye Arabs and Awake！）那天是星期五，墓园里只有看守一个人，四周的墓地一片荒凉。看守把我丢在了安东尼乌斯的墓碑旁边，临走时抛下一句讽刺：阿拉伯人还没站起来呢，安东尼乌斯的愿望也没实现。

有人说，“故乡”在散文里会变得亲近鲜活，在诗句中则会显得遥不可及。今天，我在阿拉伯世界就是一位异客——毕竟，我在1963年自己18岁生日的前两天就启程去了美国，但纵使我与故土相隔万里，故乡留下的那份遗产却无法被遗忘。1980年，我写了一本叫作《阿拉伯的困境》（*The Arab Predicament*）的书。那时的我还很年轻，总是忍不住要对研究对象大加臧否。那本书写得匆忙，加上我当时不满于阿拉伯世界的现代化历程，所以阿拉伯人的那座梦想宫殿并未得到我的重视。后来，我对这段历史渐渐萌生兴趣，并意识到人们对身边的事有多么不熟悉。在纽约州立图书馆，一本藏书不经意间引起了我的注意。这本旧到字迹都模糊了的书出自一 25
位宗教学者之手，此人一生著述丰富，和我来自同样一片山乡，见识过伊拉克和伊朗的广阔天地。在那本书里，私人的记忆与宏观的历史汇聚一处，我模模糊糊有所了解的家族史因此变得清晰起来。原来，我的高祖父来到我的祖籍小村之前，曾在距离村庄不远的一个城镇待过一段时间。在那里他与一位宗教学者的遗孀结合，生了几个孩子。直到妻子过世，他才迁往小村阿努恩（Arnoun），娶了第二位妻子，也就是我高祖母。

所以我有两个不同的故事。我可以讲一番宏大叙事，也可以谈

* 奥斯曼帝国时期的黎巴嫩诗人、哲学家与记者，与乔治·安东尼乌斯同属信仰希腊正教的阿拉伯人。

一谈私人经历。我本想讲我们家族的遭遇，但是经受阿拉伯式家教的我们习惯了慎待家族隐私。前辈总是训诫我们：不要用家中小事随随便便去烦扰他人的视听。而且，阿拉伯人的共同遗产终归更为重要一些，过去 20 年来它一直在遭人利用。这个问题一直让我牵挂不已，我想我应该写的正是这些牵挂。

哈利勒·哈维之死

一代人的安魂曲

1982 年 6 月 6 日深夜，62 岁的哈利勒·哈维选择了自尽。这 26
位先在贝鲁特美国大学和剑桥大学求学、后任教于前者的诗人与教
授，在西贝鲁特一处公寓的阳台上自杀了。哈维在文学上才气横
溢，为人多愁善感。他轻生的时间点很有戏剧性：就在那一天的
上午，以色列的装甲部队闯进了黎巴嫩。以方此举是想消灭在黎巴
嫩境内避难的巴勒斯坦人，由此终结与巴勒斯坦民族解放组织在国
境北端的战争。这场仗他们已经打了十年。“阿拉伯人都到哪里去
了？”自杀那天，哈维曾这样问校园里的同事，“谁能洗去我额前
这耻辱的烙印？”

10 多年里，哈维一直如此孤独和愤懑，不断与同事争吵，跟贝
鲁特文学界的关系也很紧张。黎巴嫩的乱局似乎永无尽头。国家的
命运让这位来自黎巴嫩山区的基督徒万分焦心。哈维眷恋乡土，热 27
爱黎巴嫩的神话，同时心怀“阿拉伯民族同属一体”的政治信念。
40 多年的文学之路让他在这两种理念之间找到了某种和谐关系。可
是如今黎巴嫩深陷苦难，其他阿拉伯国家却漠然旁观，这令哈维的

理念遭遇了严重挑战。埃及与以色列已经达成和平协议，阿拉伯半岛遍地流金。自戕的爱国诗人当然会被看作这个分崩离析的阿拉伯世界的牺牲品，没有人会关心把诗人逼上绝路的个人痛苦、脾气和恶人们。阿拉伯语文学界普遍觉得，哈维之死正是审判阿拉伯政治环境的一个大好时机。

哈维生于1919年，来自一个特别的世界。他在诗坛引领创新，是个阿拉伯民族主义者，沉醉于那个时代的主题：阿拉伯世界的政治改革，与西方的文明碰撞，在沉重的习俗与传统重压下的挣扎，以及对政治与文化变革的渴望。同一时代的诗坛中人、深受欢迎的浪漫主义作家尼扎尔·卡巴尼（Nizar Qabbani）还在描述“棕发女郎”* 夜诉衷肠的场景、吟咏情爱与生活琐事的时候（1967年，阿拉伯人在“六日战争”中遭遇惨败，卡巴尼和他的诗因此染上了一层政治色彩），哈维已经满怀力量，为阿拉伯世界在政治与文化上获得新生的艰苦奋斗而写作。1957年出版的诗集《灰烬之河》（*Nahr al-Ramad*）收录了他最有名的作品《桥》。这首诗文字优美，立意深远，为那个年代留下了一份纪录。《桥》为“东方”的痼疾而深深悲叹，憧憬和寄望于阿拉伯的未来年轻一代。诗歌的韵律，诗句里焦虑、痛苦的意象，还有诗的主题汇为一体，构成如梦似幻的诗篇，让人难以忘怀。诗作保有旧古典诗的力量与格局，融入了诗人自己的呼声与鲜明的个人才华。麦吉尔大学的伊萨·博拉塔（Issa Boullatta）将这首诗译成了英文：

28 我心满意足，因为我有我这一代人的孩子
有他们的爱作我的美酒与面包
* * *

* 《棕发女郎对我说》（*The Brunette Told Me*）是尼扎尔·卡巴尼第一本诗集的名称。

早间，他们乐悠悠地过桥
我的肋条伸展，为他们搭好坚固的桥
出自东方的洞穴，出自东方之沼
迈向东方的新生
我的肋条伸展，为他们搭好坚固的桥
他们会离去，你们则将留驻
两手空空、身负十字，孑然一身
雪夜里，天边一片灰暗
火起了，面包化为尘土
你将留下，在无眠的晚上，泪水结成了冰
信件将与晨光一道奔向你
满页新闻……其中的内容，你不知道回味了多少次
想了又想……读了又读
他们会离去，你们则将留驻
两手空空，身负十字，孑然一身……

追怀哈维的人们觉得，诗人之死为阿拉伯当代政治的一个时期画上了句点。阿拉伯文化一向强调，个人依附所在的氏族、家庭与宗派而存在，自杀行为绝对不受鼓励。不过，这无法扼杀大家对于哈维的悼念之情。诗人为阿拉伯民族处境而感到的悲伤，很多人都是心有戚戚焉。旅居巴黎的北非裔作家塔哈尔·本·贾卢恩（Tahar Bin Jalloun）在《世界报》（*Le Monde*）上撰文表示，阿拉伯人的伤痛让哈维堕入孤独、身心俱疲，由此他才会选择“终极意义的安息”。巴勒斯坦诗人马哈茂德·达维什（Mahmoud Darwish）出生在以色列，后来移居贝鲁特。他认为，哈维先人一步预见了“万事皆休的结局”，并决定自杀。“哈维操起一把猎枪，猎物就是他本人的性命。他这么做，不只是为了避免见证某些信念的垮塌。其实，他

对于信念的存在与陨灭都已满不在乎。朽坏的局势让他疲累，他再也不想见到这深不见底的深渊。”

穆纳·苏勒赫（Munah al-Sulh）与哈维同样来自黎巴嫩，是哈
29 维的同学。早在20世纪40年代末至50年代初，哈维尚在大学的时候，两人就已相识。苏勒赫剖析了哈维那一代人的文化与政治环境。1918年，“至亲会”（Al-Urwa al-Wuthqa）在贝鲁特美国大学建立，成员囊括来自阿拉伯诸国的教师与大学生，苏勒赫与哈维也都参与其中。“我们这个组织的要求很严苛，”苏勒赫后来说，“1948年阿拉伯一方的战败成了我们大家共同的阴影。”自此以后，“至亲会”的各位成员都觉得阿拉伯世界应和过去的政治彻底告别：与1948年那场灾难有关的所有事物都遭到他们的谴责和否定，阿拉伯世界的政治与文学必须彻底革新。苏勒赫觉得，正是那样一个时代造就了哈维这个人。这个从山乡出来的孩子投身于阿拉伯文学、文化与伊斯兰哲学的世界。当时，哈维还学习了一段时间的希伯来语，他的朋友说他很喜欢对比“希伯来语的贫乏浅薄与阿拉伯文字的博大精深”。在诗人看来，这是一种民族骄傲。他深信阿拉伯民族一定能够“取代犹太人，跻身世界文明的最高峰”。诗人一边坚信阿拉伯民族乃是“天命所归”，一边密切且冷静地关注着阿拉伯公共生活的种种缺陷。“我从未见过有谁像哈维一样，对阿拉伯民族的处境爱恨交织到这个地步。他深爱着阿拉伯民族，同时又恨它的无能与软弱。哈维的天纵英才也许正是源自这种矛盾心理。”50年代的阿拉伯人都生活在“一种单一的集体历史记忆”之中，哈维正是在那个时候“应运而生”。苏勒赫还认为，无论是活着还是死前，哈维都处于一种有意识的焦躁和愤怒之中，阿拉伯语称之为“qalaq”。他为诗作的创新精神而焦虑，为阿拉伯世界的革新精神而愤怒。

哈维终身未娶，他易怒、忧愁，一肚子心事。他的一生就是他那个时代的最好反映，是那一代知识分子可能企及的成就巅峰。他

生在黎巴嫩山区的乡村，家乡位于伟岸的塞宁山（Mount Sannin）山脚。哈维的人生足迹远远超出了山乡的范围。他摆脱了贫困家庭 30
那种艰难无助的处境，成功开拓出一片属于自己的天地。那个时代的世俗化教育与启蒙的兴盛让他受益良多。贝鲁特美国大学的绝大多数学人都出自优渥的资产阶级家庭，哈维本不该是其中的一分子。他靠着勤奋努力进入大学，并得以跻身文坛与政界。哈维摆脱贫困的经历，以及新教教会学校与贝鲁特美国大学为那一代青年男女敞开的大门，代表着地中海东岸阿拉伯国家一段特别的历史——那是一个成就非凡的时代，尽管后来因为阿拉伯民族主义的失败而陷入了心灰意冷。

悼念者为哈维描绘了一幅简单明了的形象：他是一位民族主义者。他身处暗夜一般的世道，却一直在英勇抗争。可是，哈利勒·哈维的死除了为国殉难，明显还别有缘由，政治宣传中那个单薄的身影远远无法囊括诗人的一生。有那么几年，哈维的生活飘摇不定。一年前，他还曾试图吞服安眠药轻生。他为了走出贫困和艰难的家庭环境经受过巨大的痛苦。悼念者对这些事都只字未提。

哈利勒 · 哈维的政治传奇不为人知的另一面，因为伊利亚 · 哈维（Iliya Hawi）讲的故事而显露出来。伊利亚是哈利勒 · 哈维的亲弟弟，比哥哥小十岁，也是一位文人，写得一手好故事。哈利勒·哈维去世四年之后，伊利亚出版了一部关于哥哥的传记。这部传记是一部不常见的杰作，因为阿拉伯的文化传统向来讲究家族的私密性。俗话说“一切归于神”（Ya rabb ya sutter）。换言之，我们阿拉伯人都觉得家族之事只能让神知晓。在阿拉伯人的世界里，“荣誉”、隐私和公共礼仪都是绝不能冒犯的禁区。家庭内的种种秘辛只能带进坟墓，至于讲述母亲、姐妹和继母的生活，更是神圣的禁忌。即便是不那么重要的事——家族摆脱贫困的艰苦岁月——也不能随便向外人透露。虚构小说的诞生虽让现代的阿拉伯人找到了一条吐露情

感的渠道，但传记仍然保持着遮遮掩掩的风貌。因此，在一般阿拉伯人的传记里，父亲都为人严厉却用心良苦，母亲都虔诚而有耐心，
31 对姐妹则避而不谈。在这样的文化背景之下，伊利亚 · 哈维的作品显得实在有些大胆。

尽管伊利亚 · 哈维在传记的字里行间流露出某种兄弟间的较量之意，不过他并非想要揭哥哥的老底。他的作品让哈利勒 · 哈维不再那么神秘。他还在传记里表达了自己的愧恨，因为身为弟弟，他没能消解和分担兄长的绝望与愤怒。这种永不过时的文学主题，构成了这部作品真正的动人之处：兄长才华横溢、举世无双，弟弟则只能生活在他的阴影里。虽然伊利亚本人在文学评论界颇有成就，但是他承认自己无法和兄长并驾齐驱。他一直在苦苦寻觅自己的"素材"。他还坦承，哈利勒 · 哈维的存在总是让他不自信、不自在。兄长故去后，伊利亚终于有了自己的"素材"——他们的家族背景、祖籍小村，私下里的那位诗人，以及他那敏感多虑的心境。他根据家庭生活，根据为人弟者的亲眼见闻，写出了自己的作品。这部 700 多页的作品不但记录了哈利勒 · 哈维的人生，也讲述了伊利亚自己的家庭历程。

这部精细入微、叙事技巧高超的家族史，并非弟弟从兄长留下的馈赠中挖掘出的唯一成果。就在传记发表的同一年，伊利亚 · 哈维又出版了一本名为《纳卜汉》（*Nabhan*）的小说。该小说篇幅宏大，内容让人目眩神迷。它与那本传记出自同一个主题，但背景被设定在 19 世纪末期。主人公纳卜汉带有强烈的悲剧色彩，明显是哈利勒 · 哈维的化身。纳卜汉具有壮志雄心，却没有能力实现自己的抱负；他经历坎坷、性格严肃，深深地爱着他的家乡，为其不幸遭遇而痛惜。他一辈子都在跟权力、财产、家庭和社会习俗斗争。

而后，又有一位勇敢直率的伊拉克女性为世人揭示了更多有关哈利勒 · 哈维的秘密。大多数人追念他时都是出于政治目的，这些

秘密他们要么并不知晓，要么就在有意回避。这位揭秘者叫黛西·埃米尔（Daisy al-Amir），是一位短篇小说家，曾是哈维的未婚妻（他们本已计划结婚，但哈维迟迟不肯迎娶她）。根据埃米尔的回忆，哈维处于长期抑郁之中，久久无法自拔。他始终无法摆脱那次自杀未遂的阴影，轻生的想法仍在他的心间（和口头）萦绕徘徊。他 32
深信，贝鲁特的文学界已是小人当道。那些人刻意诋毁他的诗作成就，想要剥夺他得来不易的地位与名誉。诚然，青年时期的哈维曾用诗歌赞颂“阿拉伯的黎明”，但他同样热爱黎巴嫩这片土地。他的悲哀出自家国之情，源于黎巴嫩历经血腥肮脏的战乱之后的惨景。6 月 6 日正是他告别人世的最好时机，这位孤独之人为陷入迷途的阿拉伯民族献出了生命。

也许，哈维曾为自己在阿拉伯文学界与阿拉伯人公共记忆中的地位而疑虑，但他注定将会青史留名。20 世纪 50 年代末，他留下了足以为时代发声的诗作。1982 年他因自杀之举更是被人铭记：他的死终结了阿拉伯历史上的一段特殊时期。此后数年之内，阿拉伯文学界和热心政治的人们，无论如何都无法再现过去时光中的那种和谐亲密了。贝鲁特不复往日光景，阿拉伯民族将进一步陷入分裂（虽然大家都在强调一切未曾改变，竭力宣称所有事情都依然完好如初），一代人的信念与理想无法交付到子女手上。追念哈维的人虽竭尽全力，仍旧无法阻止那个时代的逝去，哈维成了预示时代终结的冷酷先知。

哈维出生在一个信仰希腊正教的家庭。他所在的教派属于基督徒中的独特群体。纵观整个 20 世纪，叙利亚民族主义与阿拉伯民族主义的世俗思想观念席卷了整个大叙利亚地区。叙利亚、黎巴嫩与巴勒斯坦三地的希腊正教徒给这两种民族主义打下了深深的烙印。这三块土地上的基督徒群体星罗棋布，其中希腊正教徒是投身

叙利亚与阿拉伯民族主义洪流的排头兵。相比之下，马龙派信众虽在黎巴嫩山土生土长且人口众多，但一直同罗马教廷关系紧密并受
33 到法国方面的保护。至于新教团体，则是 19 世纪欧美传教士涌入黎凡特地区之后的新生事物。因此希腊正教成为阿拉伯世界世俗民族主义的先驱。当然，他们也得依附强权，寄望于外部势力——也就是沙皇俄国及其东正教会——的支持与扶助。但是，1917 年的布尔什维克革命切断了这股外援。在那之前，沙俄的影响深入到了黎巴嫩、叙利亚和巴勒斯坦三地的希腊正教事务之中，作为他们的保护者，与新教势力和奥斯曼帝国在大叙利亚土地上的霸主相抗衡。亚历山大二世（Alexander Ⅱ，1855—1881 年在位）统治期间，沙俄的宗教行动尤为活跃。这位君主自诩“东正教的沙皇”，认为他的帝国继承了拜占庭的法统，是“第三个罗马”。在他的统治下，俄国国内“收复君士坦丁堡”，并在圣索菲亚大教堂“重塑真正上帝信仰”的呼声大涨。恢宏的想象催生了宏大的东方战略，沙俄声言要为奥斯曼帝国境内的所有东正教徒“提供庇护”。在这样的宗教与政治使命之下，19 世纪 60 年代，俄国人在耶路撒冷开拓出一片规模不小的聚居区，并修建了圣三一教堂。船只满载教徒，从敖德萨（Odessa）启程前往雅法（Jaffa）朝圣。每一年的朝圣者都在 1.5 万人到 2 万人之间，大多出自沙俄境内庞大的佃农阶层。这些人贫苦无依，必须仰赖微薄的官方资助方可踏上旅程。囊中羞涩的他们在雅法上岸之后，只能徒步前往耶路撒冷。虽然贫困到这种地步，各位朝圣客的狂热与虔诚却无人可比。1884 年，沙皇已经变成暴虐的亚历山大三世（Alexander Ⅲ）。那一年，抵达雅法的朝圣客竟从国内带来了一尊 1,200 磅（约合 544 公斤）重的大钟。他们就这样拉着大钟朝耶路撒冷一路前进，花了整整三个星期。最终，大家齐诵圣歌，拖拽大钟登上橄榄山的陡坡，抵达坡上那座具有七个穹顶的抹大拉的玛利亚教堂。

但是，在十月革命爆发十年前，俄国人的这项工程便式微了。而且，俄国人的干预程度始终无法与英法相比。美国宗教与教育团体的投入也让俄方难以企及。在巴勒斯坦的基督徒中，天主教与圣公会的声势愈发壮大，东正教则在步步萎缩。叙利亚、黎巴嫩与巴勒斯坦三地的希腊正教徒转而投入各种民族主义世俗运动的怀抱。
教会之中，支持政教分离的阿拉伯裔东正教徒与坚守希腊正教传统 34
的教士之间本就存在对立，教徒中的胆大分子自然乐得脱离教会的控制，投身进入世俗政治的领域。因为《阿拉伯的觉醒》而名声大噪的安东尼乌斯就曾信仰希腊正教，米歇尔·阿弗拉克（Michel Aflaq）同样出身希腊正教家庭。此人在大马士革当过教师，曾经赴法留学，后来成为阿拉伯复兴社会党（The Baath Arab Socialist Party）的建党元勋之一。贝鲁特美国大学的历史学者康斯坦丁·祖莱克（Constantine Zurayk）也是来自叙利亚的希腊正教徒。作为学人，他名望极高，而且一直不遗余力地倡导阿拉伯民族主义。经历类似的阿拉伯裔希腊正教徒还有不少，哈利勒·哈维追奉阿拉伯民族主义，不过是在遵循该教既有的传统。

对于宗教，哈维并无兴趣。但是，他相当注重乡情。他的家乡小村什维尔（Shweir）坐落在桑宁峰山脚，白雪皑皑的山巅在此一望可见。村中人家的屋檐与教堂的尖顶都是泥土做成的。什维尔位于贝鲁特以东 25 公里外，毗邻地中海海岸，附近风景绝美，宛如上帝之国。这里的居民们一口咬定，天气晴好的时候，站在岸边可以清清楚楚地看到海那头的塞浦路斯（Cyprus）。对于黎巴嫩的这迷人一角，《所罗门之歌》（Song of Solomon）如此形容："这里是泉的花园。这里井水源源不绝，黎巴嫩山的溪水湍流不止。"道格河（Dog River）是黎巴嫩山脉地区最主要的河流，源头位于桑宁峰上，在贝鲁特北面几英里的地方汇入海洋，沿途流经一道雄伟而充满野性的峡谷。道格河有两处主要的水源：一处名为"奶泉"

（Naba'al-Laban），另一处则叫“蜜泉”（Naba'al-Asal）。* 黎巴嫩山上的洞穴也是阿多尼斯河（Adonis River）的发源地。这条河在山区蜿蜒，流过什维尔北边的小镇比布洛斯（Byblos），最终归于大海。一处处田园小村依崖而建，种植葡萄的梯田层层叠叠，直通蓝天。这里的山肃穆无声，这里季节分明，冬日严酷多雪，春天葱翠短暂，桑宁峰上降下的浓雾常会笼没整片山谷。有关死亡与重生的神秘故事流传于山岳之间。环境与传说影响着这里人们的性格，塑造了他们的形象，在他们的文学中留下了痕迹。他们自认是山地的人民，热爱自己的家园。他们不停地赞颂家园的美与幸福，告诉孩子，同时也提醒他们自己：《圣经》曾屡次提到黎巴嫩中部的这
35 片多山地域，前前后后多达 75 次。他们相信“神施恩的手呵护着这片土地”。他们还带着明显的虚荣，提起历朝历代曾争夺此地的军队。这些人为了这片兵家必争之地来了又去，留下了各自的遗迹。

在这片土地的美景背后，是当地人生存的艰辛。田园生活常与饥荒相伴，山势虽巍峨壮美却让这里隔绝封闭。土地都已荒芜，因为男人们为寻觅生路纷纷远走他乡，前往北美、非洲与澳大利亚。哈利勒·哈维的一位叔叔就曾到波士顿寻求财富，年纪轻轻便死在那里。他的祖父则去了澳大利亚。1890—1914 年，老人家曾三度往返于澳大利亚与黎巴嫩之间。两次世界大战之间，生长在黎巴嫩山乡的孩子有幸远离了过去的饥馑，哈维正是出生在那个年代。不过，他知晓家乡那段黑暗的历史。他的妈妈很会讲故事，向他讲过他出生之前十多年里家乡发生的事。

山乡人的生计主要靠的是蚕丝和桑蚕吃的桑叶。19 世纪初的贝鲁特本来是一座困在围墙之中的小城。后来，丝绸产业兴起，小城与里昂（Lyon）及马赛（Marseilles）的贸易联系愈发紧密，在

---

* 基督教文化常用“奶与蜜”形容土地肥沃、物产丰富。

1870 年左右成了国际商业重镇，城中商户的影响力直达大马士革与叙利亚内地。兴旺的丝绸与养蚕生意挤占了其他作物的生存空间，到了 19 世纪下半叶，山乡半数以上的可耕地都被辟为桑园，大多数居民都得仰赖丝绸行业提供生路。养蚕、护蚕成了此地农家生活的主要内容。春天农忙的时候,学校会暂时关门,校舍会被用作蚕房。农家人也得委屈自己，为装晒桑叶的竹藤架和平板托盘腾出屋中的大片空间。山乡有过一段繁荣岁月。那个时候，每年都有 8,000 多
人赶到贝鲁特这个对外港口，坐上法国“海上运输公司”的游轮去 36
马赛度假。每逢旺季，这家公司的蒸汽游轮就会一票难求。那时候的日子幸福且富裕，直到泡沫破裂的那一天。从 1890 年到第一次世界大战爆发，20 多年间，黎巴嫩的丝绸产业消失得一干二净。日本出口的丝绸质量更好，价格更便宜，山乡小作坊的产品完全无法与之竞争。不少农家不得不放弃养蚕，将桑树悉数砍倒，因为必须腾出农地种粮食，养活绝望的人们。恐慌之中，数以万计的人选择逃离家园。好面子的奥斯曼帝国想尽办法遮丑包羞，想要阻拦人们出走的大潮，却是徒劳一场。

第一次世界大战过后不久，哈维的家庭遭遇了一场祸事。据说，他的祖父把他在澳大利亚辛苦赚来的钱全数装进箱子藏在家中的楼梯之下，结果被偷了个精光。这件事的真假无法断定。山乡之间，总有这种广为流传的失窃故事。比如我们以前有着光荣的过去，却被外人抢走了，再比如高贵的阿拉伯骏马被盗贼拐到了遥远的大马士革，又比如某户阿拉伯人家的精良枪械遭到法国宪兵强行收缴。我们并不确定哈维家中是否真的发生过这场变故，不过一战期间黎巴嫩大地上确实发生了一出悲剧。在遥远的君士坦丁堡，青年土耳其党决意加入德奥一方参加世界大战。当时，奥斯曼帝国已是一尊泥足巨人，掌握国政的青年土耳其党人却对危局置若罔闻。19 世纪

60 年代以来，黎巴嫩一直处于一个自治政府[*]的管辖下，并受到欧洲的监视和保护，而青年土耳其党人终结了黎巴嫩的自治。土耳其军队占领了山区，带来了无尽的哀伤与恐怖。闯进山区的土耳其军曾经路过哈维的家乡，结果突逢暴雪，溃不成军。这些人原本很可怜。幸存的士兵好不容易来到了什维尔，却将整个村子洗劫一空。村里
37 的粮食和家畜本就不多，都被士兵们据为己有。他们霸占了仅有的动物，搬进了村民们的家里。无论是士兵还是百姓，都得应对严冬的残酷森冷。

恐怖笼罩了整片山区。土耳其人的探子四处活动，就连血亲兄弟都在互相检举。可怕的荒年接踵而来。据统计，仅在叙利亚就有 30 万人死于饥馑。巴亚德 · 道奇（Bayard Dodge）是驻黎巴嫩美国传教士中的“高贵阶层”、未来的贝鲁特美国大学校长、前校长的女婿，曾在什维尔避暑。他的记录揭示了山乡的惨状：

> 空气中满是葬礼上丧钟奏鸣的动静，孩童渴求面包的哭闹声此起彼伏……人们不但少食，而且缺衣，美国人把正装捐献出来，妇女们用窗帘布制作裙子……煤油实在稀罕，大家只好像腓尼基的先祖[†]一样用起了橄榄油灯。穷人为了争夺一桶垃圾大打出手。山间的不少房屋没了主人。他们都死了，房门被卸下来做成了棺材板。

什维尔的百姓无法养活自己。他们的土地都被用于种植桑树，战争又让他们的家乡与黎巴嫩的“粮仓”贝卡山谷（Bekaa Valley）

---

* 指奥斯曼帝国于 1861 年在以法国为首的欧洲诸国要求下设立的黎巴嫩山穆塔萨勒夫领，以保护在 1860 年黎巴嫩山内战中遭屠杀迫害的马龙派基督教徒。自治区的行政长官须由基督教徒担任，并须经过法、英、俄等国的同意。

† 腓尼基人曾于公元前 30 世纪至公元前 5 世纪生活在今天黎巴嫩所在的地区。

及叙利亚的小麦产地哈乌兰（Hawran）断了联系。土耳其人的暴虐更是助长了饥荒的蔓延。占领者觉得，当地的基督徒几乎都有参与叛乱的嫌疑。他们还很清楚，黎巴嫩山的居民无不期望法国取得胜利，奥斯曼帝国早日垮台。

那个时候，这片土地仿佛受了诅咒。1915 年春天，又一场灾难自海上袭来。成群的蝗虫向什维尔扑来，吃光了沿途的所有作物。蝗群遮天蔽日，从海边涌向山顶，发出震天声响。镇里的公告员爬上屋顶，号召大家投入抗蝗斗争：国家已经发布命令，要求百姓把虫卵搜集起来投入大海。成年男女和儿童都得加入清除虫卵的队伍。虫卵要么拿去填海，要么就地掩埋。大家把所有办法都使了出来， 38
还放火烧蝗虫。无奈蝗群还是源源不绝。最终，夜里一阵“神秘之风”（这是伊利亚 · 哈维使用的词）将蝗虫全数刮进了大海。这群掠食者来得突然，去得也突然。

蝗灾结束了，厄运却没完没了。叙利亚、黎巴嫩与巴勒斯坦迎来了一位暴虐的土耳其军事统治者。此人名为艾哈迈德 · 贾迈勒 · 帕夏（Ahmad Jamal Pasha），三地的百姓更愿意叫他“al-Saffah”，意思是“屠夫”。他原在青年土耳其党把持的政权中担任海军大臣，虽然不过四十出头，却是帝国官场的一位老手。奥斯曼帝国深陷一战泥沼，就有他的一份蛊惑之功。1915 年，他统领疏于训练的帝国第四军去苏伊士运河前线与英军交锋。那次的征程以惨败告终，贾迈勒 · 帕夏不得不率部队撤入叙利亚、黎巴嫩和巴勒斯坦。此后这些地方便成了他的私人领地。贾迈勒 · 帕夏并不满足于这点权力：君士坦丁堡才是他这个冷血权谋家施展手段的最好舞台。贾迈勒 · 帕夏以铁腕统治自己的领地，怀疑叛乱无处不在。他尤其觉得山区的基督徒群体不顺眼。他深信，这些基督徒对法国更为忠诚。（贾迈勒 · 帕夏本人深谙这类诡计，他自己就曾和法国方面暗通款曲，多次打探法国的态度，承诺允许对方在大叙利亚驻军，以让法国给他撑腰，助他反对君士坦丁堡的各位主子和他在这场血腥战争中的伙伴。）

那是一个背叛成风的年代。无论谁被怀疑有叛乱言行，山区的军事法庭都绝不姑息。贾迈勒·帕夏非常走运：法国领事馆的一位翻译出卖雇主，把法国方面的大量资料交给了土耳其人，其中包括当地居民恳求法方资助抗击土耳其人的请愿书、士绅中的亲法分子向法方表忠心的信函以及各界呼吁叙利亚独立的声明。证据拿到手后，贾迈勒·帕夏的法庭立即展开行动。土耳其人决定在贝鲁特的一处广场举行公开绞刑,这个广场后来为了纪念死者而被命名为“烈士广场”。贾迈勒·帕夏所谓的正义是奥斯曼帝国式的公平正义：穆斯林也罢，基督徒也好，都逃不过上绞架的命运。共有 16 名案
39 犯——9 位基督徒与 7 名穆斯林——遭到处决。一位神职人员经过允许，在各位囚徒上刑场的前夜为他们做祷告，陪着他们待到很晚。他结合基督教各个派别的说法，讲起了家国与牺牲。他告诉他们，他们以身许国的行为堪比基督为了救世而献身。末了，死囚们集体吟诵了一首诗歌，祝愿祖国早日独立。

贾迈勒·帕夏有一次短暂造访过什维尔。哈利勒·哈维的母亲对这位暴君难以忘怀。她还记得，当时全村人齐聚什维尔的广场，站在官署（serai）前面迎接贾迈勒·帕夏的到来。人们都知道，贾迈勒·帕夏的仪容有些对不住他的名声：此人头大如斗，脸庞又圆又臃肿，身量也远不如惧怕他的人民们想的那样高。一位能流利讲土耳其语的村民代表全村发言，展现出了不一般的勇气：他趁着向奥斯曼帝国宣誓效忠的机会，提及村中的苦难与饥馑，向统治者请求援助。他的请愿遭到了贾迈勒·帕夏的驳斥。“你们村里有没有哪位当妈的已经饿到能把自己孩子吃掉的程度？”贾迈勒·帕夏诘问。发言的村民表示，什维尔还没有出现这种情况。贾迈勒·帕夏随即说出了几个村落的名字，这些地方都出现过母亲吃掉孩子的惨

剧。“你们这儿的情况可比人家好多啦。”贾迈勒·帕夏说。

战争差一点儿就夺走了哈维母亲萨利姆·阿塔亚（Salim Ataya）的性命。哈维的外公是位石匠，前往叙利亚内地东南角的德鲁兹山（Jabal Druze）寻找活计，把萨利姆·阿塔亚和她的两个弟弟留在了家里。留守的母亲为了糊口，只好为土耳其人干活儿，给士兵织补袜子。这是一份以物易物的差事。她给对方干活儿，对方给她分一些小麦和大麦。周遭的饥荒让母亲心神不宁，她雇了一台骡车，带上弟弟前往德鲁兹山。一路上满目荒凉，盗贼横行。最终，姐弟三人来到了目的地。这片山区及附近盛产大麦的哈乌兰聚集着大量逃难者，土耳其势力也较黎巴嫩山薄弱得多。大家守在这里，期盼战争早日结束。她踏上逃亡之路不久，她的父亲就因为伤 40
寒去世，黎巴嫩山地的百姓一向因这种疾病而饱受苦难。德鲁兹山的水质不好，黎巴嫩山区来的难民难以适应。离乡背井的人死去之后只能在他乡安葬。他们远离故里，没有牧师诵经安魂，也没有体面的葬礼。

1919 年 12 月，哈利勒·哈维出生在德鲁兹山附近。这片土地粗粝而荒蛮，玄武岩构成的山体上往往只有寥寥几株矮小的橡木和沙棘。在这片干旱、肃杀的荒野上，一种崇尚神秘的教派——德鲁兹派出现了。哈利勒·哈维的父亲萨利姆·哈维（Salim Hawi）靠石匠活计谋生，战端开启之后就一直躲在德鲁兹山，后来在当地与萨利姆·阿塔亚相识并结婚。萨利姆·哈维一度染上了致命的热病。幸有阿塔亚的母亲悉心照料，他才捡回了一条命。这场高烧足足持续了 40 多天方才消退。一天，哈利勒·哈维醒来之后告诉他未来的岳母，天亮之前他做了个梦。梦中正值春天，他回到了家乡小村。阳光灿烂，漫山都是花朵。“这是吉兆。你的身体肯定会好起来，而且很快就能回到家乡去。”她告诉他。他的梦最终成真了。就在他的第一个儿子哈利勒出生之后不久，萨利姆·哈维携妻带子，回到了久违的什维尔小村。

哈利勒·哈维放不下这段残酷的历史。父母一辈近乎麻木的恐惧常常让他气愤难平。“你们懦弱得就像兔子和小鸡！”他曾经对母亲说，“你们应该反抗，应该战斗和牺牲！”第二次世界大战期间，饥馑再次袭击什维尔小村。哈维带领村里的青年举办了一场游行示威，并发表演讲，语言相当激进：“我们绝对不能重蹈父辈的命运！不能再像兔子或小鸡那样在荒凉的路上或者遥远的他乡默默死去，甚至没留下半句言语！”生活还是那样艰辛而又阴晴不定。哈利勒有四位感情要好的兄弟姐妹，三个男孩一个女孩，可是他们早早地就夭折了。

20 世纪 20 年代的什维尔小村正处于恢复期，灾难正在慢慢远去。这里的男男女女身心疲惫，房屋因主人的遗弃而破烂不堪，各家各户指望远走非洲与北美的男人寄回钱财补贴家计。村里的石匠
41 与瓦工在叙利亚与巴勒斯坦的各大城镇游走，除了赚钱养家，还能带回不少消息。石匠与瓦工都是危险的职业，什维尔小村的居民时不时就得面对亲人意外离世的惨剧。不少石匠与瓦工在戈兰高地（Golan Heights）、哈乌兰或者德鲁兹山遭遇不幸。他们的棺椁会被装上牛车，运回小村的广场。村民们很清楚他们的后代会有怎样的命运：凄苦与贫穷自此将和孤儿寡母如影随形。

什维尔的居民“非常虔诚”——这是格蕾丝·道奇·古特利（Grace Dodge Guthrie）在《黎巴嫩的遗产》（*Legacy to Lebanon*）中的看法。格蕾丝的父亲就是前文提到过的巴亚德·道奇。每到需要消暑的季节，她都会跟随家人来到什维尔小村。她的父亲拥有一匹纯种马，名叫“苏丹”，是他离开小村前往贝鲁特所骑的座驾。格蕾丝只比哈利勒·哈维大几岁。提及他出生的时代、长大的地方，她写道：

> 为了做礼拜，我家的女仆不知跑过多少地方。这里的僧侣和教士总是喜欢把礼拜地点变来变去。一年到头，这里的宗教节日似乎从不间断，召唤信众的钟声不知什么时候就会敲响。不同教派的节日日期也各有不同。修道院是这里最值得一提的古迹。有一家修道院甚至收藏了叙利亚历史上的第一份《圣经》印刷品，里面还是马丁·路德时代的黑体字。

格蕾丝·道奇见识的种种仪式其实并不具备多么强烈的宗教意义。它们更像古老的传统，在山民之间代代相传。在哈维的童年时期，什维尔确有不少教堂，教派种类繁多：这里有长老会的组织（关于这一点，我们还是从格蕾丝·道奇的回忆录中得知她们一家都是长老会信徒），有和哈维一样的希腊正教徒，还有马龙派与天主教的信众。小村外松林密布的山丘上坐落着以利亚修道院（Mar Elias）。修道院里特地建造了两座教堂，它们互为邻居，一家为马龙派服务，一家则属于希腊正教徒。1925 年，游历至此的艾瑟尔·斯蒂凡纳·德劳尔（Ethel Stefana Drower）路过并参观了这里，把这次见闻写进了《叙利亚的雪松、圣徒与罪人》（*Cedars, Saints and Sinners in Syria*）：

> 两座建筑之中，要数马龙派的礼拜场所更为现代。地基虽然
> 古旧，但教堂刚整修过。相形之下，希腊正教僧侣仍在使用原来 42
> 的教堂，原因可能是缺钱。正教教堂很迷人，这里有一座阳光充足的庭院，教堂外有直通屋顶的楼梯，站在屋顶，山下的田园风光一览无遗……这些希腊教堂又黑又小，神像与礼仪带有基督出世之前的异教色彩。不过，相比马龙派教堂那些中规中矩的蓝色圣母像和花里胡哨的圣心装饰，还是正教教堂更打动我。

山乡生活艰难异常，使得各位山民养成了现实而精明的求生本领。宗教进了山，也得遵守山里的规矩。新教传教士在黎巴嫩山区活动频繁。他们的影响是小是大，取决于他们给予当地人的钱货是少是多。有人曾经指出：只要钱款不到位，山间的福音与圣歌立即就会偃息。什维尔的幸运之处在于各大教派都把这里当成必争之地，由此出现了不少优质学校，它们全都是各家教堂与传教团体资助创立的。苏格兰与格拉斯哥大学与小村什维尔尤其有缘：早在 19 世纪的 50 年代，小村里便出现了来自苏格兰的教士与教师，而后传教讲学的队伍一直络绎不绝。丹尼尔 · 奥利弗（Daniel Oliver）的家乡远在苏格兰的北部高地，勤勉的他来到什维尔开办了一家学校（邻近的村落也都有他开办的教育场所），后来这里成了哈利勒 · 哈维的母校。美国传教士未落人后，也建立了耶稣会学校。当然，村里少不了专供东正教子弟入读的“莫斯科学校”（当地人称之为“Moskobiyya”），享受着“伟大的沙皇”及其东正教会的资助，直到十月革命爆发。

19 世纪行至后半，“阿拉伯的觉醒”之风吹进了黎巴嫩山。带来这股风气的是丝绸贸易者和外国传教团体，以及 1860 年以来在欧洲列强支持下稳如磐石的黎巴嫩政权。一群拥有基督徒背景的世俗派作家相继横空出世，阿拉伯语进入了灿烂的创新时代。以前，这门语言在山区本不通行，山间的基督徒更习惯使用叙利亚语。阿拉伯穆斯林中流行着一句俗语：“没有哪个阿拉伯人真正想做基督徒。”做一个基督徒，就意味着成为一群使用陌生表达方式的“被
43 征服者”，承受由此而来的负担和劣势。他们有一种独特的审美能力，并将这种审美能力注入了他们的新语言；哈维写道，借由这种能力，他们得以克服他们的“孤立感”。他们是山地之子，懂得欣赏自然和山地的美。在他们的笔下，这种感知力随处可见。在伊斯兰教兴起之初，他们的祖先本来已经创造了一套表达方式，然而随着时间

的流逝，这套方式渐趋陈腐，被沦为宗教工具，最终遭到他们的抛弃。在 19 世纪中叶这个充满变化与好奇之心的时代，出身基督徒家庭且又信奉世俗主义的作家群体扮演着关键的角色，缩小了文学式的古典阿拉伯语和日常语言之间的差距。

1865 年，《圣经》终于有了现代阿拉伯语译本，这项翻译工作改变了山乡的文学与文化。翻译《圣经》堪称一项壮举，各位译者无不秉持追求完美的情怀，因为抱憾于当时其他版本的不足而别有一番奉献精神。这项壮举始于 1842 年。除了伊莱·史密斯（Eli Smith）与科内利厄斯·范戴克（Cornelius Van Dyck）这两位美国传教士，黎巴嫩文艺复兴的两位先锋——纳西夫·雅兹奇（Nasif al-Yaziji）和布特鲁斯·布斯塔尼（Butrus al-Bustani）也参与其中。据两位传教士说，他们之所以意志坚决，是因为“想将上帝的话语献给苦苦挣扎的 4,000 万罪人”。20 多年后，译本终于面世。按照哈利勒·哈维的说法，这版《圣经》乃是“摆脱堕落时代垂死传统的先声”。文学的革命由此兴起，直指旧有的修辞与叙事模式。耶稣会也很快采取了动作，新教译本赢得的热烈反响激发了他们的雄心。1872 年，耶稣会着手制作自己的《圣经》译本，将这一重任委托给了一位杰出的语言学家易卜拉欣·雅兹奇（Ibrahim al-Yaziji），也就是翻译新教《圣经》译本的纳西夫·雅兹奇之子。八年之后，小雅兹奇的译本终于问世了。

什维尔的居民多是工匠。这里没有贵族家庭和封建地主阶级，正好方便开展新式的学校教育。新式学校很受当地居民的欢迎。每到春天，像哈维之父这样的匠人都要收拾行囊带上工具，四处游历，寻觅活计，忙碌大半年，直到入冬才回到家里。父辈们辛劳一生， 44
可不想自家子女也走他们的老路。教育为后辈提供了一条出人头地的途径。无论是在民间传说中，抑或是在广场边和水井旁的闲言碎语里，什维尔的人们总在称颂本地出身的各位医生、律师与教授，他们全都走出山乡，在城里或是远方的国度有了各自的一片天地。

乡亲们出人头地的故事激励着什维尔居民。历史学者阿萨德·拉斯特姆（Asad Rustum）就是大家的榜样。他虽出身贫寒，却成了国内首屈一指的学人。一位叫哈利勒·萨阿德（Khalil Saadah）的医生同样引人注意。他出生在什维尔，毕业于贝鲁特美国大学，编著过一本英阿双语对照的医学词典。他最终前往南美定居，撰写的政治宣传手册与新闻刊物在巴西和阿根廷的黎巴嫩移民圈颇有影响力。纳米·雅费特（Nami Jafet）也是什维尔人，同样去了巴西。一开始，他身无分文。历经奋斗，雅费特建立了庞大的海运帝国，经营的工厂与生意门类繁多。当地政府还在市政厅前方树起了他的雕像。（在雅费特离开故国多年后，1952 年，他的后代向贝鲁特美国大学捐赠了一笔巨款。该大学因此拥有了第一个真正意义上的图书馆，并为该馆冠上了雅费特的名字。）

哈利勒·哈维的早年经历并不出奇。他来自希腊正教家庭，先是入读一所天主教耶稣会开办的学校，后转学去了英国圣公会旗下的一所学府。这些学校的成立和运作都依赖各个教派的资助，所以它们不遗余力地向学生灌输教派的教义。不过，在什维尔山乡，教育本身才是大家真正在意的，人们有办法消解各教派的教义影响。哈维小时候就读的第一间学校奉行填鸭式教育——那个时候黎巴嫩的所有学校都是这样——孩子们被叮嘱要提防异教与异端，虽然他们根本不明白那是什么意思。学校防止异端的流程是这样的：先由老师发问："异端是些什么人？"各位学生则应统一回答："异端就是背弃教会、悖逆教宗的人。正教会属于典型的异端……"即便出身正教会家庭的孩子也会给出这样的答案，唯有哈维是个例外。这位成年后以叛逆闻名的诗人肯定早在童年时期就露出了端倪：他拒
45 绝按照要求回答问题，教他的教士对这个不听话的孩子失去了耐心，便让他吃了一顿板子。

在什维尔这个小地方，居民彼此都很熟悉。小哈维身处其间，不凡的一面很快显露了出来。老师们对他寄望甚高。家人与亲戚也相信，他长大成人后会找到比石匠或瓦工好得多的营生。他是个有天赋的学生，性格独立，自尊心强、脸皮很薄，对自己的权利很敏感——这些都是小村居民欣赏的品质。此外，他还很有语言天赋，生来就具备韵律感和节奏感。他的这个天赋早就为人所知。大家都认为,小哈维的才华遗传自他的舅舅。山乡之间流传着一种名为“扎加尔”（zagal）的游吟诗。哈维的舅舅正是一位游吟诗人，什维尔附近各地都知道他。吟唱“扎加尔”的诗人无一不是男子汉中的男子汉，酷爱喝酒，性格叛逆，舅舅自然概莫能外。人们还记得，他能把村里教堂的那口最重的大钟（大钟沉重异常，是俄国方面送给东正教堂的礼物）敲得山响。他的酒量确实不小,而且到处拈花惹草。舅舅非常疼爱小哈维，无论走到哪里都会带着他。舅舅认定小哈维是文学与诗歌方面的可造之才，经常在这方面鼓励他。可惜舅舅很早就因肺结核而撒手人寰，他去世的时候哈维才不过十岁。此前，小哈维已经送走了三位同辈姊妹。舅舅的死对他又是一次沉痛的打击。聪明的小哈维接过了舅舅的衣钵。他和他一样热爱文学、满腹诗才，而且舅舅对于“男子汉”的尊崇也被他继承下来。哈利勒的父亲沉默寡言。在生活的重压之下，他很可能不理解游吟诗人在儿子心中的榜样作用。但是，老哈维深信大儿子会有一段不一样的人生历程，将来不用依靠出卖劳力为生。

哈利勒·哈维和他的爸妈一直做着心理斗争：一方面，父母希望长子（哈维的父母共有五个孩子活了下来）继续学业；另一方面，家里的石匠和瓦工活计也需要有人出外打理。那段时期，萨利姆·哈维的父亲老走背运。一桩糟心事刚刚平息，另一桩就立即找上他的门。1925年，萨利姆·哈维遇到了一个大麻烦。当年，德鲁 46
兹教派的聚居地，也就是德鲁兹山，爆发了大规模的反法起义。萨利姆·哈维很熟悉德鲁兹山，那是他维系生计的地方。他欣赏当地山民的自豪性格，几乎把那里看作第二故乡。起义的炽烈烽火足足燃烧了两年，沉重地打击了殖民者的自信。山民高举起义大旗，为的是誓死捍卫德鲁兹派聚居区永久的独立地位，因为法国人妄图干预德鲁兹山，让人忍无可忍，而且他们的统治手腕异常笨拙，喜欢多管闲事，于是传奇的部落首领苏勒赫坦·帕夏·阿特拉什（Sultan Pasha Atrash）振臂一呼，大家立即群起响应。面对骄傲独立的当地居民，殖民当局本该小心谨慎，可是法国人却想让他们乖乖听话。他们撺掇农户脱离部族长老的管束，还强行发动劳役以充公用。如果法方采取巧妙的“本土政策”，山民们倒可能忍受得了。可以说，起义的发生应当怪罪殖民当局自身的蠢行。

法国殖民者拼尽全力才平息了叛乱。萨利姆·哈维，这个卑微的小石匠、在德鲁兹山区和哈乌兰平原辗转劳作的基督徒，正巧卷入了一场大难。当时的德鲁兹山很穷，严重的旱灾掏空了农户的钱袋，盗匪猖獗横行。叛乱武装与法国远征军反复拉锯，战况惨烈。法军当中数摩洛哥来的雇佣骑兵最为凶恶。他们四处掠夺，引得哀鸿遍野。萨利姆·哈维清楚德鲁兹山民自尊心很强，对法国人没有丝毫好感。从德鲁兹山区回来以后，他把法军在镇压叛乱之后对待阿特拉什部族的手段当成故事讲给了乡亲们。据他描述，为了杀叛乱首领的威风，法国人施展了一条毒计：一些心性自豪的大部族是由长老们领导的，他们以前没有干过哪怕一天的体力活儿，此时却被法国人强行赶进了采石场，为石匠们打下手，搬运石材，听人随意使唤。如此情形，萨利姆·哈维实在看不过眼。他与德鲁兹派的长老有着多年交情，无法听凭朋友受苦受罪。于是法国人把他赶出了德鲁兹山区。

47 几年过去，萨利姆·哈维又得了一场大病。他的大儿子不得不中断学业转做劳工，一干就是 12 年。那场病有些怪，整整两年间，

萨利姆 · 哈维必须卧床休息。他无力干活儿，家里断了收入。病发之时，石匠正在外出的路上，他靠在树荫下一块冰凉的石头上小睡了片刻，醒来后发现自己的一条腿不能动了。没人知道这种怪病应该如何医治。他相继看了村里的大夫和算命先生，都没用。能找到的现代药都吃了，还是一点儿帮助都没有。黑暗的一天突然降临，家中却既没有积蓄用来救急，也没有储粮可以过冬。生活的重担压上了哈利勒 · 哈维的双肩。他才 13 岁，就得忍受各家商户讨要赊款的嘴脸。这个要强少年不得不迅速成长，担负起养家的责任。小小的什维尔藏不住秘密，追债的店家让少年哈维备受白眼。他后来在诗里对高利贷者和“寺庙里的生意人”的鄙夷一定是源自这段让他自尊心受创的岁月。

对于哈维而言，上学已经成了奢望，因为家里无力承担他的学费。13 岁那年，哈维选择辍学并干起了体力活儿。等到他拾回书本，十多年的时光已经流逝了。这段历史成了他心中的创伤。哪怕已经成功挤进布尔乔亚子弟的小圈子，哈维仍然无法真正和那些娇生惯养的同伴打成一片。毕竟，他尝过潦倒的滋味，什么奇怪的活儿都干过，工作换了又换。他做过手工活儿，接触过不少重体力劳动。他在家乡小村学过皮匠手艺，还以泥瓦工的身份走遍了贝鲁特、约旦和戈兰高地。第二次世界大战中期，英国军队为了驱逐维希法国的势力开进了黎巴嫩，哈维一度为他们跑过腿。后来，这个“巴吞吉”（batunji，泥瓦匠和建筑工）成了教授与诗人，得到人们的由衷钦佩，但他仍无法摆脱艰难岁月给他留下的伤痕。

哈维忘不了自己上工第一天的情形：他在村中的一处建筑工地搬运石材，看着昔日的同学们朝着学校走去。“有些同学还会停
下脚步，和我聊上两句。这一点最能刺痛我，要知道我以前过的也 48
是体面的生活。”自学成才的哈维所处的这片国土向来缺乏“浪漫”与“轻松”的容身空间，人们认为做体力劳动没有面子。在这片冷

酷麻木的土地上，有人的母亲是贵妇，有人的母亲只不过是婢女。有时候，城里的某些巨富也会惺惺作态忆苦思甜，吹嘘他们父辈干农活儿时穿过的灯笼裤还一直挂在故乡的桑树之上。其实，这里的文化并不体恤劳苦、崇尚艰辛。哈利勒·哈维落入了失败者的世界。了不起的是，十多年后，他从那个世界逃了出来，跻身上层阶级。哈维把这段人生经历——失落的求学之梦，艰难求生的历程，一瞬间从少年变成大人——写成了诗，收录在诗集《饥饿的禾场》（*The Threshing Floor of Hunger*）当中。两位著名的哈维研究者阿德南·海达尔（Adnan Haydar）与迈克尔·彼尔德（Michael Beard）把这首诗译成了英文，语言十分优美：

当夜霭笼罩
母亲收起涕泪
她恳求我停止幻梦
“穿过废弃的洞穴
穿越荒凉的海岸
有着书籍的世界，有一片家园
一片天地、一把犁，等待我”
在那里，我无所不能
洞中的神仆谨从我的号令
那里有甘露、鹌鹑肉与美酒
那里的东西，凡夫俗子闻所未闻

母亲只想快快结清赊欠各家商铺的钱款，她的儿子却在挂念洞中神仆为己所用的精神世界。失学的哈维一度想去看守村里的葡萄园。父亲患病过后，他常在那里流连。园里一片寂寥，带着几分原始之美，深得哈维喜爱。可是，看守的工作并不稳定。他选择了父母想让他——也想让他们自己和他的弟弟妹妹们——从事的工作：当一个鞋匠。这份活计和生意更有保障。不过，他和师父难以处好关系。到了夏天，哈维会去亲戚开的饭馆端茶倒水。饭馆位于半山腰上，山下就是哈维的家乡小村，黎巴嫩、叙利亚与巴勒斯坦各大城市的有闲阶级都会来此消暑度假。哈维憎恨这些来客，眼见乡亲们只能在城里人身边迎来送往、充当奴仆，他感到愤愤不平。后来，他放弃给鞋匠当学徒，来到贝鲁特的郊区，干起了刷墙和临时工的活儿。 49

大历史家费尔南·布罗代尔（Fernand Braudel）曾在《菲利普二世时代的地中海和地中海世界》（*The Mediterranean and the Mediterranean World in the Age of Philip II*）中提到：“有一点毫无疑问，（黎凡特）低地的城市文明与高地的世界相融得并不完美，前者渗入后者的过程非常缓慢。”他还觉得：“在山区，文明的根基始终不大稳定。”山间的生活极具浪漫色彩，关于黎巴嫩群山的浪漫传说数之不尽：这里有自由的空气，这里的人们远离平原上的暴政与奴役。山民们和山地的游人传扬着这里的种种传说。“这片崎岖陡峭的山区一直都是自由民的避难所。”18世纪末法国探险家弗朗西斯·巴隆·德·托特（Francois Baron De Tott）如此评价黎巴嫩的内陆山地。除了浪漫的传说，这片山区还有一个古老且不可忽视的特点：山民为沿海的平原地区带来了山区特有的精神气与疑心病。哈维就是这样一位山民。城里的朋友觉得他易怒、暴躁还有点神经质（阿拉伯语称之为“asabi”）。他的一举一动始终带着山地的气息。

“别上山来，要下山去！”这是地中海沿岸山民的生活信条。数十万山民抛下家乡的桑园和田地，前往北美、非洲或者山下的贝鲁特讨生活。哈维既了解他们对山间家乡的眷恋，也知道它施加于山民的诅咒和痛苦。黎巴嫩的山地确有自由的一面，但又不真像传

说中那般自由自在；他非常了解生活匮乏、习俗传统和教会的统治
50 给山区造成的沉重负担。在他快要四十的时候，他写了一篇长文（他在剑桥大学的学位论文），篇幅和一本书差不多。文中，他谈及黎巴嫩山区的政治生态，以及族人和乡亲：

> 山间的自由风气、山势的伟岸巍峨，塑造了山民的精神与体魄。淳朴的道德理想体现在他们的言行之中。可是，成年山民注定要承受山间恶劣环境造成的种种冲击和挫折，他们将认识到历史中的悲剧和失败，以及父母向他们灌输市侩的处世之道，这种处世之道来自生活的艰辛坎坷和理想主义遭受的挫折。重重作用之下，他们对于公众利益、民族进步等伟大事业都变得不屑一顾。为了适应山里的环境，也为了捞取政治、社会与经济上的利益，他们就得养成卑微、自利和高度投机的习性。不过，幼年时的优良品质并未在成年后消失殆尽，虽然这些品质并不能决定性地影响他们的行为。他们觉得，乐于私斗、构陷他人和背信弃义都是人之常情，而尊严、诚实与包容不过是挂在嘴边的伪装。

15 岁那年，哈利勒·哈维第一次有机会脱离山乡的不堪环境，逃出家庭的控制，逃离鞋匠工作给他造成的心灵创伤。但他不必离家远走——他成了安东·萨阿德（Anton Saadah）的追随者。他的这位偶像是个冒险家，有着花衣魔笛手（Pied Piper）* 一般的魅惑力，同样出身于什维尔的希腊正教家庭。他去过巴西，与故国整整分离了 12 年。回到黎巴嫩以后，他开始大力宣扬激进的叙利亚民族主义。他的拥趸坚信，他为大家带来了政治救赎的福音。容易
51 轻信于人的年少哈维将萨阿德奉为先知，仿佛只要他挥一挥魔杖，

---

* 中欧民间传说里的人物，笛声可以蛊惑少年儿童跟随其后。

立刻就能治愈黎巴嫩、叙利亚与巴勒斯坦的沉疴。多年以后，哈维才走出萨阿德布下的迷魂阵。偶像的坍塌一度让诗人相当低落与愤懑。直到 50 年代，哈维投入了泛阿拉伯主义阵营，才终于恢复过来。而他的第一个“精神家园”则早已走上政治运动的歧途——萨阿德创立的叙利亚民族社会党（Syrian Social Nationalist Party）* 成了一个地下法西斯组织，他曾把萨阿德这位克里斯玛式的领导人奉为偶像。

1930 年，安东·萨阿德来到黎巴嫩。1949 年，他被当局判处死刑。在此期间，有不少精明能干、热心政治的年轻人投到他的门下。回归故国的时候，萨阿德不过二十五六岁。当时他口袋空空，没有任何稳定职业（要知道，外出的移民们宁肯在上帝的国度迷失不归，也不愿灰头土脸地面见家乡父老）。萨阿德的一生命运多舛。他曾跟随父亲哈利勒·萨阿德博士四处漫游。老萨阿德把子女都留在了黎巴嫩，自己一个人过着政治记者的羁旅生活。他曾是埃及的黎巴嫩裔移民领袖，后来又去了阿根廷与巴西扮演同样的角色。他并不满足于黎巴嫩山区的这片天地，想把土耳其人的统治彻底推翻。因为理想，他被迫流亡国外。足有 16 年的时间，萨阿德未曾见过父亲一面。父亲不在身边的时候，母亲于 1913 年不幸离世，此前老萨阿德与妻子刚刚在埃及重新聚首。萨阿德被亲人抚养长大，成长过程正逢一战造成的饥荒。他活了下来，却目睹和经历了许多心酸痛苦之事。1919 年，萨阿德带着对不幸过往的种种记忆前往巴西投奔父亲。

到了巴西，等待他的是政治梦想和经济困窘的生活。老萨阿德创办了专供移民阅读的阿拉伯语报纸：《消息报》（*al-Jarida*）；他则

---

* 作者在原文中使用了该党在法国通常被称呼的名字：叙利亚人民党（Parti Populaire Syrien）。

成了父亲的打字员与唯一的记者。后来《消息报》因经营不善而关张歇业。父子二人很快又办起了《杂志报》(*al-Majalla*)。虽然身处遥远的南美、身在叙利亚和黎巴嫩的移民群体当中，萨阿德父子却一直对故国心怀宏大的梦想，期盼有朝一日年轻的萨阿德能在强盛起来的祖国平步青云。他们虽在巴西生活，但对黎巴嫩的政治事务
52 更为在意。父子二人与其他移民政见不合，总是与他们发生争执，又看不起那些一心要在南美生根发芽的商人。青年萨阿德觉得，在圣保罗（São Paolo）的生活就是身处炼狱。真实的世界，让他牵肠挂肚的东西，全在那片过去的土地上。1925 年，20 岁的他满腔愤怒，因为没有哪位爱国者愿意挺身而出刺杀当时造访叙利亚的英国外交大臣贝尔福伯爵(Lord Balfour)*。阿拉伯人与犹太人势力对于巴勒斯坦的争夺是他笔下永恒的主题。他对占据叙、黎、巴三地的殖民当局大加抨击，认为他们有意放纵犹太人在巴勒斯坦发展壮大。他正告各位旅居巴西的黎巴嫩和叙利亚同胞，他来到南美非为求财，而是“怀抱神圣使命”。他说，思乡之情时时都在折磨自己。“我一直向往哪天能够回归故里。”1929 年，萨阿德写道。再过一年，他就能梦想成真。“我想念家乡的山谷、松林和泉水。我渴望能够回到自己的出生地。”而对于巴西的地貌与人情，萨阿德则只字不提(他的所有书信与文字都保存在他的信徒那里)。

旅居南美期间，萨阿德并未受过太多正规教育，却赢得了知识分子的名声。回到黎巴嫩时，他已经变成一个性格有些怪异的青年：留着胡须，举止故弄玄虚，自称精通德语、俄语、法语、英语、葡语、西语等多门外语，深谙哲学与历史。萨阿德现身在这片宗派林立、教权横行、被统领宗派的强人所掌控的土地，他相信革命就要到来

---

* 即亚瑟·贝尔福（Arthur Balfour)，英国政治家。1916 年起担任英国外交大臣，翌年发布《贝尔福宣言》，支持犹太人在巴勒斯坦建立家园。

了。这位青年一心想要重建“叙利亚人的国度”，以“历史上叙利亚统治的范围”为疆，北及托罗斯山（Taurus），东临幼发拉底河（Euphrates）和伊拉克的沙漠，南至西奈半岛（Sinai），西濒地中海。居于其间的地域（即叙利亚、黎巴嫩、巴勒斯坦与约旦）都是萨阿德“叙利亚国”（Syrian nation）的神圣领土。他宣称，历史上曾有一个伟大的“叙利亚民族”。它与东方那些“落后国度”毫无关系，
拥有古老的文明，曾启迪过希腊和罗马文化。后来，它渐渐衰落， 53
被“东方的落后制度”污染、荼毒，陷入了数百年的沉沦和低迷。萨阿德的使命就是带领“叙利亚民族”走出混沌的长夜。

其实，萨阿德吹嘘的“叙利亚国”从未存在过。他想象中的“领土”在现实之中一直都是四分五裂的，部族各据一方、互相敌对。他划定的这些疆域都在英法两大殖民帝国的统治下。这里的人各有各的建国方略：马龙派基督徒打算推动黎巴嫩独立，而逊尼派穆斯林则更认同统一的阿拉伯世界。在萨阿德看来，以上一切统统不是障碍：他自信满满，向年轻人兜售这个故作神秘的“叙利亚国”理念，想要以一种更好的政治秩序取代寡头、商人与教士的统治。

萨阿德一家的祖屋早已出售。萨阿德在什维尔没了房产，就在村外的小山坡上搭了一处可供容身的茅草棚子。这顶棚子成了他的避暑场所，他的追随者视之为圣地一般，宣扬他在这里阅读、冥想、规划政坛生涯。然而，萨阿德活动的大本营其实在贝鲁特美国大学的校园里。向往政坛又精于策划的萨阿德正适合在大学里发展信徒。他会得挺多，但都是半吊子水平：他尝试过写小说，和一些大学生玩桥牌、打网球，他的游泳技术也不错。他还从图书馆借走了不少大部头著作。萨阿德以前在村子里和时任校长巴亚德·道奇见过面，给后者留下了很好的印象。在校长的允许下，萨阿德才得以进入大学活动，私下里给一些学生教德语。这些学生之所以对德语感兴趣，全是因希特勒的崛起闹的（出身高贵的道奇并非不顾学校的利

益，随着萨阿德在政坛声名狼藉，校长便声称自己与此人毫无关系）。萨阿德这个人胆大包天。一次，他闯进曾在芝加哥和图宾根大学留学的年轻教师安尼斯·弗雷哈（Anis Frayha）主讲的闪米特文化课，指责对方“误读了叙利亚的历史”，“不承认统一就是叙利亚历史的中心意义”。

54 明眼人都能看出，萨阿德早晚会闯祸。毕竟，家乡的所有永恒价值——对于田产、家族与习俗的崇信，对于宗教门派的归属——通通遭到了他的戏谑与嘲弄。一位见过世面的什维尔小店主曾经找到萨阿德，像慈父一般对他苦心规劝：“你还是去贝鲁特美国大学上个学，然后在学校里找一份工作吧。你想为穆斯林做主，偏偏他们绝不可能接受任何教外人士的统治。你要是不依不饶，他们就能要你的命。你还是死了这条心，去大学教书好了。”安尼斯·弗雷哈虽和萨阿德因为叙利亚的历史而大吵了一架，却也给了后者同样的忠告。弗雷哈年纪不大，但睿智过人。他出身贵格会教徒家庭，在邻近的德鲁兹山区长大。他受过大学教育，但也保留着讲实际的乡间智慧。“就凭你这个名字，你就不可能成为政治运动的领袖。‘安东’可是（基督教的）圣徒[*]，国内诸位‘阿里’和‘阿卜杜勒·萨特’（穆斯林常用姓名）注定不会跟你走。他们要是肯真心追随你，我就愿意豁出一切满足你的任何愿望。”弗雷哈失算了。现实中，有大批年轻人真心愿意追随萨阿德，其中还不乏狂热信徒。他们之中有希腊正教徒、德鲁兹派穆斯林、新教徒以及一些什叶派穆斯林——萨阿德心中那个超越宗派与氏族的世界令这些什叶派青年心生向往。参与其中的马龙派基督徒和逊尼派穆斯林则相对较少。萨阿德的追随者内心很不安分，对父辈那个世界的种种弊病极度失望。他

* 指埃及的基督教圣徒安东尼（St. Anthony the Great），专注于隐修生活，影响了圣奥古斯丁等人。“安东”（Anton）来源于古罗马人名安东尼乌斯（Antonius），而“安东尼”（Anthony）的拉丁语写法就是 Antonius。

向他们保证，要施行改革，带领大家摆脱寡头、商贾和宗派头领的桎梏。有一次，他告诉一位天文系的高才生：“你怎么能一心只顾研究星星，却对脚下这块土地的归属不闻不问？”听了他的一席话，这位未来的天文学家就放弃了实验室里的工作，转而研修哲学与经济。

对于故国的种种问题，萨阿德有着“外来者的清醒”（Stranger's Wakefulness，出自莱昂·威赛尔蒂尔［Leon Wieseltier］的作品《反对身份》［*Against Identity*］）一般的洞察力。这个才能来自他旅居南美的经历，借此他可以看清局中之人难以察觉的各种事情。在他眼中，家乡的旧式诗歌空无内容，除了追怀沉重的过去，就是模仿、因袭，没有一点儿力量。以往的诗人也遭到他的讥笑：他们身处黎巴嫩和叙利亚，却在一味追捧阿拉伯半岛的诗歌传统。他们不去吟咏家乡的高山翠谷，写起毫无起伏、沙漠遍布的陌生地域倒是特别起劲儿，仿佛阿拉伯半岛的地貌才是故乡的风景。为此，萨阿德倡议各位文学青年与诗人把个人的情感、身处的环境真实反映到各自的作品中。

萨阿德对阿拉伯半岛的那个沙漠世界没有任何兴趣。对于埃及 55
（当时，埃及的资产阶级即将经历文化与政治方面的觉醒），他甚至有点看不起。他觉得，埃及不过是“落后东方”的一部分，与他的“叙利亚国”毫无关系。“请跟我来！”他向“叙利亚国”的各位文人发出邀请，“让我们一起点燃火炬，帮助叙利亚民族战胜黑暗。来吧，让我们从祖国的历史、传说与教诲中汲取养料，建起爱、智慧、美与希望的宫殿。”他在自己的著作《叙利亚文学中的智识之争》（*The Intellectual Struggle in Syrian Literature*）中写道。他还呼吁各位诗人停止吟咏情爱，转而集中精力书写家园、政治与公共事务。他们应当摆脱历史的阴影，找回叙利亚真正的灵魂和天才。这种对文学革命的呼吁表达了人们在更广泛意义上反对法国统治的心声，同时指向与法国殖民者妥协和勾结的精英阶级。

萨阿德回国真是恰逢其时。叙利亚与黎巴嫩都经历了连年的经济衰退，对于法国的统治愈发不满。法方虽然成功镇压了反抗势力，殖民秩序却难以恢复稳定。20 世纪 30 年代，法国国内时局艰难，前途未卜，经济脆弱不堪，无力维持庞大的殖民体系。自第一次世界大战结束，直到 1939 年为止，法郎流失了九成的黄金储备。对于法兰西殖民帝国而言，开疆拓土的传说已成过去。全新的集体民族主义，以及声称法国这个宗主国已是江河日下、辉煌不再的声音，从墨索里尼治下的意大利（以及随后的德国）传来，在叙利亚与黎巴嫩的法占区大行其道。墨索里尼宣称，法兰西殖民帝国行将解体，地中海属于意大利，是“我们的海”（mare nostrum）。意大利的船更大，火车更快，专制统治也更具效率。对于黎凡特这片土地，意大利人非常熟悉：来自意大利的传教团体，尤其是方济各会，一早就在这里扎下了根。意大利商界在这里也是根基稳固。墨索里尼的吹嘘，以及他那有别于英法自由原则的施政纲领，具有很强的魅惑性。20 世纪 30 年代的政坛动荡不安，安东·萨阿德的激情做派正合这一时期的主旋律。

56 哈利勒·哈维的父母可不希望儿子和萨阿德走得太近。两个老人虽未受过太多教育，但有一点却异常清楚：当局那些“管事的人”（hukuma）早晚都会除掉萨阿德这个麻烦。而且反对政府当局这种事情不能提供可靠的经济来源。这对石匠夫妇熟悉本国的国情与法律，他们清楚：面对萨阿德的挑战，那帮拥有这个国家、把它搞得四分五裂的人一定会出手反击。没过多久，他们的看法就应验了：萨阿德成了监狱里的常客。村里那些追随者们被一网打尽，在广场上结结实实地挨了一顿痛打。他们的母亲或妻子不得不带上大包小包的食物，奔波在什维尔和贝鲁特的监狱之间。

可是，哈利勒·哈维没有听从父母的教导小心行事。年轻的哈维志比天高，自尊心却受到了伤害，他爱好幻想，却做着不受待见的制鞋手艺。而萨阿德那个党派帮助他找到了些许尊严。邻村的长者和德鲁兹山区的来客都在萨阿德组织的活动中发现过哈维的身影。有传闻声称，哈维深得萨阿德的信任。他甚至知道萨阿德藏在山里哪个地方。法国宪兵袭击什维尔的时候抓走了不少人，但并未为难哈维。1938 年，萨阿德被当局驱逐出境。哈利勒·哈维等一群拥趸从此没再被找过麻烦。（不过，1947 年，萨阿德回到了独立之后的黎巴嫩，继续为自己的“叙利亚国”鼓吹呐喊。）

抛开政治倾向不讲，哈利勒·哈维的生活轨迹渐渐超越了小村所在的地域。20 岁那年，他终于离开什维尔，来到贝鲁特东北郊区的达乌拉（Dawra）和布尔吉哈穆德（Burj Hammoud）干苦力。这是一片贫民区，环境很不干净，曾经工厂林立，后来成了无家可归者的容身地。达乌拉邻近的海是整个城市的垃圾堆。曾在第一次世界大战期间和战后饱受青年土耳其党人迫害的亚美尼亚难民，首先入驻了贝鲁特边缘的这片荒野。他们在这里扎下帐篷，
给这里冠上了安纳托利亚老家城镇和街道的名字，比如“赛斯营” 57
（Camp Sis）、“阿达纳营”（Camp Adana）和“马拉什营”（Camp Marash）。他们在这里等待着，满心以为有朝一日能够回归自己的那片土地。一开始，他们不愿学习阿拉伯语，还刁难慈善机构派来的语言教师。他们不想碰这门语言，不接受永遭放逐的命运。但他们终归被迫待了下来，而且还有各种难民源源不断地来和他们做伴，其中有亚述人和迦勒底人，有土耳其境内的叙利亚天主教徒，黎巴嫩南部与贝卡谷地平原的下层什叶派穆斯林因不堪忍受贫困的环境，也来到了这个地方。

这些亚美尼亚难民在土耳其的时候大多从事工匠手艺。他们的聚居地很快吸引了一大批同样流离失所的人。部分亚美尼亚人还在追怀那个一战期间萌生的美梦：他们要在小亚细亚半岛的东部、从

黑海到地中海之间的土地上，建立一个独立的亚美尼亚国家。他们希望难民中的青少年（还有战争造成的孤儿与离开土耳其的年轻流亡者）能够接受教育，为将来执掌国政作好准备。不过，这个民族普遍更讲实际。难民中的年轻一代学起了鞋匠、铁匠、纺织工和木匠手艺。在一所传授如上技能的孤儿院里，亚美尼亚的孩子们挂起了一行标语：甘甜是我们的汗水浇灌出的果实。

在这座城市的一隅，哈利勒·哈维看到了一个生理与精神堕落的全新世界。这里的一切都处于什维尔的对立面，截然不同于山间的自由空气、葡萄园以及小村的禁忌封闭。达乌拉到处都是娼妓。海边的空地上住着好些难民，他们有他们的处世之道：为了生存，他们什么事情都干得出来。当时的哈维还不到 20 岁，心性敏感，这里的荒凉景致被他牢记于心。多年以后，哈维顶着著名学者的头衔入住富人云集的贝鲁特中央区（Ras Beirut），在贝鲁特美国大学附近有了自己的家，可他的灵魂似乎困在了肮脏荒蛮的达乌拉和布尔吉哈穆德，永远也走不出去。

58 常年的阅读习惯让干着瓦工和粉刷匠活计的哈维鼓起勇气继续前行。他读同胞哈利勒·纪伯伦（Khalil Gibran）的作品，读法国的诗歌以及福楼拜（Gustav Flaubert）和雨果（Victor Hugo）。他尤其欣赏英国的浪漫主义诗作。他从未抛弃上学的梦，始终想摆脱体力劳动的世界。他的机会来了：第二次世界大战爆发，英军将维希法国的部队逐出黎巴嫩，哈维在英军那里找到一份监工的活计，干了两年。这是他人生的一个幸运转折：萨阿德的一众信徒（年轻时的哈维也是其中一员）仇视英、法，崇拜德、意。当时在黎巴嫩和其他阿拉伯国家，人们分裂成了两大阵营：一些人或是因为利益攸关和教育背景，或是出于同情而心向英、法；另一些人则相信，黎巴嫩乃至阿拉伯世界的未来和德、意集团联系紧密。经历过那个年代的人都难以忘怀德军攻占巴黎的消息在黎巴嫩引发的反响：有些人毫不掩饰地为法国痛哭流涕，更多的人则认为殖民政府罪有应得，因此甚是欢欣鼓舞。街面上流行着一首对句诗，借由希特勒的胜利对法国人大加嘲弄：

> 噢，法兰西已经解体灭亡
> 是希特勒干掉了你，阿布 · 阿里

“阿布 · 阿里”是黎巴嫩人对于流氓恶棍的谑称，颇有几分亲
切之意。德国肆虐欧洲，统治黎凡特的英、法殖民势力倒了霉。无
力反抗殖民者的黎凡特百姓仿佛借纳粹之手得以报仇。有些阿拉伯
人觉得，纳粹德国的非洲军团（Afrika Korps）节节获胜，正是宗
主国作孽太多招致的报应。一些人闻风而动，开始恶补德语。不过，
英国仍然控制着中东地区。1941 年夏，一路盟军从巴勒斯坦和外约
旦的英军基地出击，另一路走海路，双双开向黎巴嫩，维希法国的
部队象征性地抵抗了一阵，很快就缴械投降。先是大马士革陷落，59
贝鲁特紧随其后。英国人给法兰西留了一点儿面子，些许照顾了法
方的“尊严”。英军指挥官前往贝鲁特巡视期间，邀请乔治 · 卡特
鲁（Georges Catroux）将军作为法方代表同行。而后，夏尔 · 戴高
乐（Charles de Gaulle）亲临贝鲁特，造访了贝鲁特美国大学，还
在校长公馆的花园喝了杯茶。

盟军胜利后，黎巴嫩的经济困境有所舒缓。前两年，小麦在市场上完全绝迹，汽油、糖和大米严重匮乏，工作机会更是无处可寻。黎巴嫩换了新主人以后，局势有所好转。进驻中东的 150 万盟军士兵急需本地劳力和军需补给。大英帝国虽然濒临破产，但美国资金的大量涌入促进了经济发展。通货膨胀随之发生，冲击了工匠与穷人阶层，但也有人幸运地借这笔意外之财得以喘息。人脉宽广的哈利勒 · 哈维就是幸运儿中的一员。他英语好，受过良好教育，足以

抓住这次机会。

1946 年，哈维靠这段时间的积蓄再次踏上求学之路。他就读的是一所新教预科学校，位于贝鲁特郊区的什瓦伊法特（Shwayfat）。该校对学生要求严格，是贝鲁特美国大学的生源学校，因此很受富裕阶层和官宦家庭的青睐。哈维的同学当中，有不少来自叙利亚、伊拉克和巴勒斯坦的望族子弟：这里有出身加沙（Gaza）的沙瓦（Shawa）家族、巴克里（Bakri）家族和巴拉奇（Barazi）家族的学生，也有大马士革阿兹姆（Azm）家的孩子们，各种名门后代更是不胜枚举。这些家族的荣耀传统使得什瓦依法特的这所学校一直保持着权威和卓越的地位。前任校长塔尼尤斯·萨阿德（Taniyus Saad）牧师曾是内阁成员。作为教育家，他以奉献、热情和纪律的治校原则而闻名。哈利勒·哈维入校的时候，学校已由牧师的儿子查尔斯·萨阿德（Charles Saad）接管。重归校园的诗人已经 26 岁。他将在这里度过一年时间，随后升入贝鲁特美国大学。对哈维而言，这所学校没有太多东西可以教他，因为他比这里的大多数学生年长 10 岁，学过不少知识。他只需拿到学校的毕业证书，等校方开绿灯允许他走进大学的门。

哈维朝思暮想，一直等待着进入贝鲁特美国大学的机会。正是
60 大学之梦支撑着他挨过出卖劳力、忍受羞辱的岁月。贝鲁特美国大学是上流世界的一角。它始建于 19 世纪 60 年代，至今仍散发着那个伟大异国教会的威严气息。能够进入这所大学的幸运儿都会折服于它的魅力。它傲然独立于嘈杂脏乱的贝鲁特，如同一片 52 公顷的“伊甸园”——格蕾丝·道奇如此形容它。学校的创立人是扬基传教士丹尼尔·布利斯（Daniel Bliss）。为了觅得一处理想的校址，他曾仔细地考察过贝鲁特，最终在 1866 年将校址选定在贝鲁特海角的北岸。按照布利斯的看法，此地“即便不是叙利亚境内的最佳地点，在贝鲁特也属首屈一指”。他的话并不夸张。布利斯中意的

校址位于城墙之外，以一条红土路与贝鲁特其他区域相连。这片曾经夜里狼嚎四起的土地（该校校长巴亚德·道奇曾如此形容）从此变成了格蕾丝·道奇眼中的天堂。学校依山傍海，有着茶褐色的教学楼和草木葱翠的庭园，环境干净，房舍整齐，到处都有松树、桉树和蓝花楹树可供乘凉。

一代又一代教士与教师在贝鲁特美国大学的各位学子的心中培养出了优越感、地域归属感和对公共事业的责任感。像哈维这样刚刚摆脱底层泥沼的年轻人乐得抓住这样的机会。他的大学生涯注定不会平静。哈维和近500名同期入校的学生撞上了时代的风口浪尖：阿拉伯世界和犹太人为了争夺巴勒斯坦而开战。这场战事大大加剧了年轻人的极端情绪。1948—1949年，阿拉伯各国的统治阶层与社会精英全都失去了自信，贝鲁特美国大学这座美国提供的避难所也失去了保护层。

巴以冲突爆发之前，大学尚能在美方管理层的经营之下轻轻松松地与外部世界隔绝开来。美国传教士富有干劲儿，当地的世俗化城市精英则把这所大学看作自身财富与特权的延伸；双方一拍即合，造就了这个校园的独特政治文化。学校的美方管理层很会把握 61
分寸：他们传播自由的理念，但严于治校、强调服从。他们尊重“阿拉伯的觉醒”，却又刻意回避阿拉伯诸国的政治风云。他们以启蒙“东方”为己任，又自豪于谙熟“东方人的心理”。20世纪40年代末到50年代初，贝鲁特美国大学的校长斯蒂芬·彭罗斯（Stephen Penrose）认为：“相较美国，近东地区的学校更当以严肃校纪、整训生员为要务。时至今日也是如此。”彭罗斯是物理学家出身，曾经担任美国国防部长詹姆斯·福里斯特尔（James Forrestal）的特别顾问。在他看来，阿拉伯人的早期教育问题严重，因此他的学校必须对学生严加管教。彭罗斯写道：

> 在这里，儿童要遵守僵化死板的纪律，但是这种纪律只是为了让他们听话，而不是为了开发智力、培养良好习惯。因此，叙利亚的男孩一旦进入环境相对宽松的贝鲁特美国大学，因为不习惯无人管束的生活，很容易滥用自由而不知节制。

彭罗斯的这番见解见于他的著作《叫人得生命》（*That They May Have Life*），书名出自贝鲁特美国大学的校训“叫人得生命，并且得的更丰盛”*，铭刻在校园大门的摩尔式拱门旁。贝鲁特美国大学的美国人与阿拉伯人都理解学校的纪律。希沙姆·沙拉比（Hisham Sharabi）是家在雅法（Jaffa）的巴勒斯坦学生，出身资产阶级家庭，1947 年从贝鲁特美国大学毕业。他在回忆录《烬与尘》（*al Jamr wa al Ramad*）中谈到了他的阶级和当年的同学：

> 我们民族有数十万青年，我们只是其中极小的一部分，但我们却从来都不理解，我们享受着其他人没有的特权。我们住着广厦高屋，我们的生活无忧无虑，我们不知道何为贫困。我们觉得幸福快乐都是与生俱来……我们的领袖和老师对西方爱恨交织，
> 62 他们向往的一切、他们的痛苦和自轻自贱都来自西方世界。正因如此，他们在我们的心中埋下了一种心结：我们总觉得西方高我们一等，有如神灵一般。

脱离苦力生活的诗人哈维学习的专业是哲学与阿拉伯语文学。他已然走入了时代的漩涡中。第一次中东战争爆发后，贝鲁特和贝鲁特美国大学这块避难所迎来了大量巴勒斯坦上层家庭的子女。他

* 出自《圣经·约翰福音》10:10，是耶稣说的话：“盗贼来，无非要偷窃、杀害、毁坏；我来了，是要叫人得生命，并且得的更丰盛。”

们的世界已经崩塌，抵挡不住犹太复国主义的冲击。统治阶级、城市精英、有钱有势的家庭成了第一批逃出巴勒斯坦的群体。流落他乡的上层子弟发誓要把抵抗进行下去。他们每天组织各种示威游行。1949 年，贝鲁特美国大学的学生手册警告：学生只要参与政治，就会遭到严惩。手册甚至明文表示："若情节特别严重，涉事人员可能会被开除学籍。"但是，规避政治的老传统已经无法再延续下去。此时的哈维也成了"至亲会"的一员。1950 年，来自利达（Lydda）、出身希腊正教徒家庭的乔治·哈巴什（George Habash）获选成为"至亲会"会长。极端主义思潮能在那个年代泛滥开来，此人扮演了推波助澜的关键角色。他就是当时的亚西尔·阿拉法特（Yasser Arafat）[*]。他激烈反对阿拉伯诸国的当政者，也仇视当局背后的西方列强。他的思想给了后来者极大的启迪。稍显讽刺的是，哈巴什能够入读贝鲁特美国大学，还有赖于驻贝鲁特的英国文化教育协会[†]颁发的奖学金。

大学生哈维仍然怀抱着最初的政治浪漫情怀，没有忘记叙利亚民族社会党及其领导人安东·萨阿德。1947 年，阔别祖国九年的萨阿德从南美回到了黎巴嫩。他与哈维的缘分还要等一段时间才告一段落，此后诗人便会投入阿拉伯民族主义的怀抱。回国后的萨阿德仍然保持着初衷。岁月的流逝反倒让他精力更旺盛、野心更大。他声称，他的"叙利亚国"要为巴勒斯坦——他称之为"南部疆土"——而奋战。黎、叙两国的当权者在第一次中东战争中没能守住这片土
地，为此丢尽了颜面，而统治政府似乎已经摇摇欲坠。萨阿德谋划 63

* 巴勒斯坦政治家，巴勒斯坦民族解放运动领袖。早年曾从事武装斗争抗击以色列，1973 年以后转而谋求通过政治外交手段实现巴勒斯坦建国的计划。1994 年获诺贝尔和平奖，2004 年逝世。

† 英国国际文化与教育交流机构，1938 年由英国外交官雷金纳德·利珀（Reginald Leeper）首倡设立，第一个分站设于开罗。

了一个宏大的夺权计划。他的广大追随者将穿上半军事化的制服，接受秘密训练，组成一支“叙利亚国”大军。这个计划空有其表，因为萨阿德和他的追随者手段有限，他所吹嘘的“叙利亚国”大军主要是一支小打小闹的“幽灵军队”*。不过萨阿德坚信，他距离自己那个“王国”的建成之日已不遥远。

那时候，哈维的生活仍很艰难，他没有犯错的资本。他要在追随萨达尔、投身叙利亚民族主义事业和捉襟见肘的贫困处境之间维持平衡。贝鲁特美国大学提供的奖学金名额屈指可数。成绩优异的哈维有幸得到资助，由此得以继续学业。为了保住名额，哈维必须努力奋进。由于热爱诗歌艺术，他在大学的文学圈子里已经颇有声名。虽未与萨阿德公开决裂，但他一直与偶像保持着安全距离。所以，1949 年萨阿德穷途末路的时候，哈维没有受到牵连。

萨阿德从未真正了解叙利亚与黎巴嫩的残酷现实。他的无知与他的南美生涯肯定存在一定关联。毕竟，成年之后的萨阿德在南美度过了整整 20 年。巴西和阿根廷的历史都很短暂，人口都是从海外移民而来。两国幅员辽阔，人民能轻松获得地产。相较而言，黎巴嫩这片古老的土地乖戾难训，这里的每一寸田地都是人类与山岩斗争的成果，每一掊土壤都曾历经劫掠与争夺，每一处空间都有人怀着妒意严加守护。沉溺于书本和幻梦、有着原始民族主义狂想的萨阿德完全忽视了黎巴嫩的国情。与他矢志推翻的旧有秩序相比，他实在是幼稚可笑：他瞧不起这里的寡头，可这个国家就掌握在寡头手中；他坚持政教分离的主张，但黎巴嫩的政治秩序恰恰系于宗教与宗派主义之上。

1949 年夏，萨阿德谋划已久的革命终于爆发了。不出两天，这

* T. E. 劳伦斯所采用的军事战略，利用小股武装的袭扰，或仅仅通过散布虚假情报，致使敌军误判战略重点。

场革命便告失败，成了彻头彻尾的闹剧。当局设了一个陷阱，引诱萨阿德及其拥趸上钩，不费吹灰之力便镇压了他们的行动。革命领袖想方设法逃到了大马士革。胡斯尼·扎伊姆（Husni al-Za'im） 64
曾经承诺要为萨阿德提供庇护。他是一个热爱军事冒险的军官，早年曾在叙利亚发动政变，攫取了本国的最高统治权。然而，他不是个守信的人。萨阿德并未得到保护，而是被遣送到了黎叙边境，交给黎方处置。

黎巴嫩政府的动作很快。军事法庭判处萨阿德死刑，黎巴嫩共和国的两位头面人物——信奉马龙派的总统与出身逊尼派穆斯林群体的总理下令迅速行刑。翻阅沙拉比的《烬与尘》，以及黎巴嫩知名的《日报》（*an-Nahar*），我们可以看到萨阿德临死前的种种细节。萨阿德一点儿求饶的意思也没有，打算坦然赴死。他请求见妻子和三个女儿一面，但没有得到应允。他还要求发表政治遗嘱，却被告知没有记者在场，发表宣言也不会有什么用。萨阿德坚持立场，认为自己有权留下临终遗言，并说："我坚信，黎巴嫩政府针对我与我的运动实施了一个庞大的阴谋。那些以阴谋算计我、下令处死我与即将负责执行死刑的人令我感到不齿。"1949年8月8日，拂晓刚过，萨阿德即被押解到海边的一处刑场执行枪决。他的遗体被送去希腊正教教堂，神父当着行刑队的面为萨阿德念诵了祷词。神父原本不想配合这场血腥表演，但在胁迫之下只得妥协。萨阿德家乡小村的教堂鸣响了丧钟，既为追缅逝者，也在表达对当局的鄙夷。

萨阿德死得很体面，很有骨气。他没有丢脸。他知道，为了鼓舞追随者，也为了传扬叙利亚民族主义的理想，他必须这样死去。他在去找扎伊姆寻求庇护时，知道前途未卜，所以事先遣散了身边的随从和司机，独自一人走进了总统府。沙拉比在书中写道，受审前，他被重兵看押，"却一点儿也不像个阶下囚。我知道他当时在想什么：他想说话，想挺直了腰杆儿赴死……这是他的最后一丝尊严"。沙拉比爱戴他的领袖。萨阿德的点滴言行，都被这个当时只有 22 岁的年轻人用细腻的笔触记录了下来。萨阿德死去的时候，沙拉比在
65 安曼，正准备前往芝加哥开始新生活。行刑翌日，他在报纸上看到了萨阿德遭到处决的消息。沙拉比之所以能幸免于难，是因为他的偶像特意安排他走上了一条安全的路。他认得萨阿德出庭受审时身着的西装：两年之前，萨阿德正是穿着这套米色夏款西装从阿根廷回到了黎巴嫩。（生活到底还是给了萨阿德一些公道。他死后一周，一位年轻中尉率部闯进了胡斯尼 · 扎伊姆的官邸。总统被塞进一辆装甲车中带走，而后遭到枪杀。据报道，这位中尉给扎伊姆定下的罪名就是“阴谋暗害萨阿德”。）

事情之所以如此发展，是因为萨阿德的理想非同小可。无论他是否有意为之，他的那套理念都对以“阿拉伯–穆斯林”为主轴的叙利亚历史叙事传统形成了严重挑战。7 世纪，穆斯林的征服改变了这个国家的文明面貌，正统逊尼派的城市秩序被广泛传播到平原、山谷和海边的城镇，伊斯兰教的其他教派与基督徒仍然存在，但不得不适应这种新兴的文化和统治者的语言。萨阿德的思想完全颠覆了这一历史。

1943 年，萨阿德的《叙利亚文学中的智识之争》在布宜诺斯艾利斯（Buenos Aires）出版。这本语出惊人的著作认为，叙利亚的历史“是一部惨烈的征服史”，它使整个民族失去了自身的内核与“精神基础”。对历史向来一知半解的萨阿德忽略了大量史实，掩盖了许多复杂与危险的问题。不少穆斯林认为，在萨阿德呼唤的叙利亚世俗民族之中，可以隐约看到当年毫无招架之力的拜占庭的影子。他们认为，他所谓的“叙利亚的自然疆界”和“大叙利亚”就是安条克牧首区（Patriarchate of Antioch），该牧首区曾是叙利亚基督教的中心，位于奥伦特斯河（River Orontes）畔，距下游的地中海海岸只有十几英里。它是罗马帝国最大的城市之一，也是罗马在亚

洲的势力中心。对于早期的基督徒而言，它是一处圣地：圣伯多禄（Saint Peter）正是在安条克建立了自己的第一个主教区。它有着辉煌的过去。安条克的牧首一度认为君士坦丁堡的崛起不过是边地之 66
人的小打小闹。后来，安条克在伊斯兰势力与拜占庭之间几度易手：先是在7世纪被伊斯兰势力所占，到了10世纪又重归拜占庭。11世纪末期再次被土耳其士兵占领。安条克是希腊和穆斯林商旅来往的要冲，叙利亚基督教会曾在这里有过一段相对宁静的岁月。

欧洲入侵黎凡特时，当地的希腊正教徒和西方的拉丁语教会失去了联系。十月革命过后，“同教弟兄一定远道前来救苦救难”的念想更是彻底断绝，希腊正教徒于是转而扛起了世俗化民族主义的大旗。希腊正教会兴起于贝鲁特、阿勒颇（Aleppo）、大马士革与耶路撒冷等城市，与占据主流的伊斯兰教相处和睦。几百年前，当马龙派翘首欢迎“十字军”的时候，他们反应冷漠；19世纪中期以来，天主教徒与各种新教教派因为法国、英格兰、普鲁士与美国的传教团体而受益良多，但他们却没得到什么好处。查尔斯·马利克（Charles Malik）出身希腊正教家庭，对20世纪五六十年代教门时兴的潮流不屑一顾。相对于泛阿拉伯主义，马利克更认同黎巴嫩本土，其思想与西方更为亲近。关于希腊正教徒的政治倾向，他有一段精准的描述：“几个世纪以来，他们与伊斯兰教的关系基本上是在生存上割裂分散、在道德上卑躬屈膝，在精神层面则是一场悲剧。不过，至少在阿拉伯世界里，他们和本国的穆斯林在社会、文化和国家问题上保持着高度一致的看法，其他阿拉伯裔基督徒完全无法与之相比。”没错，希腊正教徒想要讨好大众、融入主流，但拜占庭的光辉灿烂终究已是过眼云烟。说萨阿德和他的狂热信徒想打着世俗的招牌复兴拜占庭和安条克教会，实在有些缺乏理据。

萨阿德死了，哈利勒·哈维陷入了深深的悲痛和自责。他恨自
己没能陪着萨阿德一道赴死。可是，他又清楚自己的处境：为了进 67

入大学，他付出了多年的努力。他可不想自己辛苦得来的东西就这么毁于一旦。他必须珍惜学业，而且好像也预感到了萨阿德的事业末日将临。此后的多年内，哈维始终相信，萨阿德有着高尚的灵魂，是为被奴役的祖国而牺牲的。他写了一些缅怀萨阿德的诗歌，在逃亡他乡的萨阿德追随者当中广为流传。在诗中，他几乎是在向杀害萨阿德的黎巴嫩统治阶级发出正义的复仇之声。可是，萨阿德的继承人尽是些卑劣之徒，哈维很快就和他们分道扬镳，“叙利亚国”的理想就此烟消云散。

50 年代中期，泛阿拉伯主义正值高峰。这种崭新的政治理念让哈维再次找到精神归宿。后来，他表示：萨阿德犯了个错，错在将叙利亚的命运与整个阿拉伯世界割裂开来。在哈维身处的整座学府，泛阿拉伯主义已是蔚然成风。哈维受其影响，是由于身边朋友和伙伴的感染所致。这些人来自伊拉克（贝鲁特美国大学中，伊拉克学生人数众多，他们都不假思索地信奉泛阿拉伯主义）、约旦、叙利亚和巴勒斯坦。他们相互交流的文学媒介是阿拉伯语诗歌，哈维对这种诗作形式驾轻就熟。它不受国境限制，轻轻松松就能跨越国界。没过多久，这位山区来的年轻人就因为诗作而名声大噪。在过去，他的作品尚且带有黎巴嫩本土诗歌与民谣的色彩，如今他则转而写起了传统的“卡西达”（Qasida）颂歌，将整个阿拉伯世界视为他自己的世界。目睹了萨阿德之死，又尝遍了人世艰辛，哈维自然清楚，古老的传统要想重新焕发光彩何其困难，不过他为这一事业赋予了他一贯关注的斗争主题：一方是垂死的政治与文化传统，另一方则是阿拉伯世界获得新生的微弱可能。1961 年，他发表了诗作《笛与风》（“al Nay wa ai-Rih”），反映了这一主题：

68 若非见到你在晨间沐浴
我不会为太阳升起而欢欣

看你在尼罗、约旦和幼发拉底
洗去原罪的污迹

那些鳄鱼
已然离开我们的国度
海域里，它们翻腾搅动
它们留下几具残骸
它们的表皮伤痕累累
但它们再未能长出
新的表皮

它们属于以往，已成过去
也没有返回的那一日
它们的名字，我们不再提及
只将化为青烟一缕

当时，贝鲁特正在急速发展，富裕而宽容的贝鲁特美国大学给哈利勒·哈维提供了充足的成长空间。他住进学校宿舍，如饥似渴地阅读校内的藏书，迫切地想要弥补过去虚度的岁月。他为英军监工挣来的储蓄足够承担三个学年的开销，一位亲戚的借款让他的毕业学年有了着落。哈维有幸得到两位老师的悉心指导，其中一位负责教授语言，另一位则主讲哲学，帮助他走进新鲜而陌生的学术环境。哈维先是主修哲学，后来转而研习阿拉伯语文学，承担起阿拉伯研究的教学工作，尽管他有点不情不愿。此时的哈维疯狂迷恋弗洛伊德、斯宾诺莎、黑格尔和尼采。他阅读他们的著作，试图从中找寻某种形而上的答案，一种超越阿拉伯世界社会习俗的阐释体系。在那个时代，受过良好教育的阿拉伯人都像他一样爱好外国的著作

和思想。校园之外的那个世界——那个寡头与宗教等级的世界，那
69 个父辈与田产的世界——是如此顽固，斗是斗不过的。山乡小村似乎从来不曾变更模样，一直服从驯顺。时不时就有叛逆者和改革家想要挑战现状，却遭到社会与政治秩序的排挤。他们觉得，外国的哲人、外国的著作、德国浪漫主义的观念就像一味解毒剂，可供他们清除统治阶级的毒害。像哈维这样一无田产、二无可靠前途的青年，在阅读外国著作时常能读出个人的需求和民族的未来。

哈维读过不少哲人的作品，尤其偏爱尼采。他不懂德语，无法拜读尼采的原文，为此深感遗憾。好在尼采著作已有阿拉伯语译本，关于尼采的研究也随处可见。尼采的《查拉图斯特拉如是说》（*Thus Spake Zarathustra*）正迎合了20世纪四五十年代黎凡特知识界的愤懑怒火。无论是大马士革的复兴社会党先驱、萨阿德的追随者们，还是那些并无明显政治派别、一心想寻找某种思想体系从而推翻现存秩序的年轻人，都被尼采的话语所感染。

《查拉图斯特拉如是说》的基调与风格，对阿拉伯世界的叛逆青年而言极具诱惑力。尼采反对教权，崇尚个人意志，相比过去更愿意着眼未来，这些观点简直是为热心革命、渴望救赎的阿拉伯年轻一代量身定制。当尼采写下“我就是自己的先驱”字句时，他也说出了这一代阿拉伯人的心声，他们和尼采一样对父辈的道路和过去失去了信心。尼采写道：

> 我为何一定要诉说？这里没人听得懂我！当下远不是属于我的那一刻。
>
> 身处他们之间，我就是自己的先驱。我是报晓的雄鸡，在黑巷里为自己鸣啼。
>
> 他们的时代已近终结！我的时刻即将到来！时光流逝，他们愈发弱小、贫困与荒芜——可怜的杂草！可怜的黄土！

快了！他们就快匍匐在我的眼前，就如枯干的草、枯干的原野。没错！他们会因自己的命运感到厌倦——相比雨露滋润，他 70
们更渴望烈火焚身！

闪电如恩赐一般到来！神秘就在伟大的正午之前！有朝一日，我会让火焰燃遍他们的身躯，让他们得知先驱的预见——

那一天，他们会吐出火舌发出宣言：它要来了，它已经临近了，伟大的正午！

查拉图斯特拉如是说。

还有下面这段尼采的文字，它深深地影响了哈维的风格：

我为历史遗憾，因为我曾亲眼见到历史的遭遇：它们已让位于每一代人的偏爱、激情与狂热。每一代人都想改变阻挡他们前进的那些东西。

暴君即将到来，他是精明的恶魔，他的好恶将会限制历史，直至历史变身为他的通路、他的预兆，为他发声和鸣啼。

我的弟兄，你们是高贵的。不应该回望过去，你们要放眼未来！你要从父亲和祖辈的国度中逃离！

你们应当热爱孩子的国度：就让这种爱成为新的美德——热爱那些远在未来之海深处的未知国度！请扬帆远航，为之寻觅！

你们要向你们的孩子赔罪，毕竟你们也是父辈的孩子。你们要为过去补偿！这就是我为你们制定的全新纪律！

哈维的诗作之中处处可见尼采的回响，他也认为当下污秽不堪，未来则没有负担，满是希望。哈维和他的同辈对于父辈都已失望至 71
极，尽管他们不愿表露这种绝望，也不愿彻底地探讨。阿拉伯世界的文化禁忌使得后辈不能大张旗鼓地挑战尊长权威，可是上一代人那个世界所带来的痛苦已蔓延至下一代男女青年的生活之中，这些年，年轻人一直在默默反抗。阿拉伯式的家庭生活暴虐、僵硬而又冰冷。母亲看待世界的眼睛充满迷信和消极，不相信人类可以靠意志改变世界。父亲总在强调服从，不惜一切代价压制年轻人的反叛。掌权者自私贪婪，难以跟上时代，但权柄仍被他们死死攥在手中。安东·萨阿德讥笑黎巴嫩的政治秩序，结果被里亚德·苏勒赫（Riad al-Sulh）判处死刑。这位黎巴嫩的首任总理以诡计多端而著称，总以戴着菲斯帽的形象示人，名下的土地与房产数不胜数。（背叛萨阿德的叙利亚上校后来遭了报应，苏勒赫也落得同样的命运。萨阿德死后两年，苏勒赫在安曼与约旦国王阿卜杜拉［Abdullah］会谈时遭到枪杀。）总之，有那么一道裂痕横亘在哲学家的著作跟阿拉伯的习俗、传统与父权之间。

对于身在学术界的哈维来说，有一件事肯定是他难以接受的：他的热情仍然在诗歌方面。他还要在校园里度过四年，直至完成一篇关于“伊斯兰哲学的理性和启示”的硕士毕业论文。他在贝鲁特美国大学的阿拉伯语系任职教课，赚取一份微薄的薪酬。1954 年，他与来自伊拉克的黛西·埃米尔（Daisy al-Amir）相识相恋。这位女士当时正是文坛的一颗新星。在接下来的许多年里，她将与哈维经历一段热烈却麻烦不断的感情。埃米尔的父亲是伊拉克圣公会的头面人物，上一任妻子去世，又与一位黎巴嫩女性结婚，一家人搬来了这个国家。文学让埃米尔与哈维走到了一起。

哈维认得清现实，知道自己无法依靠诗歌谋生。1956 年，他获得一笔奖学金，可以前往剑桥游学三年。在英国，他师从著名阿拉
72 伯学家 A. J. 阿伯里（A. J. Arberry），获得了文学博士学位。他去英国仰赖的是贝鲁特美国大学诸位教师的资助。他跟自己的老师、贝鲁特美国大学阿拉伯语文学系的系主任弗雷哈一直关系亲近。弗

雷哈秉性淳朴，为人谦逊；出身乡村，热爱黎巴嫩乡间的处世之道，虽然身处欧美的一流大学，对于黎巴嫩山乡的传说、佃农的语言跟民谚却一直兴味不改。哈维的山乡记忆可没有老师那样愉快。不过，诗人在弗雷哈与他的成功事业中看到了自己大展宏图的可能。

尽管剑桥游学是哈维的幸运，他可以借此机会争取在贝鲁特美国大学的终身教职，但他为这个决定挣扎了很久。在他看来，这是另一种“背叛”，是再一次向生计、地位、身份与成功低头。启程赴英之前，他曾写信给黛西 · 埃米尔倾诉心声：“诗歌应该怎么办？我该淡忘它，任它死亡吗？我该放弃它吗？也许，我的诗才终会枯竭，不再绽放激情。”他坦承，自己一点儿也不喜欢学术工作。日日泡在“褪色发黄的故纸堆里”，他只觉得无聊透顶。他担心，英国之旅会让他与诗歌愈发疏远。

抵达英国的哈维已经三十五六岁了。在此之前，他几乎没有出远门的经历。他在英国人生地不熟，远离家乡，身边没有亲人。“在这里，我就是个彻头彻尾的异客，举目四望也找不到一张熟悉的面容。”1956 年 9 月，来英不过两日的哈维写信给黛西诉苦，对她说：

> 我在这里就只有自己一个人……记得代我好好吃饭，代我有个好胃口、好心情。代我多吃一点儿葡萄，英国的葡萄都吃不成，都是挂在窗边的装饰品……为了我，好好享受黎巴嫩的饭菜。英国菜没有味道，没有颜色，也没有特色……代我多和什维尔的乡亲说说话，代我原谅他们曾经的过错。家乡的一切都好过我这冰冷的房间，好过这里一双双无神的眼，好过周遭这些沉闷、苦寂、拒绝与我交流的玩意儿。

哈维成长在地中海的岸边，习惯了阳光灿烂，很难适应英国的 73
气候与凛冬。那里浓雾弥漫，让他万分压抑。家乡小村也有雾气。

它从桑宁峰之巅降下，笼罩整片谷地，雾色缤纷多彩，阳光穿过时映出光华一片。英国的雾霭却是暗黑沉重、无边无际。他总是在笔下提及雾霭与阴霾，提及对家乡风景的美好回忆。

哈维虽然抱怨连天，但一段时间后，他还是爱上了剑桥的学术氛围，沉湎于伦敦的剧场和图书馆。黎巴嫩文学评论家贾米尔 · 贾布尔（Jamil Jabr）曾为哈维立传。据他记载，哈维曾在 1957 年的一封信中对英国文化大表倾慕："这里的文学和思想氛围太纯粹了！不知道黎巴嫩会不会有一天像他们一样？"他原本接触过法西斯主义，信奉萨阿德的反英宏论，但近距离接触过英国后，他看到了"英式民主强大的纠错能力"。眼见这里的人竟然可以组织示威，抗议政府出兵苏伊士的举措，哈维深为震动。他由此见识了英国的另一面。在他心中，这片"殖民者的土地"不再像以往那般狰狞。

哈维在与黛西 · 埃米尔通信时情绪反复无常，一会儿摆弄心思，一会儿痛苦折磨。诗人在上一封信中向黛西求爱示好，在下一封信中又把说出的誓言与情话尽数收回。他在每封信里都会谈及自己的健康状况：他离死不远了；他不知道下一次拍 X 光会检查出什么问题，因为他总觉得自己百病缠身。他想得到她的陪伴，却又不想当一个"强盗"霸占她的爱，剥夺她享受正常幸福生活的机会，把她"花一般的青春"窃为己有。

她曾来到他的身边，在剑桥待了很长一段时间。他在出版自己的博士论文时，在献词页特意向她致谢："谨以此书献给黛西，充满疑惑与创新的一个个夜里，是她的手给了我温暖和激励。"她第一次前往剑桥是在 1957 年。后来也是她和他一起回到故国，看着他投入母亲的温暖怀抱，重归熟悉的家乡。

早年的哈维把那些遥远而宏大的主题当作学术研究的重点，特别关心"伊斯兰哲学中的理性与启示"。在英国的时候，他转而聚
74 焦家乡，以及黎巴嫩山区那个他更为熟悉的小小世界。他的博士论

文写的是美籍黎巴嫩裔诗人哈利勒·纪伯伦（Kahlil Gibran，他的受洗名为纪伯伦·哈利勒·纪伯伦。他就读于波士顿昆西学校之后，他的名字才简化成了这个广为人知的版本）的生平。他自己说他选择研究纪伯伦是别有用心——他可以省下时间去阅读历史与哲学书籍，能自由自在地投入诗歌创作。但他钟情纪伯伦还另有原因。哈利勒·纪伯伦的成年岁月全在美国度过，他的所有作品都是在纽约下西区写成的。不过，他的家园情怀与诗歌主题却深受黎巴嫩人喜爱。纪伯伦的祖籍小村比沙利（Bisharri）恰好和什维尔位于同一座山的北坡，与哈维的老家距离很近。成就了纪伯伦的种种人生遭遇，也见于哈维的人生：两人的故乡有着同样的美丽风景，同样的穷苦贫困；两地的教会势力有同样的权力，向往自由的年轻人对它们有过同样的反叛之举；社会上层同样伪善与无情，大家同样在为改变现状而抗争。纪伯伦比哈维年长 40 多岁；40 年过去了，黎巴嫩的政治与社会却没有丝毫改变。对于纪伯伦曾经生活的那个世界，哈维了解起来没有任何障碍。

书写纪伯伦就是书写一段传奇。哈维清楚，纪伯伦擅长营造一种神秘形象，“东方智者”的形象，在纽约隐居，创作诗歌、雕塑与绘画。黎巴嫩人热爱他的传奇人生。纪伯伦在新大陆大获成功，使得他的同胞对黎巴嫩文化的独特禀赋恢复了些许自信。1894 年，11 岁的纪伯伦跟随母亲以及三个同辈姊妹逃离暴虐的父亲，来到了波士顿。他的家境非常贫困，他和家人还得忍受酒鬼父亲的暴虐。到了美国，纪伯伦与母亲住进波士顿的唐人街，生活仍旧充满艰辛劳顿。1902—1903 年，纪伯伦的母亲、一个妹妹和一个同母异父的弟弟全都因为肺结核而去世了。痛失亲人的悲伤被他写成警句，出
现在 20 世纪二三十年代的作品《先知》（*The Prophet*）之中。纪 75
伯伦的故国和同胞对这部作品作了一厢情愿的解读，把这个悲伤的故事变成了给作者故土贴金的佳话。当时正值帝国主义横行，东方

的土地落入了欧洲殖民者的掌心；英、法联手瓜分中东，把它变成了一片片殖民地。这时候，有这么一个来自小山村的东方孩子成了西方寻路者的引路人——这么讲不仅没有坏处，还能抚慰人心。

研究纪伯伦，等于踏上一条人迹熙攘的道路。1931 年，纪伯伦去世。美国作家芭芭拉·扬（Barbara Young）执笔为他立传。她热爱纪伯伦，她的作品对他也不吝溢美之词，几乎将他捧上神坛。1945 年，这本名为《来自黎巴嫩的人》（*This Man from Lebanon*）的书籍一经面世便大获成功。书中，芭芭拉·扬把纪伯伦自编的身世神话重复了一遍：他出身“富贵”，自幼深受家人宠爱与艺术熏陶。父亲还赠给他一副达·芬奇作品的仿作。即便已经去过纪伯伦出生的小村，目睹了那里的贫寒与困顿，芭芭拉·扬也没有改口。当时市面上也有不少诋毁纪伯伦的书作，其中一本出自黎巴嫩作家米哈伊尔·纳伊米（Mikhail Naimi）之手。此人自称纪伯伦的朋友，在作品里不加掩饰地大肆辱骂纪伯伦，说他是个心机小人，总在勾引无知女性以满足自己的物欲，他的格言、他的神秘不过是他掩饰堕落与追求奢华生活的幌子。

哈维看待纪伯伦的视角颇为公正。他很清楚，黎巴嫩人需要纪伯伦的神话提供的激励与抚慰。他知道旅美黎巴嫩人为什么如此追念与膜拜纪伯伦。他在自己那篇关于纪伯伦的论文中写道：身处陌生的北美，这些经营摊位和小店的移民活在周遭人等鄙薄的目光之中。“大家觉得他们这个民族生活的唯一目标就是赚钱。纪伯伦能用英语书写人类的精神世界，这为他们带来了信心：他们不是一个只知道赚钱的民族，他们有比赚钱更高尚的生活目标。”

纪伯伦的诗歌和情感曾给身陷穷困、苦于劳作的哈维以莫大的
鼓励，他自然不愿意揭穿纪伯伦。总体而言，哈维关于纪伯伦的作
76 品有着温情脉脉的基调，算得上一种深情的告别。哈维认为纪伯伦
在阿拉伯语文坛地位卓绝，向他表达了敬意，称颂他为革新散文诗

做出的功绩。哈维冷静地评价了纪伯伦的英语作品，认为纪伯伦在西方人眼中更像一位先知与精神导师，而不是“以抒情诗人的身份而闻名”。哈维还觉得，于西方文学而言，纪伯伦始终是个外人。纪伯伦的警句和格言式的写作风格、他使用的《圣经》中的寓言故事，统统“未能敲开西方文学的门，无法在其中找到一席之地”，他“在受欢迎程度方面，只能吸引浪漫主义晚期的人和寻求异国风情的人”。

逗留剑桥的哈维有了新的政治方向。在他来英之时，世界范围的反殖民运动方兴未艾。剑桥大学又是亚非各国青年学生的荟萃之地。（在贝鲁特，哈维就曾因为伊拉克同学的影响而信奉泛阿拉伯主义。到了剑桥，他的命运再次受到伊拉克人的指引。）当时，英国刚刚对埃及发动了苏伊士运河战争，却发现世界格局早已变了。美国回绝了英方的求援，苏联也发出警告。阿拉伯人与非洲人都意识到，殖民时代已经走向尾声，热心政治的青年学人哈利勒·哈维自然也因反殖民主义而激情满怀。剑桥大学与阿拉伯世界相隔万里。远观之下，原本四分五裂的诸国仿佛铁板一块，各种裂痕和歧见似乎轻轻松松就能得到化解。

哈维的转变，更和他的研究与写作有关。为了全面了解纪伯伦的生平与作品，他不但需要置身这位诗人前辈出生的黎巴嫩山乡，还得回顾与体味纪伯伦曾经参与的阿拉伯世界文学复兴。这一次，哈维倾情投入，相当认真，而且确证了他本已相信的结论：黎巴嫩山区具有“阿拉伯性”（Arabism），与其他阿拉伯国家密不可分。他还相信，在整个19世纪，山乡因为阿拉伯语的引入、桑蚕产业的兴盛和文学界多位先锋人物的涌现而改换新颜。语言上的民族主义引发了“情感上的民族主义”。曾经与外部隔绝的基督教山乡因为文学而不再疏远于阿拉伯世界的其他地区。当然，基督徒聚居的 77
山区与穆斯林居多的平原之间仍因宗教之分而存在严重的矛盾，但志在文学复兴的那些人认定：现代的公众生活终将让政教分离。这是他们的梦想，也是 50 年代中期哈维的梦想。

哈维本来是个说一不二、从来不愿妥协的人。他说过，自己的这些品质都是拜那段砌瓦搬砖的日子所赐。毕竟，干体力活儿确实需要强硬一些。可现在，对出生地、黎巴嫩的忠诚和阿拉伯世界的召唤摆在他面前；如果他想继续前行，就必须将二者结合在一起。他在阿拉伯语之中，在纪伯伦等文学复兴先锋走出黎巴嫩山区、掌握阿拉伯传统文化并促其现代化的人生故事之中找到了二者的结合点。哈维曾对记者表示："我的诗歌情感澎湃，近乎暴烈，我坚定地认为自己属于阿拉伯文化复兴运动的一部分。"他还告诉记者，他瞧不起那些认为"阿拉伯人"天然等同于穆斯林的政治人物，也绝不原谅他们。他认为，自己是一个"真真正正的阿拉伯人"，并不低穆斯林一等。他还指出，某些受过教育的穆斯林以信仰自恃，觉得伊斯兰教更接近阿拉伯文化的本真，实在是无知又可怜。

哈维回乡时已经蜚声文坛。他的第一本诗集《灰烬之河》，尤其是其中的名篇《桥》，让他暴得大名。有了剑桥学位后，他不再是学校里的边缘人。一份终身教职变得可望又可及。他记录阿拉伯文学的复兴，预言"东方"会有更加灿烂的明天，并看着自己人生在这些纵贯时代的大事件中一步步展开。他勤恳研学，也收获了回报。他有了一份职业，在校园里工作，住在大学旁边，过着谈笑有鸿儒的生活。他的物质欲求比较简单。他搬进了贞德街（Jeanne d' Arc）一处安静的居住区，距离校园只有几步路远。这里地处贝
78 鲁特中心区，是城中的"盎格鲁–撒克逊区"，小吃店与美式商铺鳞次栉比。公寓里的家具陈旧而简陋，没有中央供暖设施，也没有电话。无论哈维身处哪里、居于何地，他对舒适的要求都和苦行僧无异。他的家里堆满书籍，他常去学校的花园散步，学校旁边的海滩也深得他的喜爱。

哈维一直没有结婚的打算。黎巴嫩这个国家和阿拉伯世界的文

化都很看重家庭，所以哈维自然显得格格不入。他的独身誓言无疑刺痛了父母的心。他是家中的长子，他家里又是典型的农村人，他的父母都相信，唯有步入婚姻，人生方得圆满。按照那个时代阿拉伯人的普遍看法，只有家里有秘密的“怪人”才会选择独身。尽管如此，哈维仍然准备把一人生活进行到底。他离开了黛西 · 埃米尔。他自称，是“贝鲁特那些嚼舌根的婆娘”离间了他们两人。他还提出了另一个牵强的分手原因：他要为诗作集中精力，而写诗本就折磨人。他认为，他志在实现“伟大的文化革新”，实在没有足够的精力兼顾婚姻生活，而且也没有哪个女人能和他的诗歌事业相提并论。

哈维与黛西 · 埃米尔分手是在 1962 年。那年 12 月，他给埃米尔写了一封信，确定了分手的事。他给出的理由全都是老生常谈的托词：

> 我终于认识到婚姻与家庭并不适合自己。因此，我决定斩断我俩的关系。医生还建议我，思虑婚姻大事之前，应该先把我的胃病调养好。婚姻的种种要求——脾气、恒心与足够的金钱——我统统满足不了……我总是忍不住依赖你，依赖你的力量往前走。可我觉得，男人的荣誉让我应该放开你。

伊利亚更能理解哈利勒当时的心绪。在以兄长为原型写就的《纳卜汉》（*Nabhan*）之中，弟弟借主人公之口代兄长吐露了心声。
小说里的纳卜汉这样形容自己：“我生来就不适合做父亲，当不成 79
居家男人。生儿养家的男人都是生活的朋友，可我是生活的敌人：没什么能吸引我。我只想推翻这个世界。结婚的人会被慢慢驯服……我呢，我更愿意做个逃兵，永远在路上。”

哈利勒 · 哈维的家庭生活只要有父母和几个弟弟妹妹就足够了。

他曾说，全家的重担都压在自己一人的肩头上（伊利亚对此坚决否认），说他一直在照顾弟弟们，即便到了英国，也在寄钱周济他们。无论事实到底如何，他都看到了他的弟弟们起步、求学与成功的全部过程。（伊利亚很快在文坛闯出名堂；另一个弟弟萨米也成了哲学教授，他的学术生涯始于威斯康星州的密尔沃基。）哈维曾经发愿想要有所成就。他为弟弟们做出了榜样，向他们提供了一些物质资助，使得他的家庭摆脱了那个卖力干活儿的世界。

哈维一家的成功故事并非个案。当时，整个国家都是欣欣向荣。20 世纪 60 年代，家乡的种种进步，哈维全都看在眼里：涌入的资金像魔棒一样使国家面貌一新，惠及越来越多的黎巴嫩人。文化世界同样激荡翻腾。新闻业与文学界都有了极大发展。当时，叙利亚、伊拉克与埃及的军官与狂热分子纷起夺权；在这三个国家遭遇打压与放逐的异见人士和著名作家，最后都会来到贝鲁特栖身，因此渔翁得利。一位在此避难的伊拉克流亡者曾经说过，贝鲁特这座房子有太多的门，总是不缺来来去去的人。性格各异的男男女女都在贝鲁特相聚。旅居贝鲁特的不少叙利亚文学家都参与过阿拉伯诗歌的现代化革新。他们之中有擅长情诗的尼扎尔 · 卡巴尼，也有年轻的阿多尼斯（Adonis）。日后，阿多尼斯将成为同辈诗人中的佼佼者。他的作品向阿拉伯文学与伊斯兰文学的传统提出了最为深刻的质问。伊拉克政坛风云激荡，暴烈的叛乱活动动摇了这个不幸国度的根基。布兰 · 海德里（Buland Haidari）与阿卜杜勒 · 瓦哈
80 卜 · 巴亚迪（Abdul al-Wahhab al-Bayati）这两位才华横溢的伊拉克诗人，也在那个时候逃到了黎巴嫩。巴勒斯坦文学界的情况较为特殊，该国文人倾巢而来，直接把贝鲁特当成了真正的家园，其中包括诗人法耶兹·索亚格（Fayiz Suyyagh）、陶菲克·赛义赫（Tawfiq Sayigh）以及评论家伊赫桑 · 阿巴斯（Ihsan Abbas）。有时候，贝鲁特还会迎来阿拉伯半岛的文学家。他们为了逃避本国的严苛环境，

为了追求更大的写作自由，选择在这里落脚。贝鲁特张开怀抱容纳各方文人，来客则答以丰厚的回报：他们云集于此，令这座城市俨然成为阿拉伯文化界的新兴重镇。

20 世纪 50 年代末到 60 年代初，黎巴嫩旧有的政治体制与文化传统都在经受挑战：寡头与世家垄断政坛的现象一直饱受诟病；占据主导地位的文学形式——即语言华丽、格式工整，却又脱离日常生活、掩藏和压抑创作者灵魂与声音的传统诗歌——同样也是革命的目标。哈维等人早已厌倦父辈那个世界的政治与文化符号。他们深信，文学复兴的意义绝不亚于为阿拉伯光明未来的斗争。社会上弥漫着一种强烈的信念和一种错觉：仿佛旧有的文化可以轻易得到改造，由此获得新生。诗人和作家们集会结社，纷纷投入各类政治运动。泛阿拉伯主义者把月刊《文学》(*al-Adab*)当作他们的阵地，在上面发表诗歌、小说与散文（哈维也在其列。他的大部分诗歌都是通过《文学》而为世人所知）。至于更为认同黎巴嫩本土与地中海东岸文化的那些人，则以青年诗人阿多尼斯和优素福·哈勒(Yusuf al-Khal)于 1957 年在的黎波里(Tripoli)创办的《诗刊》(*Shi'r*)为言论中心，通过它发表带有实验性质的自由体诗歌。

人们都说，诗歌之于阿拉伯，仿若哲学之于希腊、法条之于罗马。阿拉伯人重视诗歌，就像波斯人重视艺术一般。唯有诗这种纯粹的艺术形式，才能收容与表达阿拉伯人的独特精神。阿拉伯传统诗歌在形式上易于传播，天生适合在公众场合吟诵，已经流行了几个世纪。它对韵律和主题有着严格的限制。这种正式、统一的风格没有给作者个人的精神和禀赋留下太大的表现空间，更适合用不同的诗作传达同样的旧观点。它是一种社交方式、一种宫廷生活的产物、一种大众财产。但新一代的诗人已经厌倦了它的固定形式与垄断地位。81
他们将时代的呼声与不安融入古老而光荣的诗歌传统之中。“卡西达”这种单纯的赞美风光不再，奔放自由的新诗开始统治阿拉伯诗坛。

诗人的声音、诗人的需求，成了新式诗歌的重心。阿拉伯的诗歌艺术被新一代的诗人接手。他们对待诗歌的态度完全不同。传统的“卡西达”源自阿拉伯半岛，在诗歌开篇，诗人都会带着惆怅回忆在半岛沙漠中一路扎营露宿的足迹，这种写法已经成了“卡西达”的标准模板；而新一代诗人则抛弃了这种固定模式。以前，诗歌是为君王和金主歌功颂德的工具，现在则变成经历了城市化、追寻自我的一代人表达焦虑与痛苦的方式。哈维、阿多尼斯、卡巴尼与巴亚迪等人勇于开拓，把旧有的诗律与禁忌完全抛到一边。在他们那个时代，阿拉伯国家的识字率大为提升，民族主义的大众政治风起云涌，女性开始参与公众生活，主流文化的性别禁忌遭遇持续的挑战：这样的环境赋予阿拉伯的新文学以公共的空间和保护。20 世纪五六十年代，小说是埃及人公共生活的一大媒介；在贝鲁特和“新月沃土”（Fertile Crescent）[*]，扮演同样角色的文学形式则是诗歌。

哈维为诗歌艺术奉献了全部。十多年前萨阿德身亡之后，他就不再相信叙利亚民族主义，年轻时一度高涨的政治热情冷却了下来。这股政治热情让他和一场灾祸擦肩而过。1961 年 12 月，萨阿德的追随者们策动了一场政变。在当局与军方的镇压下，政变很快平息，叙利亚民族社会党的数千名党员被一网打尽，进了监狱。哈维清楚自己也是当局的怀疑对象，知道安全部门曾立案调查他。政变当夜，他身处什维尔小村，手里有不少该党的出版物。他担心警察会把什维尔当作搜查重点，于是想将这些出版物带回大学办公室。但他母亲不同意，认为回城的路上一定会有警察设卡检查。没办法，哈维
82 只能在家附近的果园将这些出版物焚毁。母亲很有先见之明：儿子在回程途中，确实被警察仔细搜查了一遍。

---

* 指中东的一片月牙状地区，大致范围包括今天的巴勒斯坦、以色列、黎巴嫩、叙利亚、约旦、伊拉克等国，以及土耳其和伊朗的部分地区。该地区是人类文明的摇篮之一，也是历史上最早出现农耕活动的地区之一，曾孕育出苏美尔等早期文明。

无望的反叛者们与保守严酷的现行秩序苦苦争斗。聪明如哈维，他自然非常清楚，政坛上这两派人马的拔河游戏绝非他的理想与追求。相较政治，他更愿听从诗歌的召唤。诗歌更契合他的脾性，更能表达他内心对人类处境的绝望。有时候，他下笔如神、文思泉涌；有时候，他又会进入创作枯竭期，按他的说法，仿佛纸和笔都在和他作对。不过，他到底成了他曾经梦想成为的人：一个被人狂热崇拜的诗人，一个战斗在阿拉伯语诗歌最前线的诗人。哈维的医生纳西卜 · 哈马姆（Nasib Hammam）与他有些亲戚关系，也出生在什维尔小村。对于哈维的诗作，这位医生别有一番敏锐观察。哈马姆觉得，诗人哈维既像以赛亚（Isaiah），“兴起，发光！因为你的光已经来到”*，期盼着光明未来；又像耶利米（Jeremiah），预言着造物主的怒火和民族的灭顶之灾。

哈维在《桥》这首诗中表达了对阿拉伯民族复兴的希冀，并由此成名。但其实，耶利米的末世情结倒与哈维的本色更加贴近。他很悲观，总在警告世人危险将临。他有着高度的道德洁癖，希望他的祖国与他居住的城市能比现实中更“干净”一些。不过，黎巴嫩以商立国，贝鲁特这个城市满是不堪与苟且，人们热衷于做买卖、挣大钱，沉湎于俗务。这个民族如此狡猾，历史如此沉重，一心想要改造国家的哈维，其绝望之感可想而知。他曾在《灰烬之河》里的一篇作品中写道：

> 我们来自贝鲁特，哎，我们出生的地方
> 戴着假面具，脑子空荡荡
> 我们的思想，注定是市场上卖笑的女郎

---

* 出自《圣经 · 以赛亚书》60:1，“兴起，发光！因为你的光已经来到，耶和华的荣耀发现照耀你。”

> 还得乔装打扮，装出处子的模样

这是哈维的一篇早期作品，写这首诗时他还没有定居贝鲁特。即便在最为乐观热切的诗作里，他也没有一点儿欢欣鼓舞的迹象。
83 他一路走来，见识过、亲历过与感受过太多的艰辛与不易。后来，他甚至厌恶起《桥》中流露的乐观。有人请他在公开场合朗读自己的成名之作，却被他一口回绝，因为他希望大家忘掉《桥》这首诗。他痛苦地表示，那座通往未来的桥不过是纸糊的，它支撑不了人们过桥的期望，最好还是被一把火烧掉。

末日预言贯穿于哈维创作历程的始终。人们称赞他为新一代阿拉伯人诉说心声，说他写出了社会现实的另一面；他的诗作中的绝望情绪，大家却都好像视而不见。他攀入上层的个人历程漫长而又艰险。他成功了，却因此疲惫不堪。和安东·萨阿德和叙利亚民族主义的一番纠缠让他的内心伤痕累累。没错，哈维承认萨阿德的政治理想不切实际，可此人毕竟是他的第一个偶像。萨阿德活着的时候从不妥协，为自己的信仰和理想孤身赴死，他的生与死始终萦绕在追随者们的心头，令他们终生意难平。黎巴嫩人个个善于讲价钱，但面对统治者的劝诱，萨阿德却没有和他们媾和。他死后，一部分曾经拥护他的青年才俊获得了成功与地位——还有安全——却始终忘不了萨阿德。"我全心全意地相信萨阿德。于我而言，他是领袖，是英雄，也是理想的父亲。除了萨阿德，我这一生再也未曾热爱和崇拜任何人。我将追随他，终生不变。"四分之一个世纪过去之后，身在美国的沙拉比在回忆录中如此追念萨阿德。曾跟随在萨阿德左右的每一个人都无法忘怀这位领袖。在哈维的眼中，萨阿德就如耶稣基督一般：乐于奉献、举止温和、严格律己，面对死亡时大义凛然。确实，诗人抛弃了萨阿德留下来的党派，认识到当局一定会出手收拾它，还是身处泛阿拉伯主义运动的旗帜之下更为安全；但是，要想彻彻底底埋葬萨阿德的灵魂，就没那么简单了。到阿拉伯民族主义运动因为“六日战争”而触礁时，哈维一直在反复品尝失望的滋味。他所信奉的泛阿拉伯主义一再遭遇失败。他感觉自己坠入了 84
陷阱，直直滑向黑暗的过去。

“我期望有一天，阿拉伯民族能够真正团结起来；到时候如果我已经死去，请派人去坟前告诉我这个消息。”哈维曾经这样表示。他肯定清醒地知道，“阿拉伯民族团结起来”的梦想宫殿是如此浩大，要想完工几无可能。在他人生的最后几年，纠缠他、折磨他的是他的祖国、他的城市和他的家乡小村的悲惨遭遇，这些对他来说是更私人的煎熬。他可以为“东方”人民迎来新时代的开端而欢欣鼓舞，却不愿见到自己的国度陷入这场肮脏战争*的泥淖。军阀、帮派武装、检查岗哨、针对族群的屠杀……这些情形本该是旧时代诗歌的内容，如今却实实在在出现在黎巴嫩的日常生活之中。

想一想，哈维该有怎样的心境：他厌恶战争，绝不赞成挑起这场肮脏战争的那种意识形态。当时的黎巴嫩大地有两派势力处于对垒状态：试图埋葬黎巴嫩旧有秩序的巴勒斯坦左翼分子，哈维很不喜欢；对于那些维护国家主权与旧制度的“黎巴嫩人”——主要是马龙派基督徒——哈维同样厌恶。诗人不接受巴勒斯坦左翼的图谋，因为他的心属于什维尔与黎巴嫩的崇山峻岭。他忠于乡土，怎能与那些对黎巴嫩及其独特政治文化漫不经心的人为伍？他们对于这个国家毫无感情，只是把它当作巴勒斯坦抗击以色列的后方基地。哈

---

* 指1975年爆发的黎巴嫩内战。二战后，以色列的建立激化了犹太人和巴勒斯坦人的矛盾，大量巴勒斯坦难民逃入黎巴嫩境内，壮大了该国泛阿拉伯主义和左翼的势力，打破了原本的宗教平衡；同时，在冷战中，黎巴嫩的统治阶级马龙派基督徒采取亲西方的态度，而泛阿拉伯主义者与苏联关系密切，这加剧了黎巴嫩国内社会的分裂，促使两个群体于1975年爆发战争。战争一直持续到1990年，使黎巴嫩陷入旷日持久的灾难。据估计，约有15万人在战争中死亡，10万人受伤，90万人（战前黎巴嫩人口的1/5）流离失所，25万人逃往国外。直至今日，黎巴嫩依然没能从这场战争的创伤中恢复过来。

维自杀后，巴勒斯坦诗人马哈茂德·达维什称赞他死得其所。此人在70年代早期从以色列来到黎巴嫩，正是巴勒斯坦人觊觎黎巴嫩权力的代表。达维什悼念哈维，绝非是为黎巴嫩的命运悲叹。他没有这么做的必要，这个国家不是他的家园，而且巴勒斯坦人在黎巴嫩的这十几年（1970—1982年），他过得好着呢。他是巴勒斯坦民族解放组织的成员。像他这样的人——不仅是巴勒斯坦人，在这场巴勒斯坦浪潮失败前，还有一些黎巴嫩人参与进来——可能会认为这个年代是一个充满成就的时期。他们的理念成了贝鲁特美国大学及其附近街区的主流。整个阿拉伯世界都关注着他们，他们相信西
85 贝鲁特的“阿拉伯聚居区”里正在孕育一番伟大的事业。

面对这股巴勒斯坦的浪潮，哈利勒·哈维不愿投入其中。他为他的人民和祖国感到不幸。据他的弟弟伊利亚回忆，战争爆发之后，他曾见过人们为采购面包而排起长队，国家经济陷入困难，黎巴嫩人仿佛又过回了他出生前不久那段凋敝、饥馑的时期。伊利亚还说，祖国南部发生的事刺激了哥哥身为黎巴嫩人的爱国情怀：巴以双方在这片土地上的冲突愈演愈烈，全然罔顾黎巴嫩的国家主权。他的国家成了阿拉伯人和以色列人的战场，之所以会发生这样的事，是因为其他更大的阿拉伯国家决定置身事外、袖手旁观。这实在太不公平，哈利勒·哈维为此感到十分屈辱。

于是，他为这场冲突注入了黎巴嫩人的感情：他的祖国遭遇不幸，阿拉伯世界的其他成员却漠不关心，这让他觉得黎巴嫩遭到了背叛。他不能接受祖国被他人当作战争的试验田，不能容忍黎巴嫩为了阿拉伯民族虚无缥缈的未来而陷入战争。不少知识分子、作家和政治活动人士都在鼓吹黎巴嫩要为阿拉伯世界作出牺牲，哈维无法赞同他们的观点。他非常在乎祖国的安宁。他内心强烈的道德感因这场战争而受到了严重的冒犯。他肯定感到很奇怪（伊利亚为哈利勒所写的传记一再提到过这一点）：黎巴嫩境是最脆弱的阿拉伯

国家，有着庞大的基督教势力，为什么要让家族当中最弱小的一员承担其他成员都不愿担当的责任？

不过，哈维也不愿与马龙派基督徒的武装力量走得太近。面对巴勒斯坦人的渗透，马龙派拿起武器，捍卫黎巴嫩作为基督徒庇护所的传统地位。战争期间，巴亚迪曾经来到贝鲁特参加文学会议（那个时候的贝鲁特维持着一种平行状态：城中在举办文学会议，同样也在发生残酷的杀戮）并和哈维见了一面。他还记得，哈维在会上严厉谴责了战争的始作俑者，怒斥他们都是背叛国家的雇佣兵。他把怒火洒向了所有武装阵营。他说：“悲剧已经降临在我们中间。它无处不在，在城里，在街上，在每一个角落、每一条裂缝之中。” 86
诗人最为憎恨的是那些鼓吹战争的文人。在一个已被不同的武装派系占据的国家，哈维始终不肯同流合污，不轻易相信任何阵营。

早在战争刚刚发端的 1976 年，哈维就未卜先知地预见到了日后的情况。他告假一年，离开贝鲁特去了遥远的美国威斯康星州，以求摆脱战火。在贝鲁特，他时时刻刻都得绷紧神经。穆斯林居多的西贝鲁特与基督徒占据的东部城区已经陷入对立之中，他很不适应这种剑拔弩张的氛围。他讨厌盛气凌人的武装人员以及他们设下的那些道路关卡。每次他都不愿意乖乖交出身份证明。面对他们的侮辱，诗人总会立即还击。他甚至和西贝鲁特居所附近的叙利亚民族社会党的武装人员争吵过——一伙持枪分子偶然听见他在商店打电话的时候说萨阿德的坏话——最终，还是几个认识他、知道他和萨阿德有关系的头目给他解了围。威斯康星之旅总算把他暂时从这种窘境中解放了出来。

可是，威斯康星无法治愈他受伤的心。这里地貌平坦，冬天无比绵长。这里天寒地冻，他的灵魂也仿佛结了冰。正是在这种身处异乡的状态下，在这样的时节和地方，哈维完成了他的诗集《受伤的雷声》（*al-Ra'd al-Jarih*）。哈维写道：

他习惯了肃穆、冰冻的野外
路的对面，他看见一张张冷漠的脸
春天来了，迎接他的是脆弱的嫩芽
深色皮肤孩子的气味，让他泪流满面
他的泪在灼烧
备受谴责的他收拾行囊，准备回家
人生最后的岁月，不能归于流亡

回家后，哈维发现战事正滑向更肮脏、更残酷、更令人绝望
87 的深渊。哈维可能不是个虔诚的希腊正教徒，但是内战给他造成的两难，跟他那些教胞的处境何其相似。这场战争——一度是一场内战，一场穆斯林与基督徒之间的教派战争，一场巴勒斯坦和黎巴嫩人的战争，一场阿拉伯和犹太人之间的代理人战争，发生在一个最无助、原本最和平的国家——让黎巴嫩的希腊正教徒陷入凄苦无靠的惨境。在这场战争中，他们毫无胜利的希望。“保卫黎巴嫩”的口号已被马龙派基督徒占据，“为了阿拉伯世界”则成了另一帮人用于分裂黎巴嫩的幌子。在某种程度上，孤独诗人哈维的愤怒是在代黎巴嫩的希腊正教徒群体倾诉对于自身叵测命途的不安。希腊正教徒一向在贝鲁特如鱼得水：这里曾是他们与逊尼派穆斯林的家园，马龙派基督徒与什叶派穆斯林到来的时间则要晚许多。黎巴嫩那种“暧昧模糊”的状态，希腊正教徒最是适应。他们经历过太多政治理念和信仰的吹嘘，与太多强大的力量打过交道。今天，他们清醒地认识到当下的风向：全新的世界将是武装、军阀与有武器之人的天下。在这个世界里，他们注定一无所有。

同一时刻，哈维与学校的关系也出了问题。贝鲁特美国大学给了他出人头地的机会，让他得以摆脱艰难的过去。摆脱过去本就是一次苦旅，因为学术之路并不是轻易就能适应的。贝鲁特美国大学

不拘一格地招揽贤才，可是贝鲁特这座城市毕竟位于黎凡特，在这里，血缘与社会背景殊为重要。同事们身居社会上层的自在感，哈维很难伪装出来，他始终感觉自己与周遭格格不入。美国大学的外壳（这确确实实是一所美国大学）掩饰不住社会阶层与经济地位的现实。相反，大学更像一面镜子，把现实更加清晰地映进了哈维的眼中：贝鲁特美国大学不过是阿拉伯资产阶级的城堡。他这种穷人家的孩子虽能钻进校园，但是“纳萨卜”（nasab）——也就是家世——总在决定一个人的社会地位，不会因为现代化的影响而变得无足轻重。在阿拉伯人的社交生活中，“纳萨卜”的地位有如柱石，来自异邦的学府无法改变以之为基的这种社会传统，更何况校方从来也没有改变的打算。哈维孤身一人，通过一段不寻常的道路进入这座校园，而他身边的同事无不有着优越的背景，他辛辛苦苦挣得的东 88
西对他们而言却是唾手可得。

贝鲁特美国大学的教员队伍里有四位同样出自耶路撒冷哈利迪（Khalidi）家族的教师，其中的三位还是血亲兄弟，他们的父亲是德高望重的教育家艾哈迈德·哈利迪（Ahmad Khalidi）。20 世纪三四十年代，艾哈迈德·哈利迪曾担任耶路撒冷精英高等学府——阿拉伯学院的院长。他也毕业于贝鲁特美国大学，是阿拉伯世界现代教育的先锋人物，曾经翻译过不少弗洛伊德的著作。他出身耶路撒冷的上流家庭，是那个阶层的楷模：他谨守“贵族的义务”（noblesse oblige），终生都在为公共服务奔走，而且一贯追求知识、热心研究。巴勒斯坦青年中的优秀分子无不在他的学校领受过教诲，敬仰他对于工作的投入与奉献。1948 年，阿拉伯学院因为第一次中东战争而解散，哈利迪失去了他在耶路撒冷的那一方世界，不久后便在黎巴嫩英年早逝。去世之前，他还在四处奔走，想为流落黎巴嫩的巴勒斯坦难民筹建一所慈善学校。他的遗志被他的三个儿子继承。父亲的自信与气度，他们也都拥有。

在三位供职于贝鲁特美国大学的哈利迪家族成员当中，两个年龄较小的儿子是同母兄弟，年长一些的那位则出自父亲的另一段婚姻。母亲的家族地位改变了这两人的人生历程：他们的妈妈是安巴拉·萨拉姆，来自贝鲁特穆斯林聚居区的头号商贾家族。她执笔翻译过维吉尔与荷马的诗作，一向喜欢为女性的社会与政治权利而仗义执言。萨拉姆一家的宅邸是贝鲁特所有社交圈子的中心，所以她从小就受过丰富的文化熏陶。安巴拉的父亲萨利姆·阿里·萨利姆在两次世界大战期间曾任贝鲁特市长，算得上是城中最具影响力的穆斯林慈善家与政治人物。安巴拉的弟弟赛义卜·萨利姆也在政坛大有作为，数度入阁担任总理，保持着掌握这一职位次数的最高纪录。赛义卜·萨利姆对埃及领袖纳赛尔言听计从，是一个沉着稳重、
89 位高权重的政治人物。贝鲁特美国大学特别需要讨好赛义卜。每有学生的抗议活动玩过了火，或是哪位讲师因为违反宗教与政治上的规矩而惹了麻烦，校方都会恳请赛义卜出面处理。赛义卜的几位侄子在教师队伍中的地位当然是超乎常人，难以撼动。

哈利迪一家的权势自不用说。但在贝鲁特美国大学的教师当中，像两兄弟一样出身高贵的人还有很多，例如哈拉夫（Khalaf）一家的孪生子萨米尔（Samir）和纳迪姆（Nadim）。两人一个是社会学教授，另一个则从事经济学研究。学校的历史系里还有一位黎巴嫩历史学界的大人物。他叫卡迈勒·萨利比（Kamal Salibi），出身新教家族，与贝鲁特美国大学已有三代的交情。1882 年，卡迈勒的祖父入读贝鲁特美国大学医学院，还参加了一场名为“达尔文事件”（Darwin affair）的学潮。学潮参与者除了医学院的学生，还有一些秉持自由观念的老师。他们将矛头直指大学管理层。事件的起因是一群学子为达尔文的逝世表示哀悼，并在学术期刊上发文宣称“达尔文是这个时代最具学识的人，也是学者当中最为知名的一个”。此时，资助学校的福音派教会划了一条红线：他们的学校里绝不容

许宣传达尔文及其学说。但各位学子依然故我，并未退缩。祖父当年获得的奥斯曼帝国国家医师资格证的复印件，一直被孙子高悬在自己研究办公室的墙上以志纪念。“达尔文事件”过去 30 年后，萨利比家族的另一位成员——也就是卡迈勒的父亲——再次进入贝鲁特美国大学，成了这里的助理校医。与这些世家子弟相比，哈维纯粹就是个外人。这个石匠的儿子在这里的处境注定会很艰难。

自杀的几个月前，诗人曾经获颁一项殊荣。哈佛大学的阿拉伯学家詹姆斯·R. 朱伊特（James R. Jewett）为了缅怀妻子，于 1929 年出资在贝鲁特美国大学阿拉伯语系设立了“朱伊特讲席教授”的荣誉席位。哈维被授予了这个头衔，但他却并不领情。校方几次劝说，也没能说动他。参照哈维的学术成就与生命长度，这份殊荣来得有些太迟。他故意——这很符合哈利勒·哈维的行事风格——拒绝出 90
席典礼。他在阿拉伯语系里结识的良师益友大多已经辞世。1975 年黎巴嫩内战爆发之后，学校的办学情况更是一日不如一日。哈维与贝鲁特美国大学渐渐疏离。他对管理学校的那帮官僚颇有怨言，不愿意按校方的安排上课，甚至为了薪资问题与学校对簿公堂。他始终没有丢掉那种山里人的骄傲性格。他对校方的管理人员毫不客气地宣称，他的诗名将会永存，而学校的教学工作只会是他人生的小小脚注。像他这样的人，注定会成为贝鲁特美国大学的边缘人物，不可能习惯大学教授的闲适生活，也永远无法跟大学里的文化与贵族和睦相处。

那个时候，贝鲁特美国大学之中截然分出了两派势力：巴勒斯坦来客与黎巴嫩人互相对立，有着深刻的矛盾。对于这个现象，现存的书面资料讳莫如深，记载得很谨慎。不过，我们可以从哈维曾经的同事、如今尚在贝鲁特美国大学任教的巴勒斯坦学者伊赫桑·阿巴斯的回忆录中一窥矛盾的究竟。“黎巴嫩主义者”与巴勒斯坦学者的龃龉围绕着闪米特语系的一个教席展开，而且是哈维的恩师弗雷哈曾经担任的教席。经历一番派系斗争，巴勒斯坦人获得胜利。他们选择了一位巴勒斯坦学者，请他从英国归来接受该教席。那一阵，哈维正和校方闹得很不愉快。他抱怨自己在学校的地位越来越不重要了。他是一个永远的边缘人物，是这片土地的儿子，信奉本土化，希望黎巴嫩能够自立自强。他自此抛弃了对阿拉伯文艺复兴的期盼，再也不愿吟诵有关尼罗与幼发拉底之子洗去原罪的诗句。他的国度陷入了水深火热的境地，他为此哀号哭泣。

伊利亚·哈维的小说带着我们又一次深入了哈利勒的心境。纳卜汉（也就是哈利勒·哈维）始终忠于自己的出生地。他坚持认为，黎巴嫩这个主权国家、这个他“最后的家园”应该保持独立。“我希望这个国家、这片家园自立于世，从现在开始直到永远。”纳卜汉用这样的话表达了自己的信念。他反抗权贵、四处流亡。他是一个叛逆者，身怀唤醒民众的决心。他知道，他将面对的是艰难无比的战斗。他的祖国一直是一片属于生意的土地。人们就像蒿草，随
91 着风势摇摆。国家的命运总是被掌控在外国军队、使节与君王的手里。解放这样一个国度，谈何容易。绝望之际，纳卜汉仔细审视了同胞依赖外国的习性，反思他们一次又一次引狼入室的行为。伊利亚在小说中写道：

> 你不可能为这个国家的人民复仇。他们寻死都是出于自愿，没人主动要他们的命。他们怯懦、他们自私，他们赚着小钱、视野狭窄，总是习惯躲在自家的百叶窗后向外界偷偷窥探。应当放眼观看的时候，他们习惯闭眼漠视；他们的嘴巴只会传播流言琐事。我无法为这样一个民族复仇。我只想为自己的灵魂复仇。如此一来，我才不至于堕入完全的绝望，才能洗清一身的罪孽与苟且。

回顾哈维的一生可以发现，他也曾去国立的黎巴嫩大学教书。

在那里，他可以远离美国学府之中的高贵阶层。他是免费去那里上课的，并为此和贝鲁特美国大学的管理层发生了争执，因为他们希望他切断与其他学校的联系。与国立大学的学子交流相处，哈维仿佛回到了家园。他们的社会阶层与经济环境对他来说很是亲切。他们在学业方面全情投入、非常用功。他们之中的一些人出身贫寒。他邀请他们去什维尔小村做客，他年迈的母亲也以乡下人的热情款待了他们。他的这些门徒曾对贝鲁特美国大学非常敬畏，是他帮他们打消了这种心结。自此，他们靠近贝鲁特美国大学的校园的时候，再也不会感到自卑。一位学子写道："有了哈利勒，我们才能鼓起勇气迈进贝鲁特美国大学。我们会和他在餐厅碰面，在教师或图书馆与他相会，或是陪他去花园散步。我们会把自己的作品读给他听，也会好好听取他的所有意见。"

一股文化浪潮推动着哈维走出村庄，摆脱劳工生活，进入贝鲁特和剑桥的大学校园。他见识到了一个更宽广的世界。刚刚踏上学术之路的时候，他曾写到过这股文化浪潮，写到过阿拉伯人的教育
觉醒，写得一丝不苟，字字透着敬畏。他曾经关注过、敬重过，也 92
许还痴迷过阿拉伯文学与思想界先锋的成就，但是这种信仰最终却抛弃了他。这种传统曾支撑他一路前进——他曾为阿拉伯文学著史，也曾精研伊斯兰哲学——却无法阻止阿拉伯文化堕入地狱，他越来越瞧不上过去一个世纪以来阿拉伯文学与政治思想创造的东西。他曾为文坛与政界的现代化改革先锋大唱赞歌，还在他们的影响下努力。而如今，他将他们从西方引进并植入本土的那些东西一笔勾销，斥之为拙劣的模仿，说以前的人从西方带回来的事物"异常浅薄，易于移植"。去世前两年，他撰文声称：所谓的"阿拉伯的觉醒"运动纯属假象，掩盖了"阿拉伯社会的全面落后"。他觉得，崇奉现代化的前辈并不了解西方，更不要说为阿拉伯文明的复兴打下根基了。他们从遥远的西方海岸带回的不过是些"随着浪头冲上

岸边的贝壳，花花绿绿，空洞无物”。阿拉伯社会只是从一种旧的落后走向了一种新的落后，旧有的统治秩序和旧式的政治思维套上了一层新的面具。阿拉伯政坛的玩家学会了“塔基亚”(taqiyya)——也就是嘴上一套、心里一套，掩藏他们的真实意图，并不是真心想要发现社会的问题。哈维觉得，他们领导的“现代”政治运动只不过是旧有的“部族主义、宗派主义与门户之见”换了一层外皮而已。

哈维对阿拉伯启蒙运动的批判越来越猛烈。他拿当年做建筑工与粉刷匠的那段日子打比方：比起平地建起一栋新楼，修葺一座老房子的活计可要难上许多。旧有的文化与政治秩序实在顽固，已经无法修补；可要抛开原有的地基另起楼阁——这样的梦想，他在年轻的时候曾听自己的第一位偶像安东·萨阿德讲述过；在知识界之
93 中，还有许多哈维的同辈男女也是这样想的——事实证明这些想法根本不切实际。

个人的屈辱和国家的耻辱在哈维的心中合二为一，国家的耻辱成了他自己的屈辱，阿拉伯世界的耻辱也和他建立起深深的个人联系。哈维有此想法，一方面是出于骄傲的性格，另一方面则是因为他想借由公共政治逃避个人境遇。一位头脑冷静的医生朋友告诉他：他因为阿拉伯世界而感受到的耻辱根本不值一提，因为人人都在承受这份耻辱。但哈维没法放低身段。弟弟的小说主人公纳卜汉面对热情群众的一段讲话表露了诗人的心曲：“我只想告诉大家一点，忍受国耻，要比忍受个人的屈辱更加艰难。家宅涂装不当或者没有合适的衣衫在你们眼中是很丢面子的事，可是当统治我们的人来自外国，说着和我们不一样的语言，长着和我们不一样的面容时，当这些统治者对我们严加监视，每一次呼吸都不肯放过时，你们却一点儿也不觉得耻辱。”

脑子清醒的时候，纳卜汉知道自己的愚蠢与傲气。“我叫纳卜汉。我只为自己的耻辱负责。至于国家的耻辱，我们大家每一个人

都有份……我在其中大概只占百万分之一的份额。”当然，这样谦逊的时刻并不多见。纳卜汉曾经带着宿命难逃的口气责备自己：“复仇并非自然而然。它就像爱与恨，脱胎于人的灵魂，因其自由意志而生。”

研究纪伯伦的时候，哈维曾发现“文学史上存在这样一类作家：出于某些原因，大家更愿意谈论他们的生平，而不是评议他们的作品。他就是其中之一”。哈维本人其实与纪伯伦同属一类。人们习惯于关注他的人生历程，仿佛能由此一窥阿拉伯民族的真实处境。20 世纪 50 年代中期，伟大的伊拉克诗人巴亚迪第一次与哈维相遇，而后两人关系一直很近。在巴亚迪看来，哈维之死是英雄之举。当一个国家无力抵御外敌入侵、“无力改变它的悲惨命运”时，巴亚迪觉得，伟大的诗人就应该选择牺牲，“成为被献祭的羔羊”。巴亚迪还认为，哈维之死有着标志性的意义：阿拉伯民族黑暗的时代要结束了，新的阿拉伯民族就要诞生了。1983 年年初，流亡马德里的巴亚迪用一首诗歌怀念了这位友人：

当诗人杀死自己 94
他的伟大历程便开始了
他目光如炬
在海面上熠熠生辉
他的呼喊声
穿透了流亡的国度
来自沙漠的
人民
阔步前进
砸碎泥塑的神像
建造神的国度

“他死了，也带走了他的秘密。”提到哈维，黛西·埃米尔如此回忆。对于他的薄情，她并无报复之心。回想当年的时候，她显得很平静、坦诚，原谅了他，对他的描述不像那些政治悼词一样，更好地反映了哈维的性格。在她的笔下，哈维原本是一个对于衣着异常挑剔的人，十分注意自己的服装与仪容，后来却变得邋邋遢遢、不修边幅；过去的他很爱吞云吐雾，几乎烟不离手，后来连烟也戒了：这些改变都是他对自我的惩罚与否定。诗人曾对自身在文学界的地位很不自信。他甚至觉得，自己已被文学界遗忘。他还忧虑，自己的成名作《桥》再也没法打动读者。他对埃米尔提到他的读者时说：“忆起那首诗歌，我只有深沉的忧虑。我把生命献给他们，他们却将我抛在脑后。即便他们对它还有印象，也不过是浮光掠影。”他很骄傲，坚称他从不贪恋名誉，不在意公众关注。但埃米尔知道他这是言不由衷，她比他更了解他自己。

哈维走上绝路之前，黛西·埃米尔曾邀请他去贝鲁特的伊拉克文化中心参加一场哈维诗歌朗诵会。那个时候，哈维已经断绝了与所有文学沙龙与会议的联系。可是，黛西仍将请柬寄了出去。她很惊讶，他竟然应允了。朗诵会相当成功：无数读者涌进现场，为他的作品而迷醉。他亲自朗读作品的时候，整个大厅人山人海、座无
95 虚席。他们的热情令他震惊。他不禁告诉黛西，原来世界是如此美好，他很高兴自己想起了这一点。她希望那一晚的成功记忆能让他振作起来，但他还是坠回了孤独与抑郁之中。

黛西·埃米尔认为，哈利勒是个“容易受到环境影响的人”。1975 年以来的残酷内战，将他熟识并让他感到舒适的所有东西全部夺走了。“他习惯造访的餐馆倒闭了，理发师傅不知所终。帮他清洗和熨烫衣物的人消失不见……他熟悉的那个贝鲁特成了恶魔栖息之地。”更让他难以接受的是，战争、哨卡与动荡阻拦在前，他根本无法回到他心爱的家乡小村。表面上，他已从那次未遂的自杀中

完全康复：他说，家人与朋友的爱让他惊讶。但他没能挺得过来，依然寻了短见。“现在，他们都说他是因为阿拉伯民族的反复失败与挫折而选择自杀。没错，他是一位忠于民族的诗人、一位爱国者。可是，难道他没有人类的感情？难道他没有个人生活？有哪位阿拉伯国家的官员自我了断吗？为什么哈维必须替这些政客承担责任，背负他们该背负的压力？”民族主义的慰藉之词无法说服这位独立的女性。她觉得，每个人“都像一颗行星”，各自都有牵挂的事情。哈维曾经留下诗句，自比“在谷仓里给小鸟喂食”的人。黛西·埃米尔说，哈维的这个比喻可能是很贴切的。她认为，诗人遗体的周围满是这样的“鸟儿”，以他留下的文学遗产填饱肚肠。

死前几个月，哈维曾经表达过自己的挫败感。他对于文字失去了信心，再也没有写诗的勇气。“阿拉伯世界的文化与政治在节节退败，我们该如何描写这个时代？”对于现实，他已经无话可说。阿拉伯的文坛以及政界日渐被阿谀小人占据。自杀之前的一天，哈维告诉前来探望的同事纳吉布·萨阿卜（Najib Saab），“人性”与荣誉已丧失殆尽。他的城市和祖国得了病，他自己的才华也施展不出来了，他多次提及想要一死了之以得解脱。他曾表示，自己准备策划一场富有戏剧效应的自杀，一度打算将离家不远的西贝鲁特地 96
区高级商业中心哈姆拉街（Hamra Street）作为生命的终点。只需短短几步路，他就能从贝鲁特美国大学走到那里。他想借由自己的死，倾泻自己因为黎巴嫩公共生活惨遭破坏而升腾的怒火，表达对其他阿拉伯国家隔岸观火态度的不满。他的计划没能成真，他担心自己的死亡仪式会被看作一个疯子刻意引发公共注意的“哗众取宠之举”。最后，他以完美的方式实现了自己的死亡：他的离世引发了人们的哀悼。他让同样信仰世俗化启蒙运动的男男女女惊讶不已，他们缅怀他，为自己身处的世界而悲叹。当他们的世界自由开放、充满希望时，他们歌颂过他；现在他们承认，他后来的沉默蕴含着某种真理和尊严。诗人的离去伤透了他母亲的心（儿子亡故之后的第八个年头，老人家方才撒手人寰）。不过，向哈维致悼的大多数人表示，他们伤怀悲痛，不仅仅是由于他的离去。

哈维的人生犹如一场奥德赛式的漫长苦旅。“我与他第一次见面的时候，”文学评论家贾布尔回忆道，“他还是个干着建筑活计的苦力与创作‘扎加尔’的游吟诗人，鞋上总是沾着石膏。到了50年代中期，我俩再次相遇，他已经成了大学教师，正在准备撰写关于纪伯伦的论文，我还给他提供了不少资料。”哈维尝过体力劳动的滋味，也曾在剑桥研修求学。他名满天下，却始终寂寥缠身。他阅遍名著，通晓各类学说，耳边却同时回响着源于母亲的乡间智慧。他先是痴迷于叙利亚民族主义，继而转投泛阿拉伯主义的阵营，将死之时又展现了对于黎巴嫩深深的爱。他预言过历史上的幸福与光明，也曾警告世人灾难将至。他曾找到一片避风的港湾，却难以忍受港湾里的风平浪静。他喜欢想象自己人生终点到来的那一天，怀着这种对死亡的想象生活，最后实现了它。伊利亚·哈维笔下的纳卜汉就是悲剧英雄哈利勒·哈维的化身。他笑看凡俗生活，不想“像其他人一样”活着，“像其他人一样”追逐利禄功名，那种安全的、有保障的生活不是他所追求的。纳卜汉的一位情人理解他的折磨，道出了他的命运：“你与其他人都不一样。你身负诅咒，体内充盈着魔鬼的怒气，忧愁就是你的标签。这就是你的命运，无从逃离。”

97 哈维走过漫漫人生，结果却一头撞进了无边的黑暗。也难怪文学界的不少人觉得他的一生象征着阿拉伯世界跌宕的现代化历程。他人生的一半像其父亲一样做体力活儿，像年迈睿智的母亲在战后饥馑与恐慌之中目睹的荒凉；另一半则是充满兴奋的阿拉伯公共历史，他在这里发现了一片全新的地狱。他（还有他的许多同辈）读了许多书，却毫无用处，等待他们的是悲惨的结局。他们的理想世界并不在外国的书本之中。他们对于现代化无比期望，却落得一场空。哈维曾在《受伤的雷声》这部基调较为灰暗的诗集当中写到他所期盼的黎明，但它却出现于一个“怪异的早晨”。太阳改变了轨迹，从西边升起。他为自己落泪，为阿拉伯民族大唱悲歌，渴望看到民族得到救赎的日子：

这份羞耻，如此沉重
我何以独力承担?
难道只有我的脸庞覆满灰尘?
早间葬礼的声音
回荡在黄昏葬礼中
地平线上了无他物
只剩下黑烟滚滚

“如今的阿拉伯世界并不处于一个适合写诗的年代。诗人选择自尽，这不奇怪。”同事萨米拉·扈里（Samira Khouri）在悼念哈维时写道。这正是哈维想要的悼词。她还写道：“你历经放逐、鞭笞、暗杀与黑暗的世道，却保持着高洁无瑕的本来面貌。”扈里的这句悼词道出了山乡之子在故国那个无意义的血腥年代坚持的立场。

哈维的诗歌《1962 年的拉撒路》（“Lazarus 1962”）完全颠覆了他另一首代表作《桥》中的乐观基调。诗句流露出一种无法逃离的巨大绝望。我在这里引用阿德南·海达尔与迈克尔·彼尔德翻译 98
的英文版，其中的“提尔红”（Tyrian red）是一种源自腓尼基的染料，曾被罗马人广泛使用：

蒙在“提尔红”面纱之后
也不该像这般瞎了眼

我在号哭：我是一具行走的尸首
游荡在城市的街道当中
滚烫的车轮碾向拥挤的人潮
凭什么要我保护他们免于愤怒
免于一阵阵潮水与吞噬一切的烈火？
挖吧，掘墓人
深挖这片墓穴，直至地狱的最底层

诗人去世数年之后，人们对他最后的一段人生岁月的记忆还在不断涌现。他们回忆、保存、琢磨和品味他当时的每一句话、每一个动作——他们记得，他有着中等身材与宽阔的肩膀，波浪状的黑色卷发飘在面庞的两侧，喜欢在学校的花园里散步，礼貌地回绝他人同行的请求，口中念念叨叨，不时说出“更大的灾难就在前方”这样的话。在学生的记忆中，他是一位要求严格、容易激动的师长，手中攥着标志性的念珠，总在仔细翻阅心爱的文学或者哲学典籍。他们记得，即便到了生命的最后时刻，他也保持着优雅的风度。哪怕他已经死去了十多年，有人仍对他念念不忘：一个定居法国的人在瑞典出版了一本阿拉伯语读物，这位作者是年轻的巴勒斯坦记者马哈茂德·舒赖赫（Mahmoud Shurayh）。他说，有一次，哈维正在痛斥“阿拉伯世界已是万事皆休”，突然，他停了下来，转而贴心地告诫舒赖赫要注意身体，还主动提出给舒赖赫一些钱去看牙医。

吉哈德·图尔克（Jihad al-Turk）是哈维的学生。他还记得，1982年6月6日凌晨，正是自己把“以色列入侵”的消息告诉了身
99 在学校花园之中的哈维。诗人脸色灰暗，就这场刚刚得知的入侵询问了一些细节，便与图尔克匆匆话别。随后，两位老朋友撞见了哈维，谈到了白天的那则大新闻。据老朋友回忆，诗人当时怒不可遏，

难以掩饰痛苦的情绪。他觉得，这是“这个国家所有人的耻辱印记”。老朋友回忆，诗人随后便从学校正门离开了，走向幸福街的方向，“孤零零一个人，看上去痛苦万分”。

哈维离开学校以后的踪迹在他的一位母系亲戚与同辈诗人沙菲克·阿塔亚（Shafiq Ataya）那里得到了记录。哈维应邀来到阿塔亚的住处。路上，他反复吟咏着《拉撒路》的某些诗句——那首诗他一直牢记在心——他说，他觉得“要把阿拉伯人从沉睡中唤起”已无可能。他听了晚间的广播新闻，再次痛斥了阿拉伯世界及黎巴嫩的局势。两位诗人在街区的路上散了一小时的步，然后就道别分开了。

接下来的故事，大家都知道了。哈维生前最后时刻的所有相关细节都被保留在马哈茂德·舒赖赫与其他人的记录里。诗人与沙菲克·阿塔亚道别一个半小时后，大约晚上 10 点半的时候，哈利勒·哈维拿着猎枪走上阳台，面朝大海与学校钟楼，对准脑袋扣动了扳机。他坠下楼，掉到了那簇他最喜爱的茉莉花旁。没有邻居在意猎枪轰响的动静。七年以来，贝鲁特居民早已习惯了子弹呼啸与炮弹爆炸的声音，而哈维身亡时只是战争期间平常的一夜而已。

第二天早上，死去的哈维才被发现。邻居走上阳台，看到了他倒在楼下的尸体。哈维的母亲第一个抵达悲剧的现场。一位历史学家记录道，老母亲一见到长子的死状，“恐惧地尖叫起来，悲声刺破了轰炸机密布的贝鲁特天空”。两位文坛中人——同时也是老人的朋友——匆匆赶到。其中一人正是前一晚与哈维一起漫步的沙菲克·阿塔亚。另一位朋友觉得，哈维在死去的时候刻意保留了一点
儿尊严。直到死前一刻，哈利勒还在为自己的老母亲着想：他之所 100
以选择在阳台的角落自杀，是因为这里挨着下水道，这样他的母亲就不用在他死后忍着痛苦帮他清理血迹了。

附记　马尔科姆·科尔之死

哈利勒·哈维故去18个月之后，死亡的阴影又一次笼罩了贝鲁特美国大学的校园。这一次的逝者是马尔科姆·科尔（Malcom Kerr），是位来自美国的阿拉伯文化研究者，当时还担任着这所大学的校长。1984年1月18日，他遭遇枪击，失去了生命，凶手身份不明。他们在他上班的路上截住了他，朝着他的头部连开数枪。科尔不是外来的普通美国人，更不是什么无关紧要的匆匆过客。他于1931年出生在贝鲁特，他呱呱坠地的医院后来成了他陈尸的地方。他是一个熟悉贝鲁特的外人，这座城市对他来说就像家一样。他的父亲斯坦利·科尔（Stanley Kerr）曾在贝鲁特美国大学担任生物化学教授，母亲艾尔莎·科尔（Elsa Kerr）则是学校女性事务的负责人，两人在黎巴嫩一待就是近40年。也正是在黎巴嫩，马尔科姆结识了未来的妻子安·茨维克尔（Ann Zwicker）。安出生在加利福尼亚，1954年来到贝鲁特的时候，她还只是学生。天真的她满怀憧憬，在这个国度开始了大学二年级的课业。

马尔科姆·科尔出身长老会信徒家庭，父母都是教育工作者。在贝鲁特美国大学担任校长，无疑是他的人生梦想。而他的梦想成真于1982年，可谓是他的宿命：当年夏天，巴以双方正在黎巴嫩激烈交战。这个国家已在战乱的血泊中挣扎了七年。他上任的时候，黎巴嫩境内的美国势力已经处于争议的风口浪尖。美国所犯的错在于它在1982年对以军侵入黎巴嫩的行动大开绿灯，然后又派出自己的军队执行所谓的“维和任务”。这是一次仓促的决定，为的是再一次证明“美国在国际争端中的无辜地位”（American innocence abroad）。1982年9月，由美、英、法、意四方组成的多国部队奔赴黎巴嫩，部队规模仅有5,000人。一到当地，这个远在天边的超
101 级大国就参与到黎巴嫩的宗派战争之中，加入了叙利亚、伊朗和以

色列在黎巴嫩领土上的争端。美国的入场很快造成了苦果。1983 年 4 月，位于西贝鲁特的美国驻黎大使馆遭遇炸弹袭击。同年 10 月，更是发生了一起叫人难以忘怀的惨剧：一名自杀式袭击者驾驶卡车一头冲进贝鲁特南部郊区的美国海军陆战队基地，爆炸声响起，240 多名美国人丢了性命。贝鲁特美国大学和刚刚就任校长的阿拉伯主义者马尔科姆·科尔就此陷入了一场他们完全无力掌控的巨大困境中。

其实，马尔科姆·科尔本不需要接下这份差事：他在加州大学洛杉矶分校的职业生涯相当顺利。从教以来，他一路晋升、顺畅无碍，已经在美国奠定了阿拉伯学领军人物的地位。1979—1981 年，他曾在开罗生活，在开罗美国大学担任访问学者。但是，他并不喜欢开罗，对于开罗美国大学也没有什么特殊情感。相较之下，还是黎巴嫩口音的阿拉伯语更得他的喜爱，能够唤起他的回应欲望。贝鲁特这座城市和城市周边的山乡谷地寄托着他的回忆与思念，那个国家和那里纷纷扰扰的人群与教派都深得他的眷恋，这份眷恋来自他的父母：1919 年，马尔科姆·科尔的父亲、临床生物化学专家斯坦利放弃了沃尔特·里德（Walter Reed）* 医院的工作，来到黎凡特为近东救济会提供志愿服务。近东救济会成立于 1915 年，是美国公理会差会 † 下属的人道救援机构。斯坦利·科尔的志愿者生涯始于阿勒颇，他为当地的亚美尼亚难民四处奔忙，什么工作都做。他当过摄影记者，解救过被强行掳掠到库尔德和土库曼人家里的亚美尼亚小难民，负责过救济会的医疗与卫生工作，进过实验室。他积极防治在难民之间流行的疟疾和热病，自己试饮水源，准备静脉注射所需的无菌溶液。内心惊惧的难民朝着土耳其方向逃去，其中的亚美尼亚儿童经

---

* 美国著名细菌学家。沃尔特·里德医院是美国重要的军事医院。

† 美国基督教公理会面向海外的传教机构。

常遭到游牧部落与村民的拐卖。无所畏惧、古道热肠的斯坦利·科尔总爱挺身而出，帮助这些孩子回到父母的身边。

1919 年秋天，斯坦利·科尔转而来到土耳其东南部的马拉什
102 （Marash）。这里曾是亚美尼亚民族的聚集地，人口最多的时候一度达到 80,000 人。及至 1923 年，马拉什历经世界大战，又深受亚美尼亚大屠杀以及一战之后土耳其边境频发冲突的蹂躏，当地的亚美尼亚人不是惨遭屠戮就是流落异地。正是在这片地域，高高瘦瘦、戴着眼镜的年轻志愿者斯坦利·科尔开启了自己与亚美尼亚民族的一生之缘。他投入救援难民的事务，与土耳其官方磋商沟通。他坚守此地，直到随着最后一批亚美尼亚孤儿坐上大篷车前往贝鲁特（他与自己未来的妻子、来自俄亥俄州的年轻女子艾尔莎就相识于贝鲁特。这段美好的际遇被他写进了著作《马拉什群狮》[*The Lions of Marash*]当中）。与亚美尼亚人的友情让斯坦利·科尔难以忘怀，奔赴贝鲁特的浪漫之旅在他的心灵上留下了深深的印记。他曾回到宾夕法尼亚大学攻读博士学位，由此与黎巴嫩分别三年。毕业后，他立即赶回贝鲁特，投身当地学界，并于 1960 年在这里退休。他的儿子马尔科姆·科尔继承了他对黎巴嫩的感情。虽然马尔科姆·科尔写过埃及和泛阿拉伯世界的问题，但黎巴嫩这片小小天地的历史才是他真正的牵挂。他着迷于这个国家的生存之道，喜欢这里的菜肴和这个民族的文化传统。丈夫过世十年之后，安·茨维克尔推出了一本名为《和我一起从黎巴嫩而来》（*Come with Me from Lebanon*）的回忆录。她记得马尔科姆·科尔的一句戏言："我有 25% 的可能性横死黎巴嫩，而且死期一定会早早来临。"但贝鲁特美国大学的召唤叫他无法回绝。他去了，就会在学校的历史上留名。他还能重游地中海岸边的那处"伊甸园"，住进蓝花楹与松柏掩映下的"马奎德之家"（Marquand House，即校长官邸），成为学校大厅校长办公室的主人。这里就是他的圣地：前辈先贤曾在这

里工作与生活，他对这些教士与教师的人生和遗产无不耳熟能详。

马尔科姆 · 科尔知道，这份差事有风险：1982 年 7 月，他的前
任戴维 · 道奇（David Dodge）——此人的父亲也曾掌管这所大学，
学校创办人丹尼尔 · 布利斯还是他的母系先辈——在校园中遭到绑
架。戴维 · 道奇是马尔科姆 · 科尔的童年玩伴。其后他的际遇广为 103
人知：劫匪取道叙利亚，将他带到了伊朗。在那里，戴维 · 道奇在囚牢里待了一年多的时间。马尔科姆 · 科尔幼年印象中那个美好的贝鲁特和阿拉伯世界早已烟消云散。他很熟悉美国干涉黎巴嫩事务以来的历史痕迹。1983 年，他曾撰写悼词吊唁一位来自约旦的往日好友。文中，他语带伤感，讲起了那个一去不返的单纯年代。那时候，阿拉伯民族主义的圣经——乔治 · 安东尼乌斯所著的《阿拉伯的觉醒》刚刚写就，粉墨登场的各色人物，英雄也好，歹徒也罢，无不个性鲜明、颇为传奇。如今时过境迁，马尔科姆 · 科尔写道，过去那“一小部分英雄与歹徒终被一大帮新近出现、千人一面的参与者挤下了文学与政治的舞台。新人众多，但缺乏固定的组织，没人能够掌控他们，让他们为任何事情负担责任。大众政治和大众消费文化就此到来”。他哀叹，精英传统的地位不再安全、被人疏远，阿拉伯世界与美国再一次相遇，却无法相互理解。他出身上流社会，花了许多年的时间研究阿拉伯语和阿拉伯人。可是，“新近造访阿拉伯世界的那些（西方）人和以前截然不同，而且他们的数量也远比以前多。”他在追悼约旦朋友时写道：“他们并无兴趣了解这个国度和这里的人民，无意在此长期驻留，一心只想迅速发财。他们中的不少人都来自工人家庭，不知道也不在乎伊斯兰教关于女德和禁酒的传统。他们与当地人民的相遇，与其说是融洽接触，不如说是严重冲突。”

早在 1981 年，马尔科姆 · 科尔就在《阿拉伯统治秩序的富与贫》（“Rich and Poor in the Arab Order”）一文中提到了阿拉伯世

界的绝望和崩溃。这篇文章也许是他最富洞见的名篇。在文中，他收敛了过去的讥诮与诙谐，谈论了那个时期阿拉伯世界现实的沉重。当时阿拉伯世界有“两处合资投机活动”（“two joint ventures”）：在波斯湾沿岸“挥霍的数十亿美元”，在黎巴嫩的“无尽破坏与杀戮”。这些活动也都有外来势力的参与，“所谓的‘新阿拉伯秩序’
104 的合伙建设者”。阿拉伯人曾认为黎巴嫩是一片乐土、一处便利的“理智避难所”，如今，他们却把这里化作“一片保留地，专供宣泄恶意与疯狂。他们不再宽容、互利，这两种精神反倒被沙特阿拉伯和海湾诸国继承了下来。”据说，马尔科姆·科尔发表这篇文章时，校方正在考虑让他担任校长，有人担心，考虑到贝鲁特美国大学正身处内忧外患之中，写这样的文章会降低他筹募资助的可能。最终，他并未因非议而却步，仍然踏上了赴任的行程。

我与马尔科姆·科尔打过交道，但谈不上特别亲密友好，与他之间只是工作上的关系。我曾在开罗见过他一两次，到了华盛顿和纽约以后，也曾有过交集。20 世纪 70 年代末期，我开始撰文讲述阿拉伯世界的当代政治。我研究的主题正是他一手开拓的学术领域，他是这方面的权威。作为阿拉伯世界的外人，他对阿拉伯世界里的种种蠢行怪状更能耐心相待；而我来自那个世界，和他的看法不一样。我们从未深入讨论这种分歧，因为我们相互并不了解，没有互相挞伐的道理。我最后一次与他见面是在 1983 年 11 月中旬的纽约华尔道夫酒店，那是在他的人生走到终点的两个月前。那一次，酒店特意举行宴会欢迎他的到来，欢迎活动得到了贝鲁特美国大学的协助操办，我陪一位来自贝卡山谷的黎巴嫩政客出席了那场宴会。这位政客是出身什叶派的上流贤达，与我的家族结过姻亲。马尔科姆·科尔当然知道这人的大名。不过，那次是他们初次相见。两人拥有不少共同点：他们的儿子同样就读大学一年级，而且同是亚利桑那大学的校友。两人都表示，回到贝鲁特后仍会保持联络。这个

政客说，马尔科姆 · 科尔非常乐意倾听和了解什叶派的心声。马尔
科姆 · 科尔年轻的时候，什叶派信众在黎巴嫩是贫穷的边缘群体，
可到了 80 年代初期，他们已是黎巴嫩境内人数最多的族群。他认
识的人都属于巴勒斯坦的资产阶级、贝鲁特的豪门大族，以及逊尼
派穆斯林和各种基督徒，这些群体当时在当地文化和政治生活中占
据着统治地位。什叶派就是他所说的“一大帮新近出现、千人一面
的参与者”，他眼看着他熟悉的世界成了他们的天下。华尔道夫的
这场浮华宴会也逃不过贝鲁特政坛诡事的叨扰，躲不开什叶派武装 105
力量的阴云笼罩。当时，马尔科姆 · 科尔的前任戴维 · 道奇刚从伊
朗脱身不久，也是宴会的嘉宾之一。主办方专门介绍了他的到来，
全体宾客都起立致敬。对此，道奇只是聊做回应，随后便坐在那里
一言不发。原来，他曾在伊朗做过一笔交易：他只有对羁押期间的
遭遇避而不谈，才有可能重获自由。道奇答应了这一条件，所以只
能一个人承受自己经历过的种种折磨。

1984 年 1 月，马尔科姆 · 科尔遇刺。凶手的身份无从缉查。当时，黎巴嫩的大人物一个接一个地倒在暗杀者的枪口之下。大家都在猜想主谋到底是哪些人，却总难找到准确的答案。曾有一个自称“伊斯兰圣战会”（al-Jihad al-Islami）的组织主动揽下谋杀马尔科姆 · 科尔的“功劳”——可是，人们根本不知道这个“圣战会”是否真实存在。马尔科姆 · 科尔去世后的转天，一位名叫瓦利德 · 朱布拉特（Walid Junblatt）的德鲁兹派青年领袖将矛头指向了右翼的黎巴嫩长枪党（Phalange Party）。朱布拉特觉得，马尔科姆 · 科尔这样一位深孚众望的学人不幸身亡，是因为“他一心捍卫学校的学术自由，拒绝向长枪党分子的统治卑躬屈膝”。朱布拉特的父亲在 1977 年被枪杀，他所代表的群体一直与马龙派势力及其军事武装长枪党浴血斗争。自然，朱布拉特非常乐意将马尔科姆 · 科尔的死怪罪到政敌的头上。

也许，谋害马尔科姆·科尔的那些人是想借此向黎巴嫩境内的美国势力示威，果真如此，他们倒确实达到了目的。黎巴嫩的局势早已让美国失去耐心：虽然美国官员一再宣称坚守到底，甚至立下誓言“绝不容许极端势力横行霸道”，可在海军陆战队总部遇袭的那一刻，美方就已下定决心撤走。马尔科姆·科尔之死更是加快了美军撤离的速度。他的死表明，美国干涉黎巴嫩局势的作为实属愚蠢，贝鲁特已经身陷血腥的乱局。马尔科姆·科尔的一位黎巴嫩友人曾经表示：那个年代的黎巴嫩不值得马尔科姆·科尔坚守下去。
106 友人的看法不无道理，却只说出了部分事实。曾经吸引马尔科姆·科尔父母那一代人来到黎凡特的潮流催生了一个新世界，但是这个世界已经被现代性与变革之风吹得无影无踪。

有史料指出，列维·帕森斯（Levi Parsons）与普莱尼·菲斯克（Pliny Fisk）这两位安多弗神学院的毕业生，是第一批来到贝鲁特的开路前驱。两人的目的地是圣地巴勒斯坦。1819 年 11 月，帕森斯与菲斯克自波士顿码头启程，准备“为伟大天使奉献青春 / 引领人类走上正途”。经过努力，帕森斯等人在耶路撒冷组建了传教团体，他后来坦言，想要把福音带给这些“活在基督诞生之地但冷漠浑噩的人民”相当困难。

后来，这里又出现了其他传教团体的足迹，比如阿默斯特与耶鲁两座学府的青年人。某些时候，传教人群当中还有来自蒙特霍利约克学院的年轻女士。从英国来的传教士大多落脚在耶路撒冷，贝鲁特则是美国人钟爱的聚居地。那个时候，这里不过是一座小小的港口，没人记得它的历史。港口四周围着城墙，每到晚上都要宵禁，城墙外围有一排岗哨，还零零散散地分布着一些人家。来自马萨诸塞州坦普尔顿（Templeton）的传教士威廉·古德尔（William Goodell）曾在 1824 年的一封家书中描绘了那个年代的贝鲁特。他写道：

> 上苍为我等提供的容身之地非常宜人，就位于一处大湾的西岸。南面是一片广阔的美丽原野，以及覆满橄榄树、棕榈树、橙子树、柠檬树、松树与桑树的群山。从居住的露台望出去，我们的视线能够跨越城墙的阻碍。村舍星星点点，少说也有 200 多所，分散于桑田之间。

想要了解更为完整的贝鲁特风貌，可以参阅 W. M. 汤姆森（W. M. Thomson）写下的《此地与此书》（*The Land and the Book*）——身处黎凡特的传教士留下的著作数量繁多，而 1872 年出版的这本书无疑最精彩、最广为人知。汤姆森的家乡位于辽阔的美国中西部，其本人“在叙利亚及巴勒斯坦传教长达 30 年”。他的这部著作详尽收录了不少当地动植物的插图，“介绍这片圣地的人文风俗，是一份描绘风景地貌的指南”。从这本书的字里行间可以看出，他有时 107
对这块土地充满好奇，有时又显得高高在上，有时熟知此地文化的许多细节，有时又对这里的人民不大耐烦。汤姆森自陈，他有感于前人在《圣经》研究中“对《圣经》诞生地的大量描述并不准确，而且流于肤浅”，所以才着手撰写《此地与此书》。他告诉读者，在动笔写作的多数时间里，他都“身处室外的原野——在海边或圣湖湖畔，在山麓山巅，在橄榄树、橡树或者巨岩下：在这里生活和思考，感受与写作。毫无疑问，这里的地域环境为这本书赋予了独特的色彩与性格”。

汤姆森的话并不夸张。这片“美丽之地”给了他激情，助他写出了一部杰作。在书中，这里的土地、人民、各类地名的渊源和风景都有着鲜活的细节。我在汤姆森的作品中还找到了祖籍小村附近那座宏伟的博福尔要塞，他的描述让我仿佛身临其境。“看吧，现在，目光越过利塔尼河高耸的峡谷，古老优美、悬居崖边一侧的要塞就可以映入眼帘。我常常造访那里，还曾在堡垒附近宽阔的壕沟里扎营过夜。身处要塞，风景实在妙绝。河谷幽深直通水面，巍然而可怖。每一次来到这里，我都要像小孩一样拾起石块，顺着城堡边缘抛下山崖，盯着石子坠落的长长轨迹，直至它们掉进丛林失去踪影，或是没入山下的河流。”汤姆森的文字是那么真切，那么清晰。我小时候住在博福尔要塞俯瞰的祖籍小村时，往山下扔石子就是我和伙伴们消磨夏日时光最为刺激的游戏。

汤姆森笔下的贝鲁特正处于变革之秋：人口的膨胀与时代的变迁改变了过去的习俗。在那之前，贝鲁特会在黄昏时分关闭城门，整个夜晚城池都封闭不开，街头一片黑暗，巡逻队监视着过往的路人，确保大家手里都提着灯笼。“四下伸手不见五指，卫兵静悄悄地往来巡逻，不带灯火上街乱走的人马上就会遭到他们的逮捕。晚间出门的规矩，大家都请记住啦！要不然，就去班房那种不太舒适
108 的地方过夜吧。虽然贝鲁特的某些习俗已在慢慢退出历史舞台，但仍然留有很多在别处能看到的规矩，除了大马士革。”汤姆森如是说。《此地与此书》写就之时，贝鲁特的城区已然扩张到了城墙之外。汤姆森认为：“在叙利亚乃至整个土耳其帝国，没有哪座城市的扩张速度能够赶上贝鲁特。这个地方注定还会兴旺发展下去……这就是贝鲁特，荣耀的地中海环绕着它，各国各式的优美船只在此经停。远道而来的您一定可以感受到，这个城市的未来将是美丽且壮阔的。”

正在贝鲁特摆脱城墙约束、大举扩张的当口，来自佛蒙特州尚普兰山谷（Champlain Valley）的传教士丹尼尔·布利斯也开始在这里办学，他创建的学校正是贝鲁特美国大学的前身。这座学府于1866年开始招生授课，第一批学子仅有16人，由布利斯和其他两位传道人员教导，另有一位黎巴嫩本地教员负责数学课程。马尔科

姆·科尔就是在这样的氛围中出生成长。学校的一切都是他继承的文化遗产。1954 年，他未来的妻子安·茨维克尔来到贝鲁特。她从纽约出发，跟着一艘荷兰货轮航行了 17 天。映入她眼帘的这个地方仍然保持着殖民时代的小城风貌：一所所房舍藏在围栏后面，显得杂乱无章；漫出墙体的九重葛到处疯长，花园草木繁茂，巷弄狭窄逼仄。刚刚毕业的年轻学生马尔科姆·科尔向她大献殷勤，带她参观城中的古迹美景，为她充当向导。当时的马尔科姆·科尔站在一个十字路口，一条路通向黎巴嫩，另一条路则连着他所代表的那座美国学府。那一定是个奇迹的时代。每到夏天，斯坦利和艾尔莎都会前往山间某座寂静小镇里，住进一栋石头小屋。小屋身处茂密的松林中，视野极好，可以一览附近的群山和深谷。在他们附近，就在那座山的山顶，还住着另外四位美国教授。心灵手巧的生物化学教授斯坦利·科尔的果园也在此处，他在那里从事实验，培育新型的葡萄与水果。严格来说，黎巴嫩这个世界的政治与阶级其实和马尔科姆·科尔毫无瓜葛，但他投身其中，对阿拉伯民族主义寄望甚高，深深信任着主持民族主义运动的那个阶层。他那些阿拉伯同
龄人必然遭遇的命运与纠缠，也会找上后来成为校长的马尔科姆。109
他曾在信中告诉自己的妻子，校长的职位好似“庄园之主”。可他没想到，这座“庄园”已经起火了。

马尔科姆·科尔遇害之后的那几年，我仍会不时想起他和他的父亲斯坦利，唤醒我回忆的是他的儿子史蒂夫·科尔（Steve Kerr）。早在 1983 年，我就听过他的名字，当时这孩子还在亚利桑那大学上一年级。后来他投身篮坛，通过选秀进入 NBA ，先后在克利夫兰骑士队和芝加哥公牛队效力。我对 NBA 所知不多，但却一直关心着史蒂夫·科尔的动态。我总会在比赛场上寻觅他的身影，时时注意个人技术统计栏里他的各种数据。我了解到，他是一位神

射手，若论在三分线外投篮得分的功力，他堪称联盟最佳之一。我还知道，他的梦想在 1997 年的那个赛季变成了现实。在季后赛总决赛中，他们碰上了犹他爵士队，比赛打到第六场，史蒂夫 · 科尔接到队友迈克尔 · 乔丹（Michael Jordan）的传球，投中了制胜的两分绝杀；在第四场的时候，他失手过一次，当时他身边无人防守，传球的人还是乔丹。他为此沮丧万分。史蒂夫·科尔失手之后的转天，我在 ESPN 频道的访谈节目里见到了他。节目录制地点位于盐湖城，持续时间很长。访谈结尾，记者谈到了史蒂夫 · 科尔父亲遇害的事。不难发现，记者的言语让一头金发、满脸稚气的史蒂夫 · 科尔想到了某些不愿再次触及的回忆。他说，没错，他很思念父亲，每天他都会想到他。他还说，如若父亲还在人世，一定会为他的 NBA 生涯深感自豪。说完这些，他转移话题谈起了轻松一些的事情，也就是那次他在空位下的失手。几天之后的芝加哥，他迎来了决定冠军归属的一场比赛，再次在无人看守的情况下投篮。他没再失手，球队获得了冠军。

芝加哥公牛队曾爆出新闻：有一次史蒂夫·科尔和乔丹大打出手。面对“飞人陛下”，他居然一点儿退缩之意也没有。他的勇气让体育记者大感惊异。记者可能不大清楚：他的祖父斯坦利曾在阿勒颇与马拉什的群山中孤身奔走，解救落难的亚美尼亚儿童，只带着一把手枪，就敢护送这些孩子坐着篷车前往贝鲁特；对于有这样一位父亲、
110 经历过丧父之痛的史蒂夫 · 科尔而言，NBA 赛场里的风波与冲突实在有点无足轻重。过去的人生已然过去，东方的世界和它的人民不再与他相关。1965 年出生于贝鲁特的芝加哥公牛队神投手史蒂夫·科尔生活的这个国度早就没了传教的狂热。东方那片古老的土地已被淹没在往事之中，没人记得起，也没人愿意投入新的热情。

祖先之形

阿拉伯文学复兴失败了，哈利勒·哈维相当失落。他觉得，这 111
一代阿拉伯人的奋斗历程已走到尽头。文学激励着那些信奉阿拉伯民族主义的人。世俗化民族主义的语言希望扫除所有与之作对的东西，曾令人自信且兴奋。它一度想要摆脱那些阿拉伯世界之中亘古未变的真理——那些部族与宗教派别的真理；然而脆弱的文学与政治文化和大众传统力量之间存在分歧，这种分歧嘲笑着文学界的勇气和乐观。哈维早就对文化和文学失却了信念，成功预知了未来。在他去世之后的那些年，阿拉伯语写作陷入重重问题，阿拉伯文学失去了描述阿拉伯现实世界的能力。这个世纪的阿拉伯人逃进了文学的世界，可是文学却让他们大失所望。

哈维死后不久，诗坛的另两位佼佼者——浪漫主义诗人尼扎尔·卡巴尼（生于 1923 年）以及身兼诗人与评论家两职的阿多尼斯（生于 1930 年）——各自剖析了阿拉伯文学及阿拉伯的政治类作品。两位诗人都生于叙利亚，但都在贝鲁特居住了不少年。他们 112
觉得，文学上的危机只是阿拉伯政坛环境的一种反映。两人在不同时间、不同场合都曾表示，阿拉伯文学生病了。写作变得艰难了许多。政治与诗歌所用的语言，与阿拉伯人面对的现实世界愈发不合衬。1985 年 5 月，卡巴尼曾通过科威特的一家日报吐露心声："我没法再写诗了。"他还说：

> 我不再写作了，因为我诉不尽阿拉伯民族的苦楚。这座大型的监狱里有无数牢房，没有一间是我能够打开的。诗人也是血肉之躯：一旦失却了对于文字的兴趣，他就再也没办法动笔；当下的阿拉伯世界让人完全高兴不起来，又怎能强求写诗的人强作欢颜呢？我还是中学生的时候，常常听到历史老师把奥斯曼帝国称作"病夫"；不知道今天的老师准备如何给重病缠身的阿拉伯世界里这些"迷你帝国"命名？这些"迷你帝国"个个大门洞开、窗户破烂，就连屋顶也都被掀了个底朝天，不知我们当如何评价它们？身为作家，身处这病院一般的阿拉伯世界，又能作何感言，写下什么东西呢？

在文中，卡巴尼借用了"蒙昧"（jahiliyya）这个字眼，指的是伊斯兰教兴起前的无知时代，用以形容今天的阿拉伯世界。在那个黑暗年代，诗人担负着一种责任：它是部落的"律师"、历史的记录者和书记员。今天这个新时期的"蒙昧"较之以前则更为黑暗。它剥夺了诗人的角色，因为这个时代想让大家卑躬屈膝、匍匐着苟活下去。"今天的苏丹"只需要拥趸与佞臣，语言的艺术由此遭到禁锢。苏丹们害怕文学，因为文学"本质上就是反叛的工具"：文学与"权势"（al-sulta）的冲突古已有之、不可避免。

每一天，贝鲁特街头都在上演暴力事件。卡巴尼因此失去了妻子（1981 年，伊拉克驻黎巴嫩大使馆遭遇爆炸袭击，卡巴尼的妻子不幸身亡）。这座城市养育了诗人，是他的家园。有人想知道卡巴尼如何看待贝鲁特未来的命运。“它就是一团火球，”诗人回答，“灼烧我的双手。可我仍然紧握着它不肯丢弃，就像一个在手 113 掌上放着毒虫的孩子，一个捏着蝎子尾巴、不怕被蜇到的人。”20世纪五六十年代的贝鲁特——也就是卡巴尼年轻时熟知的那个摩登世界，那座诗与享乐的城市——已经“一去不返”。往日无法重现，就像罗马与雅典永远逝去的光辉一般。“历史就是一条河，从不逆流倒退……黎巴嫩的战争已然颠覆了原有的那个国度，这一点大家必须勇敢承认。我们中的某些人还在梦想着那个熙熙攘攘的年轻贝鲁特，那座让万千人民着迷的城市。但是，我们必须面对现实，好好审视眼前这个城市的样子。过去那个贝鲁特的一切都已经不复存在了，只能在书本中找到它留下的一丝余韵。”

面对历史的进程，文字是那样无力——卡巴尼为之哀叹。后来，他把这种感情写进了长诗《巴尔基斯》（“Balqees”）之中。巴尔基斯是诗人妻子的名字，这首诗歌正是为悼念她而作。诗歌发表于1982年，初次刊载在《未来》（*al-Mostaqbal*）杂志上。我的学生丽萨·布滕海姆（Lisa Buttenheim）曾将这首诗译成英文。

巴尔基斯，不要远离我
你走之后，海岸上方没有阳光闪烁
口供中我要诉说，小偷穿了战士的衣着
口供中我要诉说，那位伟大领袖如今成了密探而堕落
我要诉说，最荒诞的笑话莫过于启蒙的传说
至于我们，不过是无数部落中的一个小小部落
巴尔吉斯……这就是历史
人们分不清花园和厕所
巴尔吉斯……我的公主
你身陷烈火，困在部族战争当中

我如何忍心，写起我的王后死去的那一幕?
文字，已是我的耻辱……
我们的目光所及，尽是成堆的受难者
星辰坠地，尸体零落，好似粉碎的镜面
我不禁要问，我的爱人
这到底是你的葬身之地
114 抑或阿拉伯民族主义的坟墓?
今天之后，我不再会是历史的关注者
我的手指在刺痛，我的衣衫染满血红
我们朝着石器时代在堕落……
每过一天，都会落后千年之久
巴尔吉斯，身处这个时代，写诗又有何用?
写诗，也没法掩盖时代的怯懦无能
阿拉伯世界在被折磨、被压迫，被割舌……
我们都象征着罪恶……
巴尔吉斯……
请原谅我
也许你失去生命，只是为了拯救我
可我清楚得很
策划谋杀的那些人，是想杀死我的诗歌!
美丽的巴尔吉斯，在上帝的怀抱中安息吧
你去了，我也不再写诗了……

诗人阿多尼斯在《阿拉伯诗学》(*al-Shi'riyya al-Arabiyya*)这部作品中也记录了自己的创作困境。1985年，《阿拉伯诗学》在贝鲁特出版。阿多尼斯在这本书中并不只是像卡巴尼那样为阿拉伯文学而长吁短叹，而是用大量篇幅分析了阿拉伯作家面临的那种所谓

“腹背受敌”的局面。阿多尼斯认为，阿拉伯世界的作家生活在夹缝当中，既要面对西方思想，也得应对伊斯兰教传统。阿多尼斯关注的问题不同于阿拉伯世界遭遇西方以来人们关注的问题——他们常常为如何融合“传统”与“现代”而焦躁不安，但这种焦虑只是故作姿态。阿多尼斯认为，阿拉伯世界早已度过了那个阶段。我们只是在凭吊一个“启蒙的时代”（asr al-nahda），或者用艾伯特·胡拉尼（Albert Hourani）的话来说，一个源自19世纪最初十年、阿拉伯历史上的“自由时代”。

阿多尼斯认为，西方——也就是阿拉伯人自西方世界引进的那种现代性——与传统（turath）——或者说在阿拉伯世界占据统治地位、男男女女都必须遵从的政治与文化秩序——的结合最终生下的是一头怪胎，造就了一个枯燥乏味的世界。“有如狂沙漫卷一般的进口货与消费品”产生了一个虚假的现代性形象——其实，阿拉 115
伯世界的现代化历程根本就是“一个大骗局”，东西交融产生的这个世界既不属于阿拉伯，也跟西方毫不相关。“我们目前的所谓现代性只是一片海市蜃楼。”那些拜倒在这种虚假现代性脚下的学者与作家从一开始就大错特错。他们竭力仿效陌生文明的形式与风格，创造出的却只是一件件毫无生命力的作品，是对另一种文化的拙劣模仿。倘若阿拉伯人只满足于已经找寻到的这层西方表皮，忽略西方文明的好奇精神，看不见西方人对于知识的渴望，不理解西方世界敢于打破教条的勇气，那么阿拉伯世界所谓的“现代性”就只不过是通过“投机取巧”或“偷摸窃盗”而得来的一件并不牢靠的“租借物品”。

但是，阿多尼斯还察觉到了另一种麻痹阿拉伯人思想的错误风潮，这股风潮想要把阿拉伯思想从外国的冲击中拯救出来。他们主张效法祖先，全盘继承过往的一切。外国模式的文化影响越是激烈，外来的侵袭越是凶狠，祖先的权威性就越是高涨。阿多尼斯指出，即便要“谨守传统”和“尊崇往昔”，也无须盲目照搬老一辈人的做法，或者在现实的压力之下顽固地认为传统可以为所有问题提供解决方案。“传统并非守旧，谨守文化传统也不意味着我们必须要去过历史上某段时期的那种生活。”尊崇往昔也需要创造力；阿拉伯人应该重新拾起阿拉伯和伊斯兰文明更具活力的时期所具备的那种精神。阿多尼斯相信，“新鲜事物”其实全都脱胎于过去，没有“人造的断裂”(false discontinuities)，也没有人为的突破。

阿多尼斯苦心劝谏读者：“阿拉伯—穆斯林社会”与“从欧美为代表的西方”之间的对立，并非代表“人性、哲学和诗学上的差异”。东西对峙其实仅仅与政治相关。他写道：

> 我们与西方之间的对立并不意味我们要全面对抗和摒弃西方的所有事物。我们需要拒绝的只是西方的殖民主义意识形态。即
> 116 便我们拒绝西方的机器与技术产品，也不意味着拒绝生产这些机器的知识过程。我们要拒绝的只是西方将技术倾销给我们的方式，拒绝被这些技术产品变为纯粹的消费者，以免我们的国家因此沦为一处巨大的跳蚤市场。

阿多尼斯还提醒读者，不要将“伊斯兰—阿拉伯的东方”与“先进的西方”对立起来，因为这样的两分法是在给阿拉伯世界的落后和伊斯兰思想的回潮找借口。他认为，严格来讲，世上并无“东”与“西”之分。西方和东方都由许多更小的世界组成。在西方，就有不少世界的生活方式比东方落后许多；东方“也存在着富有创造性与进步的地区”。不管我们承认与否，我们生活在一个包罗万象的“全球文明”之中。现代性不是某个特定地区或某个特定民族的独有财产；它必将到来，每个人都无从逃避。

在阿多尼斯看来，想要实现真正的现代性，阿拉伯人必须超越

所谓的“双重依赖”——对外部那个人造世界的依赖，以及对祖先留下的这个人造世界的依赖。只有当阿拉伯世界中沉默的大多数能够抒发久被压抑的心声，当人们开始书写全新的内容，勇于打破禁忌的时候，现代性——真实的、活跃的现代进程——才能形成。现代性达成后，阿拉伯语才能挣脱过去的牵绊，同时不再一味模仿和抄袭欧美文学，才能表达真正重要和庄严的内容。迄今为止，阿拉伯的现代思想始终缺乏勇气。它没有稳固的地位，一直变来变去，摄于某种“魔力一般的威吓”，被祖先的权威与外部的势力破坏得伤痕累累。阿拉伯世界的掌权者向来尊崇祖先，任何敢于质疑祖先权威的人都会遭到他们的严惩，即便这质疑祖先的人是被外部势力操弄的掌权者自己，也逃不过这种惩罚。

1986 年，阿多尼斯告诉我 :“阿拉伯世界中的某些东西已经陨灭了。”其后不久，他便离开了贝鲁特，奔赴法国。这次离别让他十分纠结 : 当时的阿多尼斯已经年届 56 岁，在贝鲁特的战火与乱局中忍受了十年有余，不过，一想到要抛下贝鲁特、抛弃自身诗歌艺术的基础，他还是相当不忍心。他非常了解流亡文人的悲戚命运，
也清楚流落他国的疏离，他们思念故国、故国却越来越遥远和模糊 117
的感觉。他还担心，一别之后，自己会和阿拉伯语渐行渐远。

阿多尼斯的故乡远在叙利亚的内陆乡间。1930 年，他生在一个小山村。此地临近叙利亚海岸，位于塔尔图斯（Tartus）与拉塔基亚（Latakia）的半途。他于 1956 年来到黎巴嫩，到达的时候身心俱疲。此前，叙利亚当局把他囚禁了起来，一年后才让他重获自由。他没有被起诉，也没有被审判。叙利亚的政治形势多变难测，军事政变一场接着一场，无数的党派和阴谋团体为了权力争斗不休。年轻的阿多尼斯刚刚走出大马士革大学的校门，立马就被抓进了监狱。他和他那一辈人中的许多优秀分子一样，也加入了安东 · 萨阿德的阵营，并为之付出了不小的代价。

追忆当年，阿多尼斯写道："在我与我周围的现实之间，一道鸿沟决裂开来。一种感觉震慑我心，告诉我自己身处悬崖边缘，就要坠入深渊。我认识到，语言就像人，也有蒙难的时候。语言所能蒙受的最大苦难莫过于刚写完就化作僵尸的书，沦为堆砌而成的空洞文字。"阿多尼斯一心想要摆脱这已死的语言与书籍。他当时的法语水平非常有限；在塔尔图斯的一所法国学校就学期间，他曾研习过这门语言，但随着叙利亚的独立，学校关门了。阿多尼斯并未受其影响，他开始阅读波德莱尔，还读了德语诗人里尔克作品的法语译本，一边读，一边拿着一本法阿词典，在里尔克的诗旁边将它译成阿拉伯语。"内心之声"时时给他警醒，让他不至于堕入虚无的深渊。

黎巴嫩，这个更为宽容的国度，似乎正是诗界与文坛新星疗愈伤痛、重获新生的最佳地点。1956 年，阿多尼斯穿越边境来到黎巴嫩。当时正是 10 月，处在苏伊士运河战争期间。他始终记得那次旅行发生的时间。对他那一代阿拉伯人而言，世界看起来广阔无垠，大有发展的空间，变革就在他们的眼前。殖民时代已到终点，英、
118 法两强的威势与权力摇摇欲坠。在这股时代洪流中，埃及的军政府已然脱颖而出，造就了新的民族主义传奇：新阿拉伯世界正与欧洲角力，终结后者对阿拉伯诸国的统治。阿多尼斯选择黎巴嫩作为栖身之地——他后来得到了黎巴嫩的公民身份——再合适不过。正是这里的山脉、这里的神话启迪了他，引导他给自己取了"阿多尼斯"这个笔名。畜牧之神"阿多尼斯"及其崇拜体系正是诞生在黎巴嫩的山岳之间。阿多尼斯河的河口位于黎巴嫩的海岸，就在比布洛斯（Byblos）小镇的一旁，深入海边的山峦就能找到这条河流的源泉。阿多尼斯的神话可能来自苏美尔人，不过其对死亡与复生的象征又受到腓尼基文化的影响。在神话中，光明女神阿芙洛狄忒与冥后珀耳塞福涅为了吸引阿多尼斯而纠葛不断，于是宙斯下令，阿多尼斯

须在光明世界中居住半年，另外半年则要待在冥界。后来，外出打猎的阿多尼斯碰到了光明女神的夫君阿瑞斯。这位战神事先化身为野猪，将阿多尼斯撞倒杀死。阿芙洛狄忒的眼泪让降落冥界的阿多尼斯有了复活的机会，每年春天他都会重获新生。他的鲜血与光明女神的泪水正好庆祝了自然的循环：冬天过去，短暂的春日到来之时，荒芜的山坡因为紫色的海葵和各种各样的野花而变得绚烂多姿，直至艳阳高挂炙烤大地。

黎巴嫩的大地上覆着层层文明的痕迹：苏美尔、腓尼基、希腊–罗马、阿拉伯，还有土耳其。叙利亚诗人取“阿多尼斯”为笔名，无疑是以地中海和叙利亚之子自居，想要继承多语言历史遗产。

到了泛阿拉伯主义者的眼里，叙利亚与黎巴嫩只不过是广阔阿拉伯世界的组成部分。他们觉得，自己的文化之根远在阿拉伯半岛，影响范围包括埃及和北非各地，毫不在意伊斯兰教兴盛之前的各类神话传说。伊斯兰教始自 7 世纪，为“新月沃土”带来了新的制度，一种有自觉性、革命性的新事物；多神共存的过去从此被人遗忘。阿拉伯人的政治观念依托于伊斯兰教的话语。阿多尼斯以“阿多尼 119
斯”自称，等于宣示了自己的政治与文化认同：他热爱阿拉伯半岛及伊斯兰教的诗歌与历史，但也在回望更为遥远的过去，探寻叙利亚在伊斯兰教诞生之前的种种文明印记。

贝鲁特接纳了这位叙利亚青年，而他也给予了热情的回应。作为新来者，他欣赏这座城市的自由空气，知道这自由得来不易。“我得一条街一条街地了解贝鲁特，了解它在每一个方向上的模样，尤其是面朝大海的那边。我的家乡塔尔图斯与拉塔基亚就在这海边，但我那时却很少注意到它。”他觉得，贝鲁特是一座“中立之城”。即便面对涉及文化遗产与现代性之争的种种严肃问题，它也不会选边站。有着不同意见的人都能在这里抒发各自的观点。贝鲁特是如此宽容，以至于大家不知道这种宽容的边界在哪里，也不清楚它从何而来。诚然，城中的现代性表象可能只是“金玉其外”，可比起阿拉伯世界的其他地区，这里的男男女女仍然享有更多的自由空间。阿多尼斯觉得，自己来到贝鲁特实属幸运。当时，此地正以阿拉伯文学之都和阿拉伯启蒙运动中心的身份而崛起兴盛，自19世纪末到20世纪50年代，这个角色一直是由开罗在扮演。然而军政府掌握了埃及的政权，也影响了那里的思想界。文学遭到政治的侵染，知识分子受到迫害。贝鲁特可谓坐收渔翁之利。这座城市的周边世界需要一片自由、开放的天地，而黎巴嫩人责无旁贷。在阿多尼斯的笔下，贝鲁特充满矛盾与极端：既有豪奢之辈，也有赤贫之人；宗教与现代比邻并存；人们既崇古念旧，又痴迷于西方的地位、观念和商品。

这种纷乱哺育了阿多尼斯。他出身什叶派穆斯林家庭，属于少数群体，贝鲁特的文坛和政界却并不介意他的教派背景。1968年，他出席当时城中著名的公众论坛“黎巴嫩研讨会”，在会上公开发
120 言时随口提了一下自己的出身。“我来自什叶派家庭，”他表示，“每个什叶派家庭都在蒙受苦难，期盼着有朝一日能得到解救。”阿多尼斯这么说是有意的夸张，从这句话可以看出他这个人的脾气。他绝不是想宣示对于教派的忠诚；阿多尼斯的思想远远超越了教派之见，黎巴嫩研讨会上的自白也并非在表现身为什叶派教徒的骄傲。阿多尼斯的文章简洁利落，诗歌则令人久久难以忘怀，这让他在贝鲁特诗坛取得了超然的地位。童年的他曾在父亲的指导下学习《古兰经》、伊斯兰神秘主义及其历史经典，不过他对基督教的象征主义和思想也是兴致盎然。于他而言，黎巴嫩正是理想的居所。东贝鲁特的圣约瑟夫大学为他敞开了大门。这所学府于1875年由耶稣会创立（耶稣会和叙利亚的亲法势力以此回应贝鲁特美国大学及其宣扬的阿拉伯民族主义）。阿多尼斯在学校获得了奖学金，得以前往法国索邦大学继续深造。到了法国，阿多尼斯对法国文学和文化

的热情得到了完全释放。他终生热爱伊斯兰教知识与传统，也喜爱法国文化；在他看来，这二者并无冲突。后来他在一本文学自传中说，他从来都没有特别偏袒西方思想。20 世纪 40 年代，阿多尼斯曾任塔尔图斯与拉塔基亚当地多所中学的学生领袖，多次参与反法游行。当时，焚烧法国书籍是这种反法活动的基本方式，但他从未参与过烧书这种事情。“即便在年少时期，我的内心可能就已经界限分明：我不会把自己对于外族统治的反对，跟我的文化–文学使命混为一谈。”民族主义的政治活动远远不能满足阿多尼斯的追求。他大胆超越了宗派与政党政治的现实，不肯受民族主义狭隘视野的禁锢。他沉浸在阿拉伯文学的世界之中，但始终带着人文主义关怀的传统。他觉得，“种族与血缘”不是阿拉伯世界与伊斯兰教历史上的决定性力量，也不是阿拉伯人的认同来源。他属于地下的墓穴，是少数派；关于家园、文化与乡土的极端、狭隘观念，从来不会得到他的关注。

对于阿多尼斯，泛阿拉伯主义者一向不大信任。他们觉得，他的笔名已然表明了他的心志，证实他更忠于黎巴嫩和叙利亚文化中
的腓尼基及希腊–罗马元素。对于他在早年间倾心于安东 · 萨阿德 121
的短暂历史，他们更是耿耿于怀。不过，阿多尼斯毕竟才华超群，因此安然度过争议，名声还愈发响亮起来。他撰写的诗作和文学评论得到了贝鲁特媒体界的一致好评。他还结识了志同道合的黎巴嫩诗人优素福 · 哈勒。为了向 50 年代末诞生的新式诗歌献礼，两人联合创办了文学杂志《诗刊》。“六日战争”之后，阿多尼斯开启了一次全新的文学挑战，创办了《形势》（*Mawaqif*）杂志，这可能是阿拉伯世界最为大胆、最富创新精神的期刊。那场战争造成了巨大伤害：阿拉伯方面遭遇惨败，约旦、埃及与叙利亚三国联军瞬间就被以色列彻底消灭。在那场战争中，阿多尼斯和他在《形势》的各位同僚看到，激进的阿拉伯民族主义有如危楼一般倾覆倒塌。他们认为，这场败局正是一次契机，他们可以借此机会大胆地重新评价

五六十年代统御政坛的主流思想及其话语。可是，阿多尼斯及其同辈诗人不曾想见，世事变改引发的惊骇还会源源不断地到来。到了20世纪80年代，贝鲁特遍地疮痍，而阿多尼斯也选择了离去。和卡巴尼一样，他也觉得阿拉伯文明已临绝境。他曾表示，在当时那个时代，所有人都已一无所有。在贝鲁特的战火中，他见识了各种宏大观念与政治学说斗得你死我活，黎巴嫩人和城里的其他阿拉伯人回到了野蛮原始的部族主义时代。他已经不认识他的贝鲁特了。作为诗人，阿多尼斯特别不愿意指名道姓，不愿意描述自己的见闻。也不知道，他是不是一早就凭直觉预见到阿拉伯世界将会堕落至此？在他的诗歌中，写于20世纪60年代末期的《为我们的时代悲叹》（“Lamentation for Our Times”）堪称一首悲怆之作。在这首诗中，他写到了暴政、沉默和放逐的生活：

放逐的车队从墙边行过
四周是放逐的呼号
与烈焰在炙烤
诗歌也在流亡的途中
与车队同道
风儿无情拂向我们
卷走我们的岁月，只剩下地上的沙尘
122 刀光掠影，钢盔在闪烁
我们从中看见了自己的魂
秋日如盐
洒遍我们的伤痕
举目望去，再没有树木萌芽，也没有春天

贝鲁特，这座阿拉伯启蒙运动的城池，曾为一代人所熟知。他们眼睁睁看着它换了容颜，走到文明、秩序与所有熟悉记忆的对立面。阿多尼斯的另一首诗《沙漠》(“The Desert”）正是为此而绝望伤怀。作品写于1982年，相较《为我们的时代悲叹》离我们更近一些。阿卜杜拉·乌达里(Abdullah al-Udhari)将这首诗译成了英文。

……
一切都会到来，一切终将陈旧
准备好吧，不要理会这
癫狂——准备好
做个漠然的陌客……

他们发现麻袋中装着一个个人
一个个血肉模糊不成人形的肉身
一个个无名的死去的人
你疯了吗？求你了
不要描写这些景象

黑暗无边
人间的树木化作泪滴
淌过天堂的容颜
日食笼罩大地
死亡砸断城市的枝干
我的朋友们，只能离去

花儿，诱惑着风散布自己的香味
却已在昨日枯萎

太阳不再升起
它用枯草覆满脚面
而后消失不见……

123 现实比诗作中的灰暗意象更为不堪。如此世道之下，阿拉伯文坛的人自觉无话可说也就毫不奇怪。从 19 世纪末开始，阿拉伯民族主义就一直是知识分子的工程；各种冲突始终撕扯着阿拉伯世界的政治秩序，阿拉伯民族主义的观念被人们甩在了这种秩序的脸上。到了 20 世纪 80 年代早期，这场运动遭遇重大危机，以至于最为痴心的民族主义战士也难以继续坚守。阿拉伯的民族主义神话尽数落空。历经民族文学的大潮、遍听自豪的政客关于自身优点与历史荣光的种种吹嘘，阿拉伯人只剩下一个残酷、浪费与迷惑的新世界。

阿拉伯世界的政治好像过山车一般跌宕起伏：它因为 1973 年“十月战争”的胜利而抵达高峰，也见证了石油财富累积而成的“横财世代”——这段好日子在 1982 年夏天戛然而止；贝鲁特在巴以鏖战之中沦为孤城的故事，则是阿拉伯政坛的低谷期。作为阿拉伯民族主义巅峰（即苏伊士运河战争至“六日战争”期间的这段岁月）的亲历者，一位科威特学者对于自己和同伴的这趟过山车之旅有过精到的总结。“1956 年的时候，我欢呼过。”他想起那个激进民族主义时代的欢欣鼓舞，说道，“1967 年战争过后，我则在痛苦。1973 年，我再次绽放欢颜，因为听闻阿拉伯人即将走入新时代而高兴。现在，时间已是 1982 年的夏天，对于新时代的期盼已经持续了十年，也该以苦涩而告终了。我不想言语，不想伤怀，甚至提不起丝毫怒气，我只是非常震惊。”

当时，阿拉伯半岛一片纸醉金迷，贝鲁特陷入血腥的族群屠杀，埃及和以色列则是相安无事。由此，“阿拉伯民族同呼吸共命运”的神话变得裂痕丛生。不同国度的阿拉伯人认识到，大家本就归属不同的国家与群体。而且，在这一有力的事实之外，还出现了一种新的诱惑：1970 年以来石油带来的意外之财。这进一步导致阿拉伯世界陷入四分五裂的田地，阿拉伯人更不可能拥有什么“共同的命运”了。金钱硬生生竖起一道分水岭：因石油而大发横财的几个国家位于分水岭的一侧，安然享用着石油带来的现代性；而其他国家的人则眼睁睁地看着这种新兴秩序，只有羡慕的份儿。进入石油与 124
天然气的时代以后，中东局势变得愈发不稳定，阿拉伯人（还有伊朗人）被抛入了陌生的漩涡。

原有的那个世界纵有万般不好，到底也能保持完整（这种完整局势在 1967 年现出裂痕，并于 1973 年破碎一地）。旧秩序有自己的运作方式和节奏，旧秩序下的人至少能够各安其位，踏踏实实地生活。顺利夺权的赢家虽然可能暴虐无情，却不至于肆意横行。人们有羞于做的事，有视为道德边界的规矩。“合法”（halal）与“非法”（haram）总是界限分明。就连恶棍与暴君也都清楚作恶的界限到底在哪里。一句话，以前有一种道德秩序。可是，所有这一切都被荡涤得干干净净，文化的延续性被打破了。有人试图重塑完整的局面，不理会阿拉伯诸国之间的巨大裂痕，高举文化沙文主义，摆出极度守旧的姿态，到头来却徒然令阿拉伯世界在迷惑与崩溃的局面里越陷越深。

新的财富改变了阿拉伯世界的政治格局，沙漠里的阿拉伯人和半岛上那些石油国度从此占据了政治舞台的中心。不过，文坛的中心并未迁移到波斯湾沿岸地区和阿拉伯半岛。于是，这片严肃古板、心怀嫉妒的沙漠地带不愿相信知识分子及其产物（也就是文学）；反过来，知识分子也不认可这些石油王国的成就。这些属于都市里的阿拉伯知识分子甚至一度畅想着要把那些石油王国悉数颠覆，把王国的财富用来资助泛阿拉伯主义的伟业。在新兴的石油富国重塑阿拉伯世界社会与经济格局十多年后，知识分子像卡桑德拉

（Cassandra）* 一样，预言大家在石油财富上寄予的种种愿望都会落空。当时，世界进入经济下行期，石油富国正在经历衰退，各位预言家不仅看到了经济的颓势，提及未来时悲观得如临世界末日，仿佛石油筑成的整个世界都将解体消泯。

125 骤降的巨大财富，掌握权力的王室，地广人稀、仰赖外部势力庇护的一个个国家，暗淡的未来——这些因石油而生的故事，都在阿卜杜拉赫曼 · 穆尼夫的笔下得到了有力（且富有争议）的记录。他以《盐的诸城》（*Cities of Salt*）为代表的系列小说讲述了海湾诸国的石油传奇（这些小说被美国作家彼得 · 塞鲁［Peter Theroux］精心译成了英语）。1933 年，穆尼夫出生在约旦的一个商贾家庭。他的家族原籍沙特阿拉伯境内，他也是一个彻头彻尾的阿拉伯民族主义者，赞成激进民族主义的各类主张。1963 年，正值激进民族主义者与亲西方当局斗争的高峰期，沙特当局剥夺了穆尼夫的公民权，于是这位曾在开罗、巴格达和贝尔格莱德（Belgrade）接受教育的石油经济学博士把激进民族主义的主张写进小说之中。穆尼夫投身文坛时已经年近四十，他自称认识到阿拉伯世界的政治只是一出残酷的欺诈游戏，一个“大大的骗局”，这个政坛充满背叛，必将走向失败。穆尼夫的政治观反映了 20 世纪 80 年代阿拉伯世界的流行意见。他最好的那些作品具备引人入胜的叙事力，洋溢着海湾诸国独有的韵味、质地和孤寂感，读者们可以跟随这些作品见证那个沙漠世界在遭到石油濡染之前的模样。而且，在介绍沙漠世界的政治局势与人文风情方面，穆尼夫有他的优势，因为开罗、贝鲁特与突尼斯的读者对这些地方并不了解。在黎凡特与北非的都市世界里，绝大多数人都对波斯湾沿岸和阿拉伯半岛知之甚少，而且也不感兴

---

* 希腊神话中的特洛伊公主，有预言能力，却因为得罪了阿波罗，遭其诅咒，终生不被人相信。

趣。阿拉伯沙漠的浪漫传说曾让英国的旅行家、冒险者与文人心驰神往，却很难在都市里的阿拉伯人当中引发共鸣。他们对石油富国怀有的是一大堆刻板印象和程度颇深的优越感。

穆尼夫在书里写得明明白白。英美势力闯进了海湾诸国的世界，犹如一场横扫一切的沙暴，一路上摧枯拉朽。要想了解穆尼夫的道德与政治观，我们不妨翻开《盐的诸城》的第一卷。书中的绿洲小城瓦迪乌尤恩（Wadi al-Uyoun）因三位前来勘探石油的美国地质人员而失去了平静。自打这些“魔鬼”到来，一切都被改变了：孩子开始忤逆长辈，小城中的一个人甚至变成幽魂，叨扰大家的安宁。 126
小城旁边一座美国人建起的小镇，房子越建越高，占地越来越大，面貌也变得愈发陌生。这个“埋身黄沙与隐秘之中”的世界正在改天换地。古老而永恒的严酷环境变成了一个混杂的世界。

穆尼夫写小说就是为了宣讲政见。对于自己的主张与观点，他从不讳言。1985 年，他曾跟贝鲁特的一家周刊说道：

> 在石油时代之前，沙漠里的人大多瘦得就像一根棍。如今，他们变得和油桶一样又肥又圆。这可不符合自然法则。过去在沙漠里，人们必须日夜追随骆驼，仅仅一点儿奶与食物就能满足他们。他们必须保持强壮精干的身形，以便应对现实世界的困难。这样的形体让他们适应环境、得以生存。我们怎么能拿过去的人与今天的我们相比呢？

在穆尼夫看来，石油时代的沙漠世界其实是一片“废墟”，用阿拉伯语来说就是“kharab”。这里的财富只是“暂时的”，很容易就会花得一干二净。它建造了一个“仰赖外人的世界”，开创了一种“消费文化”，影响了阿拉伯人的心理，也改变了人与人之间的关系。“这里的人就像火车上的乘客，不过是偶然聚在一起而已……阿拉伯的石油资源腐化了阿拉伯人的生活环境，不仅影响到石油国家，还波及整个阿拉伯世界。”过去，阿拉伯人在沙漠世界“驾着大篷车找寻水与食物；今天，大家则为了自由、安定与畅所欲言的权力而奔波”。

奔波与流亡的滋味，穆尼夫非常熟悉。他曾安家于巴黎（最终在大马士革定居）。他觉得，阿拉伯世界里已经没有“自由的氧气”了。“正因如此，有人觉得阿拉伯真正的‘首都’在巴黎。”踏上流亡之旅的人指望着那些被迫沉默的同类“趁着铁幕尚未落毕”说出真相。穆尼夫说，这就是阿拉伯世界的荒蛮现实，但是许多知识分子被夹在了“统治者的利剑与金钱”之间。待到石油耗尽的那一天，阿拉
127 伯民族将会彻底“迷失”，石油财富垒出的“盐的诸城”“必将归于尘土，无人为之哀悼，不会留下半点儿痕迹”。

都市里的阿拉伯人非常清楚石油时代之前的环境有多么艰苦，所以不会有丝毫的怀旧思潮。他们知道那个时代的残酷——饥馑、干旱。但穆尼夫的作品却充满浓浓的思旧情绪。他在《盐的诸城》开篇虚构了一个“莫兰国”（Mooran），这个沙漠国度的子孙虽然走到了天涯海角，却仍然眷恋着那片沙漠。他分析了这些人的心理（以下文字摘自彼得·泰鲁［Peter Theroux］的译本）：

> 他们居住的城市有着绿树的遮盖、丰沛的水源和数不尽的财富，可是，他们还是感到孤独，不知缘何而起的孤独……他们的脑中时不时就会冒出一些怪异的甚至称得上疯狂的念头。当年他们肯定是疯了，才离开莫兰，还发誓永远也不回去，就因为那里的生活太艰难，有太多规矩。莫兰国也许已经看不到了，可是它其实仍深藏在他们内心之中。时光流转，那股驱使他们逃离的莫名力量，还会带着他们重返故乡。

穆尼夫当然了解石油时代之前的沙漠世界到底有多严酷。他在《盐的诸城》开篇描绘了一幅属于旧时代的惨象——一场可怕的干旱席卷了“莫兰国”:“第一年开头便是干旱。动物和作物度过了绵长而又黑暗的一年。人们忍饥挨饿，牲畜死光了，沙漠侵入城池的边缘，带来了饥馑及其他苦难。万事万物似乎都到了崩溃与死亡的边缘。大地剧烈震动，仿佛就要倾覆。”瘟疫接踵而来，老人和孩子相继死去，就连破败宫室里的统治者也没能躲过死神的光临，“死神闯进王宫，要了他们的命”。旧世界并不美丽，一点儿都不体恤生命。可是，它至少还是统一完整的。穆尼夫设计了一个游戏，让读者在两个世界中做出抉择：要么遵循古老而陈旧的传统，要么走 128
进钢筋混凝土打造的都市；祖先那个空旷整洁的世界，最终成了机器轰鸣、进口货泛滥的脏乱模样。缅怀往昔的沙漠世界是很奇怪的，与这个文化格格不入。倒是那些深入沙漠的外来探险家与文人——比如加特鲁德·贝尔（Gertrude Bell）、弗雷亚·斯塔克（Freya Stark）和威尔弗雷德·塞西杰（Wilfred Thesiger）这样的男男女女——和穆尼夫所见略同。在 1959 年出版的杰作《阿拉伯的沙漠》（*Arabian Sands*）当中，塞西杰和穆尼夫一样，为这些国度、这片沙漠的遭遇流露出了伤怀的情绪。下面这段惆怅的文字也许是塞西杰笔下最值得回味的名篇。它写于 1946 年，那一年塞西杰最后一次进入“空白地带”（Empty Quarter）* 探险。透过他的笔触，我们可以感受到沙漠世界临死之前的最后一丝气息（原文非常优美，而且有着穆尼夫般的怀旧情绪，因此我引用的篇幅可能长了一些）:

> 时候得当，我才会前往阿拉伯半岛南部。其他人去那里，不是为了研究建筑考古，就是琢磨当地的鸟兽植物。有时候，当地

---

* 指阿拉伯半岛东南部广袤的沙漠地带。

> 的阿拉伯人才是他们考察的对象。不过，他们一路都会乘坐汽车，还总是利用无线电与外界保持接触。他们带回的种种成果比我的收获有趣得多，但是他们无法参透这片土地的精神，更无从知晓阿拉伯人的伟大之处。我在这里曾有的那种生活方式，如今没人能够再次找到。毕竟，深入此地勘探石油的技术工人已经太多。如今，我曾踏足的沙漠里到处都有卡车经过，从欧美过来的垃圾也在四下散播。不过，相比贝都因人（Bedu）中间流传的种种败坏现象，这种物质上的亵渎显得微不足道。过去，当我和他们一起生活的时候，他们还不知道这世上有其他文明。他们并非无知的野蛮生番。相反，他们的直系祖先创造过伟大的文明，他们在自身的社会架构中找到了寻觅已久的个人自由与自律空间。现在，他们被迫迁出沙漠来到城镇定居，那些曾给他们带来自由的技能已经无法满足生存的需求。像干旱这种无法抗拒的力量在过去经
> 129 常置他们于死地，现在则夺走了他们赖以生存的经济手段。他们这次虽不用面对死亡，但却逃不过堕落的命运。

那个亡于石油的沙漠世界，穆尼夫也有过记录。下面的文字就是他对那个世界的描述：

> 直到世纪中叶，莫兰仍是一处孤独封闭、不为人知的疆土：与其说是国家，不如说是城镇，就像散布在商路沿途和大型绿洲中的那些小城镇一样。这里的人们生活朴素，甚至有些艰苦。他们对待生与死有着简单的态度，这种态度从祖辈一直传到父辈那里。他们对于生活并无太多索求，并不特别恐惧死亡。活着的时候，他们要为了一点儿面包皮而营营役役，多数情况下，就连面包皮都十分稀缺或者遥不可及。也许正因如此，他们才有大量的工夫思索周遭的环境，以背诵诗歌、《古兰经》中的章句和古老的传

> 说为乐。在夏日的长夜里，他们的灵魂好像脱离了身躯，超出生死的界限。他们的目光遨游于寰宇之间，追随星辰的踪影，试图从风中发现沙尘、蝗群与灾难的预兆。

“莫兰”到底变了模样，石油小城“哈兰”（Harran）的怪异情调取代了往日的艰辛。旧世界只剩些许遗迹，残存在这个干燥无雨的钻油工地之上。穆尼夫写道：

> 有那么一段时间，哈兰就是迎接渔民回港、游子归家的小镇。如今的它却不属于任何人：这里的居民没有特点，来源各异却出奇地千人一面。他们同属人类，却集合了不同的语言、口音、肤色和宗教。这座城市的富裕阶层在世界上倒是独一无二，因为这里根本没有什么富人，甚至没人怀抱想要发财的梦。这里的所有人都在相互竞争，却不知道为何竞争、竞争会持续多久。这里就像一座蜂巢、一座墓地。这里的人连打招呼都和世界其他地区不一样——问好之后，他们的目光总要在对方脸上搜寻，仿佛担心简单的问候也会引发点什么变故。

海湾地区与阿拉伯半岛有着复杂的社会与政治情势，穆尼夫的 130
杰作对此却少有着墨。读者在翻开他的作品之前本来就对他笔下那些王公贵族及其英美主子的丑态与恶行深信不疑，而他则在书里为读者描绘了一个单一的世界，夸张地描绘取自《一千零一夜》的王公贵胄及其外国主子。写到“哈兰”的埃米尔——也就是王公时，他说：“说到埃米尔，也不知他是保境安民的埃米尔，还是美国人扶植起来的埃米尔。他刚来哈兰的时候和现在可大不相同。那个时候，他常在市场里转悠，还会邀请乡亲去家里喝咖啡。可是，他突然就变了个人。”远道而来的各路佞臣来到他的宫殿，用花言巧语来蒙骗他，美国人则用各种小玩意儿迷惑他的心灵。他“万分确信美国人会为自己打点一切”。所以，他无须依靠自己的人民。只要外国势力提供保护，他大可置旧有世界中的各种亲情与责任于不顾。

早在一个世代之前，“六日战争”刚刚结束不久，阿拉伯人就已陷入哀伤的情绪。无论是阿拉伯民族主义的面貌、纳赛尔主义的成果，抑或复兴社会党与阿拉伯社会主义的发展情况，通通不遂人愿。埃及政论家穆罕默德·海克尔（Mohammed Heikel）曾经玩过一个巧妙的文字游戏：权力已从阿拉伯“革命者”（thawra）的手中滑落，掉入一帮阿拉伯“阔佬”（tharwa）的掌控之中。可是，财富并未提升阿拉伯人的世界地位，没能让阿拉伯诸国变得更加团结；1973 年 10 月之后，阿拉伯民族幻想着巴勒斯坦能够获得“国家”的地位，但财富也未能使他们达成这个愿望。财富只是触及、动摇和诱惑了阿拉伯世界，编织了一个“阿拉伯世界即将实现政治复兴”的美梦。阿拉伯的知识阶层尤其为此着迷。十年之前，他们甚至产生了一个大胆而瑰丽的梦想：伟大的“阿拉伯工程”可以驱使石油大国将财富用于泛阿拉伯主义的政治事业。想法虽然宏伟，却没有半点儿成真的可能。

未能享受石油财富的那些阿拉伯人则滋生了激烈的反叛思想。后来，人们为这种思潮贴上了“伊斯兰”标签，称其为“伊斯兰原
131 教旨主义”。在黎巴嫩和海湾诸国，人们将听到什叶派极端分子制造的声浪与杂音。诚然，极端分子的旗帜确实属于伊斯兰教，但我们太过于在意伊斯兰教，忽略了将政治上的伊斯兰教引入现代生活的那种情感与怒气。

阿拉伯人的社会撕裂了，上层人士与底层人民在激烈交战。战争夺去了无数生命，还摧毁了好些政治体制。其中，阿拉伯民族主义受创最深——民族主义根基不牢，瞧不起所有它不想看到的事物。

它蔑视广袤的阿拉伯腹地，不关注流行文化。它从来没有实际可行的理念，它的理念不过是从奥斯曼帝国遗留的政治传统中继承而来。它从效忠奥斯曼帝国随随便便就转为奉行阿拉伯民族至上的理念：这种新理念大致建立在旧观念的社会基础之上，依靠城市精英、商人与军队而存在。许多泛阿拉伯主义的热心吹鼓手都来自基督徒家庭，他们在一个穆斯林居多的世界里寻找容身之地，但民族主义者能够团结在一起，主要仰赖的是在政治、经济上占据绝对优势地位的正统派（即逊尼派）穆斯林。几十年来，民族主义者一直把巴勒斯坦当作首要目标挂在嘴边，尽管有时意志坚定，有时三心二意。

贝鲁特、大马士革与巴格达是阿拉伯民族主义的三大政治重镇。至于开罗，只能算作后起之秀。在穆阿迈尔·卡扎菲（Muamar Qaddafi）统治时期，利比亚首都的黎波里有样学样，但一直都在泛阿拉伯主义运动中位居边缘。纳赛尔执政期间，开罗曾是泛阿拉伯主义的力量之源。穆罕默德·安瓦尔·萨达特上台后，埃及却首先退出了运动，留下黎凡特和海湾诸国与宿敌缠斗，挣扎在阿拉伯民族主义的泥潭之中。埃及人反抗西方的壮举，还有埃及领导的阿以战争，皆以失败告终——而且埃及也走上了依附美国的道路。民族骄傲有时是很沉重的负担，萨达特与穆罕默德·胡斯尼·穆巴拉克（Mohammed Hosni Mubarak）执政期间，埃及卸下了负担，以求和周边国家达成和解。

在阿拉伯人于“六日战争”遭遇惨败以及埃及退出阿拉伯政坛后，阿拉伯世界又三度尝试重塑政坛面貌。其一乃是巴勒斯坦民族解放运动，1967 年后这场运动有过一段短暂的兴盛期；第二次发生于 1973 年战争期间和石油时代，阿拉伯世界的主要政治秩序得到 132
恢复，保守的产油国一度成为阿拉伯政治事务的主宰；最后则是什叶派武装登上舞台。相较前两者，什叶派武装造成的影响更为剧烈与深刻。不过，每一支力量都曾满怀希望，觉得阿拉伯世界将会很快恢复生机，光明的未来即将来临。

“六日战争”后不久，巴勒斯坦民族解放运动进入鼎盛阶段。其追随者断言：他们那套主张不但可以解决巴勒斯坦人自身的问题，还是医治整个阿拉伯世界各类痼疾的良方。巴勒斯坦民族解放运动能让阿拉伯人走出迷信与积弱的困境，造就一个新社会。巴勒斯坦的宣传工具开足马力，武装人员浴血拼斗，鼓吹大胆反抗的时代已然来临。不过，他们的运动终究是一场谵妄。

结局证明，巴勒斯坦民族解放运动之所以能在阿拉伯诸国之间获得发展空间，只不过是因为 1967 的那次战败搅乱了政坛秩序，使传统势力虚弱不堪。1970 年，各国政府开始出击，约旦军队对本国境内的巴勒斯坦武装进行了扫荡，后者继续盘踞约旦的幻想破灭了。寄居黎巴嫩的巴勒斯坦武装也经历了几乎一模一样的命运，他们在被逐出约旦的十多年之后，又不得不退出黎巴嫩。那一次，阿拉伯世界竟把清剿巴勒斯坦武装人员的任务交给了以色列国防部长阿里埃勒 · 沙龙（Ariel Sharon）。而后，巴勒斯坦民族解放运动几乎失去了行动力，仅在贝鲁特一地残留少许影响。贝鲁特的种种特权——继续设立路障，滋扰来往的黎巴嫩路人；继续操持走私贸易；让官员和干部在新闻发布会上亮相——他们还能继续享有。当然，只有在贝鲁特，他们才能继续参与政局，以“黎凡特本土政治运动”的面目活跃在黎凡特地区的城市里。

石油时代则不同。当时人们想得很简单：阿拉伯人将成为“消费者”，阿拉伯世界也将不再那般激进，他们将解决巴勒斯坦的困局。有人觉得，石油时代会是一个复辟的时代，旧秩序将会胜利，权力重心将从激进的开罗与大马士革转移到保守的波斯湾沿岸国家。可
133 是，要恢复旧制度，得让人们听话，但在一夜暴富的海湾诸国，没人愿意恢复旧制度。到了 1979 年和 1980 年，伊朗革命正式开启了一段劫掠与混乱的时期。谁能想到，石油带来的财富、经济腾飞的

表象与刻意亲近西方的种种措施，最终点燃了伊斯兰教的怒火。结局虽然讽刺，却又不可避免。石油时代的阿拉伯人所期盼的局面本就不可实现：他们一面致敬“传统”，一面又请美国人主持阿拉伯—伊斯兰的秩序。他们意图两者兼有，最终却一无所得。

第三次重塑到来了。过往的克制被新兴的什叶派武装抛到了九霄云外。阿亚图拉·霍梅尼掀起了一场革命，他无需“世俗化”作为旗帜，不借助西方话语。什叶派势力的根源远在伊朗，而非阿拉伯世界——既不根植在贝鲁特、巴格达和大马士革，也不以开罗为中心——这一现象印证了阿拉伯世界政治的瘫痪。霍梅尼吸引了阿拉伯政坛的各类失意者，戳穿了阿拉伯民族主义的弱点与致命秘密——所谓“阿拉伯民族主义”，不过是将“逊尼派至上主义”披上了世俗政治的外衣。

阿拉伯民族主义的大旗无法覆盖整个阿拉伯世界，这里仍然有着大量被漠视与忽略的群体。民族主义运动初起的时候，处于边缘的个人与群体因被怀疑不够“世俗”而无法融入主流，因此不得不选择卑躬屈膝。霍梅尼的革命给了他们物质支持，让他们自信大增。他们自觉有机会告别居于人下的命运。霍梅尼打倒了城市精英主导的旧秩序,却又保留了旧秩序的部分元素。他料想的革命必须以“什叶派”为主题——他也不指望信仰逊尼派的阿拉伯人支持自己——按照霍梅尼的自述，他的这场起义是为了被压迫的群体，是一次针对特权的行动。他要纠正历史的错误，要为阿拉伯世界的什叶派信众发泄隐秘的怨恨——伊拉克虽是什叶派居多的国度，却在1920年建国以来一直处于一小部分出身逊尼派的军官与空想家的控制之下；黎巴嫩的什叶派信众几乎形同贱民；波斯湾沿岸阿拉伯诸国的什叶派民众与统治阶级之间始终有着无法穿透的微妙隔膜。 134

什叶派武装兴起的十年之前，大马士革已经成了另一支非逊尼派势力的天下。他们就是阿拉维派，来自叙利亚的乡村地带。夺权之前，他们也有过遭遇压迫与苦于穷困的经历。不过，大马士革的易主在意识形态上并无太大意义：它不过是由一群在宗教内部处于边缘的人执行的宗派复仇，是一群军人策划已久的夺权图谋。而且，夺权之后的阿拉维派陷入了“若不掌权就得灭亡”的境地。他们无法扩大胜利的果实，因为他们人数不多，而且仅仅分布于叙利亚境内，阿拉伯世界的其他地方并无他们的同类。

什叶派的奋起反抗却是大不相同。他们志向远大，想继承先知的衣钵，成为伊斯兰教的全权代表。他们的雄心壮志很有现实基础：什叶派在黎巴嫩与伊拉克都占据着人口的绝对多数；而在海湾诸国，什叶派信众同样为数不少。叙利亚的阿拉维成员只求成为权力中的一极，阿拉伯诸国的什叶派下层民众以及神职人员却在利用政治宣传与宗教活动大声鼓噪，意图占据主流（逊尼派）社会绝对不想出让给他们的那些东西。他们渴求救赎，渴求解放。他们的诉求早在伊斯兰教刚刚兴起时就已为人所知。他们反对执掌权位的各国当局。他们自认是千禧年的救世军，必须打倒占据既得利益的阶级。他们与旧秩序的对抗，正是历史上两种气质的冲突：他们自认是“圣徒”，誓要对抗“商人”的统治。

安抚阿拉维成员容易，什叶派势力却是骄傲难驯。要想让什叶派满意，阿拉伯世界的社会契约需要重新修订。每个阿拉伯人都必须收敛恐惧与妒忌，放下长年的仇恨，把古老的偏见抛到一边。掌权者需要宽宏和慷慨一些，反对派得变得平和与耐心。可惜，即便在最为昌明的年岁，阿拉伯世界也难以如此祥和。这里的各路赢家
135 之所以能够得胜，从来不是由于胸怀仁慈、处事公正。面对意在夺权的什叶派势力，逊尼派群体必然会报以狂热和暴力。冲突将一发不可收拾。

在黎巴嫩，几方势力针对西贝鲁特的争夺终于有了结果，刚刚从乡村地区进去城市的什叶派和他们的后代大获全胜。什叶派不再

像以往那般自卑。1984 年 2 月，他们向权力发起总攻，席卷整个西贝鲁特，成了这个地区的主宰——不过巴勒斯坦人仍在挑战他们，缅怀贝鲁特往日优雅文明面貌的人们则对他们十分厌恶。逊尼派更是满怀仇恨，把什叶派武装当成了入侵者。毕竟，西贝鲁特本该是逊尼派的家园。城市虽被什叶派武装占据，但也已经遍地疮痍。此前的十多年里，城中的世家大族已把大半的势力拱手让给了巴勒斯坦极端分子。因此，当什叶派在 1984 年发难的时候，西贝鲁特穆斯林群体里原有的主导秩序完全没有自卫能力。逊尼派对于巴勒斯坦极端分子和街头帮派的妥协退让，一早就注定了此后的悲惨结局。

黎巴嫩的什叶派群体具备雄心激情，又拥有人口优势，而且正撞上了恰当的时机。旧时代的孤立与恐惧借此一扫而空，全新的信心膨胀开来。什叶派向来都是黎巴嫩人口最多的宗派群体，但在过去，他们都是“砍柴的和打水的”。长久以来，他们一直过着一成不变、小心翼翼的生活。照理说，他们本该一直困守乡下，可贝卡山谷（此地临近黎叙边界）与紧邻以色列北境的山村贾巴尔阿米尔（Jabal Amir）等什叶派世居之地实在贫苦难耐。为求生计，越来越多的人不得不涌向大贝鲁特地区。贝鲁特的人均收入比乡村地区高了五倍有余，这座都市就像磁铁一般，吸引了大量想要摆脱贫困与悲惨过去的什叶派民众。进入大贝鲁特这片新天地，什叶派信众心中生出了仇恨——这可是一种全新的情绪。25 年以来，仇恨与成就不断累积，最终导致什叶派势力在 20 世纪 80 年代崛起。

什叶派得以觉醒，还得感谢以色列的“提携”。为了扫除盘踞在西贝鲁特与黎巴嫩南部地区的巴勒斯坦民族解放组织，以军于 1982 年进入黎巴嫩。他们的这次军事行动还有另外一个目的——将
基督教马龙派重新扶上权位。消灭巴勒斯坦势力的任务倒还简单， 136
扶植马龙派的计划却无法实现。马龙派在黎巴嫩一手遮天的岁月已经无法复返。以色列苦心挑起战争，甚至不惜占据黎巴嫩南部的部

分领土，到头来只给当地的什叶派提供了崛起的良机。什叶派势力也一心想要消灭黎巴嫩南部的巴勒斯坦人，可他们没有相应的势力。以色列的军事行动倒是成全了他们的夙愿。以方对于黎巴嫩南部什叶派世居地带的占领，则是什叶派觉醒运动的最终成因。觉醒后的黎巴嫩什叶派又能借由抵抗以色列占领军的武装活动编织共同的神话，进一步向着极端迈进。

对于局势，人们都有一套自欺欺人的看法：贝鲁特风华不再引得大家惆怅伤怀，巴勒斯坦武装十余年来造成的破坏却被抛在了一边。被革命热情冲昏头脑的黎巴嫩什叶派自觉抗以有功，理当在阿拉伯世界收获荣誉与称赞。无论如何，什叶派如此勇猛顽强，都是为了阿拉伯人而战，他们的“烈士”——也就是那些冲进以色列哨卡制造自杀式爆炸的青少年——前仆后继，把以色列军队赶到了南部边境的一线。什叶派武装吹嘘自己面对以色列军队的战绩远远好过巴勒斯坦人，可什叶派势力和他们策划的那些汽车炸弹袭击难以得到巴勒斯坦武装及其宣传机器的热烈欢迎。他们的崛起让阿拉伯世界内部各方势力关于道统和象征的争夺变得愈加急迫，其重要意义甚至胜过阿拉伯民族与以色列的征战。

1985 年 5 月，巴勒斯坦势力与什叶派开始在西贝鲁特擦枪走火。这场所谓“阵营内部的战争”，让阿拉伯世界当中对于什叶派好战分子怀有疑惧的各路势力放下了心。什叶派武装一意推翻巴勒斯坦势力在西贝鲁特的统治地位，为此包围了巴勒斯坦难民的营地。双方展开血战的这块地域，不过是西贝鲁特历劫过后的一片废墟。反什叶派的情绪彻底泛滥开来。巴勒斯坦难民营的重新武装化，再也没人愿意关注。此前 1982—1983 年期间，阿拉伯世界曾普遍认为巴勒斯坦势力对黎巴嫩的渗透就是一场灾难。时过境迁，人们的看
137 法也在改变。西贝鲁特被什叶派控制，想要维持现状的希望已然渺茫。既然如此，还不如放任巴勒斯坦势力在黎巴嫩继续存在，只求

拖住什叶派的前进步伐。

贝鲁特与黎巴嫩南部的种种争斗可谓跌宕起伏，可它们终不过是另外一场大战的延伸。大战发生于黎巴嫩的东边，一方是革命过后的伊朗，另一方则是伊拉克政权。战争的胜败与阿拉伯世界的政治格局有关。现有的政治格局要想得到保全，伊朗这个“波斯国度”及其革命造成的影响必须被彻彻底底隔绝在外。伊朗的雄心路人皆知，而伊拉克的想法同样明显。霍梅尼将己方的军事行动命名为“卡尔巴拉”（Karbala，什叶派圣地，为了纪念伊斯兰教先知穆罕默德的孙辈侯赛因而建立），萨达姆·侯赛因（Saddam Hussein）以“卡迪西亚（Qadisiyyat）的萨达姆”自居（卡迪西亚之战发生在公元7世纪，是阿拉伯人征服波斯、使其改信伊斯兰教的关键一役），都是有特别用意的。伊拉克当局传递的信息简单明了：他们要主导一场运动，带领阿拉伯民族与波斯人展开斗争。20世纪二三十年代以来，阿拉伯民族主义分子一直沉溺于德国式的民族主义话语之中。他们为“人民”（folks）的团结、种族的合一而欢呼，还全盘继承了德式民粹主义的遗产，这套体系在伊拉克尤为受欢迎。“种族”与“国家”的召唤自然也在吸引萨达姆·侯赛因。既然他的“部族”面临威胁，那他当然得作出反击。

现代伊拉克由多个族群组合而成，包括逊尼派与什叶派的阿拉伯族，以及库尔德族、犹太人与亚述族等。犹太人与亚述族两大团体人少势弱，很快就横遭打压、被迫屈服，不得不远走他乡。库尔德人聚居在北部高地，当局管辖不到。什叶派在伊拉克南部和广大农村地区都属于多数群体，当局无法将他们驱逐了事，便通过政治迫害使其屈服。什叶派信众的认同感日渐模糊，什叶派的宗教团体和学校都得听从当局的训令。不过，城市化的风潮也让什叶派信众渐渐在城市生根，伊朗革命的影响更是动摇了伊拉克当局的统治。宁静而沉寂的日子就此过去了。两伊战争爆发的前一年，萨达姆表

138 示：伊朗境内的胡吉斯坦省（Khuzistan）将会成为上好的防御阵地，可以帮助伊拉克制止国内的什叶派暴乱。1980 年，他更是打着“卡迪西亚的萨达姆”这一旗号，向波斯湾沿岸的阿拉伯石油富国保证：它们与伊拉克同属阿拉伯民族的“东部防线”，应当积极加入萨达姆的战线。

按照萨达姆的设想，海湾诸国那些执掌权力与财富的统治阶层会和他成为反什叶派与反伊朗战线上的“秘密队友”。当然，萨达姆这个人横行霸道、狂妄自大，那些统治阶层可不是这样；他手段残暴，那些人也不是这样。可是，他与他们有着同样的需求：他们共有的秩序急需守护，阿拉伯世界的什叶派势力随时可能崛起，要有人加以遏制。这些任务统统需要萨达姆·侯赛因去执行。生性保守的海湾诸国统治者会成为他的金主。其后，事情的发展也在意料之中——海湾各国越是砸钱，局势却越发不可控制；他们越是惶惶不可终日，花的钱就越多。

在战场上，萨达姆·侯赛因的成绩虽远远不能与威灵顿公爵（Wellington）相比，可他的的确确充当着“部落守护神”的角色。他为沙特阿拉伯及波斯湾沿岸的一些小国争取了时间。伊朗革命的高潮终将退却。等到伊朗的教士们发现“革命的欢悦”无法波及海外，他们将不得不选择谈判，用生意人的精明取代革命的狂热。这样海湾诸国就可以逃过一劫，就像当年在纳赛尔主义的动荡中求得生存一般——纳赛尔与萨达特背弃了约旦与黎巴嫩的革命同道，无情出卖了那些真挚追随纳赛尔主义的巴勒斯坦人。伊朗当局必将效法纳赛尔。作为政府，他们必然秉持理性思考的原则。伊斯兰革命的各位忠诚信徒则将迎来信仰上的考验。

伊朗革命的挑战要比纳赛尔主义来得更为猛烈。对此，海湾国家的掌权阶层有着深切的理解。伊朗就位于波斯湾的另一侧，伊斯兰革命的由头也要凶险许多。对于革命的目标，伊朗当局从不讳言：

他们希望伊拉克比照伊朗的榜样，成立同样的宗教政权。流落伊朗境内的伊拉克什叶派教士，以及留守在伊拉克领土之上、在纳杰夫（Najaf）与卡尔巴拉等地的同僚，都等待着报仇雪恨的那一天。在萨达姆·侯赛因的恐怖统治之下，伊拉克人噤若寒蝉。也许，大家 139
同样热切期盼复兴社会党早日倒台。

萨达姆·侯赛因成了波斯湾沿岸地区对抗什叶派的先锋。到了黎凡特，竟然是阿拉法特及巴勒斯坦民族解放组织的残余势力挺身而出，守护旧有秩序不被什叶派推翻——如此现象实在有趣。叙利亚同样处于旧有秩序与什叶派挑战势力的对抗前线，强人领导哈菲兹·阿萨德（Hafez al-Assad）却犹如中立一般作壁上观。阿萨德曾经当过法国宪兵，其后却成了主动起事的反叛势力。作为大马士革政权的主人，他手段灵活，从来不吝于变更阵营。他向逊尼派势力表示，自己不希望见到局势变得不可控制。黎巴嫩的乱象，他也无法一手平息。同时，阿萨德也在对什叶派示好。反叛势力相信，叙利亚总统是自己的同路人，因为阿萨德出身阿拉维派家庭，来自贫困的山乡地区，和他们一样是异端分子，都是旧有秩序的局外人。

1987 年 2 月，叙利亚军队开赴西贝鲁特。阿萨德的意图非常明显：当地的混乱形势——真主党（Hizbollah）与阿拉法特集团的斗争——必须得到平定。叙方公开表示：赴黎叙军的两位指挥官曾经参与哈马（Hama）之战。1982 年最初几个月内，叙利亚城市哈马爆发了由“穆斯林兄弟会”（Muslim Brotherhood）主导的武装叛乱。在政府军的弹压之下，这场叛乱遭遇失败。借由哈马之战，大马士革当局向任何敢于质疑自己的势力表明了绝不妥协的决心。叙军甫一进入贝鲁特，便处死了 22 名真主党成员，扶植成立了新的市政府。早在叙利亚当局染指黎巴嫩政坛的十年之前，出身德鲁兹派的政治领袖卡迈勒·朱布拉特（Kamal Junblatt）就曾说：“黎巴嫩绝对不能沦为叙利亚那座‘大监狱’的一部分。”话音刚落，黎巴嫩便迎

140 来了困苦十年。（苦难开始不久，朱布拉特本人即告殒命。1977 年，他被杀身亡。在新的政治秩序之下，朱布拉特这种坚持独立自主的领袖难有生存空间。）

阿拉伯各国统治阶级与伊朗革命势力及其追随者的争斗一头撞进了死胡同。复仇思想灌满了各国什叶派武装人员的头脑，“千禧年救世”的神话鼓励他们继续前行。维克多 · 雨果（Victor Hugo）关于起义和复仇的那段话正好可以形容什叶派掀起的这场武装运动——“它席卷了所有灵魂——无论强悍抑或羸弱，无论坚强还是委顿，无论是牢固的树桩还是轻盈的草垛，统统都被裹挟其中。它消灭了它想要消灭的东西，也让支持它的人陷入厄运。”什叶派对导致前辈起义者折戟沉沙的各种弊病并无免疫力，无力改变阿拉伯文明在技术与生产力方面的落后地位。人们的怒火需要倾泻，但倾泻怒火并不足以帮助阿拉伯世界建立得体而合适的政治与文化新秩序。

在黎巴嫩社会学者瓦达赫 · 查拉拉（Waddah Charara）看来，占据西贝鲁特这片断壁残垣的什叶派武装人员有如一群“失去父亲的孩子”。他们的领地聚集了贝鲁特美国大学、西方各国使馆以及一座座海滨度假酒店。过去，这里存留着独特的城市文化，并因此催生了特有的政治理念——也就是阿拉伯民族主义——它侵染着西方气息，却又摆出反抗西方的姿态。西贝鲁特的新主人根在农村，进入城市只在不久之前。他们的政治态度自然大不相同。以往的贝鲁特，处处都有模仿西方的痕迹。被什叶派占领过后，此地则跟在霍梅尼的伊朗身后亦步亦趋。什叶派武装响应了霍梅尼的千禧年主义，矢志消除城中所有关乎美国的印记。他们还把矛头对准了阿拉伯民族主义占优的旧秩序，以及主导秩序的上层阶级。远在伊朗的霍梅尼赋予他们权威，还送来了源源不断的物质资助。只在一夜之
141 间，农民的儿子们及其背后的教法学者们实力大增。自然地，他们

就此有了大胆行动的底气。

1983—1984 年间，远征黎巴嫩的霍梅尼门徒以及听从伊朗与叙利亚行事的各路武装力量迅速行动起来，不遗余力清除贝鲁特城中的美国痕迹。此前的 1982 年 9 月，美国方面仓促决定出兵黎巴嫩。这次出兵前途难料，美国人对于黎巴嫩几乎一无所知，满心期待能为当地开启一个“美国时代”。不过，美军注定待不长久——黎巴嫩的宗派争斗与复杂历史纠缠在一起，让他们难以理解。在经历了几次汽车炸弹袭击、眼见几位年轻“殉教者”自戕的活动过后，美国海军陆战队便匆匆撤出了黎巴嫩。远方的超级大国就这样受惊离去了。世俗派的民族主义分子一直和西方诸强势不两立；神权政治滋养的阿拉伯青年继承了上一代人的反抗姿态，而且愈发偏激与执着。神权一代的激烈行为与“自我牺牲”足以证明阿拉伯历史已经进入属于他们的新时代，资产阶级领导的世俗民族主义则失去了立足的根基。

不过，起义的克星已在蠢蠢欲动：贝鲁特这座城市秉性市侩而又物欲横流，非常适合驯服一场暴烈革命；伊朗当局早就许下了大好前景：革命者们可能已在向往跻身新富、享受腐败的生活；原有的既得利益阶层一直蛰伏着，只待革命高潮过去，就和新兴势力达成彻底和解。此时革命尚处于高潮，一位武装起来的教士领袖为之鼓噪呐喊，满腔愤怒的下层阶级纷纷投身其中。推翻贝鲁特旧秩序的这些武装人员、派别领袖与宗教人士都曾经历放逐与流浪，不得不离开黎巴嫩南部与贝卡谷地的乡村地界。半个世纪之前，另一帮什叶派信众——也就是这些讨要公道的什叶派青年的父辈——慢慢
开始迁往城市。城中没有墓园愿意容纳什叶派信众，祖辈们死去之 142
后不得不归葬乡村；城里也没有专供什叶派信众祈祷的清真寺。那个时候，贝鲁特还只属于逊尼派穆斯林和希腊正教徒，它的美丽年华没有什叶派的份儿。因此，即便西贝鲁特已成一片废墟，什叶派

的军阀与士兵也没流露出半点同情与惋惜。他们的祖辈要么住在贝鲁特的南部，与郊外的流沙比邻，要么住在城市北郊的棚户地带，与亚美尼亚难民混居。如今的什叶派身处一座残破的城市，却显得万分欣喜。这样的情感并不稀奇。很久以前，弥尔顿就在《失乐园》（*Paradise Lost*）当中为我们展示了毁灭带来的欢愉：

> 在这里，我们权位稳固。若我能够作主。
> 只要能够掌权，就值得冒上风险。哪怕只能掌管地府。
> 当上地狱之主，也好过身在天堂为奴。

从一开始，伊朗革命及其宗教背景就引发了无休止的评论。1979 年与 1980 年之交，阿多尼斯就此发表了一系列文章。早在 1979 年 2 月，霍梅尼刚刚结束流亡回归故乡的时候，阿多尼斯已经撰文指出伊朗革命的最终走向。革命的神圣光环在诗人的笔下黯然失色。伟大的俄国作家亚历山大 · 赫尔岑（Alexander Herzen，1812—1870）在提及他那个时代俄国与欧洲革命的时候，曾经警告大众：“要小心压迫者，也要小心那些带来解放的人。”阿多尼斯看待伊朗动荡时局的观点与赫尔岑不谋而合。他很欢迎这场风暴，可他也预感到革命将以失败告终。他非常清楚这场运动将会怎样结束。他觉得，此前汹涌澎湃的民族主义浪潮让阿拉伯各国落入军事强人的统治，而一个武装起来的教士阶层则因新一代革命风云而崛起了。对于这场革命的得失，阿多尼斯并不急于议论。他并未强烈反对，也没有加入批评者的队伍。在他看来，唯有那些在原有社会中遭到排斥、陷于贫困与一无所有的人方才具备决定革命性质的真正能力，因为于他们而言革命代表着“长久以来第一次实现正义的希望”。

世俗主义者纷纷逃离伊朗，霍梅尼这位什叶派教法学家成了阿
143 拉伯世界的热门话题。看待带有神权色彩的伊朗革命的时候，阿多

尼斯颇有同情之意。不少同辈诗人和曾经的合作者就此与他分道扬镳，其中最为猛烈的抨击来自阿多尼斯的叙利亚同胞萨迪克·阿兹姆。阿兹姆是作家兼哲学家，也是出身耶鲁大学的学者。20世纪60年代末期，他推出了作品《失败后的自省》(*Self-Criticism after the Defeat*)与《宗教思想批判》(*Criticism of Religious Thought*)，震动了历经“六日战争”痛苦的阿拉伯世界，堪称那个年代最为深刻、最具影响力的著述。阿兹姆与阿多尼斯年纪相近，分别代表着阿拉伯世界（与叙利亚）阶级分野的两端：阿多尼斯来自内地、生在山乡；阿兹姆则是“大叙利亚”(Bilad al-Sham)土地贵族的世家子弟，两个世纪以来，他的家族在大马士革权势显赫。阿多尼斯精通阿拉伯与伊斯兰传统，也对法国文学与文化怀有深厚的兴趣；阿兹姆接受过盎格鲁-撒克逊式的教育，深得英美实证哲学的熏染。在阿兹姆看来，阿多尼斯对于伊朗革命的同情态度背弃了世俗主义政治与传统，认为他已是宗教极端分子中的一员。阿兹姆进一步指出，阿多尼斯这个现代派分子，曾经的“世俗主义者”与“社会主义者”，如今之所以掉进了宗教争议的泥潭，半是因为绝望，半是由于错误的臆想——阿多尼斯沉醉于“东方”历史，由此被宗教蛊惑。阿兹姆认为，阿多尼斯深信宗教才是伊斯兰历史的驱动之力，沦为宗教的囚徒并不奇怪。毕竟，在东方世界的政治生活中，宗教从来都有着吞噬一切的力量；相衬之下，其他事情，比如“经济、石油、阶级斗争、意识形态、进步与衰退”，都是鸡毛蒜皮的小事。

提及阿多尼斯，阿兹姆言辞尖锐。他的风格一贯如此，而且一直以批判为使命。宗教崛起之前的那十年，他就因为开罪穆斯林与宗教团体而丢掉了贝鲁特美国大学的教授职务。他对巴勒斯坦和左派人士的虚张声势也是毫不留情，由此触怒了对方。不过，阿多尼斯面对的批评者当中，出言狠毒甚于阿兹姆的人数不胜数。诗人心 144

胸广阔，伊斯兰与西方都在他的关怀之中。可是，有些人却觉得阿多尼斯包藏着宗派主义的居心，代表着叙利亚内陆地区民众的特有情绪。既然诗人同情伊朗革命，那就意味着他在为他出身的那个小小宗派鼓吹呼吁。城市阶层标榜的真理正在退潮，一度衰落的什叶派思想行将重现于世，其后教派与部族势力也会再度振兴。

阿拉伯世界的不少知识分子觉得，伊朗的革命不过一场神权统治的勃兴。对于他们，阿多尼斯并无耐心争论。他只是指出，这些知识分子身处文化与政治压迫的严苛天地。他们无力反抗，因为他们所在的世界早已变成一片废墟。他们鼓吹团结，偏偏阿拉伯人却四分五裂；他们向世俗主义致意，世俗主义却早已沦为掩饰宗派对立的外衣。他们提倡“社会主义”，最终却导致“新掠夺阶层”的出现；就连阿拉伯现代派人士引以为傲的“启蒙的时代”也成了为各国专制政权驯养知识分子的工具。阿多尼斯认为，阿拉伯民族闯进了“一个山洞”，四面皆无出路。因此，他宁愿通过一场革命而挣脱困境，哪怕逃出深谷之后将会面临一片前景并不明朗的黑暗。

在同时代的作家之中，阿多尼斯形单影只。很少有人像他一样对宗教思想感兴趣。他一直探寻着文字、文学、诗歌传统与政治垄断思想之间的关系，而他的同辈却少有响应。伊朗革命大幕开启的五年之前，他推出了一本关乎政治、宗教与文学的巨著《固有与变幻》(*Al-Thabit wa al-Mutahawwil*)。这部鸿篇巨制讲述了宗教正统文献与创造性在伊斯兰教历史上的不断争斗。书中，阿多尼斯触及了伊斯兰教与阿拉伯历史的根。他关注统治阶级及其拥护者、诗人与宗教权威的思想，以及反叛者打击当权派的零星斗争。阿多尼斯本人的归属相当清晰：他锐意创新，和那些孤身反抗权势的诗人、作家和反叛者站在一起。他阅读阿拉伯–伊斯兰的漫长历史，追溯
145 到伊斯兰教在阿拉伯半岛崛起的7世纪。他始终被一股热情所指引——对于自由、创新与勇气的不断追寻。他的观点坚定而切合实

际，毫不留情地抨击统治者、军阀和法官：这些人吟咏诗歌、引用宗教经典与崇敬传统，不过是为维护自身的地位。阿多尼斯认为，曾经作为“启蒙”与“革命”而兴起的伊斯兰教已经把镇压的矛头指向了新的反抗势力。对于新生而未经尝试的事物，人类总怀有本能一般的恐惧，而精明狡猾的当权者便会利用这种恐惧。所谓“正统”成了“必须被保留和守卫”的东西，神圣的文学与传统的地位已被霸权、财富与不平等篡夺。“知识变成了权势，而权势几乎等于真理。真理呢，总是随着统治者的更替而变化。”阿多尼斯如此写道。伊朗革命的背景与这所有的考验相悖。革命者所仰仗的宗教在历史上一贯站在权势、法庭、商贾与官长一边；可现在这个宗教的经典却成了革命者的开篇檄文。

不过，阿多尼斯也在警告众人：这场革命并未奠定胜局。诗人谙熟伊斯兰教史上的诸次起义，看惯了解放者变身卫道士、守护新的压迫秩序的故事。伊朗的这次革命似乎也注定是同样的结局。摧毁旧世界后，必将建立属于自己的新秩序。新近得势的教士会和此前的那些政治宗教领袖一样集政坛与知识界的权威于一身，拥有宗教裁决与权力方面的统御地位。不知道在新的统御之下，异议与质询的自由还会不会继续存在？阿多尼斯还特意指出：这场革命对于生活在临近伊朗的那些国度、目睹了革命实况的阿拉伯人民来说尤为危险。他们很可能忘却自身所面临的压迫，沦为彻彻底底的看客，罔顾本国的独特情况。他们为伊朗革命的勇敢与壮观如痴如醉，反倒会推迟自身摆脱困顿的时间。

但是，革命的最大危机来自那群武装起来的教法学家。阿多尼斯警告，一如 20 世纪五六十年代的起义成果被一帮军事强人窃取，
新的革命也有可能在镇压下以失败而告终。无论政治的宣言（还有 146
大旗）如何变换，寄望革命的男男女女都会落得两手空空。新的宣言还会出现，但阿拉伯社会的困局——它的落后、它对自身痼疾的

无视与无力——不会被破除。阿拉伯民族主义将取代伊斯兰教义，政治术语会发生改变，伊斯兰式的公共生活将取代阿拉伯式的公共生活，但居统治地位的文化不会让位。阿多尼斯认为，阿拉伯的政治思想仍将是“党同伐异的工具，而非自我批评、自我审视的手段”。阿拉伯文化会再次开起倒车，直直坠向停滞的过去，掉入宗教–政治领袖的掌控之中，沦为领袖的玩物，失去自由与判断力，最终成为又一场破灭的梦，在阿拉伯历史和穆斯林历史上再添一项未能兑现的承诺。

1988 年夏，人们开始反思伊朗革命，因为霍梅尼告诉革命信徒他将不再和伊拉克继续斗争下去。此前的 10 年，信徒们眼中的霍梅尼高高在上、斗志坚定。可是，随着革命濒临危局，他就对“革命儿女”换了一种说法。他将喝下“金杯里的毒酒”，接受议和。他还说，他“无颜面对”他的民族和付出的巨大牺牲。他也清楚，他们很难接受必须和萨达姆媾和的事实。“可是，你们以为，身为你们的父亲，我就不难受吗？”

1988 年的苦楚，让人们想起了 20 年前那个苦涩的夏天。1967 年夏，泛阿拉伯主义的英雄领袖贾迈勒 · 阿卜杜勒 · 纳赛尔告诉自己的忠实信徒：阿拉伯民族主义的强国梦想已经在失败与绝望中破灭了。纳赛尔与霍梅尼的政治理念大不相同，但这位开罗的世俗主义战士与那位来自库姆（Qom）的宗教领袖都未能实现他们的承诺。

伊朗革命本希望借助传统主义者的力量鼓吹本土保护主义和“真实正宗的传统”，但却没能得到广泛的响应。伊拉克的萨达姆政
147 权挺过了战争的冲击，保守的海湾诸国则耐心等待着革命的热情消耗殆尽。革命向整个伊斯兰世界发出号召，呼唤宗教的统一；而反对者则声称，这一号召包藏着伊朗称霸的野心，居于少数又和逊尼派相处不睦的什叶派不过是想借此攫取先知的衣钵。伊朗革命政权

声称要建立一个乌托邦，向当权派与获利者展开复仇，开创一个更纯净的伊斯兰社会。然而，在麻木的大众与骑墙观望的人眼中，反对革命的保守派是安定局面的保卫者，守护着人们习以为常的舒适生活。

其实，在捍卫和鼓吹伊朗革命的人当中，最精明的那些人可能一直都很清楚：无论是“姐妹共和国”（借用法国大革命的说法），还是“革命的潜在根据地”（借用霍梅尼的说法），都是没影的事。即便是最为狂热的雅各宾派也知道，海外的革命同道反复无常、并不可信，在国外活动的开销也很大，而且革命政权之外的世界往往顽固不化。1986 年，霍梅尼政权的首任总理迈赫迪·巴扎尔甘（Mehdi Bazargan）在一封著名的公开信中写道：“我们首先应为伊朗负责，成为伊朗的忠实守卫者。伊朗才是我们的出生地。至于家园与祖国之外，无疑处于次要地位。”可是，这不过是一位“忠诚的反对者”的个人意见。革命胜利后不到一年，巴扎尔甘便失势了，另一种不同的潮流主宰了伊朗社会。

泛伊斯兰的千禧年主义没能成为现实，波斯湾沿岸与阿拉伯半岛上的王国都对伊朗革命毫无反应。它们是霍梅尼这位“救世主”成就革命的阻路顽石，是革命的特别目标。不过，海湾地区缺乏孕育革命的社会条件。海湾诸国的统治阶级可以与市民阶层“和睦相处”，大大不同于伊朗这个王朝大国。伊朗国王倒台后，沙特家族与海湾众小国的统治者吸取了教训。他们规避了 20 世纪 70 年代困 148
扰伊朗王朝的混乱，收敛了虚浮的作风，还为自己寻来意识形态的伪装。

霍梅尼的革命带有明显的伊朗色彩：革命的基本主题、宗教与激进主义的合流、清真寺和商界的联盟，无不反映出伊朗独有的国情。它长年处于专制暴政之下，又经历过长期的反叛和起义。这些伊朗特色并不见于附近的阿拉伯国家。在国小民少的海湾地区，

“政治”不过是部族、家庭与小团体的争斗。伊朗人非常容易受到意识形态的影响，民众常常因为抽象的政治和哲学概念兴奋激动，因为政治宣传而热情满怀。热爱伊朗的著名英国学者 E. G. 布朗（E. G. Browne）就曾说，这个国家是“一张孕育哲学体系的温床”。阿拉伯半岛与波斯湾南岸则和伊朗截然相反。那里有着崇尚经验的质朴文化。那里的政治就是不同氏族与强人以部落纷争为中心的斗争。保守的海湾阿拉伯国家从未经历过教权与王权的钩心斗角。伊朗国王与教士阶层不共戴天，沙特家族则和本国的宗教上层相安无事，高级教士可以坐拥一片专门的领地，在宗教礼仪、教育与法律方面享受无上的权威。教权与王权的合作为沙特阿拉伯奠定了国本。王权在国防、石油、财政与外交等“重要政策领域”拥有绝对统御权，宗教领袖也有自己的施展空间，而且还能得到王权的金钱支援和其他补偿。比如，政府特许他们兴办电台、出版报刊。他们没有重塑本国政治文化的运动，没有“实行现代化”的政府与试图自保的大众文化之间的斗争。领导伊朗革命的诸位教士曾想推翻伊拉克的世俗独裁政权，但经过一番冷静的思量后，还是放弃了这个打算。他们熟悉伊拉克境内的“圣城”*，也很清楚那个国家的社会情势。他们知道，伊拉克境内什叶派民众的悲观与逆来顺受已经根深蒂固。霍梅尼本人曾在伊拉克流亡 15 年，非常了解当地政局。伊朗的革命
149 政府资助过伊拉克境内的什叶派异见群体，可他们无力撼动“逊尼派的霸权”。伊拉克的什叶派教士势单力薄，无法对萨达姆构成挑战。伊拉克什叶派也有一位深孚众望的宗教领袖，他叫穆罕默德·巴克尔·萨德尔（Muhammad Baqir al-Sadr），是一位杰出的教法学家，有着“伊拉克的霍梅尼”的美称。然而萨达姆·侯赛因甫一向伊朗

---

* 在什叶派历史上，包括首位伊玛目阿里和第三任伊玛目侯赛因在内的多位伊玛目都葬于伊拉克，这些地方被什叶派奉为圣地。

宣战，萨德尔（以及他的一位姐妹）便被下令杀害。两伊战争把伊拉克的什叶派逼入了绝境。自此之后，暴君萨达姆治下恐怖王国的政治世界，将不再对什叶派开启大门。

事后看来，革命分子无疑高估了伊朗在伊斯兰世界的地位。诚然，有那么一段时间，波斯的文明与语言属于伊斯兰世界的上流文化，影响着从印度尼西亚到摩洛哥的广大地区，但是进入现代社会之后，它就失去了昔日的光辉地位。革命的表率需要发出声音、宣泄愤怒，引发他人的共鸣，并指引其他革命势力，但伊朗只是一个有着独特民族与文化传统的孤立社会，无法胜任革命表率的角色。16 世纪以来，伊朗政府一直奉行什叶派的主张，这是伊朗陷于孤立的原因之一，而这个国家独有的文化传统更是加重了伊朗与周边国家格格不入的感觉。

伊朗的革命家们一心想要改变阿拉伯社会，却又并不了解这些社会的真实情形。经过和巴列维王朝的艰苦斗争，他们终于掀起了一场武装起义，于是就觉得自己的故事堪为榜样，能为阿拉伯人指出通向解放与救赎的道路。可是在新月沃土和埃及，人们早已体验过类似革命成功的欢喜时刻：纳赛尔主义和复兴社会党的崛起。他们见证了这些革命的下场，眼看着它们陷入失败，白费力气，或者沦为暴政与专制。伊朗革命家想要改变的这片土地已经看透了革命，对之麻木了。本该属于新事物的革命被阿拉伯社会变成了一种古老、熟悉、阿拉伯人惯于应对的东西——宗派与部族之间的纷争。

伊朗革命及其敌人之间的这场内战，证明阿多尼斯所料不差。一些阿拉伯人曾经想要拥抱伊朗革命，在革命的怒火与威力中寻
求满足，但是从东方吹来的“救赎之风”并非他们所愿。霍梅尼 150
起于乱世，也给出了平定乱世的“解决方案”。但霍梅尼“拯救”世界的“解决方案”最终只是伊朗的事，伊朗革命的国家局限性是无法抹除的。

阿拉伯世界的什叶派没有胜算。他们是少数派，面对权力阶层势单力薄，做事必须谨小慎微。他们的这些特点既源于什叶派的精神，也是什叶派身处的历史所致。根据什叶派信仰的核心教义，在该派诞生初期，发生了伊玛目·侯赛因（Imam Hussein）[*]的故事。侯赛因是伊斯兰教先知穆罕默德的孙辈，7 世纪的时候在伊拉克南部的一场战斗当中孤身战死，他的死后来成了什叶派信仰体系的核心。霍梅尼本人便深受这一故事影响，声称广受爱戴的圣徒侯赛因给了自己莫大的启迪。“我要追随侯赛因，不会跟从哈桑（Hassan）[†]。”霍梅尼说。当年侯赛因孤军困守伊拉克南部的卡尔巴拉（Karbala），而霍梅尼打击萨达姆·侯赛因政权的军事行动便是以“卡尔巴拉”为名。哈桑与侯赛因是一对兄弟，同样拥有伊玛目的身份。作为兄长的哈桑选择向权力妥协。公元 661 年，哈桑与侯赛因的父亲、身为哈里发的阿里遭到杀害，权力中心从希贾兹（Hijaz）转移到了大马士革。哈桑自知无力回天，只得不情不愿地向大马士革的倭马亚王朝创始人投诚。对抗大马士革的任务自此落到了侯赛因的肩上。公元 680 年，侯赛因率部队进入卡尔巴拉，这座城市成为他最后殒命的地点。什叶派的历史正是围绕着侯赛因的牺牲展开的，霍梅尼和他那些信奉自由主义的批评者也为他留下的
151 遗产展开了激烈辩论，他们争论伊朗的未来该何去何从，争论在什叶派传统中的狂热与孤立、习俗与社会和谐该如何达成平衡。

霍梅尼坚信，穆罕默德的外孙、穆罕默德堂弟阿里的儿子侯赛因知道前往卡尔巴拉必死无疑。若是采纳霍梅尼对于这段历史的解释，侯赛因的英勇殉道就为今天的自杀式袭击者提供了典范。可实际上，侯赛因的故事并不像霍梅尼讲的那样，卡尔巴拉并非他的

* 侯赛因·阿里，其父为哈里发阿里，其母为先知穆罕默德之女法蒂玛。

† 哈桑·伊本·阿里，哈里发阿里的长子。

目的地，他只是半路上被困在了那里。他想要前往的地方是库法（Kufa），一座世俗化的都市。那里的人民正在对抗阿拉伯–伊斯兰世界中的另一座权力重镇大马士革，他们需要侯赛因的扶助。“我们恳请您能莅临库法，作为指导我们的伊玛目。”面对邀请，侯赛因很犹豫。一位精明睿智的诗人曾警告他：库法的居民并不可靠，他们也许在心里拥戴侯赛因，但他们手里的刀却听从那位反复无常的统治者耶齐德一世（Yazid I），此人已经夺取了大马士革的权力。大马士革方面早已派出杀手，要索取侯赛因的性命，这趟前往库法的旅程注定充满了惊惧。在卡尔巴拉城郊的原野上，侯赛因和他的随从被统治者的大队人马堵在了幼发拉底河的河畔。他们全都死了。侯赛因遭到斩首，尸身被马蹄践踏，头颅从卡尔巴拉被送往大马士革的宫廷。几百年来，卡尔巴拉始终是什叶派悲痛、哀伤和政治克制的象征。到了霍梅尼的布道词里，此地的象征意义却猛地转向了另一个极端：卡尔巴拉成了无尽热情的代表。

开明善良的迈赫迪·巴扎尔甘是“中产阶级虔信者”的领袖人物，他写给霍梅尼的那封公开信目的就是从霍梅尼那里夺回卡尔巴拉的解释权，他认为霍梅尼阐释卡尔巴拉的方式不可原谅。霍梅尼把殉道本身视为“终极目标”，驱使信徒与年轻人走上战死之路，就像“十字军”发动大军“赤脚迈向巴勒斯坦”，浑然不顾他们“可能因为缺水少粮曝尸路边”的危险。这场革命已把警惕和理性都
抛到了九霄云外，就好像伊朗这个国家无需“现代化的战争技术 152
与治国理念”。

巴扎尔甘觉得，侯赛因留下的精神遗产遭遇了曲解，他在公开信中表示：“在您（霍梅尼）看来……侯赛因前往卡尔巴拉是慨然求死。所以，按您的说法，我们所有人都必须割舍性命或者沦为俘虏，以求把外国人从他们政府的压迫下解救出来。”可是，巴扎尔甘说，侯赛因的事迹并非霍梅尼讲述的那样。“如果我们用现实的眼光看

待卡尔巴拉的故事”，就会得出不一样的结论：侯赛因前往卡尔巴拉的时候是带着“希望与几分考量”的。违背正义的统治者要求他效忠自己，他无法做到。他既不是赌徒，也非头脑发热的莽汉。库法的阿拉伯人请求他领导他们，他却一直观望不动，直至七八万人通过使者宣誓效忠于他，他才踏上库法之旅。“考虑到当时伊拉克的社会与人口状况，七八万已是一个惊人的数字，足以代表当地绝大多数人民的意愿。”巴扎尔甘写道。即便困居卡尔巴拉并已陷入绝境，圣人侯赛因直到生命的终点都保持着现实的头脑。大马士革方面的一位将领告诉侯赛因，库法人民已经不再心向于他，侯赛因明白事理，回答道：“既然他们收回了邀请，我也会改变方向，从哪里来就回到哪里去。”但这个答案没能救他一命。

霍梅尼坚称，侯赛因在与伊拉克斗争的过程中有着“坚持战斗，战至最后获胜”的精神，可在巴扎尔甘看来，侯赛因却是一位竭力避免与敌人冲突的领袖。他不想打仗，只是被迫应战；他参战仅为自保，而且仗打得很漂亮，直至“遭到背弃，以真主满意的方式慷慨殉道”。所以，卡尔巴拉不能给发动一场无休无止的战事提供理由。巴扎尔甘觉得，霍梅尼所谓“坚持战斗，战至最后获胜”的精神只能招致“坚持战斗，战至最终灭亡”的结局。如果一场战争只有无尽的屠杀，牺牲了这个国家年轻一代的宝贵生命，那么这场战争就毫无荣誉可言。巴扎尔甘还指出，霍梅尼可能手握权威，代表着什叶派的传统，但他却“浑然不顾客观现实，违背了历代信徒与伊玛目提供的教诲”。

153 在伊朗这个“伊斯兰革命”的诞生地，霍梅尼对于什叶派信仰和卡尔拉巴的阐释引发了社会的分裂。但它给什叶派的阿拉伯人带来的好处更成问题。自称追随侯赛因而鄙弃哈桑的宗教领袖掌控着一个大国的权柄，有着丰厚的战略与经济资产，他的存在鼓舞了阿拉伯世界的什叶派。他可以资助贝鲁特真主党的干部与支持者，可以给海湾小国巴林的什叶派信众壮胆，可是他终究无法改变什叶派在阿拉伯世界中的处境。对于沙特阿拉伯境内的什叶派信众，他便爱莫能助。在沙特阿拉伯，什叶派聚居在盛产石油的东部省份，属于少数族群，地位很不稳固。他们虽然有正式工作，经济条件不差，可在沙特阿拉伯这个以逊尼派保守势力为基础的国家,他们就是“外人”与“异端”。他们为了活下去，为了不受人打扰，必须仰赖沙特政府的支持与保护，以对抗新瓦哈比派（Neo-Wahhabism，源自18世纪宗教学者穆罕默德·瓦哈卜。此人是沙特家族的政治盟友，巩固了沙特阿拉伯王国的统治，并助其获得了合法地位）狂热分子的迫害。这些狂热分子,有人确实笃信宗教,有人则不过是跟风而已，其中一些人还曾在西方最好的学府接受教育，后来却给沙特带来了无尽的灾难。沙特还有一些宗教狂热分子，宣称什叶派是“异端”，称他们的财产是偷来的,他们宰杀的牲畜是不可食用的“不洁”之物，就连与他们走在一起也不允许。可是没办法，沙特阿拉伯的什叶派要是还想在这个国家生存下去，就必须以哈桑为榜样——像哈桑一样会和统治者讨价还价，善于观察世俗权力的变化。

虽然伊朗就在波斯湾的另一侧，可在沙特阿拉伯东部的什叶派信众心中，海那边的城池与教士仿佛隔着半个世界。阿拉伯半岛广大辽阔，居民很难逃离这个地方的独特性和孤独感。海那边的伊朗人和他们语言不通，气质迥异，怎么可能成为他们的救星呢？什叶派不是沙特阿拉伯的统治者，也从来没有这样的奢望。这个王国给他们提供了一份行得通的社会契约：王国允诺庇护他们；作为回报，他们应该忠于王国。王国将赐予他们工作的权利，保护他们的财产 154
与家园。

我之所以有这种感觉，是因为我曾屡次造访胡富夫（Hofuf）。这里是沙特阿拉伯东部的一座绿洲小镇，聚居着人数可观的什叶派信众。小镇深得上天眷顾，人们在这里随便刨个坑就会有水涌出来。

这里虽然干旱酷烈，却草木葱郁、绿意盎然，棕榈排列成行，溪水潺潺流动，还有一座座果园。哈罗德 · 狄克森（Harold Dickson）上校是英国殖民中东时期的统治者和历史学家，20 世纪 20 年代，他第一次来到胡富夫的时候，觉得这座小镇有如“漫漫黄沙中的一块翡翠”，还说这座小镇让他想到了大马士革——莽莽荒漠突然就消失不见，丰饶的植被随之映入眼帘。我初次来到胡富夫时，特意去拜访了侯赛因尼亚（Husseiniyya）。这里是胡富夫城中重要的宗教建筑，其名字显然是为了纪念受人爱戴的伊玛目 · 侯赛因而起的。我请了一位商人作向导，他带着我走到一条小巷的尽头，来到一座外貌简陋、平平无奇的建筑前。后来，我还去过胡富夫两三次。

逗留胡富夫期间，我结识了两位朋友，一位是年近四十的商人，另一位年纪稍长，属于中产阶层。通过与他俩的交往，我很快发现：当地人民和外部世界相处起来很自在。19 世纪伟大的游记作家威廉 · 吉福德 · 帕尔格雷夫（William Gifford Palgrave）在《阿拉伯半岛中东部游记》（*Central and Eastern Arabia*，出版于 1871 年）这部作品中记录了该地的风情。他写道：

> 这里的人临海而居，主要靠海洋与异域讨生活、做生意。他们习惯了和那些有着不同穿着、举止和信仰的外乡客共处。不少人都有过出海和旅行的经历，曾由陆路或者海路去过巴士拉、巴格达、巴林、阿曼甚至更为遥远的地方。他们不会像居住在沙漠中心地带的人一样，看到异域的陌生人就又是好奇、又是怀疑。简而言之，广博的见识就是最好的教师，让他们免受无知、偏狭与民族偏见的侵蚀。

155 在我们这个时代，来自美国的石油工业与交通设施已在这片世俗之地大行其道。20 世纪 80 年代，霍梅尼政权与周边国家纷争不断，胡富夫以及周边什叶派聚居的小城也都遭了殃。临近的卡提夫（Qatif）一度陷入骚乱，东部省份出现了霍梅尼的肖像，人们不顾政府一贯的禁令，公开举办什叶派宗教仪式，敬拜伊玛目·侯赛因。伊朗的革命吸引了当地的一些人。可是，当我造访商人朋友位于胡富夫郊区的家宅，看到他家宽敞阔气的府邸，柠檬树成荫、小溪纵横的果园时，我想起了“什叶派精神”：什叶派对政治一向怀有疑虑，认为参与政治会腐蚀灵魂。伊玛目·侯赛因的儿子扎因纳尔·阿比丁（Zayn al-Abidin）由于身染疾病，没有随同父亲前往卡尔巴拉，于是逃过了像父亲及其随从那样的命运。卡尔巴拉之后，活下来的阿比丁远离政坛，把余生献给了祷告与宗教礼仪。不过后来，什叶派的另一位圣人伊玛目·雅法尔·萨迪克（Imam Ja’far al-Sadiq，死于公元 765 年）成功压倒了教派内的极端势力，拯救了什叶派，然后还把教派的律法编纂成了法典。这个教派的历史上发生过祸乱与纷争，但它的传统也为那些不愿参与政治风云的教众提供了正当的理由。身处阿拉伯世界，信仰什叶派的阿拉伯人需要小心谨慎方能生存，霍梅尼送给他们的革命烽火并非一件合适的礼物。

7 世纪的这些象征——霍梅尼的千禧年主义和卡尔巴拉精神，萨达姆·侯赛因的卡迪希亚和阿拉伯民族对抗“波斯人”——搅得新月沃土与波斯湾沿岸地区不再安宁。在这里，现代化的表象无法掩饰自古以来的宗派与民族矛盾，以及人们还在为民族的利益而互相斗争。世俗的民族主义者面对如此惨淡的现实只感到无地自容。出身科威特王室的女诗人索阿德·萨巴赫（Souad al-Sabah）曾发表诗作，讴歌“伊拉克刀锋”为捍卫“阿拉伯民族的真理”而抵御
海湾另一侧戴头巾的毛拉。在小小的科威特，四分之一的人口都是 156
什叶派信众。有些人祖籍伊朗，已在当地繁衍了许多代，有些人来自巴林，还有不少人从沙特阿拉伯东部省份迁居而来。恐怖冲击了

科威特。1983 年，法、美驻科威特使馆相继遇袭，袭击者均是什叶派。1985 年，他们还试图刺杀埃米尔。一时间，科威特成了两大教派对垒的前线。这个小国素来宽容，两派教众过去一直相安无事。双方几乎从不通婚。什叶派商人生意兴隆，但一直无法进入政权的核心。后来，旧有的默契被打破了。在社会与宗教方面，什叶派面临的限制进一步加剧，可能有数千名什叶派信众被驱逐出境。科威特当局守卫阿拉伯世界的强硬姿态、科威特诗人为伊拉克独裁者唱诵的赞歌都是为了科威特自身。阿拉伯人有句谚语：“朝着儿媳吼上两句，目的是让邻居听见。”女诗人萨巴赫热心赞助艺术、文化和文学事业，她表面上称颂巴格达的暴君，实则是在警告国内的什叶派。

1985 年春，我来到科威特。这个国家正处在教派冲突的风口浪尖。我是带着工作任务来的，似乎不应该遇到什么危险和怀疑。我和另一位美国学者要为科威特大学政治学系完成一次校外评审。这是我第一次踏上科威特的土地，我发现这里有一种古怪的迷人之处。这里的地形令我着迷，连我自己都为我的感受惊讶。这里的陆地荒凉贫瘠，波斯湾的碧翠海面濒临着广袤的沙漠，蓝天高远辽阔、一望无垠，有一种独特的美。在我看来，科威特社会开放且富有活力。我认识了当地的学者。没费太多工夫，我就和他们打成了一片。

我的任务很轻松，至少我当时是这么认为的。直到我和我那位同事（对科威特而言，他是个陌生人，之前跟这里没有任何联系，可谓“无辜的美国人”的完美范例）将写好的评审报告呈给校方，科威特社会的阴暗面方才显露在我的面前。那份报告完全就是出于工作需要，措辞滴水不漏，没有任何有实际价值的理论，只是建议
157 校方：某些政治学课程最好采用英语教学，毕竟英语才是政治学研究领域的主要语言。作为全世界新生力量的一部分，科威特的青年一代可以通过英语课程更好地融入世界潮流。我俩的想法很天真：我们不过是把当地学生和教师给我们的建议写进了报告，代他们倾

诉心声。

没过多久，递上去的报告就引发了争议。争议不大，表面是因英语教学而起，其实跟我受邀来科威特这件事有关。一位名叫巴格达迪（Baghdadi）的作家因为我进入科威特国境而怒不可遏，科威特政府花钱把我请到这里来，让其大为光火。我来科威特之前，当地曾经历过一个不惜血本招揽学人与记者的年代。巴格达迪先生为人相当直率，他觉得我就是个守护美帝国主义利益的奴仆（不然我为什么要建议当地学府把英语当作教学语言？），是以色列和以色列人的朋友。最严重的是，他说我是“舒欧比分子”（Shu'ubi）。这个名号直指一场争议的核心：伊斯兰教兴起后的几个世纪内，不少被迫皈依的非阿拉伯裔穆斯林（其中大部分是波斯人）组织过一场政治和文学反抗运动——舒欧比亚运动（Shu'ubia）。后来，舒欧比亚运动成了现代性的支持者与世俗阿拉伯民族主义者的趁手工具。阿拉伯民族主义的批评者无一不被扣上“舒欧比分子”的帽子。在这个逊尼派和什叶派水火不容的时期，我这样一个拒不认同阿拉伯民族主义史观的什叶派“舒欧比分子”竟然获准入境科威特，这还了得？巴格达迪很清楚“舒欧比分子”这个标签的威力和含义，盖在这种宿怨之上的体面遮掩被一把撕开，只要看一看我俩姓名的最后一部分，就会发现问题很明显：他姓“巴格达迪”，这个姓的意思是“来自巴格达”；我姓“阿贾米”，意思则是“来自阿贾姆（Ajam）”。在阿拉伯语中，“阿贾姆”的意思是“波斯”，也就是今天的伊朗。所以“阿贾米”与“巴格达迪”正好对应着当时阿拉伯政坛的两股敌对力量。

其实，巴格达迪先生给我戴上“舒欧比”这顶帽子的时候，我对什叶派的历史还知之甚少，还没写过关于什叶派的文字。我在贝鲁特世俗文化中长大，身边都是身份相同的什叶派信徒（Shia assimilé）。什叶派信仰是通过我母亲和我产生联系的，她是虔诚的教徒，去过叙利亚与伊拉克境内的什叶派圣地寻求慰藉。宗教信仰是她的人生动力，但我一直和这种信仰保持着距离。

158 我早年的政治思想倾向与巴格达迪并无多大差异。我成长在20世纪五六十年代，正值阿拉伯民族主义的高峰。我熟悉倡导世俗化的纳赛尔主义，跟随它度过了我的青少年时代。可是，我那位论敌只看到了我身上挥之不去的波斯血统。他觉得，我迟早都会听从祖先的召唤，投入所谓波斯人的阵营。对于我而言，我可以轻易远离他的怒火，因为我住在美国，那里没人理解巴格达迪的这种怒火。但是对于那些以阿拉伯世界为家的人而言，他们被困在了这片无主之地。他们曾试图逃离，却还是迎面撞上了祖先传下的宿怨，始终无法摆脱。

身处这样一个世界，即便是猎手也免不了被猎杀的命运。11年后，巴格达迪成了争议的中心。他遇到的麻烦可比我要严重多了：他面临的是生命危险。科威特的某位极端组织“领袖”觉得，巴格达迪属于“注定覆灭的世俗民族”，是“东方主义者生下的野种”。巴格达迪受邀为一家日报撰写每周专栏，还在科威特大学教授伊斯兰教政治思想的课程，利用文章与课堂来反击宗教极端分子。他的敌人认为，巴格达迪犯了“叛教之罪”（ridda）。巴格达迪则呼吁海湾各国的政府正面应对宗教政治极端势力对于“公民社会的威胁”，说他们“如同癌细胞”。他还说，极端分子有大量的手段可以“切断我的生计，甚至可能从肉体上消灭我”。阿拉伯世界历经变迁，某些方面却又从未更改。为难巴格达迪的这股势力使用的这种新式武器“塔克菲尔”（takfir）——将敌对人士斥为异端与叛教分子——其实属于旧瓶装新酒，以前的民族主义者也爱给意见不合的人贴上“背弃民族”（takhwin）的标签。这两种不同的扣帽子方法都是出于对“他者”的惧怕和对异见的憎恶。

身处教派对立黑暗深渊之中的民族主义者得到了一个逃离困境的机会，尽管只是一个虚假的机会。这个机会来自约旦河西岸与加沙（Gaza）。1987 年 12 月，该地爆发了一场“大起义”（Intifada）。这场所谓“孩子们扔石头”的起义声势浩大，有着双重意义：既是在反对以色列统治的民族运动，也是在反对巴勒斯坦社会的上层秩 159
序。该起义爆发于贾巴利亚（Jabalya），这里是加沙地带规模最大的一处难民聚集地，环境肮脏污秽。怒火迅速蔓延，席卷了整个地区，让以色列和巴勒斯坦民族解放组织猝不及防。这是一场暴烈的“混乱仪式”——这个说法出自以色列记者泽夫·希夫（Ze’ev Schiff）和埃胡德·雅里（Ehud Ya’ari）的笔下——一场绝望的斗争，一场属于“扔石头一代”的起义。它重新唤起了希望，证明了阿拉伯世界的激情尚未彻底燃尽。

每有大事发生，尼扎尔·卡巴尼总会出现，用诗记录那些值得纪念的事件。这次，他代表虚弱无力的老一代人向发动起义的青年致意。卡巴尼写下的散文体长诗《扔石头的孩子（三部曲）》（*Trilogy of Children of the Stones*）赞美了怒而奋起的新生力量，视其为希望的前兆。他写道：

扔石头的孩子们
撕碎我们的纸张
把墨水泼洒在我们的衣衫上
嘲笑我们老旧文字的庸常……
扔石头的孩子们值得欣赏
他们带来了雨露
浇灭了几个世纪的干渴
他们带来了阳光
驱散了几个世纪的黑暗模样
他们带来了胜利
让我们不再沉湎于几个世纪的败仗……

他们还背叛权威和尊长
逃离服从的宫殿
反叛我们的指令、悖逆我们的希望
他们很幸运，他们
决定按自己的意愿去战斗
去生活
甚至死亡

加沙的孩子们哪
请成为我们的榜样
教会我们那些知识
教会我们像男子汉般成长
毕竟，我们这代人根本没有长大
还是软弱的模样

* * *

加沙的孩子们哪
请别在意我们的广播
不要听从我们的话语
我们只会钩心斗角
加加减减，斤斤计较
请别管我们，自己去作战吧
我们就是没有坟墓的尸体
不长眼睛的孤儿
加沙的孩子们哪
不要翻开我们的书籍

不要阅读我们的作品
我们，你们的父辈
你们千万别和我们相像
我们，你们的偶像
不愿你们的膜拜和效仿

加沙的疯狂一代啊
向疯狂致以万分的崇敬
理性的时代 161
逝去已久
就让我们和你们一样疯狂

“扔石头的一代”蔑视权威、桀骜不驯、胆大异常，完全不同于老一代人，不会像老一辈人那样逃跑。尊敬大起义男孩的人不止卡巴尼一人。参加巴勒斯坦民族解放运动的知名诗人马哈茂德·达维什认为，少年们掷出的石头筑就了一个新世界。达维什长期旅居以色列，曾在海法（Haifa）担任记者，直到1971年方才离开，与以色列左派人士以及和平运动关系密切。可是，1988年，达维什在巴黎一家阿拉伯语周刊《第七日》（*The Seventh Day*）发表了一首诗，让他的以色列友人大为惊诧。这首诗名为《从人言中走来》（“Passing between Passing Words”），成了1987年这场大起义的呼声。它的一字一句都是说给以色列人听的：

啊，你们从人言中走来
四处留名，然后离开
夺取我们的时光，再次走开
你们肆意偷窃，海水不再湛蓝，记忆如沙流去

你们随便留影，由此看到
我们扔出的石头如何高高耸立、撑起整片天空……

啊，你们从人言中走来
卷起苦涩的沙砾
但是
请别肆虐得好似蝗群
我们还要守护自己的土地
播撒麦种，灌溉，就用自己的汗滴
我们拥有的事物，不会合你们的意
不过一块石头，一只死去的山鹑而已
所以，请去古董市场怀古吧，希望你们满意
162 请把骨肉还给鸟儿，希望你们满意
我们会托着黏土盘
献上你们讨厌的东西：未来，是我们的
我们还会守护自己的土地

最后，1987 年的起义被暴力彻底淹没了。在三年的时间里，起义人士的“锄奸活动”夺走了 400 多条生命，让巴勒斯坦社会变得满目疮痍。历史上，巴勒斯坦人民不止一次遭遇这样的绝境。1936—1939 年巴勒斯坦阿拉伯人起义震动了那个时代，这场起义最终消亡在了起义者的怒火中。起义之初的兴奋情绪很快化作困苦与饥荒。“长刀之夜”[*]一般的恐怖随之而来，巴勒斯坦社会陷入了内斗，人们争相寻找叛徒和替罪羊。类似的事情在这次起义中重现

* 1933 年 6 月底，刚刚就任德国总理的希特勒对纳粹党麾下的武装组织冲锋队展开清洗，除掉了冲锋队的领导恩斯特·罗姆，史称“长刀之夜”。

了。“1987 年的起义之梦成了一场噩梦。”阿德南 · 达米里（Adnan Damiri）写道。达米里参加了巴勒斯坦起义，并为之付出了代价——他被以色列抓进了监狱。1991 年年中，巴勒斯坦的《拂晓报》（*al-Fajr*）发表了他的作品。此时，“扔石头的一代”已然声名狼藉，巴勒斯坦的普通百姓对他们的惧怕要胜过以色列。但是那些急于庆祝胜利的人们根本看不到起义的黑暗面。

老一代的民族主义人士把新一辈的起义分子捧上了神坛。信奉世俗化的那一代人深受挫败，他们在年轻人的暴虐与狂热之中看到的是自己那点衰微的遗产被传承了下来。他们是旧时代公子哥，而年轻一代则冷酷、坚定，毫不心慈手软。这两代人仿佛某种历史的重演，只是背景换到了阿拉伯世界：19 世纪中期那一代的伟大革命旋律是在两代不同的俄国人之间奏响的——老一辈信奉自由主义，但却软弱不堪，后来者则一心想要发动雅各宾式的无情反叛。屠格涅夫于 1862 发表的小说《父与子》（*Fathers and Sons*）经典地描绘了这两代人之间的裂痕。屠格涅夫通过小说的中心人物巴扎罗夫塑造了一个年轻人的形象：冷酷、狂热、宁折不屈。不论怎样的历史时代，都存在这种自信满满的青年。以赛亚 · 伯林（Isaiah Berlin）在名篇《父辈与子孙：屠格涅夫和自由主义的困境》（“Fathers and Sons：Turgenev and the Liberal 163
Predicament”）中告诉读者，屠格涅夫本来曾为这篇小说撰写了一份题词，但后来删去了：

> 年轻人对中年人说：“你知道要做什么，却没有做的勇气。”
> 中年人则对年轻人说：“你空有勇气，却不知道要做什么。”

巴扎罗夫能做什么呢？屠格涅夫对此不抱任何幻想。他知道自己笔下的主人公要“把大地扫除干净”，而后落得个自我毁灭的结局。

“在我的设想中，”屠格涅夫如此评价巴扎罗夫，“他是个阴郁黑暗的人物，他覆亡的命运早已注定，因为他只是站在通往未来的大门门口。”年轻的医学生巴扎罗夫出身于古老但已注定没落的贵族阶层，他们珍视文明和优雅的举止，但却软弱无能，既无法抵御右翼的专制统治，也敌不过年轻一代的革命热情。巴扎罗夫不需要俄国的文明，西方化精英在旧的专制传统和根植于迷信与习俗的农村文化下努力争取来的文明成果，巴扎罗夫一点儿也不感兴趣。“什么贵族精神，什么自由主义，什么进步，什么原则——仔细一想，不过都是些毫无用处的舶来品！在一个俄国人眼里，它们还不值一根草芥。”巴扎罗夫满不在乎地告诉另一个人物尼古拉·彼得洛维奇（Nikolai Petrovich）。和巴扎罗夫相反，外省来的中年贵族尼古拉·彼得洛维奇非常在意俄国那经过悉心照料、刚刚出现的文明萌芽。巴扎罗夫还宣称，他和他的革命同仁完全不需要建设任何新的东西。“首先必须把大地清扫干净。”公众生活的任何方面都没有保留的必要。“所有事物都要经过无情的扫除和清理。”

屠格涅夫笔下的世界和 20 世纪 80 年代阿拉伯诸国（以及伊朗）的政治与文化景象，有着不可思议的相似之处。这里的年轻一代同样癫狂，是一群“穆斯林版的巴扎罗夫”。他们强烈鄙视信仰民族主义的老一辈，认为前人的付出没有任何意义可言。80 年代中期，贝鲁特的汽车炸弹司机和加沙地带那些蒙面的暴动青年登上历史的
164 舞台，宣示他们的立场。他们深知前人的自我怀疑心态与自虐心结，那是过去 20 多年的产物，当时的人都有。二战之后出生的那些民族主义分子大多流落他乡，他们坚持世俗至上的原则，贝鲁特美国大学的校园生活、西方文化的传统滋养了他们的信仰，但阿拉伯社会的发展却出乎他们的预料。1987 年那场起义过后，来自加沙的神职人员谢赫·艾哈迈德·亚辛（Shaykh Ahmad Yassin）只手组织了一场宗教和政治拯救运动，这场运动将在随后的几年里毁誉交加，

它就是“哈马斯”（Hamas）。在亚辛及其追随者的眼里，起义之路上的前行者也好，信奉世俗政治的敌人也罢，通通都是无用的屡战屡败之辈，这些“穆斯林版的巴扎罗夫”很乐意把老朽的“现代化分子”从他们的痛苦中拯救出来。

哈利勒·哈维去世 15 年后，距贝鲁特陷落与老一辈知识分子逃亡已经过去了整整一代人的时间，诗人阿多尼斯离开阿拉伯世界也已经 10 年了。此时，他写出了下面的诗句：

雪，多么奇妙
用温暖的墨，在地上写着
这里，我用双眼所见
名叫“未来”的湖水正在蒸发隐没
这个民族着了魔
虚幻之笔描绘的历史，令他们沉迷
他们的白昼遥遥无期
黑夜行将来临
原谅我吧，我的祖国，原谅我
我没法保卫你
只能用我的双翼，护住你

阿多尼斯的“双翼”关乎自由，也关乎逃亡和流浪。他还有他
的男女同仁把家园的全部真相——一整套传统、神圣的记忆与文化 165
遗产——放进行囊，带着它踏上了远走他乡的旅程。

同一时期，阿多尼斯还完成了《书》（*al-Kitab*）。这部作品被公认为他的一次重大突破。在其中一首诗里，阿多尼斯捕捉到了这个阿拉伯新时代的荒凉，它对曾被民族视为战斗武器的辉煌历史一

无所知。他在诗中吟咏道：

讲故事的人宣称
笼罩当下的现实
与祖先
绝无任何交集
它漠视园中的美景
只在乎那朵凋零的花蕊
这样的语言，谈何正义？
大地在怒号，嫩芽在成长
沙漠絮絮叨叨
讲故事的人，却不在乎这些东西
为什么？讲故事的人无权缄默
太阳在向他诉说
一次又一次，语气骄傲
智慧的光定当长存
盖过荒芜土地的血色长夜

“我在你的身前掌镜，让你看清自己最深的内心。”这是哈姆雷特对母亲说的话。1990 年夏天，巴格达出现了一位最怪异的“掌镜人”：伊拉克的统治者萨达姆·侯赛因。也许，萨达姆并不知晓自己当时的所作所为将招来怎样的后果，但他的确竖起了一面巨镜，映出了全体阿拉伯人的内心。正当各种危险的思想和担忧在阿拉伯世界甚嚣尘上的时候，萨达姆的军队突然攻进了科威特。不顾政治现实的阿拉伯民族主义思想、逊尼派与什叶派古老隔阂结出的经年
166 仇怨、亲西方分子激起的反西方情绪、阿拉伯世界前所未有的财富即将告罄的担忧，还有把太阳底下的所有错误都一股脑儿怪到海湾

国家头上的打算——伊拉克的独裁者把这些心思和怨愤从阿拉伯人的心里悉数挖了出来，将它们变成了恐怖的武器。

两伊战争期间，出身科威特王室的女诗人萨巴赫曾为“伊拉克刀锋”大唱赞歌。1990 年，伊拉克占领了她的祖国。萨巴赫写下了名为《谁杀害了科威特？》(“Who Killed Kuwait？”) 的诗作，对故国表示悼念。诗歌节选如下：

谁杀害了科威特?
凶手并非自天而降
也不是从幻境生出
难道不是科威特人自己，曾对那个邪恶政权谄媚逢迎?
难道不是科威特人，曾给掌控政权的魔鬼送上掌声?
难道不是科威特人，曾用甜言蜜语、虚情假意
为统治者的错误涂脂抹粉?
难道不是科威特人，曾向羔羊一般，步上了统治者的后尘?

他以我们的血肉杀害了科威特
他就是我们处世之道的化身
我们的算计与手段，让他得以出生
无人能够说一声“不”
我们都参与了这起罪行
我们造就了魔鬼的肉身
我们都曾为暴君喝彩，歌颂暴政
我们无权对自己塑造的偶像发出怨声
塑出这样的偶像，难道不是我们的宿命?

萨巴赫在表达悔意，也在逃避责任。她把“杀害科威特”的罪

过归于“我们”这个集体，等于既怪罪所有人又不怪罪任何人；伊拉克军队入寇之前，不少英勇的科威特人曾奋起反对萨达姆，萨巴赫对他们的痛苦和悲伤却只字未提——她的诗作只表达了掉转刀口
167 的“伊拉克刀锋”给科威特人民和部族带来的伤害。灾祸出自她称赞有加的“伊拉克刀锋”，这让萨巴赫始料未及。那个巴格达的保卫者和“宪兵”，那个忠于阿拉伯民族主义事业的儿子竟然变成了入侵军的首领——不是只有萨巴赫对此感到迷惑，许多科威特人也都陷入了不解和惊异。

可见，和平与秩序不过是两次冒险之举之间的短暂插曲。霍梅尼掀起的革命怒火与激情刚刚偃旗息鼓，巴格达就又冒出来一位逐鹿者。与霍梅尼不同，萨达姆 · 侯赛因对于宗教治国毫无兴趣，也没接受过高深的宗教教育。他无意于通过漫长的意识形态斗争赢取虔诚教徒的心。他就是个暴君，狡猾残忍、诡计多端。他治下的国度如同一座巨大的监牢。随着他在 1990 年夏发动战争吞并科威特，阿拉伯民族主义孵化出了一只怪物。

这场战争爆发的三年之前，科威特刚刚躲过一场灾难。这个国家眼看着就要被两伊战事的硝烟殃及，不得不请美方出面，以保证石油出口的顺畅。已被“伊朗门”* 搞得焦头烂额的里根当局立即作出回应，给他们的油轮换上了美国的旗帜和标志，暂时解除了危机。但国家可不像油轮，无法通过换上美国国旗来躲避危险。到了 1990 年夏天，科威特只能指望伊拉克大发善心了。它恰好挡在一个国家的面前，这个国家不仅实力强大，而且认为自己长期对抗伊朗革命，周边的国家都亏欠于它，理当心怀感激。萨达姆就是那个抵抗伊朗的保护者和“宪兵”。现在，他想为自己的功劳讨个好工钱，于是

---

* 20 世纪 80 年代中期，美国政府向伊朗政府秘密出售武器以换取伊方释放美国人质的事情被媒体披露，使里根政府陷入了严重危机。

发动了那场战争。

8 月，萨达姆出击了。这是他第二次想要把隔壁那个富得流油的小王国据为己有。开战之前，萨达姆曾经假意与科威特展开谈判。谈判地点设在沙特阿拉伯境内，持续时间只有短短两小时。8 月 2 日，伊拉克军队便攻进了科威特。

科威特的埃米尔从未料到局势会发展成这个样子。他躲到沙特 168
小城塔伊夫（Taif），等待国土的光复。流亡期间，他想起了自己与萨达姆来往的往事。他俩曾经同席而食，萨达姆按照贝都因人的习俗，亲自为这位埃米尔挑选切好的上等羊肉，殷勤地放进他的餐盘里。伊拉克领袖入乡随俗，尊敬古老的礼仪，处处透着恭敬与友谊。他向科威特展现善意还不止这么一次。1985 年，什叶派恐怖分子意图杀害埃米尔本人。自杀式袭击者驾车冲击埃米尔的车队，导致他受了轻伤。而后，“好兄弟”萨达姆每天都会打来电话，向埃米尔殿下表达慰问与关心。那时他俩是一对分工合作的好伙伴，肩负着共同的使命。面对波斯人及其阿拉伯世界中的什叶派追随者，海湾地区的小王国与伊拉克的独裁者必须协力同心。

萨达姆虽然不善言辞，但也一步步地摸索出了自己的口号。他把其他阿拉伯人的梦想与怒气收为已用，试图激发他们自古以来的激情。他匆匆忙忙地炮制出了自己的阿拉伯民族蓝图，捡起了一种古老的“武器”。在军营和学府中曾存在一种阿拉伯历史观，这种历史观认为，阿拉伯人曾经团结如一，但遭到了欧洲强权的背叛，人们梦想着一位强力领袖让历史重回正轨。早在 20 世纪五六十年代，埃及总统纳赛尔就曾营造过这种论调，如今萨达姆想让它重新焕发光彩。

萨达姆以极其强硬的姿态怒斥殖民者在阿拉伯大地上划分的“国界”。他说，这些“国界”都是假的，是捏造出来的，把阿拉伯的财富与人口强行分离开来。其实，萨达姆自己统治的国家就是英国在一战后人为建立的——英国政府将广阔的美索不达米亚平原

跟三个不同的奥斯曼帝国行省（即巴格达、摩苏尔和巴士拉）凑在一起，造就了今天的伊拉克。英国人不仅以武力设计出了伊拉克这
169 个阿拉伯民族国家，还给它留下了占据优势的边境，以抵御强大的土耳其和库尔德山区里那些渴望独立的势力。英国人还把南方的什叶派势力打得服服帖帖，给伊拉克和它的统治者——两河流域的逊尼派城市居民——铺平了道路。但是萨达姆不觉得伊拉克的过去与他自己的泛阿拉伯主义野心之间有什么矛盾之处，反正他就这么把阿拉伯民族主义的主张和贫穷阿拉伯人的怨恨鼓捣在了一起。

据史料记载，“科威特”这个名字第一次为外界所知是在 1765 年，一位名叫卡斯滕·尼布尔（Carsten Niebuhr）的丹麦学者让大家知道了海湾之滨这座小城的存在。科威特城始建于 18 世纪早期，一开始是一座商贸小镇，居民包括走私客、水手、采珠人和往来于阿拉伯半岛东南部和叙利亚之间的商贩。他们夹在相互敌对的土耳其人和英国人之间，依靠自己的智慧生存了下来。石油让他们的生活焕然一新。这里可能并非王族与官吏吹嘘中的那种“沙漠里的民主国家”，但是个民风和善的地方，当地人很会做生意。这里不会有人打着“迎接崭新未来”的旗号把异见者关进监狱，也不曾遭受残酷乌托邦理想的侵袭。萨达姆和阿拉伯的民众让这里躲过了那种历史。

在海湾国家和阿拉伯半岛，了解石油时代之前的人记得他们历史上饥荒频发，就连沙特阿拉伯的王公贵族也曾在北边巴士拉（Basra）的码头当苦力。直到 1964 年，科威特的埃米尔打开了一条管道的阀门，让石油流动了起来。打那以后，这个海湾小国成了众人嫉妒的对象。此前，这个采珠人与渔夫小镇的历史上写满了艰辛和穷困。他们羡慕北方邻居，羡慕那里的河流与农业，向往那里的先进城市；而困守海湾的他们只能靠吃蝗虫来补充蛋白质。现在，这一切都成了往事。周边的阿拉伯国家在失败泥潭中越陷越深，于

是富得流油的海湾国家成了招人怨恨的替罪羊。

萨达姆行动的时间选得很好，从而赢得了他想要的支持。他
挥师侵占科威特的同时，阿拉伯世界正沉浸于“被时代抛弃”的情 170
绪之中。而科威特战争爆发之前，欧洲正在经历“奇迹般的一年”（annus mirabilis），大家的注意力集中到了德国与东欧，甚至在几个拉丁美洲国家都有几场受人瞩目的选举。那是一个“民主化”的时代，但“阿拉伯世界的暴君仍然手握权柄”。苏联行将解体，只留下它扶植的阿拉伯代理人继续顶着骂名。

“看一看我们当时的处境吧，”一位约旦学者如此评价20世纪90年代中期的阿拉伯世界，“真是万分艰辛。全世界都在拥抱民主，唯独我们被排除在外。我们的经济一塌糊涂，国力孱弱不堪，完全落后于时代。甚至苏联境内的犹太人源源不断地移民以色列，我们也只能听之任之。”于是有人在伊拉克暴君萨达姆的身上看到了破局的可能。纵观整个阿拉伯世界，只有这样一个人物能够凝聚人心。萨达姆的拥趸认为，伊拉克征服科威特的行动为阿拉伯民族开启了新的黎明。崇拜者们还表示，萨达姆虽非领导民族复兴的最佳人选，却是时势造出的英雄，只要他能对旧有秩序发起致命一击就够了。

十年前，萨达姆·侯赛因还在以秩序守护者的形象示人。他和海湾各国的王室交情深厚，自命为保护宗教传统与商业利益、对抗“波斯国”和什叶派附庸的卫道士，沙特王族与科威特的埃米尔跟他称兄道弟。大家相信，萨达姆起家的血腥故事已经是历史了。他已经成长了，变了。现在，他让那些心怀不满的人对他产生了不切实际的妄想。深感挫败的一代人将他视若救星，并深信他是第二个纳赛尔，虽然是个惯于使用暴力的纳赛尔。

萨达姆入侵科威特的举动对几乎所有阿拉伯人都有某种意义。也门人生活在石油国家的旁边，眼看着别人靠石油发财，自己却没份儿；萨达姆让海湾富国吃了瘪，他们自然感到满意。贝鲁特人——

即贝鲁特东部地区信仰基督教的群体，他们以前就在萨达姆的庇护
171 下对抗过叙利亚——也为萨达姆攻占科威特叫好，因为他们那座城市的毁灭命运如今蔓延到了曾经祥和安宁的海湾地区，他们为此幸灾乐祸。跟欧洲比邻而居、半西化的阿尔及利亚和突尼斯则认为，萨达姆替他们向西方出了一口恶气，因为他们曾在后殖民时代沦为西方附庸，而且未能阻止人民移民国外。在和伊朗交战的近十年间，萨达姆坚决反对政教合一，以复兴社会党的世俗化原则为傲。可现在，萨达姆说话的腔调却满是硫黄与烈火的味道，就像是以一种怪异的方式赞美伊朗这个老对手。他手下的外交部部长明明是个基督徒，他却呼吁穆斯林奋起发动“圣战”：“所有的阿拉伯人、所有的穆斯林，还有全世界信仰安拉的人，大家都有责任挺身而出，保卫麦加、抗击美国！”

萨达姆和巴勒斯坦人之间迅速形成了纽带。萨达姆意图挑战固有秩序，冲击阿拉伯世界的现状，而巴勒斯坦民族解放组织恰好也对现实非常不满。约旦河西岸和加沙的民众翘首期盼，等待阿拉伯的骑兵早日来解救他们，而萨达姆则是“泛阿拉伯主义的骑士”，是“再世的萨拉丁（Saladin）[*]”。以色列占领区的巴勒斯坦媒体都很尊敬萨达姆。1990 年 4 月，萨达姆曾经威胁以色列：如果以色列攻击伊拉克，他会用“二元化学武器”[†]让“大半个以色列”生灵涂炭。“二元化学武器”是什么？约旦河西岸和加沙的民众并不清楚，但他们觉得这种神奇的武器可以打败号称无敌的以色列。

---

* 12 世纪的埃及领袖，阿尤布王朝的首位苏丹，曾率领阿拉伯人对抗“十字军”东征，并成功收复被占领的巴勒斯坦。

† 化学武器中的一类，含有两种相对无毒或低毒的化学物质，分别装在弹体内的两个容器里。在发射或爆炸时，两种化学物质混合在一起，发生化学反应，生成有毒物质，从而造成杀伤效果。

在波斯湾沿岸，北部阿拉伯人（Arab al-Shimal）与海湾阿拉伯人（Arab al-Khalij）之间有一条明显的界限。过去，北部阿拉伯人的政治仇怨并未染指海湾诸国。在北边的土地上，各式各样的政治理想生根发芽：有激进民族主义的浪潮，也有社会主义思想的波澜，还有各种专制制度的诱惑。但阿拉伯半岛和波斯湾沿岸的政治生态则要简单许多。没什么人认为这里的王族与商人统治阶级可以被推翻。这里的政府秉持父权作风，但统治者和被统治者依靠紧密 172
的社会和政治纽带生活在一起，这些纽带很难被打破。

伊拉克属于北部阿拉伯人和海湾阿拉伯人之外的边地。1990 年夏天，它成了海湾地区旧秩序具有优势的某种代表。北部阿拉伯人已经失败了——政局糜烂，国家主导的经济不堪重负，人口爆炸更是为陷入绝望、劫掠成性的政坛提供了充足的兵员——其失败波及南边的阿拉伯世界。半岛与海湾沿岸的居民（占阿拉伯世界总人口的 8%）与他们的穷邻居之间脆弱的和平关系被打破了。

埃及记者穆罕默德·海卡尔（Mohamed Heikal）是纳赛尔主义火种的忠实守护者。在他看来，1990 年夏天的那场危机不过是“沙漠人与城里人”的又一轮交锋。海卡尔认为，一直在为阿拉伯民族不懈奋斗的是城市，也就是开罗、大马士革、巴格达和贝鲁特。谁能想到“沙漠里的酋长”挖到了石油，“将城里人的奋斗成果完全夺走了”？过去，城里人与部落酋长互助共存，但现在石油富国的年轻一代“觉得自己应该成为阿拉伯世界的主宰”。富国的统治家族规模日增，把“部族体制变成了王室体制”。海卡尔注意到，仅是沙特王室的规模就达到了 6,500—7,000 人。城市与沙漠再也无法和谐相处。海卡尔认为，阿拉伯的历史（城市里的阿拉伯民族主义运动手中的“令箭”）与地理（石油的位置）产生了激烈的冲突。

对于石油富国而言，海卡尔这套超越其主权与合法性的政治逻辑直接把他们拉回不快的过去之中。20 世纪五六十年代，纳赛尔主义在阿拉伯世界风头正盛的时候，“阿拉伯的石油应该属于全体阿拉伯人”的呼声就曾喧嚣一时。在那个危险的年代，石油富国必须在忠于阿拉伯世界的同时想办法保全自己，就像是在走钢丝。他们受到了遥远国度的政策保护——科威特得到了英国的保护，沙特阿拉伯政府则一直都在美国的庇佑之下。那个年代，蠢蠢欲动的本地
173 掠食者还能被外部强权轻易节制。1961 年，英国结束了与科威特之间的保护条约。伊拉克军队立即开赴边境，似乎就要有所动作。英国人于是又回来了，伊拉克人随之退去。过后不久，纳赛尔出面干涉也门内战。他没有打沙特阿拉伯油田的主意，是个谨慎的战略家。他虽在挑战既有秩序，却不至于胆大妄为、无法无天，懂得力量平衡的道理，知道什么可以做、什么不可以做。也门内战让沙特阿拉伯与埃及成了对手，结果以埃及失败而告终。

萨达姆的冒险之举就是那段历史的重现：20 世纪 50 年代，泛阿拉伯思想与极端情绪再次降临人间。但新一轮泛阿拉伯运动另有一层底色：萨达姆的暴虐、大规模杀伤性武器以及萨达姆想要挣脱现有政治秩序束缚的信念。萨达姆强烈反对伊朗与什叶派势力，对内施政残忍严苛。他自觉得到了他那个世界（海湾阿拉伯国家与埃及）大部分人的支持，域外的主要势力（美国与法国）似乎也对他表示许可，所以才会信心满满地挥师科威特，觉得世界各国对他侵略行径的愤怒纯属莫名其妙。十年之前，他曾派遣胆怯的同胞在东边与“拜火的波斯人”对战。那个时候，他曾严厉禁止任何人追悼战死者。这一次，他的远征指向了南边。他梦想获取科威特的财富，进而把西方势力彻底逐出阿拉伯半岛与海湾地区。面对萨达姆这个巨大的威胁，海湾地区的阿拉伯人和他们那善良无害的社会根本无力自保。

历史证明，这片沙漠地区一贯缺乏应对险恶局势的经验。半岛与海湾沿岸的阿拉伯人向来崇尚实用主义。这个地区不曾为反抗殖

民者而展开血战，半岛中央的阿拉伯人逃过了外来的统治与压榨。这片土地并不那么吸引征服者。殖民时期，和欧洲人接触更多的摩洛哥人、突尼斯人、埃及人与阿尔及利亚人饱受摧残，但沙漠地带并未遭此厄运。土耳其虽然在名义上是阿拉伯世界的宗主，却未对 174
沙漠地带的事务干涉太多。而海湾沿岸地区对外国人更熟悉。英国从 1839 年起就开始占领也门亚丁（Aden），从此成为波斯湾沿岸地区及临近水域的实际管辖者。不过，外来势力大体上还算和善与仁慈。

海湾地区的阿拉伯人与西方打交道的历史并不短暂，但他们是从自己的世界内部和对方打交道的。他们比半西方化的阿拉伯人幸运得多：后者给自己换上了西方面孔，却遭到西方的拒绝和蔑视。沙漠里的阿拉伯人没经历过被西方强权背叛这样的事。而这样的故事，巴勒斯坦经历过，黎巴嫩经历过，北非也经历过；在这些阿拉伯地区，西方都曾许下过美好的承诺，结果却让当地人大呼上当。海湾诸国与西方维持着广泛的生意关系，但这是他们自愿的。20 世纪三四十年代，外国人——准确点说，应该是美国人——来到阿拉伯半岛，不过他们踏足此地时，殖民时代已经过去了。他们来到波斯湾海边的宰赫兰（Dhahran），让沙漠里的严酷生活变得好了起来，帮助当地人摆脱了隔绝与贫瘠的历史。总体而言，美国人在海湾地区表现得小心翼翼，唯恐触犯沙漠里的文化禁忌，相当遵守当地的礼仪与规矩。

伊拉克的政局一向与外界隔绝，而萨达姆 · 侯赛因正是在这样的隔绝环境中发迹起来的，所以他误判了美国的外交政策。美国将在 1989 年之后的世界里扮演怎样的角色？许多人对此怀有焦虑。罗伯特 · 塔克（Robert Tucker）与戴维 · 亨德里克森（David Hendrickson）在合著的《帝国的诱惑》（*The Imperial Temptation*）中指出，自柏林墙倒塌到海湾战争爆发的短短时间里，美国的世界角色成了一大难题：

> 1989 年，一系列事件宣告了遏制政策的终止……此后，美国失去了军事或意识形态方面的敌手，美国历史的一段漫长时期似
> 175 乎已经画上了句点。假设事情果真如此，二战以来美国的全球地位是否还有继续保存下去的必要呢？如果美国的这种角色不再合时宜，考虑到国家安全面对的威胁在降低，它该在全球事务中扮演怎样的新角色呢？

美国出手阻止萨达姆的军事冒险有两层意味：一方面，海湾地区的安全事宜一直由美国负责；另一方面，美国要在后冷战时代寻找新的角色，认为当一个地区正在经历暴君的威胁，该地区却没有足以与之匹敌的力量时，就应该由美国出面扫除祸患。

但是，美国对于拯救与扶助海湾地区的阿拉伯国家并非没有疑虑。有人觉得，萨达姆提携的科威特傀儡可能会被沙特方面接纳，双方将会达成某种交易。也许劳师远征（而且要顶着一大堆道德上的争议）只会激起当地人的公愤。乔治·奥威尔（George Orwell）说过，“在东方，事情总是如此：远远观望显得非常清晰。走进之后，却愈发看不分明。”就在三四年之前，伊朗策划了贝鲁特人质事件，让美方吃了大亏。最后，美国成了“滑稽戏中作配角的老实人”，好不容易才从当地市集的曲折小巷中脱身，既丢了钱包也丢了脸面。远征他乡的救世主有方方面面的顾虑。鲍勃·伍德沃德（Bob Woodward）在《指挥官》（*The Commanders*）一书中描绘了老布什总统及其主要将领在 1990 年 8 月 4 日那场战前会议的气氛（两天之前，伊拉克军队刚刚侵入科威特）。“与会人员对阿拉伯人的总体看法趋于负面。大家都对阿拉伯人大加指责，觉得他们不可靠，认为他们可能会干出买通家门口的强盗这种事……美国的力

量是有限的，如果他们根本无心自救，美国又哪来的本事去挽救他们呢？”

但美方还是匆忙采取了没有回头路的行动——美军很快从沙特
进入了科威特境内。因为不确定阿拉伯诸国态度，美方决意一次性
解决这个问题。身为超级大国，美方无法容忍阿拉伯人的愚弄与欺
瞒。伊拉克独裁者在光天化日之下公然挑衅，绝对不能姑息。这一次， 176
不会有法国人帮他，不会有苏联在最后时刻救他一命，也不会有友
好和善的“阿拉伯方案”赦免伊拉克的愚蠢行径。

美方认为，因为这场战争以“东方”为舞台，所以美国的态度必须加倍清晰，容不得半点含糊。这场战争的话语体系将彻底由美国主导。陷入危机的不是“一个小国”，而是关于“一种全新的世界秩序”的“伟大设想”“一个没有侵略的世界”。（科威特以前和美国关系并不好，不值得美国为它发动一场大型战争。要知道，十多年前，科威特的外交部长曾以“海湾地区人民完全具备捍卫自身安全与稳定的能力”为由，拒绝承认“卡特主义”。）美国的远征将是一次“义举”。当然，美国不可能让海湾地区之外的阿拉伯人相信，美国人到这里来是为了帮他们抵抗侵略的，再怎么努力解释也没用。所谓“正义之师”，只是说给最重要的那部分人——美国公众听的。这场在阿拉伯人与穆斯林群体的世界的盛大新远征需要他们的支持，尽管他们对那个世界既不了解也不信任。

美国的“沙漠风暴”行动来势汹汹，阿拉伯民族主义的宫殿正是它的眼中钉、绊脚石。民族主义者认为，美国对抗伊拉克的战争将会变成一场“美国与阿拉伯民族之间的战争”，“阿拉伯的街头”（Arab street）* 将奋起抵抗，把威胁地区利益的外部势力驱逐出去。

---

* 阿拉伯世界的政治术语，指政治立场不同于阿拉伯各国政府的群体，有时专指在社会和经济方面处于下层的平民百姓。

面对阿拉伯世界，老布什没有按常理出牌。战事的发展将决定这场冲突的结果。传说中的“阿拉伯的街头”（我们要向这种政治形式致以体面的悼念）无法代表萨达姆应对分歧，也没法帮他缓和失败的打击。阿拉伯世界分裂了，这一点众所周知。安曼、纳布卢斯与突尼斯城等地的抗议人群并未收获太多注意。美国军事行动的受益者只包含阿拉伯人中的一小部分：海湾与阿拉伯半岛的居民，占阿拉伯世界总人口不到 8%—10%。但那又怎样？海湾才是阿拉伯世界最为重要的地区。海湾国家的两翼有反萨达姆的势力：埃及的态度很激进，而叙利亚也对美方行动开了绿灯。“富有”的阿拉伯国
177 度与“穷兄弟”之间不再界限分明。至于那些与萨达姆同路的阿拉伯国家，也将得到美国的宽赦。美方开了后门，方便他们随时反水（这道后门专为约旦国王而设）。战火熄灭之后，他们还有机会悔过与改正。

无需有多么高瞻远瞩的战略眼光也能预测到，萨达姆意图控制海湾地区的冒险活动必将一败涂地。伊拉克暴君吹嘘的伟业很快破灭了，而他再也无力重整旗鼓。不消多时，世人便见证了萨达姆一方狼狈溃退的模样：军官抛下士兵仓皇逃窜，备受萨达姆宠爱的“共和国卫队”甚至没上前线，收到风声的情报人员一早溜出了科威特，只剩不明就里的同伴留守火线。暴君的士兵全都吓破了胆，跑出沙漠，向遇到的任何一支敌军投降；谁俘虏了他们，他们还会亲吻对方的手背。这是那位暴君教他们的——每次领袖萨达姆从他们身前昂首走过的时候，他们都要摆出这种奴颜婢膝之态。

战争就是最残酷、最精准的考验。萨达姆·侯赛因用一场战争拆散了他的同胞。他可以用鞭子统治士兵，但无法强迫他们为自己卖命。前有敌军的炮火，后有督战队的枪口，伊拉克军队的将士选择逃之夭夭。萨达姆曾经告诉他们：“仁慈的天使将与你们同在。”没办法，伊拉克在战争早期失去了空中掩护，只能指望领袖的这句

话来弥补了。

萨达姆保证天使将会庇护自己的士兵。对于那些把他奉为领袖
的阿拉伯人，他则许下了创建新世界的承诺。原有的弱点与痼疾都
将一扫而空，阿拉伯人不必再忍受熟悉的失败滋味。然而，一切都
是谎言。萨达姆军队的表现让人想起了“六日战争”：没能发射出
去的埃及火箭、未及升空便被炸毁的飞机；誓言踏平特拉维夫最后
却遭遇惨败，战败的军官在国内耀武扬威、囤积货品、吹嘘成功逃
生的经历以保住自己的面子；最后还有领袖纳赛尔，他要求国民绝 178
对服从，却令人难以置信地解释道：他本以为以军会从东部和北部
发起攻势，没想到敌人从西边杀了过来。经历过 1967 年的劫难，
阿拉伯社会本不应该再次上当，可是阿拉伯文化对于传奇和强人的
空头支票向来缺乏抵御能力，所以萨达姆不愁自己兜售的谎言没人
相信。

“沙漠风暴”势如破竹，美军很快便获得胜利。海湾地区再次回到了历史循环的原点。这里的和平环境曾经因为英国而得以确定，萨达姆的大胆冒险则开启了“美国治下的和平”。1971 年，英国势力撤出了“苏伊士运河以东”；1991 年，美军开始在海湾地区扮演新角色。在此之间的混乱时期不过是两大强权交接过程中的小小插曲，一个短短的间隙。历史上，英国曾保护过海湾地区的小国。没有英方的保护，阿曼与巴林定然会在 19 世纪五六十年代落入沙特王国第二王朝（1824—1891）瓦哈比激进派的手里。自 1860 年开始，波斯湾畔的酋长国巴林也是在英国的庇护下才能抵御虎视眈眈的伊朗。还有伊本 · 沙特（Ibn Saud），他吞并大小部族，缔造了沙特王国，却不得不在英国的威慑下停止扩张的脚步。这位沙漠武士雄心勃勃，一心准备收复“祖先的疆土”：卡塔尔、阿曼与波斯湾沿岸的其他邦国。但英帝国“相互宽容的共存战略”（live-and-let-live strategy）让伊本 · 沙特的愿望彻底落空。伊本 · 沙特深谙力量

的平衡之道，清楚英国人的实力。他的支持者中不乏“伊赫瓦尼”（Ikhwan，一支宗教武装）一样的狂热信徒。20 世纪 20 年代，“伊赫瓦尼”充当了伊本 · 沙特的急先锋。他们急切想要与盘踞伊拉克与外约旦的“异教徒政权”开战，同时征服卡塔尔、巴林与阿曼。他们认为,“伊赫瓦尼”的狂热梦想之所以未能付诸实践,英国是关键,而且到了 1961 年，英国还保护了科威特的独立地位，使其免于被伊拉克吞并；现在，“海湾守护者”的角色轮到美国来扮演了。

无论是一心称霸的巴列维王朝、其后的伊朗革命政权，还是萨达姆，这些波斯湾沿岸的本地势力都无法带来平衡。20 多年的动荡
179 波折为美国的介入铺平了道路。想当年英方撤离之时，海湾小国的统治者们一度惊惧难眠。阿拉伯民族主义的劲风让他们难以招架。各位君主觉得民族主义的意识形态威胁巨大，不但危及他们的自主地位，还会夺走他们权力与财产。“英国治下的和平”的受益者们甚至愿意支付一笔费用,希望英国留下来。但英方已经下定决心“解开这个结”，从海湾抽身。所以，海湾诸国对美国的依赖不过是以前依附英国的重演。

美国提供的帝国保护是有条件的，以自身需求为重要原则。海湾与阿拉伯半岛地区不会发生救世主一般改天换地的事情，不会有解放这些社会的伟大改革理论。美国将在海湾大展身手，而后迅速收手，这在美方打击萨达姆的军事行动中便已有征兆。在一场速胜之后，这场“正义之师”的远征就该适可而止了。

美国虽然征服了伊拉克，但并不想大张旗鼓。他们不打算拾起“帝国”的责任介入伊拉克的政局。旧式的帝国主义（以及随之而来的责任）已不见容于现今世界的国际关系。帝国主义的时代当然另有一番光景。约翰 · 密尔（John Mill）在著名的文章《浅议不干涉》（“A Few Words on Non-Intervention”）里讨论了帝国主义时代，他同意当时的看法，认为超级大国干涉他国时承担着各种责任。

“专制政府的统治全然系于军事实力。”密尔写道。如果有一个外来力量摧毁了该暴政的军事力量，它就得被迫“因当时的需要”而担起为被征服的社会重建新秩序的责任。美军击垮了萨达姆的军队，却不想为响应美军的什叶派和库尔德武装提供帮助。老布什呼吁，伊拉克的政府和人民应当“自己解决问题”，推翻萨达姆·侯赛因的统治。渴望解放的伊拉克人民听到了这些话。1991 年 2 月 18 日，美国与伊拉克之间的地面战争刚结束，伊拉克南部的巴士拉便爆发了反对萨达姆的起义，什叶派聚居的重镇纳杰夫和卡尔巴拉的居民 180
随即响应。起义烽火向北蔓延到了库尔德人的城镇。人民的愤懑压抑已久，急不可待想要推翻暴虐的萨达姆当局；吃了败仗的伊拉克军队残部也是满腔怒火，急于挽救失却的地位与尊严。两股力量汇集到一起，声势愈发浩大，决定要保证伊拉克的世界和权力完好无损。因为这个国家的政治生活已然被萨达姆摧毁，群龙无首的什叶派需要找准举事的良机。从前线逃回的士兵加入起义民众，犯人纷纷越狱，监牢顿时一空。反抗大潮来得凶猛，萨达姆政权的忠仆、情报人员和复兴社会党成员如陷汪洋，不少人立刻就遭到了严惩。有那么一刻，萨达姆的统治看上去已经瓦解了。

这场起义没有计划。参与者一度寄望伊朗境内的反对派回国主持大局，也曾期待击败萨达姆的美军可以建立一个新秩序。萨达姆长子乌代（Uday）的荒唐暴虐是出了名的，他斥责起义群众是“一群狂吠的野狗”。逃过美军打击的共和国卫队集结起来拱卫萨达姆政权，为自己的身家性命和统治地位而战。起义最后在一片血腥中遭到镇压。共和国卫队也许无力招架西方联军的高科技武器，但他们的武装直升机（美伊签订的停火协议允许伊拉克军队保有这样的武器）和大炮对付普通起义者却是绰绰有余。人们原本以为，起义的枪声一打响，伊朗就会介入，收拾伊拉克的零散力量，并按照它的设想建立一个政权。然而这不过是痴心妄想，起义者完全是孤身战斗。镇压的过程血腥异常，符合萨达姆一贯的风格。他将相关任务交由最为残忍的手下——自己的表亲阿里·哈桑·马吉德（Ali Hassan al-Majid）执行，此人曾在几年之前扑灭了库尔德人的起义，因此落下了暴戾的臭名。在那场灭绝人性的屠杀中，马吉德曾下令对库尔德人使用神经毒气，打那以后，他就被人叫作“库尔德之锤”。
181 他将在这场新的行动中反映出当局心里有多么恐慌，政权的内部圈子知道，他们“要么继续统治下去，要么就此覆亡”。尽管这片土地曾饱受摧残，历史上不乏暴政，但马吉德等人施行镇压的恐怖程度甚至让萨达姆的忠实奴仆也难以忘怀——“血、血、血，到处都是血。”起义平息后，当局的喉舌《共和报》（*al-Jumhuriyah*）向读者如此描述，“卡尔巴拉的街道和墙壁上满是血迹。”

南部的局面稳定了，伊拉克当局又将矛头指向北方的库尔德势力。这些起义证明（再次借用约翰·密尔的话来说），伊拉克“敢于豁出性命、流血苦干去争取解放的民众”大有人在。如果外部力量愿意帮忙，伊拉克本可以重塑政府。可以肯定的是，只要有机会把暴君萨达姆赶下台，有机会摆脱多年的不安生活，过上正常的日子，伊拉克人民——大多数人——一定会感激涕零。但是，打败萨达姆的美国却不愿承担这个责任。

胜利来得很快，美国及其盟友付出的伤亡代价小得出奇，所以他们希望见好就收。英国倒是想让军事行动继续下去，“合围”四散逃窜的伊拉克部队。可是，英军得听华盛顿的命令，美方表示：不朝逃跑的敌人开枪，这是美国的军事传统。人喜欢以史为鉴，有时候这么做是对的，有时候则大错特错。1983年的事件尚未走远，美方生怕伊拉克“成为又一个黎巴嫩”。老布什政府自觉不够了解伊拉克，它距离遥远，教派林立，让美国人想起了黎巴嫩的梦魇——和伊拉克一样，那里也有教派的混战、致命的分裂。他们深信，伊拉克的什叶派定然会倒向伊朗。什叶派信众在伊拉克占据人口多数，他们生于斯长于斯，从 9 世纪开始他们的信仰就在此地生根发芽（他们的故事可以见于布兰德斯大学历史学教授伊扎克 · 纳卡什［Yitzhak Nakash］的相关论著《伊拉克的什叶派》［*The Shi'is of Iraq*］）。当时，不少游牧部落来到“圣地”纳杰夫与卡尔巴拉附近寻觅农业水源。随着他们的皈依，什叶派信仰愈发枝繁叶茂。在伊 182
拉克，什叶派与逊尼派之间并无“种族”隔膜，也没有明确的界限。对于这些，打败伊拉克的美国政府都不清楚。德黑兰和贝鲁特的什叶派极端分子仍让美国人心有余悸，他们可不愿意重蹈那可怕的覆辙。就算伊拉克的什叶派领袖一再澄清绝不会把伊朗的神权政府视为“姊妹兄弟”，美国人也听不进去。

偏居山区的库尔德人处境也没有任何改善：在这个世界上，库尔德人一向形单影只。阿拉伯民族主义者从未接纳他们，土耳其也不容忍库尔德分裂主义政权在伊拉克北部存在。美利坚的帝国远征军弃伊拉克的起义武装而去倒是容易。老布什政府的几位要员——无论是一贯反对诉诸武力的参谋长联席会议主席科林 · 鲍威尔（Colin Powell），还是为了开启战端押上重注的国务卿詹姆斯 · 贝克（James Baker）——无不主张“干脆利落地从伊拉克抽身”。不久后，鲍威尔撰文评价库尔德与什叶派这两股势力：“两者都没有成事的可能。老实讲，我们也没有帮助他们成功的战略打算。”一场“正义之师”的远征就这么奇怪地、冷酷无情地收尾了。战斗将会被叫停，战胜者将主动撤离，以保持“力量平衡”——美国声称，他们需要萨达姆政权来制衡伊朗的威胁。后来有人披露，是布什的一位高参突然建议结束军事行动，因为“100 个小时的地面行动”足以保证完美的平衡，而且可以帮布什在即将到来的总统选举中建立优势。

就这样，美军没在海湾地区再次染上“越战综合征”。没有扩大战果的必要，也无须担负胜利之后的各种责任和风险。与此同时，50多万库尔德人被迫离开栖身的山乡家园，逃入土耳其和伊朗境内。他们的悲惨命运让多国部队的胜利几乎失去了光彩。但征服者仍然执意离去，没有半分留恋。这场“漂亮的仗”打完后，贝克
183 本人倒是在回忆录《外交的政治》(*The Politics of Diplomacy*) 中吐露了几分道德失职的歉疚。这位战胜国的国务卿曾亲眼见证库尔德难民流离失所的艰辛情景，知道他们在起义失败后躲进土耳其东南部和伊拉克西北部的雪峰的苦难。一名男子用六天的时间，徒步从基尔库克（Kirkuk）逃出来，设法避开土耳其安全部队的搜查，找到这位国务卿，恳求他救救饥寒交迫的库尔德孩子。一个库尔德代表团更向贝克郑重请愿：“所有的伊拉克人都对自由翘首期待，希望伊拉克迎来民主政权。可是，错误的决策让萨达姆当局得到喘息之机，继续出动坦克与直升机制造惨剧。”在搭乘直升机返回迪亚巴基尔（Diyarbakir）的路上，贝克想起自己与各位难民接触的点点滴滴，不由感叹：“我见到的这些人就是渴望自由的意志的生动典范。”贝克“旋转大师”的本色始终未改。他很清楚，这场“严重的人道主义危机”是因美国的决策而起。不过，他虽身处风口浪尖，目睹了性命攸关的大事，却还是不打算出手相助。他明白错误决策导致的严重后果，却仍然敷衍地搬出那套陈词滥调：美方不想看见“伊拉克变为第二个黎巴嫩”，也不愿让萨达姆变成保卫国家的民族英雄。他觉得，一旦美军开赴巴格达，“阿拉伯的街头”定会群起反对。没人在意伊拉克的自由，这些感性问题不在海湾战争策划者的考虑之中。

战争结束了，但战争中的经验教训却不一定得到人们的接纳。面临灭绝的风险，文化往往会顽固地拒绝自省，并一头扎进历史的角落，从往事之中获取慰藉。这场战争总体上发展很快，（在伊拉克境外）一锤定音。这给人们留下了各种辩解的借口。侵略者声称他们遭受了误解，甚至还以“抵御西方军队”的阿拉伯英雄自居。

他们表示，侵略科威特只是在“表达自身观点”，却因外部势力强加的“新世界秩序”而使他们没有空间。那时的阿拉伯世界，如此 184
言论不停地涌现。伊拉克的独裁者虽然遭遇惨败，他生存所系的那种政治环境却并未就此消失。

此后海湾地区秩序一新。可是，当地人的政治倾向还是暧昧不清。我觉得，女诗人萨巴赫的态度尤其具有代表性。20 世纪 80 年代的她曾为萨达姆摇旗呐喊。伊拉克军队侵入她的出生地后，诗人的态度又来了一个彻底的转变。

萨巴赫的矛盾心情在海湾战争爆发初期显露了出来。当时，她的国家正等待着多国部队打击萨达姆 · 侯赛因。女诗人并不欢迎外部势力介入，怀疑他们参战的目的。美伊两军僵持不下的时候（这个阶段只持续了九到十天，随着美军空中打击的开始而结束），萨巴赫还觉得这是一场“兰博大战巴比伦国王尼布甲尼撒（Nebuchadnezzar）”的争斗。她一度仰慕的“兄长”萨达姆就这样失去了阿拉伯人的身份，成了“巴比伦的暴君”。伊拉克即将遭遇严惩，可萨巴赫却有些急不可耐。她觉得，美军士兵中“有些人想在冬天开战，有些人则想拖到秋天，还有一些人在任何季节都不乐意投入战争。好些人只想速速回家，去麦当劳大吃一顿快餐”。她提醒人们，这些来自美国的“兰博”不过是想侵吞科威特的钱财。

1991 年 2 月初，多国部队持续开展空袭，萨巴赫再次发声。她提及伊拉克方面向以色列与沙特阿拉伯境内发射的“飞毛腿”导弹。萨巴赫觉得，伊方的行动是“盲目之举”，因为这些导弹对“阿拉伯人与犹太复国主义组织”同等看待，对“信仰安拉与崇拜魔鬼的两个地区”不加区分。伊拉克政权拥有导弹，萨巴赫觉得并无不妥，“只要这些导弹属于阿拉伯民族的武器库，是为了与以色列斗争而准备的”就行。她觉得，萨达姆乱放导弹是因为刚愎自用，无力分辨阿拉伯世界未来“真正的敌人”；伊拉克发射的导弹不过是“焰

185 火表演”，给了以色列从阿拉伯世界与各大强权那里“勒索”更多特权的理由。

萨巴赫的思想虽有转变，但还是没能走出阿拉伯民族主义的立场。她的国家能够重获解放，完全得自外人的恩赐，但科威特人在这场苦难之后必然会进一步亲近美国。这个小王国过去 25 年的政治气候就此在一夜之间彻底改变。几乎所有科威特人都把自身的希望托付给了远方的强权：统治者希望美国能为自己抵御伊拉克，反对派希望得到美国支持以便推进民主化运动。科威特曾想安抚各种“神祇”的怒火——阿拉伯民族主义、巴勒斯坦的解放事业、两伊战争——结果却被这些神“背叛”了。科威特光复三个月后，我再次来到了这个国家。战争灾难后的科威特,处处可以见到对这种“背叛”的愤怒。巴勒斯坦民族解放组织的总部——曾经的国中之国——已经人去楼空，墙上满是咒骂阿拉法特和萨达姆的涂鸦，指责他俩是叛徒。巴勒斯坦妇女协会的办公场所被夷为平地，巴勒斯坦人聚居的哈瓦里区（Hawali）冷冷清清。泛阿拉伯主义消失了，取而代之的是对美国力量的依附和美国人的存在感。历史上，美国传教士曾在科威特城兴办过一家医院，那是在科威特的第一雄主穆巴拉克·萨巴赫（Mubarak al-Sabah）于 1911 年的特许下建立的医院。后来这家医院废弃了，科威特人一度打算将它彻底拆除。“现在它会被保留下来了，”一位科威特友人带着我游览科威特城的时候说，“说不定还会重建呢。”

过去的科威特人善于在政坛狭缝求生，在力量平衡中寻求独立。战争过后，科威特必须重拾这样的技能。在这方面，萨巴赫家族最有能力的穆巴拉克（也被认为是现代科威特的国父）可谓个中高手。
186 20 世纪初，穆巴拉克曾在介入海湾地区的多种力量之间游刃有余。他把自己的国家置于“英国治下的和平”的保护之中，利用英国的力量对抗奥斯曼帝国的权威。英国方面本不想为科威特提供保护，但也不愿其他势力主宰该国，于是便答应了穆巴拉克的请求，随后几十年内，科威特几代君主都得到了英国的庇护。不仅奥斯曼帝国无从插手，意图吞并海湾公国的沙特瓦哈比分子也被拒于门外。现在，科威特人需要效法穆巴拉克的智慧，对抗伊拉克的吞并企图，让“美国治下的和平”能够保卫科威特的安全。对外来的保护者不必寄望太过，美国军队解放科威特的那点激情终将消退，而且被迫依附美国的现实令不少科威特人纠结与愤懑。可无论如何，科威特都需要一个保护者。美国这个外部势力的存在引发了争议，可是争论各方又有着共同的期盼：哪一天如若巴格达当局再次入寇，美军还可以担起保卫科威特的责任。

科威特国小力弱，注定要生活在强邻的阴影，必须小心前行。伊拉克入侵期间，一部分科威特人逃离了这个国家，一部分选择留了下来，这两类人互相憎恶，嫌隙于是出现了。留守者心怀反抗精神，想要限制王族的权力，要求在科威特确立真正的代议制民主政体，不再惧怕王室的“欺凌与恐吓”。可是，科威特就是科威特。这个小王国的立足之本从来都是商业，王公与商贾的斗争亘古未变。各类恩惠随时可能降临，也随时可能失去；人们会抱怨，但总能和平相处。在“石油的年代”（Zaman al-Naft），在这个和平的小国，统治者的钱袋比利剑更具威力。而且，王族权威还有另一大来源：当地的教派冲突与种族构成。逊尼派占据科威特人口的大部分，什叶派则属于少数群体。科威特的什叶派有一部分来自巴林，另一些在血缘与文化上来源于伊朗，还有一些来自沙特阿拉伯东部省份哈 187
萨（Hasa）。此外，科威特境内还生活着为数众多（约 15 万）的贝都因人。他们没有国籍，多数过着游牧生活，他们只拥有科威特的公民身份，却不能享受公民权利。谨慎的科威特王室在不同的势力间开辟出一条道路，善用手中的财富，安然度过了一场又一场险恶的风波。天生警惕的萨巴赫家族并非心狠手辣的大独裁者，科威特国内的反对者也不是残酷之辈，只想实现议会制度，规劝王室不要依附美国。1986 年，王室暂时中止了科威特议会的职能；海湾战争过后，因为人民的要求和美国的催促，王室又恢复了议会制度。战后的头两届议会分别在 1992 年与 1996 年组建完成，代表了国内各界势力，有主张立宪的积极分子，有逊尼派的“原教旨主义”穆斯林，有什叶派的代表，有首都之外各大部落的长老，还有王室的忠实支持者。1996 年的议会还容纳了一位曾在伊朗的神学院接受教育的什叶派年轻教士。他出席议会时身着教袍，戴着象征“圣裔”（即先知穆罕默德后代）的头巾。小小科威特的开放气度由此可见一斑。这里仍然实行着王朝统治和强大的部族体制，可同时人们也在不懈追求着代议制民主，两种气象形成了奇妙的组合。这里的选举不能影响权力分配，也无法决定国家的道路。虽然经历了伊拉克的侵略和战后的种种影响，但这里的政治生态仍然一如既往。

沙特阿拉伯发生的故事与科威特天差地别。1995 年 11 月，恐怖分子袭击了沙特国民卫队设在首都利雅得（Riyadh）的一处美国的设施，导致五名美国人丧生；1996 年 6 月，石油城市宰赫兰发生了更为严重的恐怖事件：美国军事人员的居住区发生爆炸，19 名美国人死亡。这两起事件让沙特王国与境外势力尝到了双方“特殊关系”的苦头。沙特政权倒不至于很快遭到革命的倾覆，可是曾经单
188 纯的沙美关系已经一去不复返。20 世纪 80 年代的沙特阿拉伯成了汽车炸弹袭击的温床，恐怖活动愈发活跃。二战期间富兰克林 · 德拉诺 · 罗斯福（Franklin Delano Roosevelt）总统奠定的影响力遭遇了整个伊斯兰世界的愤怒回应。相比利雅得美方训练营遇袭事件，宰赫兰爆炸案的影响更为恶劣，因为这座城市本就是在美国人出现于阿拉伯半岛的时候建成的。20 世纪 30 年代，美国的地质勘探人员来到了这里。经由美国石油公司的精心规划和建设，这个地方呈现出一派美式郊区的繁荣氛围。异域文明的魔力与先进技术从此在

阿拉伯半岛落脚。源自单纯的20世纪50年代的宰赫兰美国风情（美式的生活、美国的食品与器物）至今仍然存在，只不过这种风情仅限于美国人聚居的地界，与周边环境完全隔绝。美国大兵正是从宰赫兰出发，对伊拉克军队实施惩戒。袭击宰赫兰的恐怖分子尤为残忍、高效。据称，利雅得遇袭事件系由沙特国内势力策划，而宰赫兰爆炸案则是东部省份的什叶派反对势力制造的，他们与伊朗的关系非常密切。

“外人在这里屡屡碰壁，都是因为外人自己造孽。”提及阿拉伯大起义里同生共死的同伴所处的这个世界，“阿拉伯的劳伦斯”评价道。那么，阿拉伯人与穆斯林又是如何看待“沙漠风暴”行动中的美军的呢？劳伦斯当年的话语也许正符合他们的心境。阿拉伯大起义期间，埃德蒙·阿伦比（Edmund Allenby）的枪炮打得土耳其部队节节败退，“死海干涉区的空洞”奏响了英军的隆隆炮声。“阿拉伯人都在窃窃私语：‘他们来了，英国人来了。真主降下了雨，也派来了英国兵。’他们有点同情溃散的土耳其军人，尽管他们仍在阿拉伯的土地上横冲直撞。诚然，土耳其人是压迫者，但他们大势已去，虚弱不堪。比起强大的英军，土耳其人似乎更可亲一些。”

1991年，美军依靠高科技赢得了战争。对此，阿拉伯世界有着同样的感受。伊拉克当局遭到了报应，但人们却并不对这个“远方来客”大表感激。即便在科威特，也有人发出了不满和 189
质疑的声音。大家都觉得，伊拉克人毕竟是本族兄弟，他们遭遇了上百小时的无情攻势，又因为连年的经济制裁而陷于贫困，这一切都是美国势力的操纵与算计造成的。埃及曾热忱地反对萨达姆，并因此被免去了一笔债务（不低于250亿美元）；战争中，埃及也没有任何人员损失，于他们而言，附和美国就是一笔无本生意。可是，战争临近尾声时，埃及人对伊拉克也生出了同情心。两个国家争当阿拉伯世界政治中心的恩怨似乎就此一笔勾销，被抛诸脑后了。

海湾战争期间，这个地区的每个国家也许都期盼着美国方面能够取得胜利。但五年过去了，美国的阿拉伯盟友走上了不同的道路。政治伊斯兰势力在土耳其当权，有关“沙漠风暴”的记忆已经渐行渐远。1996 年 8 月至 9 月，海湾地区陷入一场小型危机，各国困境完全暴露：他们既需要美国出手援助，又不想美方介入过深。危机的肇因又是萨达姆，有着伊拉克独裁者鲜明的个人印记：他的部队与杀手开进了库尔德斯坦北部地区，而在“沙漠风暴”之后，此地便被美方划为库尔德人的“安全区”。这次惩戒行动是由美方独力实施的。美军袭击伊拉克空军基地的两轮“战斧式”导弹轰炸，需要由波斯湾海面上的美方军舰和从关岛调来的 B-52 轰炸机来执行。美方希望，这两轮导弹轰炸可以让萨达姆彻底消停下来。海湾其他国家无一愿意与美国这次军事行动扯上关系。比起五年之前，他们的态度可谓天翻地覆。两个主要的海湾君主制国度——卡塔尔与阿联酋甚至公开表示同情伊拉克，认为萨达姆政权是伊朗与土耳其阴谋算计的受害者。卡塔尔与阿联酋的看法并未得到其他国家的一致同意。但是，大家都相信萨达姆·侯赛因已经不像以往那般顽劣。
190 没人认为伊拉克还是威胁（当然，科威特另当别论），也没人觉得美国应该继续插手海湾事务。

在海湾地区与阿拉伯半岛，外部势力与本地盟友既互相利用，也彼此警惕。“保护者”美国从来不曾深入接触当地社会。这是当地统治者的心愿，也是整个阿拉伯社会的心愿。就其本身而言，美方只想守护这里的市场，保住帝国的地盘；想把美国的飞机、电话和武器卖出去，而代价则是提供军事保护，这是种不错的交换。海湾各国需要美方的庇护，虽然他们对于庇护条约的其他条款怀有怨言，难以接受庇护的前提。除此之外，这两个世界便无法走得更近了。

在“贸易国家”的时代，外来势力要想留在海湾地区，就得付出代价。那些广袤质朴的沙漠曾让理查德 · 伯顿（Richard Burton）、吉福德 · 帕尔格雷夫、查尔斯 · 多蒂（Charles Doughty）和劳伦斯等英国冒险家痴狂沉醉。英国的浪漫早已随着一场场帝国冒险而烟消云散。早在 1920 年，英方内部曾有过一次激烈辩论：是否还要在中东维持帝国的门面。当时，英国本土身陷经济危机，似乎不该
继续为那片沙漠浪费金钱，必须用便宜的办法维持大英帝国在两次 191
世界大战之间的和平局面。如今，竭力维持中东秩序的美国政府面临同样的反对声浪。媒体强调，政府应当以贸易为先，将生产线搬回密苏里和加州，如若不然，美国遍布全世界的影响力就会落入重重质疑。1994 年 2 月，身为帝国的益处再次显现：沙特政府将一笔价值 60 亿美元的民用飞机订单送到了美方面前。美国总统亲自公布了这一消息。他告诉媒体，自己为了这笔生意游说了好几个月，最终帮助美国企业与工人击败了欧洲竞争者——空中客车集团。一些美国人表达了对于沙特方面财政赤字与预算政策的担忧，却没有引发太大回响。波音公司与麦道飞机公司拿到的这份订单，其实是“沙漠风暴”的战利品。

目前，还没有美国媒体质疑美国在海湾充当宪兵的代价。不过，一场风波已在酝酿之中。规模庞大的第五舰队在波斯湾巡逻，相关开销涉及 21 艘军舰以及 15,000 名官兵。此外，当地还有 12 艘负责运送地面部队的军舰。陆地上则有 1 万多名美军士兵驻扎在海湾各国。美国为了维系自身在海湾的存在，每年都要花费 500 亿美元。批评者可以就此大做文章，指责美国人被骗了。美方付出维持秩序的代价，结果却让欧洲与日本搭了顺风车。可是，中东各国注
定要依赖美国的“保护”以求生存。“美国治下的和平”早已远去了， 192
免费的“保护”责任已不存在。为了满足自身利益，美利坚这个商业帝国必然要求海湾各国慷慨解囊，换取波音飞机等大量订单。

1996 年，小城宰赫兰发生了一场针对美国人的惨案。那场血案过去不久，美方便将 4,000 多名军人从宰赫兰转移到了距利雅得南部 70 英里的哈尔及(Kharj)一处大型军事基地。这个基地尚未完工，身处延绵 250 平方英里的荒漠之中。负责识别导弹的军犬守在基地入口,一旁的瞭望台已经投入运营。十多年前,美军也曾入驻贝鲁特。后来，一个青年操纵满载 TNT 炸药的梅赛德斯卡车冲进了美国海军陆战队基地，240 多人失去了生命，美军随后在阿拉伯人的眼皮子底下撤离了。地中海之滨贝鲁特，并不牵涉任何美国利益，所以美军可以轻易地撤离。可是，沙特阿拉伯与海湾地区的情况则大不相同，这里的种种利益都需要借助外部势力严加守护。美军顶着烈日留在了这里，这一次，他们没法再像以往那般轻松离开了。

在埃及

圣人与俗世

1981 年 10 月 6 日，安瓦尔·萨达特（Anwar al-Sadat）遇刺身 193
亡。一个世代过去之后，在萨达特与刺杀他的哈立德·伊斯坦布里（Khalid Istanbuli）之间形成了一种神秘的纽带。埃及以历史为身份象征，而但其历史很善变，既孕育了对美国和以色列忍气吞声的总统，也诞生了觉得屈膝媾和有辱埃及文化、为总统的行为感到惊骇的刺客伊斯坦布里。在某种意义上，总统与刺客就像一对双胞胎，两人的人生与行为蕴含着埃及长年的困境、于艰难之中的坚韧精神，他们代表的是从 20 世纪五六十年代的革命时期走出的一代政坛人物。

埃及人很容易在伊斯坦布里身上看到自己的影子和埃及近年的历史。这位年纪轻轻的陆军少校骄傲地宣称，他除掉了法老王。1952 年 7 月 23 日，纳赛尔主导的“自由军官团”发动了革命。埃及人推翻王室，走上了不结盟的路，伊斯坦布里就是典型的“革命
之子”。他出生的时候，苏伊士运河战争刚刚结束一年，希望的光 194
芒正普照着埃及社会。“伊斯坦布里”这个名字也是取自纳赛尔的

长子。他的父亲从事法务工作，所供职的国有企业属于新政府不断扩张的产物。伊斯坦布里十岁的时候，“六日战争”的灾难降临了，人们看到纳赛尔革命原来满是喧哗、愤懑与幻想。这个国家走过了一段跌宕的道路，而伊斯坦布里的人生犹如一面镜子，映照出这段历史的起起落落。

伊斯坦布里本不怎么信仰宗教。他的家乡位于埃及中部，母校系由基督教传教士兴办。政治化的伊斯兰思想进入他的生活已是他成年之后的事情，不久他就下定决心除掉“暴君”。1981 年 9 月，萨达特掀起了一波逮捕狂潮，伊斯坦布里的哥哥因为从事宗教活动，成了被追捕的目标。萨达特把不同政治派别的活跃分子统统抓进了监狱，其中不乏知名的精英人士，有人来自法律界与新闻界，有人在大学任职，有人甚至担任过内阁部长，有科普特基督徒（Copt）*，还有穆斯林。这次行动是萨达特在绝望之中投出的一枚骰子。他赌输了，很快尝到了苦果，他与埃及这个国家之间的道德契约被撕毁了。为了复仇，伊斯坦布里挺身而出，做了一般人不能做的事。一位崇拜他的作家特地撰文向他致意：“哈立德啊，我只会说说，而你却付诸了行动。我祈愿着，千千万万的人像我一样祈愿着，唯有你让我们的祈愿成真了。”

埃及人崇敬伊斯坦布里，但也热爱萨达特，而且后者在国民回忆中的地位越来越独特。没错，他的离去孤独而凄凉。舆论认为，他不及他的前任那般伟大，虽然他在 1973 年的战争中几乎克制了以色列，而纳赛尔则在 1967 年遭遇惨败。可随着时光流转，人们渐渐理解了萨达特。他选择与泛阿拉伯主义中的激进势力割席，其后几年的事实证明，激进主义带来的是破坏与困顿。他与以色列达成和解，触怒了巴勒斯坦和其他阿拉伯国家的不少人，被斥为卖国

---

* 埃及的主要民族之一，多信仰科普特正教（基督教的一个宗派）。

贼和叛徒，然而他们后来却纷纷仿效他的做法。他是个很有手段的领袖，骨子里保留着农民特有的精明和智慧。靠着这种智慧，他先人一步发现：苏联不是美国的对手。

萨达特看到了美国的优势，把赌注压在了美国的实力上，设法 195
与之和解，这是他那位骄傲的前任绝不会做的事。他的远见给了他的国家莫大的好处。看看他留下的遗产吧：他收复了那位传奇前任在 1967 年失去的领土。1982 年 4 月，就在伊斯坦布里和四位同谋刺杀萨达特的十天后，以色列将西奈半岛归还给了埃及。

历史终将证明萨达特的行为是正确的，但还得等一等。刺客们出庭受审，媒体文章沸沸扬扬，这些都成了针对总统本人的审判。被他关押起来的各界精英重新获得自由，出狱以后纷纷发表对于已故总统的观感。例如，埃及女权运动领袖、内科大夫纳瓦尔·萨达维（Nawal al-Saadawi）写了《来自女子监狱的回忆录》（*Memoirs from the Women's Prison*），穆罕默德·海卡尔（Mohamed Heikal）写了《怒之秋》（*The Autumn of Fury*），还有一本介绍此次事件的图书则干脆被冠上了《刺杀一个民族》（*The Assasination of a Nation*）这样含有煽动意味的名字。那个时候，几乎每天都能爆出几个关于总统、总统夫人吉罕（Jihan）和总统一家人贪渎行径的新闻。埃及从萨达特的政策中受益良多——得到美方的援助，收复被以色列侵吞的领土，结束那场祸害无穷的对以战争——但没人愿意提及他这个人和他留下的政治遗产。

当时还有一桩传闻：总统死了，但总统夫人并不伤心；她顾不上表示哪怕是出于体面的哀伤，就回归大学，重新投入她的社交生活。私底下有人说，就连几位在萨达特政府下做得不错、得了新秩序不少好处的“国之重臣”，也为总统的死而高兴。有人诋毁说，萨达特有“白人综合征”（a Khawaga complex，敬畏白人的意思），说他为自己的黑皮肤感到苦恼，说他崇拜美国的所有人和事。大学里的男男女女、社会各界的精英分子无不嘲讽已故总统和他夫人的虚伪做派。总统夫人还上国家电视台为她的文学硕士论文答辩，并且以优异的评分通过了。人们认为这件事完美印证了萨达特一家的人品——他们就是贪得无厌的暴发户，想霸占所有不属于自己的荣誉与特权。埃及人过够了担惊受怕的日子，期盼过上正常的社会生
196 活。萨达特这个总统无时无刻不需要别人的阿谀吹捧。他很清楚，他的同胞——尤其是知识分子，总统怀疑这帮装腔作势的学者肯定看不起自己——不会像评价他的前任那样给他崇高的地位，他就像一个失控的人不受羁绊地冲向终点。他的统治让整个国家疲惫不堪，这片土地上的人民希望能摆脱萨达特和他带来的种种折磨。

萨达特的时代过去了，人们担惊受怕的日子逐渐远去，这位总统的名声又渐渐好了起来。艾哈迈德 · 巴哈 · 丁（Ahmad Baha al-Din）在他的作品《与萨达特对话》(*Muhawarati ma'al-Sadat*）中为总统献上了礼赞。他是一位著名的评论家，在埃及新闻界成就卓著。这本书是在萨达特遇刺六年后出版的，上市时不声不响，很低调。因为职业原因，巴哈尔 · 丁与萨达特走得很近。他曾在埃及的两份大报（包括著名的《金字塔报》）担任主编，是记者联合会的主席。他曾在科威特旅居，为一家当地的文化月刊担任过编辑，但经常出入埃及。他因专业素养而广受尊敬，与官方关系匪浅，但始终和政府保持着距离。

翻阅巴哈 · 丁的书，可以看到一个狡猾、复杂的统治者萨达特。他真心实意地想为埃及打下民主政治的基础，但无法容忍针对自己的任何批评。他热爱自己的国家，但厌恶开罗这座城市和聚居于此的知识分子，一有机会就会逃出这个麻烦的首都。他从一开始就喜爱西方，这份感情后来也毁了他。巴哈 · 丁记得，1960 年，萨达特结束访问几内亚的行程，归国途中特意在维也纳逗留度假。他需要一方美丽的净土，暂时逃离国内知识分子“反对殖民主义”和“打

倒帝国主义”的聒噪。那时的萨达特还不是总统。在他心中，维也纳就是世界上最美的城市，是他“最心爱的地方”。他鄙夷参加“不结盟运动”*的国家，敬佩统治伊朗的巴列维国王，尽管当时埃及与伊朗正势同水火。他之所以欣赏巴列维，是因为他也认为世界上仅仅存在一个超级强国，察觉到全球和平只能由美国奠定与维护，咄咄逼人的苏联只是虚张声势而已。

萨达特的时代已成往事。巴哈·丁觉得，没错，萨达特中了 197
美国的邪，夸大了自己和美国那些大人物——比如戴维·洛克菲勒（David Rockfeller）、亨利·基辛格（Henry Kissinger）与吉米·卡特（Jimmy Carter）——的交情。但他为自己的祖国做了能做的一切。他是个易怒的急性子，但从未痛下杀手残害异己。他驱逐了巴哈·丁，为的是宽恕他，放他恢复正常的生活。他把异见人士都送进了监狱，可他的专制统治尚在“良性”的范围之内。他奚落其他阿拉伯国家的领袖——在他看来，自己的主要敌手、主政大马士革的哈菲兹·阿萨德在格局上和一个为了奶酪价格斤斤计较的小店主别无二致。他还曾讥讽海湾国家。但他这么做是在顺应潮流，他与埃及都被裹挟到了这股潮流之中。他与他的夫人确实有装腔作势之处，不过总体而言，他俩还算讲规矩，不但积极引导埃及社会迈向开放，还结束了那场灾难性的意识形态战争，不再仇视西方。

又是五年过去了。社会学者、政论家萨阿德·艾丁·易卜拉欣（Saad Eddin Ibrahim，此人拥有美国和埃及双重国籍，同时还在开罗美国大学任教）的作品《为萨达特平反》（*The Vindication of Sadat*）再一次审视了埃及前总统萨达特其人其事。易卜拉欣既讨好过萨达特一家——他们夫妇俩——也触怒过他们。无论是在埃及泛

---

* 1959年，印度总理尼赫鲁、埃及总统纳赛尔和南斯拉夫总统铁托举行会议，反对将世界分成国家集团。1961年，埃及、南斯拉夫、印度、印度尼西亚、阿富汗五国发起首次不结盟运动首脑会议，发表宣言反对任何形式的殖民主义、帝国主义和新帝国主义。

阿拉伯主义者的圈子里，抑或到了西方开设的大学或官方机构之中，易卜拉欣都以敢言而著称。1981 年夏天，就在萨达特遇刺身亡前不久，他们有过一次会面，结果闹得很不愉快。易卜拉欣听从萨达特的召唤来到亚历山大港，前往总统在开罗城外的一处官邸。萨达特对他大发了一通脾气，说话闪烁其词。他想要打探开罗那帮“牢骚知识阶层”的最新动向，并请易卜拉欣转告学界与媒体界的反对者：他已经充分感受到了他们不满于与以色列议和的心境，知道他们指责他背弃了纳赛尔主义。可是，纳赛尔给他留下的是一个千疮百孔的国家。埃及的知识分子越早理解这一点，对这个国家就越好。他还指责了来访的易卜拉欣：他听闻，易卜拉欣在海外发表的作品里诋毁了埃及，还污蔑总统及总统夫人。

198 最终，易卜拉欣和萨达特不欢而散。这位社会学家一向以纳赛尔的追随者自居，但十年过后，他感到应该对萨达特做出更全面的评价。他对萨达特的总述呼应了那年夏天总统对他讲的话：“萨达特当政的时候，埃及刚刚战败，伤痕累累，整日担心国家会被以色列占领，国家发展的宏图大志全然遇阻……后来，萨达特于 1973 年 10 月毅然出兵，埃及军队的表现让人振奋。这个人感到，经此一战，他再也无须仰赖纳赛尔的光环，有了属于自己的合法性。”纳赛尔与萨达特系属同一代人，塑造了他们那一代人的理念对纳赛尔而言可能是正确的，可是萨达特必须调整自己的理念，以便适应一个全然不同的新时期。“遗憾的是，总统引起了知识阶层的怒火。”易卜拉欣如是说。萨达特死的时候已经完全远离了知识分子。他们无法改变他的政策，只能使用纸和笔对他进行攻伐：他们剥夺了他的统治合法性。现在，我们需要重新看待这段历史，重新评价他。

不过，最为真挚的缅怀来自伟大的小说家马哈富兹。为了追念萨达特，马哈富兹写了一部情节简单、引人入胜的作品《王座之前》（*Aman al-Arsh*）。小说中，埃及的历代统治者——从法老王米纳（Mina）到总统萨达特——来到一处法庭接受审判。这里的法官也都是统治阶层出身。法庭由埃及神话的主神奥西里斯（Osiris）[*]主持审理，他的儿子霍鲁斯（Horus）和妻子爱西斯（Isis）分居左右。每位统治者都有机会自辩，介绍各自所处的时代、实施的政策，然后接受主审统治者的质询。法庭上，萨达特自称天性单纯，爱国主义深植于他的心中，年轻时策划过刺杀与英国合作的统治阶级，为此尝过牢狱的滋味，后来在国家危难之时接下了纳赛尔的班。他告诉诸位神灵，自己为了"米思尔"（Misr，阿拉伯语中"埃及"的别称）鞠躬尽瘁。他收回了沦亡的国土，开放了国家的经济，开
启了民主的试验，但他却死在了一场"宗教主义的洪流"之下。死 199
期是 10 月 6 日，1973 年那场伟大胜利的纪念日。

接下来，轮到埃及的神明发言了。围绕在萨达特身上的毁誉——他的国家为之争论不休的毁誉——消失了，萨达特为这个苦难深沉的国度所做的事情得到了更为全面的评价。法老阿赫那顿（Akhenaton）[†]觉得，萨达特心向和平，这一点和他不谋而合。"你的敌人会给你安上'叛国'的污名，对此我一点儿也不惊讶，"法老告诉总统，"当年，他们也是这样诬陷我的。"阿蒙霍特普三世（Amemhotep Ⅲ）[‡]也在萨达特身上看到了自己的影子——两人一样喜爱荣誉、讲究排场，喜欢大兴土木。他同情总统，因为那时的埃

---

* 埃及神话中的冥王，掌管冥界、世间万物的生命，以及尼罗河的洪水，在冥界负责审断死去之人的灵魂。生前作恶多端之人的灵魂会被鳄首狮身的阿米特（Ammit）吞下，永世不得安息，而生前行善之人则能够进入奥西里斯的王国雅卢。

† 古埃及第十八王朝法老，又称阿蒙霍特普四世，其统治时期约为公元前 1353—前 1336 年。在位期间推行宗教改革，废除了古埃及传统的多神信仰，引发了广泛持久的争议。他执政时，以安纳托利亚半岛为中心的赫梯文明正迅速崛起，不断征讨埃及的附庸领主，但阿赫那顿却拒绝出兵支援。阿赫那顿死后，他的改革措施被逐渐废除，其雕塑遭到摧毁，名字从历代法老名单上被抹去。

‡ 阿赫那顿的父亲，其统治时期约为公元前 1353—前 1336 年。在此期间，埃及的艺术水平和军事实力臻于巅峰，兴建了包括卡纳克神庙在内的大量寺庙，以及法老雕像群。

及非常贫困。“那个时候的埃及让我可以享福。你呢？你的时代喜忧参半。我要表达对你的欣赏和同情。”霍伦海布（Horemheb）[*] 也认为萨达特值得同情，但有些软弱。“你统治的时代和我的很像。阿伊（Ay）[†] 死后，我登上王座，当时的埃及也是四方扰攘。我承认你取得了伟大成就，可你不知道要消除腐败，最后是腐败夺走了你的胜利果实。”接着是穆斯塔法·纳哈斯（Mustafa al-Nahhas），在1952 年“自由军官团革命”爆发之前，他担任着旧王朝的首相。他提起了总统曾经参与的刺杀活动：“你那时想要了我的命，多亏安拉保佑，才没让你如愿。现在，你自己因为这种事情而丧了命，请问你还觉得刺杀可以带来进步吗？”对此，萨达特回答：“每个人都需要活上好几辈子，才会在智慧方面有那么一点儿长进。”

可以想见，纳赛尔将是那个最为严厉的审判者。萨达特向以色列求和的可耻行为、背弃穷人的行径、政权的腐败面目，都遭到了纳赛尔的痛斥。“我的时代给穷人带来了安稳日子，你的时代则让富人和窃贼过得非常舒坦。”纳赛尔对于萨达特的军事成就、亲近美国和以色列的举动也是不屑一顾：“你背弃一切，只求苟安。你往阿拉伯民族的背上捅了一刀，让埃及陷入被孤立的境地。你抛弃了那个支持我们的超级大国，投靠了我们昔日的敌人。”

200 最为重要的盖棺定论由爱西斯和奥西里斯提出，因为两位主神亲眼见证了埃及和他的人民经历过的全部历史。在爱西斯看来，萨达特乃是“埃及之子，让埃及重获波斯人入侵前的彻底独立，犯过错，但也取得了其他统治者没有的成就”。在奥西里斯的首肯之下，萨达特最终得以跻身诸神之列。

---

* 第十八王朝的末代法老，其统治时期约公元前 1306—前 1292 年。

† 前任法老，但和霍伦海布没有血缘关系。一说是霍伦海布的岳父。

萨达特的世界就像一扇充满诱惑、通向现代化的窗户，伊斯坦布里的世界则代表了埃及人极力反对西化的决心。两个世界之间的张力将在埃及政坛和埃及人的心中长期存在。埃及的中产阶级一贯坚韧而可靠，但他们的心上已经生出一道裂痕。他们当中的一些人背弃了传统的世俗原则，投入了神权政治的阵营。埃及官方坚持认为，这股神权政治的风气来自伊朗。坚守世俗的人们则觉得，这种顽疾的病根在阿拉伯半岛与海湾地区。但就目前而言，既不可能让神权之风自行散去，也没什么办法解决这种顽疾。

有人觉得，神权政治会引发多米诺骨牌效应，像席卷其他国家一样造访埃及，所以我们必须支持埃及政权抵御伊斯兰主义的侵袭。这种认识曲解了埃及的现实和神权政治的“病灶”所在。不少人预测，埃及政权行将崩盘、命不久矣，但这个政权却能一次又一次地化险为夷。这个国家的政局出奇地稳定，过去两个世纪之中，仅有两个政权统治过现代埃及。其一是穆罕默德 · 阿里（Muhammad Ali）建立的王朝。此人来自阿尔巴尼亚，行伍出身。他运气不错，1798 年，拿破仑军队入侵埃及，在埃及引发了混乱，穆罕默德 · 阿里就是抓住这个机会崭露头角的。其二便是纳赛尔、萨达特以及后继的“自由军官团”所代表的政权。埃及的悲伤往事并非由于政局不稳，而是有着其他原因——这里的公众生活不断败坏；专制政府和建立这个政府的中产阶级腐败无能，他们想让埃及摆脱依附外国的局面，把提高经济竞争力的各种技能教给底层人民，让整个国家不再在虚 201
荣和自怜的情绪之间来回摇摆，却又没有这样的能力。

各位读者必须清楚一点：埃及面临的神权威胁并非那么迫切，这里的中产阶级也没有集体背弃原有的信仰。我们对伊朗革命津津乐道，喜欢伊玛目把“恺撒”赶下权力宝座这种故事，因而期望所有地方都发生这样的事，把这场革命的主题和结果强加于其他社会上，全然不顾这些地方与伊朗有着大不一样的传统和气质。那位誓用硫黄与火摧毁布鲁克林与新泽西的盲人教士谢赫·奥马尔·阿卜杜勒·拉赫曼（Shaykh Omar Abdul Rahman）* 永远也不可能重返埃及故土了。他不可能夺取政权，更没有能力彻底消灭埃及国内的世俗阶层。即便是刺杀萨达特的伊斯坦布里等人，也对自身局限有着清醒的认识。几位刺客都不是傻子，知道自己的斤两，明白这个政权的统治无法动摇。他们只想惩罚那个“暴君”，至于他身边的那些高级军官（包括后来接任总统的胡斯尼·穆巴拉克），则可以饶他们一命，哪怕案发之时这些人就在总统身后的观礼台上。刺客们希望，萨达特的接班人目睹这次行动以后能稍微收敛一些，至少不要学着萨达特（和他的妻子吉罕）的样子去玩火，得罪埃及的大多数人。

我们也不要觉得埃及会变得像阿尔及利亚一样糟糕。阿尔及利亚有两派互相敌对的势力：恐怖主义阵营和反恐阵营。这里面有宗教极端武装不断迫害所谓的“亲法分子”、世俗主义者以及得到解放的女性；有政府和“主张除恶务尽的人”（eradicationist）在施加报复，自诩他们的暴力行为是为了捍卫现代性本身；还有得到政府撑腰的暗杀小分队，他们是一群带着头套的“忍者”。这种狂热而残忍的政治氛围像极了 20 世纪 70 年代的阿根廷与智利，但它和埃及的气质截然不同。究其根本，阿尔及利亚的极端形势源于亲法派和阿拉伯伊斯兰主义者之间的对峙。埃及这个国家可没有类似的经历与环境。埃及的政治与文化延续至今，中间并未发生断裂。过去 30 年来，阿尔及利亚的高官显贵坐拥海量的石油财富可以尽情挥霍，埃及的精英阶层却没有这样的运气。当然，两个国家最大的区别在
202 于：阿尔及利亚政权根基浅薄，直到 20 世纪 60 年代才摆脱殖民获

* 埃及裔激进分子，居住在纽约，1996 年因煽动性言论和领导极端组织而被美国法院判处终身监禁。

得独立；相形之下，埃及中央集权制度的历史可以上溯到千年之前。

不容否认，埃及确实麻烦缠身。1990—1993年，四年之间，这个国家历经了20世纪最为血腥的一段国内动荡时期。按照埃及人权组织的估计，政治暴力导致的死亡人数从1991年和1992年的139人上升到了1993年的207人，及至1994年更是达到了225人。汇总起来，在1992—1996年之间有1,200多条生命死于政治暴力，他们当中有反叛者，有警察，有在恐怖活动中无辜受害的市民，还有遭到伊斯兰主义者残杀的科普特人。政府与伊斯兰党（Gamaat Islamiyya）之间更是爆发了一场小规模的战争。这个伊斯兰党组织松散，纠集着一群信奉伊斯兰主义的地下武装。这个宗教武装将国家拖入了一个灾难频发的时期，政府则毫不留情地进行回击。他们将伊斯兰党的活动范围限制在了边远地区——中部和上埃及的城镇。这里是这个国家最为贫困的地域，远离开罗和亚历山大港的现代世界，很少引起人们的注意。在这里，警方与宗教极端武装的交锋渐渐演变成无休无止的复仇与泄愤，冤冤相报，永无绝期。宗教极端武装将袭击目标瞄向了外国游客和文坛中人。1992年夏，记者法拉吉·法乌达（Farag Foda）因为敢言和信奉世俗原则而遭到杀害。两年之后，他们又找上了深孚众望的长者纳吉布·马哈富兹——这些事件通通是在向政府示威。政府的高级官员也在武装人员的狩猎范围之内。1993年的短短六个月里，埃及连续发生三起暗杀未遂事件，目标直指国家情报部长、内政部长以及总理。

政府绝不姑息这种持续的颠覆行动。国家机器得到特别许可：在应对宗教极端团体的时候，他们对法治社会所需尊重的种种限制与规矩大可置之不理。中部和上埃及等滋生极端势力的地区迎来了新的行政长官与警察部门负责人，履新的官员大多以冷酷专断、不惜使用强力而著称。自此，大规模的缉查和逮捕成了当地的家常便 203
饭；必要的时候，开罗某些极端分子云集的穷街陋巷也是清查重点。

军事法庭动作迅速，打击宗教极端活动的战争开展不过两年，便有近 70 例死刑得到审定与执行。

面对宗教极端主义，埃及政府一面抓紧警察部门的严打，另一面也在作出让步，不再坚持政治与文化中的世俗原则。在历史上，埃及政府一直是社会变革的主导者，是改造这片古老的土地、维持进步发展的主要推手，但现在政府似乎退缩了，开始识时务地和强烈反对世俗主义的死硬分子讨价还价。政府允许这些教士和政治活动分子在文化方面畅所欲言，前提是他们不涉足政治，保证政府在警务、国防与外交政策上的绝对权威。

同时，当政者还在温和且合法的宗教团体与宗教极端势力之间划下明确界限，对这两类人予以区别待遇。后者是当局的打击对象，前者则与当局和平共处。然而政府仍需要宗教的支持与维护，该低头时就得学会低头，于是又找到“穆斯林兄弟会”（Muslim Brotherhood）的老一辈教士与活动家。那时，相比伊斯兰党那些不肯妥协的年轻分子，这个组织经过了当局的净化和审查，享有一定声誉和地位。当局对他们网开一面，让他们涉足新闻界，开办电台节目，成为流行文化中的大众偶像。这些德高望重的教士试探性地涉足一些煽动性话题，谨慎地确保自己不要踩到红线。他们支持建立伊斯兰国度，但强调他们会通过合法途径达成目标。他们给埃及政坛与文化界的世俗主义名流贴上了“异端”与“叛徒”的标签。他们也没有放过科普特人，并坦然表示，等到他们的伊斯兰国度建立以后，埃及的 600 多万科普特人最多只能指望自己有一片容身之地，以二等公民的身份受到保护。对于“穆兄会”的这些主张，当局都装聋作哑。（科普特人的人口数量一直是埃及这个国家最大的未解之谜之一。政治史学家里法特 · 萨义德［Rifaat Said］曾表示：“我们埃及人对所有东西都算得清清楚楚——杯子、鞋子和书籍——唯一算不清楚的就是科普特人的人口数量。自 1945 年来，科普特人的人口数量就一直维持在200万左右，仿佛没有人出生，也没人死去。”政治伊斯兰势力倾向于低估埃及科普特人的人口数量，认 204 为这个数据大约在200万左右。该国政治伊斯兰运动的著名人士阿德尔·侯赛因［Adel Hussein］告诉我的就是这个数字。）

爱资哈尔大学乃是埃及的经学与宗教法律研究中心，这所学府因为当局的新政而获得了前所未有的自由与权威。纳赛尔在任期间，爱资哈尔大学一直低调讷言。当时不少人都在极力主张施行改革，使其变得更加现代。时过境迁，爱资哈尔如今自信地在社会、文化方面指点江山，可以自由地参与这个国家内容广泛的文化生活。神权政治的理论已经渗入学校的教育课程。到了埃及收复失地的那几年，整个爱资哈尔大学都落入了伊斯兰主义者的掌控之中。政府方面处处退让，政治伊斯兰势力则在步步紧逼。他们的支持、热忱和投入取得了显著的成效，埃及的年轻人对于主流世俗统治秩序的象征和观念愈发陌生。在伊斯兰主义者管理的学校里，埃及的国歌与国旗都遭到封禁——宗教激进分子认为这些东西都是非伊斯兰政权的标志。政论家塔赫辛·巴希尔（Tahseen Basheer）敏锐地察觉到，“在埃及，当局四处设限，防止政治伊斯兰势力染指权力。可是，整个埃及社会还是在伊斯兰化之中越陷越深”。

为了降服政治伊斯兰势力，埃及付出了巨大的代价。这是一场斗争，参战的一方是威权政府，另一方则是信奉神权政治的极端分子。埃及人仿佛掉进了这场斗争的陷阱，感到自己被欺骗、被亏待。当局重拳出击，收到了很大成效，可是如此雷霆手段也让知识界、政坛和商业界这些重要的群体裹足不前。好些世俗主义者原本在当局的特别保护下逃过了极端分子的戕害，但眼见当局用刑之多、处刑之快，他们也不禁感到心惊胆战。一位重要的反对派人士对我说：“我真是打心眼儿里怀疑，穆巴拉克下令杀了这么多人，晚上还能安然入眠吗？”时局沦落至此，当局实属无奈，因为他们已经拿不

出其他的锦囊妙计应对政治伊斯兰势力的威胁了。埃及没有发生像
205 叙利亚、伊拉克与苏丹那样的恐怖活动，但这并不能给埃及人民带来安慰。这个国家有着较早出现的律师群体和法治观念，还有丰富的工团传统和结社生活，以及一个以悠久历史而自豪的独立司法系统。埃及的中产阶级组建了各种职业工团，如律师工团、工程师工团与记者工团，他们都渴望通过某种途径参与政治。而极端主义的恐怖浪潮给了穆巴拉克一个冠冕堂皇的借口，让他得以拒绝这一要求。重整国家秩序才是总统的首要任务，政治与经济改革这种棘手的事被他完全搁置一边。

1992 年的夏天，别有一种象征意义。打那时起，埃及的世俗主义阵营开始遭遇攻击。当年的 6 月 8 日，法拉吉·法乌达遭到宗教极端分子的杀害。法乌达原本是一位农学家，但对于现代化与世俗主义文化满怀激情，为此非议缠身。遇害之时，法乌达 47 岁。两位歹徒戴着面具，骑着摩托车，当着法乌达十几岁的儿子与一位密友的面，夺走了他的性命。法乌达的儿子与朋友也在袭击中受了伤。此前，法乌达几度遭到极端分子的死亡威胁，可他既不妥协，也没有选择隐匿踪迹。他甚至请当局撤走了负责保卫的警务人员，以免影响他的正常生活。

法乌达让人想起 20 世纪 20 年代的世俗主义斗士。他们都是坚定的穆斯林，但都坚决主张政教分离，认为信仰应当仅限于个人事务与宗教仪式的范围之内。在伊斯兰主义者眼里，农学专家最大的罪状都写在了他于 1985 年出版的《秋天前》（*Qabl al-Suqut*）一书当中。法乌达的这部作品从彻底的世俗主义角度出发阐释了政治生活，立场坚定，没有丝毫妥协的意思。他在书中写道，（政治伊斯兰势力所谓的）“正义国度”在这个世界上根本就不存在。政治伊斯兰势力蛊惑青年，鼓吹“在人间建设天堂”的乌托邦思想，不过是在贩卖虚妄的梦想。大胆乃至鲁莽的法乌达不带感情色彩地

审视了伊斯兰教初肇时期的那段历史（也就是伊斯兰主义者口中的神圣乌托邦）。法乌达指出，最初四位“伟大的哈里发”* 中的三位——也就是穆罕默德的三名继承人——全都因为政治谋杀而死于非命。他提醒各位读者，那段久远的过往绝非什么“黄金年代”，至于神权政治拥护者呼唤的“伊斯兰之剑”，它斩下的穆斯林头颅比异教徒的还多。

法乌达说，时间与空间决定一切。阿拉伯世界的男男女女必须 206
面对他们的现实世界。在法乌达看来，“天下穆斯林皆为一家”的理想并不符合实际。他永远会以“一个埃及人”而不是“穆斯林群体的一分子”自居，对他而言，本国的科普特人才是同胞与邻居，远比伊朗的穆斯林来得亲近。他还说，宗教极端人士滥用“塔克菲尔”，无异于对埃及的诅咒，不合神权主义者意愿的所有人与事——比如女性在国民议会获得席位、歌曲、哲学和男女同校政策——都可以被贴上“塔克菲尔”的标签。

法乌达的著述有着科学家严谨求真的精神。他一丝不苟地考察了埃及的这种神权政治现象和政治伊斯兰思潮崛起的过程，认为这种思潮得势的根源在于埃及政坛缺乏堪与抗衡的力量，因为萨达特急需宗教人士为他自己和他开启的新秩序背书，所以鼓励了这种思潮，为它授予了合法地位。萨达特此举就像从宝瓶里放出了封印多年的魔鬼，正是这个魔鬼夺走了总统本人的性命。世俗主义者从未获准接触的禁脔，被宗教分子获准占据了。他们的理念在贫困阶层、新近城市化的群体与轻信的人心中扎下了根。埃及人要想收拾旧山河，必须恢复世俗主义的价值体系，法乌达觉得这绝非易事，因为神权思想带着复仇的色彩。他在《秋天前》中写道，应将关注

* 指阿布·伯克尔、欧麦尔·伊本·哈塔卜、奥斯曼·伊本·阿凡和阿里·伊本·艾比·塔利卜。这四位哈里发都是曾经跟随穆罕默德左右的门徒。

政治与国务的伊斯兰主义者和关注信仰与心灵的伊斯兰教严格区分开来。穆斯林要拜服后者；至于前者，则应以批判的眼光审视。“诸位，我向大家保证，有生之年，我都会和类似的问题正面斗争。只要生命不息，我就不会放弃自己的理念。我一直认为，这种新的现象（政治伊斯兰运动）不过是披着宗教外衣的政治手腕。我将不知疲倦地提醒大家，远离他们的魅惑（fitna）。愿安拉保佑埃及躲过这场劫难。”

法乌达提醒埃及“远离他们的魅惑”是在呼唤全体埃及人团结一心，也是对科普特人命运的关怀。这位农学家选择的是一项伟大而紧迫的事业。在他故去前不久，他和一小股世俗主义者（其中既有科普特人也有穆斯林）组建了一个公民政治组织：埃及民族团结
207 委员会。宗教极端分子与神权主义者正在试图重塑埃及的文化，这让世俗主义的知识分子大受刺激；而法乌达的主张也叫宗教极端分子无法容忍。“我们必须除掉他，”杀害法乌达的两名案犯之一表示，“因为他冒犯了我们的信仰。”

里法特·萨义德同样来自世俗主义知识分子的阵营，他的胆魄与激进程度不下于法乌达。萨义德在左翼媒体《民族报》（*al-Ahali*）上撰写专文怀念战友。“法拉吉，击倒你的子弹只是杀手的工具。”他还写道：

> 钻进你胸膛的子弹来自一个黑暗的世界，它因为真正的凶手而成形——电视媒体给了黑暗扩张的机会，让我们的国家加速奔向毁灭。国营报纸腾出大量版面，让有些人可以借机礼赞极端倾向，纠集那些愿意追随他们的人。子弹出自官方，带着官方的目的，是官方的纵容造就了这样的环境。

里法特·萨义德的本职是研究历史，且是个多产的作家。他生

于 1932 年，是左翼人士。无论是在王朝时代，还是纳赛尔与萨达特执政期间，他都进过监狱，身陷囹圄的日子前前后后足有 14 年。在萨义德看来，法乌达之死乃是埃及现代化历程中的一幕。萨义德日复一日地重申着同样的观点：政府绥靖妥协，当局区分“温和派”伊斯兰主义者与“极端分子”的政策大错特错，科普特人的处境愈发艰险和狭窄。萨义德把自己发表在《民族报》上的专栏文章结集成册加以出版，得到了埃及读者的广泛关注。他的作品犹如警世钟声，提醒大家：全国团结如一的局面已成过去。埃及各地的科普特人纷纷致信萨义德，讲述自己平日里遭遇歧视与白眼的经历，相关信函数以百计。有的来信是匿名的，有的是署名的。萨义德是个不懈于研究当代埃及人生活方方面面的人，将读者的来稿悉数刊载报端。他的专栏由此为这个世俗政治原则无疑正在遭遇攻击的国家提供了一个平台，供人们公开讨论、发表看法。

来稿中，内科医生与医学教授倾诉了身为科普特人的种种苦楚： 208
晋升机会总是没有他们的份；这个国家的文化氛围对于他们的歧视和偏执让他们感到“这个国家虽然即将迈入 21 世纪，自己却只是二等公民”。读者们在写给里法特 · 萨义德的信中袒露灵魂。来自上埃及的科普特基督徒告诉这位历史学家，他们成了武装人员肆意恐吓的目标，这些人杀害经营药房和金店的科普特人，掠走他们的财产（极端分子奥马尔 · 阿卜杜勒 · 拉赫曼一度在埃及境内活动，后于 1990 年潜逃至美国。此人在国内外向顽固极端分子宣称：抢掠科普特人的财产合乎教法，完全得到允许）。萨义德的家乡曼苏拉（Mansura）位于尼罗河三角洲地区，他的一位发小从家乡给他写信，怀念“那个穆斯林与科普特人水乳交融的时代”。提及现状，他反映说，家乡的一位科普特神父多次遭到极端分子的刁难，只是由于未经许可就在自家教堂的庭园中修了一个小房间。发小写道：“我不想拿我们的穆斯林弟兄做比较，他们随时随地都能修建礼拜场所。

我们不质疑他们的这种权利，我们只希望享有某些同样的权利，如此一来，大家才真的是亲如一家，而不只是将‘兄弟’一词挂在嘴上。”坦塔（Tanta）的一位科普特老记者义正词严地把这笔账算在了政府的头上：

> 极端主义在迫害埃及人，政府对此难辞其咎。电视与电台中充斥着煽动性的内容，出言偏激的教士大受欢迎。先生，放眼全国，您能找到哪怕一位担任省级领导的科普特人吗？在我国的驻外大使当中，只有那么一两个是科普特人……这还是我们多年以来熟知的那个埃及吗？这还是穆罕默德（愿主赐他安宁）提到的那个埃及吗？先知可是多次感谢了埃及的科普特人，还一再叮嘱大家应当善待科普特基督徒呢。

来稿的校长、教师和家长在信里提到了（公立学校）教科书
209 对科普特人和全体基督教徒的百般奚落。在美国纽约及其附近地区居住着数千名埃及侨民，其中一位在泽西（Jersey）的教师给萨义德寄来了一篇文章。文章出自著名教士谢赫·穆罕默德·加扎里（Shaykh Muhammad al-Ghazali）之手。此人出身“穆斯林兄弟会”，素以狡猾闻名，在宗教界建制派和极端阵营当中都拥有一席之地。那篇文章原本刊载在伦敦的一家阿拉伯语杂志上面。文中，加扎里大肆攻击基督教各大宗派及其信徒。有一位叫萨米尔（Samir，此人不愿披露自己的姓氏）的会计表示，每到周五主麻日的时候，他都会在布道会上听到一些让他颤抖的侮辱之词。“好些教士把我们称作异教徒，要求穆斯林不要和我们亲近，不许与我们同席吃饭。在我妻子的学校，有人居然公开表示，穆斯林私下去听基督徒老师的课将触犯宗教禁忌，而且丝毫不觉得这样的言论有何不妥之处。您知道吗？如今无论是在国有单位还是私营公司，避免雇用基督徒

已经成了不成文的规定。”

历史学家广开言路，好像打开了泄洪闸一般。他从来不愁没有写作材料，信件带给他源源不断的怨言、忧思和委屈。他不断怀想过去，追念埃及历史上更为宽容、慷慨的时期。他的文章挑战着读者的认知，让他们感到羞愧。他发现，在几个世纪之前那些所谓黑暗的时期，人们对于不同宗教信仰的容忍程度远胜于当下。埃及历史上那个布尔乔亚主导的时代自然也在萨义德的怀念范围内，他的童年就是在那个时代度过的，他清晰地记得当时的开放风气。工程专业出身的米腊德·汉纳（Milad Hanna）是萨义德的同龄人，和萨义德有着相近的政治理念，也是个科普特基督徒。他投书萨义德的专栏，评论两人出身的那个年代：“我们这些 20 世纪 40 年代出生的人，都记得埃及有一段多姿多彩、丰富高产的历史时期；谁都没想过，埃及这个国家有一天会开倒车，掉入宗教冲突的泥潭。”

法拉吉·法乌达展现出的勇气并未随着他本人的逝去而消散无踪。若论直面宗教极端分子，里法特·萨义德比他更积极踊跃。自然，这位历史学家很快就上了对方的重点“关照”名单，极端分子发誓会要了萨义德的命。我与萨义德相识已有十余载，他与我政见并不相同，但对我始终开诚布公。法乌达死后，我和萨义德见过那么三四次。讽刺的是，萨义德的命运发生了巨大的转折，这个熟悉 210
本国监狱的政治犯后来却被当局保护了起来。他每次出行时都有警察护送，一位便衣警官端着机枪，负责搜查每个进出萨义德办公室的访客。我第一次在那段恐怖时期去见萨义德的时候，他无可奈何地撩起上衣，给我看了看别在皮带上的手枪。他和安保力量的这种新关系让他哭笑不得。他向我坦白，当下的状况适应起来并不容易。

萨义德发现，埃及存在一片“黑色的阴云”。“我们为了民主不懈奋斗、拼尽全力，付出了巨大的代价，如今它却在渐渐消失。”他说，科普特基督徒、自由派人士与世俗知识阶层都深受宗教极端主义的恐吓，不得不躲进当局的羽翼之下。一边是恐怖主义，另一边则是威权政府，这可不是什么让人看了会感到高兴的状态。精于政治事务的萨义德接受了当局的保护，选择了两大恶势力之中相对良善的一侧。他虽不肯承认，但心里非常清楚：在这场殊死斗争之中，萨义德代表的左翼政党以及其他反对派绝对不可能公开阐发自身的政治理念。

恐怖活动夺走了法乌达的性命，同时又纠缠着里法特·萨义德。1994 年 10 月，这种恐怖也影响到了埃及文化领域的一位偶像——年迈的小说家纳吉布·马哈富兹。歹徒是一位 21 岁的家电维修工人，从未读过马哈富兹的任何作品。他和他的同伙用刀砍向作家的颈部，砍伤了对方的动脉。马哈富兹幸运地活了下来，但用于写作的那只手却瘫痪了。作家生于 1911 年，1988 年荣获诺贝尔文学奖，在埃及的国家形象中占据着特殊的地位。他是开罗之子，是米思尔之子。他的作品有如史册，记载着这个国家的现代化进程。他从不关心国门外的世界（他甚至没有前往斯德哥尔摩参加诺贝尔奖的颁奖典礼），他见证了埃及经历过的所有激荡风云。他生活极有规律，总是造访同一家咖啡店，与同一批朋友来往。他没有特定的政治偏好，
211 意识形态却变幻不定，先是信奉阿拉伯民族主义，后来又和西方眉来眼去，本来视以色列为不同戴天的仇敌，但这股仇恨也被他暂时放下了。但马哈富兹始终坚持着他的艺术创作，他的人生与作品就是一面镜子，从中照映出的埃及让这个国家的人相当满意。1932 年，马哈富兹的第一部小说面世，而后他发表了 45 部短篇小说和数不胜数的散文作品，为自己的国家留下了一笔注定将会流芳百世的文化遗产。他注视着这片土地和土地上的人民，倾听与书写着祖国的喜怒哀乐与国计民生。

马哈富兹触怒了埃及的宗教权威。他在 1960 年发表的小说《我们街区的孩子》（*Awlad Haratina*）因为世俗主义的基调与任意评

点宗教象征的情节而被爱资哈尔大学列为禁书。他还称赞过萨达特对以和解的行为。虽然偶尔招来争议，但他始终是个谦和温良之人，没人觉得宗教极端分子会找他的麻烦。以他的年纪，似乎也该得到幸免。可实际上，马哈富兹的名字不止一次出现在奥马尔·阿卜杜勒·拉赫曼的愤怒声讨之中——自 1981 年萨达特遇害以来，这位“盲人谢赫”就是年轻一代宗教极端分子心中的“明星”。对于极端分子而言，马哈富兹是个绝佳的袭击目标。他深受尊敬，名声远播海外，得到过异教世界评委们嘉奖的殊荣——对于一场想要改变国家文化样貌的宗教运动而言，马哈富兹这样的标杆式人物自然第一个被盯上。

作家遇袭之后，当局的人和文学界的世俗主义者拥向了他的病榻旁。这一次，宗教极端分子伤害的可是埃及的民族象征，举国上下都见识到了恐怖风潮的汹涌后果。身为作家，马哈富兹非常清楚埃及人的处世之道，知道围绕自己的这场风波因何而起，也明白当局想要利用自己达成何种目的。乱局中，他仍然保持着头脑冷静，展现出良好的品格，有尊严地应对着一切。他拒绝全国媒体的吹捧，不参与对恐怖分子的口诛笔伐。苦难当前，马哈富兹显得异常隐忍。他因为视力不好，没有看清凶犯的面貌，负责此案的检察官因此准 212
许了他的请求，无须出席审判刺杀者的军事法庭。

相比于残酷而无意义的马哈富兹案，纳斯尔·哈米德·阿布·扎伊德（Nasr Hamid Abu Zeid）的遭遇让世俗文人感到更为痛心。阿布·扎伊德是一位作家，供职于开罗大学。他的妻子、法国文学教授伊卜提哈勒·尤尼斯（Ibtihal Younis）也被卷进了风波之中。这一次，他们的对头并未射出任何子弹，而是把法律当作武器。故事发生在 1992—1996 年，阿布·扎伊德被人指控“叛教”，神权主义者在大学里和法庭上揪着他不放，想要拆散他的婚姻，理由是穆斯林女性与“叛教者”的结合是无效的。

阿布·扎伊德与妻子本已作好了出国的准备（荷兰的莱顿大学刚好为他提供了一份教职），但还没来得及动身，这些神权主义者又亮出一套撒手锏——所谓的“伊斯巴”（hisba）* 原则。极端人士认为，按照这种原则，任何利益相关的穆斯林都有权依照法官的命令阻止妨害穆斯林社会的任何行径。这个原则曾在几个世纪之前被某些教法学家使用过，在埃及的法庭上并无效力可言。早在19世纪晚期，埃及的法律体系就已完成去宗教化的进程（1876年，埃及首次出现了教法与世俗法律混合的司法体系。到了19世纪80年代，该国又制定了民法和商法）。因此，个人身份法庭（personal status court）于1994年驳回了有关人士质疑阿布·扎伊德与伊卜提哈勒·尤尼斯婚姻合法性的起诉，但事情的后续发展大大出乎公众意料。1995年6月，上诉法庭竟然接受了宗教极端分子提出的“伊斯巴”原则，宣布阿布·扎伊德“叛教”罪名成立，他的婚姻自然也被判“无效”。

法律上的花招还没完。一年之后，最高上诉法庭（court of cassation）宣布，上诉法庭对于阿布·扎伊德“叛教”的二审裁决并无问题。然后，另一家法庭——紧急案件法庭也维持了上诉法庭的判决结果。整个过程中，埃及政府局促不安，希望事情能有个好结果；世俗化的精英阶层则对阿布·扎伊德案万分警惕。法律专业
213 和独立司法基础在埃及社会影响深远，埃及律师协会早在1912年就成立了。在埃及历史上，律师一直起着促进现代化进程的关键作用，不少法官与律师都成了家喻户晓的公众人物。这是一个好打官司的国度，司法程序与法庭深受人民尊敬。可这一次，宗教极端分子竟然扭转了庭审结果，攻破了法律界这个世俗化人士的坚固堡

* 阿拉伯语，意为“负责任”，是个人或集体须遵守的一种伊斯兰教教义，在部分地区指监督穆斯林遵守伊斯兰教教义的宗教警察组织。

垒。看到埃及的法律制度向宗教势力屈膝投降，隔岸观火的“官方宗教建制派”大喜过望，纷纷下场助阵，对身陷危机的阿布·扎伊德夫妇展开猛烈的挞伐。爱资哈尔大学的穆罕默德·坦塔维（Muhammed Tantawi）要求阿布·扎伊德宣布他“根本不明白他写的一切是什么意思，他写的一切都是错误的”。早先，坦塔维的态度可是大不一样。这位秉持改良主义观点的宗教学者当时呼吁大家不要急于作出判断，而且认为穆斯林不可因为自身的作品而被安上叛教的罪名。可是，法庭宣判之后，局势发生了改变，坦塔维也换边站了。

阿布·扎伊德是个勤奋、多产的作家。他的麻烦始于 1992 年。当时他 50 岁，写了许多晦涩难懂的学术著作。他知识渊博、精力充沛，痴迷于宗教研究，沉浸于对《古兰经》的解读之中，利用现代的文献和哲学技术确定相关文段的成书日期、剖析文字之后的作者意图。阿布·扎伊德认为，穆斯林内部对于《古兰经》的解释并不一致，为此争执不休，“注释《古兰经》已经成为学术、社会与政治斗争的工具。”在阿布·扎伊德看来，宗教经典“究其根本只是一种语言学文本，属于某种特定的文化范畴、某种特定传统下的语言”。任何文本若想为人理解，都必须被置于现实世界中，同时考虑到社会与政治力量的反复作用，以及所处时代与地区的主流思潮的影响。

阿布·扎伊德的作品是以一种匪夷所思的方式引发公众注意的：他在阿拉伯语系的晋升评审。评审委员会的成员谢赫·阿卜杜勒·萨布尔·沙欣（Shaykh Abdul Sabbur Shahin）认为他的晋升不只是大学内部的问题。沙欣是那个宗教政治化年代和政治伊斯兰
运动的权力（与财富）新贵之一。他纵横宗教、金融、政治与学术 214
圈，一手打造了属于自己的帝国。他在开罗最重要的清真寺之一阿姆鲁伊本阿斯清真寺（Amr Ibn al-As Mosque）担任领祷人。20 世纪

80 年代，埃及的伊斯兰管理基金会（不少基金会不过是传销组织，最后都失败了）有如雨后春笋一般兴起，几乎能与各大银行抗衡，沙欣正是其中一家大型基金会的顾问。他认为阿布·扎伊德的作品全是异端邪说，认为自己有义务让这个叛教者得到正义的审判。他还指望这桩对抗迷途学者的义举能为自己在天堂里赢得一个席位呢。

1995 年夏天，阿布·扎伊德夫妇双双离开埃及。两人丢下学校的宁静生活，告别了开罗郊区卫星城的住所。警察寸步不离的保护让他们实在无法忍受，在学校的教书工作越来越困难、勉强，有时候甚至让他俩痛苦万分。阿布·扎伊德教过的一位学生当时正与他在大学里共事，不断挑衅这位昔日恩师。夫妻两人承受的煎熬还不止于此。家乡小村的伊玛目与阿布·扎伊德自小相识，曾一起学习《古兰经》，如今却忙不迭地在讲经的时候声讨阿布·扎伊德。于是，阿布·扎伊德与妻子决意远走他乡。作家事后回忆，1995 年的 8 月，夫妻两人顶着酷烈的日头抵达西班牙，那一刻他们终于获得了解脱。他和妻子把行李扔在酒店，急匆匆地冲上大街，再也没有警察的保护，这种欢喜更加凸显了他们忍受过的地狱生活。离开埃及后，阿布·扎伊德不愁没工作，不少学府都欣赏他的成就与才能。可是，流亡异国的阿布·扎伊德又流露出思念故乡的情绪，甚至立下了一定要回乡的誓愿。

大学教授俨然变成了商人，在大学里的工作不过是他们实现政治野心、达成社交目的的工具，他们投身学术是因为欧美慈善机构的诱惑。但阿布·扎伊德从事过的都是严肃而富有条理的工作。他确实写过一本火药味浓烈的作品，叫作《宗教话语批评》（*Naqd al-*
215 *Khitab al-Dini*）。他在书中直言，所谓“极端分子”与“温和派伊斯兰主义者”其实并无差别，他还探究了宗教文本和伊斯兰主义话语在萨达特时代以及此前其他时期被用于政治斗争的方式。阿布·扎伊德将米歇尔·福柯（Michel Focault）和安东尼奥·葛兰西

（Antonio Gramsci）的研究与表达方法引入埃及，精确地剖析了不同时期阐释宗教经典的主流方式。

阿布·扎伊德认为，围绕宗教文献的争辩由来已久，至今仍未平息。论战的一方是“为神话和传说披上宗教神圣外衣”的人，另一方则是世俗化的知识分子。知识分子试图以宗教正统的武器对抗正统，尊崇它，同时试图借用它的手段颠覆它——阿布·扎伊德警告说，这样的做法注定失败。他认为宗教与宗教思想是两种不同的东西。他深究细节，摸清了某些神权政治思想和道德戒律是如何从边缘学说变身为宗教正统的。例如，“哈吉米亚”（hakimiyya，意为“主权属于真主”）和“塔克菲尔”这样的思想一开始仅仅为边缘群体所接受，随着世事变迁才渐渐成为全国主流。例如，教士谢赫·穆罕默德·沙拉维（Shaykh Muhammad Shaarawi）德高望重，是国营电视台的“明星”，在萨达特执政期间备受优待。沙拉维说，埃及军队在“六日战争”中惨败而归的时候，他曾心怀感激地向真主祈祷。阿布·扎伊德由此敏感察觉，埃及政府应当注意一点：恐怖分子和极端主义者的宗教“思想武器”正在迅速使埃及政坛变得狭隘，破坏以理性和世俗化原则治理国家的美好前景。

《宗教话语批评》引发的争议已经不少，但若论阿布·扎伊德最为重要、最让极端人士怒火中烧的作品，则非《理性释经》（*al-Itijah al-Aqli fi al-Tafsir*）莫属。相较《宗教话语批评》，《理性释经》更加艰深难懂。在这本书中，阿布·扎伊德介绍了伊斯兰教早期的一场哲学运动：穆尔太齐赖运动（Mu'tazilah）。公元 9 世纪，这场运动正处于花团锦簇的全盛期，哲学家掀起了一场大辩论，“正统派”与“理性派”就伊斯兰精神的核心和信仰的真谛展开讨论。穆尔太
齐赖派以理性主义为核心，他们把希腊哲学的原则运用到《古兰 216
经》当中，坚信真主之道合乎理性。随着世界的发展，这条道路有着无限的变化可能。他们异常小心，生怕站到信仰的对立面，同时

指出，人类在世界上有着自由行动的能力。最重要的是，他们认为《古兰经》不是永恒不变的，只是时势的造物而已。“《古兰经》乃是凡人编撰的作品”这个核心论点在9世纪之后的许多年里自然遭到了正统派教法学者及其拥护者的强烈反对。双方斗争十分激烈，与基督教欧洲的宗教裁判所掀起的狂潮不相上下。

那场运动为今天留下了宝贵遗产，对此阿布·扎伊德在书中也提到了。在他看来，穆尔太齐赖运动和扑灭运动的力量是一场社会政治斗争中的两股力量。他说，在那样一场斗争中，穆尔太齐赖运动的哲学家在《古兰经》中寻章摘句“为自己的论点背书”是很自然的事，他们的对手这么做也很自然。阿布·扎伊德说，穆斯林一直都是这么做的。如今的信徒所熟知的信仰其实曾历经更改与变迁，自从伊斯兰教早期以来，人们就在为它不断争论，真主的启示和“人类的话语”（al-Khitab al-Insani）融合在了一起。

阿布·扎伊德选择了一种最令人尊敬——在学术上最无可指摘——的方式来传达他的观点。《理性释经》一书有数以百计的脚注与完备的学术体例要件，绝不是要故意冒犯或激怒他人。它的不敬程度完全无法与萨勒曼·鲁什迪的《撒旦诗篇》相比。即便有出格之处，作者也身处幕后，不会走到台前。他讲述了那批理性主义者的故事以及论辩的治学之道。没错，阿布·扎伊德同意理性主义者的观点，并言有所指，他想为理性在宗教正统的地盘上开拓一些哲学空间。但是《理性释经》并非街边读物，遣词造句较为晦涩，是一本很难读的书。

阿布·扎伊德的另一部作品《释经的哲学》（*Falsafat al-Ta'wil*）
217 写的是中世纪一位伟大的伊斯兰神秘主义哲学家，叫伊本·阿拉比
（Ibn Arabi，1165—1240）。他生于西班牙的穆尔西亚（Murcia），一生云游四方、居无定所，在大马士革度过了人生的最后时光。他走遍了伊斯兰教传播所及之处。他曾旅居麦加和麦地那，也曾客寓

于安纳托利亚的腹地，足迹远达伊朗的边界。他名满天下，常有人出钱接济他，但他却瞧不起名利二字。他留下了一大批作品，这些作品都有着同一个中心论点：人性与神性并非互相对立，而是所有造物的一体两面。神性的一面隐匿难现，人性则外在显露于事物的表面。

阿布·扎伊德对于伊本·阿拉比非常崇敬，觉得伊本·阿拉比其人虽然争议缠身，但是他的注释“以哲学的方式精心阐述”了《古兰经》。阿布·扎伊德认为，伊本·阿拉比集毁谤与赞誉于一身，没有其他哲学家能在这方面与之相比。有人认为伊本·阿拉比堪称圣人，参破了真主的真理；另一些人则视之为“叛教者和异端”，只在表面上遵从信仰的要求，内心里是一个理性主义者和不可知论者。正是因为伊本·阿拉比阐释《古兰经》的方式富有创意，才会让人产生无尽的争吵；也正是这种创造性，让阿布·扎伊德对伊本·阿拉比这位安达卢西亚人心生亲近之感。

作家与创作主题的缘分从来不是出于偶然。一种主题会向适合它的作家发出召唤。阿布·扎伊德来自开罗，生活在20世纪后半叶，这正是宗教论争再起的时期。自然，他会被伊斯兰教历史深处的那段混乱岁月所吸引，会将伊本·阿拉比这样一位才华横溢又富于人文情怀的哲学家奉为英雄。提及自己的英雄，阿布·扎伊德写道：

> 在他出生的家园，伊本·阿拉比见证了基督教与伊斯兰教争得你死我活的时期，也曾目睹穆斯林内部的激烈论辩，看着逊尼派和什叶派、苏菲派（Sufi）与乌里玛（Ulama）*、哲学家与教法家互相攻伐。他离开了故土，前往东方受伊斯兰教影响的地方，却在那里发现了同样的论战……世界动荡不安，曾经团结的伊斯兰

* 伊斯兰教学者。

> 世界已是分崩离析。就在那样一个黑暗的世道下，伊本·阿拉比
> 218 悟出了关于世界与宇宙的哲学真谛。与此同时，除了在麦加度过了一段稍为安定的日子之外，四处漂泊的生活使他始终处于焦虑与不安的状态。

就这样，阿布·扎伊德寻到了自己在文学与哲学上的家园。他同样身处乱世，身处“泥古派”和“现代派”的相互挞伐之间，伊本·阿拉比于他而言可谓最完美的先行者。这位哲学家宽容大度、兼收并蓄，在自己的观念中融合了犹太教和基督教的观点，逊尼派与什叶派的教义，还有新柏拉图学派的思想。伊本·阿拉比的人生成就了阿布·扎伊德的创作主题。他书中的伊本·阿拉比是为这个时代而存在的，有一只“涉足多方阵营”的脚（阿布·扎伊德坦承这个比喻出自某位前辈作家），同样活在多种社会思潮相互对抗的纷乱年代。按照阿布·扎伊德的描绘，伊本·阿拉比“修建了一个内心世界，作为那个让他浪荡周游、心灰意冷的现实世界的替代品。他在无限宽宏的真主那里寻找到了容身之处。真主原谅一切，接纳穆斯林与非穆斯林，包容信众，也包容异见者”。

开罗出身的作家阿布·扎伊德细细研究了安达卢西亚哲人伊本·阿拉比的生平，品味着伊本·阿拉比钻研教义与经卷的巧妙之法，由此擘画出他自己的内心世界。伊本·阿拉比的思想晦涩难懂，阿布·扎伊德的作品也难以琢磨。他解构了伊本·阿拉比的研究方法，感叹这位哲学家的注解技巧之精妙，毫不掩饰地赞赏伊本·阿拉比对宗教文本的灵活解读。在他看来，伊本·阿拉比的注释几乎与《古兰经》融为一体，很多时候根本无法分离。经伊本·阿拉比诠释的《古兰经》包罗万象，涵盖了整个世界。对于伊本·阿拉比和阿布·扎伊德而言，人类的文字乃是神谕的回响，而《古兰经》则是一种媒介，困惑者和探寻者能从中发现各自的时代，找到他们想要的答案。

阿布·扎伊德对哲人阿拉比一生事迹的总结充满崇敬之意，他认为伊本·阿拉比超越了自身所处的时代：

> 伊本·阿拉比试图解决他那个年代所面临的重重纷争，尤其是想站在哲学与知识的高度完成解经的大业。他诠释而成的《古
> 兰经》包含着绝对的爱、普世的信念与神圣的宽仁之心，人类的 219
> 存在由它而始，亦必将归于它。可是，伊本·阿拉比提出的所有解决办法都是一场幻梦，梦醒之后，你会发现人间的丑恶，知晓人类各种斗争的酷烈。伊本·阿拉比曾经想要引导这个世界，可他选择的是抛弃这个现实世界，为自己开辟了一个全然不同的世界，一个和谐、完整的世界，由一个完美的人统治着，这个统治者不过是真主投下的影子，传达着真主的正义、恩赐与仁爱之法。

阿布·扎伊德不只是在为伊本·阿拉比书写人生结语，也是在抒发自己的心曲。当年迫使伊本·阿拉比流落四方的那股卫道势力同样普遍存在于当下的埃及。伊斯兰教内部关于信仰宽容的争斗旷日持久，远远没到停息的那一天。

阿布·扎伊德的作品满怀赤子的热诚，恪守理性的至高原则。1997 年年初，旅居荷兰的阿布·扎伊德向来访的法国学者吉勒·凯佩尔（Gilles Kepel）重申了自己的信条：他只想提出“我们这个时代的种种问题”，然后在伊斯兰信仰与经卷中寻找它们的答案。他坚信，《古兰经》是“神圣的”文本，也是“历史文本，反映着一个特别时代和地区，使用一种特别的语言，生于一种特别的文化”，这两种关于《古兰经》的看法是没有矛盾的。他根据自身的经历来认识人们围绕着宗教与宗教文献展开的世俗化斗争，由此获得了更为广阔的视界。阿布·扎伊德生于 20 世纪 40 年代，亲眼见证了世

人对于伊斯兰教的看法发生了怎样的变换：20 世纪五六十年代，伊斯兰教被认为是一种“属于社会主义、工人和阿拉伯民族主义”的宗教；到了 70 年代，它又成了“保护私有财产与推动埃以和解”的宗教。阿布 · 扎伊德别无所求，只愿能自由解读伊斯兰教信仰与宗教文献。他觉得，他的事业与他的信仰、文化并无冲突。

阿布 · 扎伊德的遭遇曾在另一位作家塔哈 · 侯赛因（Taha Hussein）那里上演过，发生在 70 多年之前。塔哈 · 侯赛因是那个时期最具影响力的现代化支持者，他的大胆之作《论伊斯兰教兴起之前的诗歌》（*Pi al-Sbi'r al-jabili*）曾让一众宗教卫道士气急败坏。
220 塔哈·侯赛因出身贫寒，家乡在上埃及的农村，童年时就完全失明了。他接受过传统的宗教教育，后来进入埃及大学，并前往索邦深造，还曾担任埃及大学文学院的院长。塔哈 · 侯赛因勇敢无畏、心性固执，是个多产的作家。他凭借自己的努力，扛起了埃及世俗主义的大旗。《论伊斯兰教兴起之前的诗学》问世于 1926 年。此书大胆辛辣，将塔哈 · 侯赛因直接推向了席卷整个埃及的争议中心。他欣然应战，大肆讥讽传统的教法家，主张“科学调查至上”，无须理会国籍与宗教的约束。在传统的教法家和释经学者看来，伊斯兰教兴起之前的诗歌大有可能致使人们错误地理解宗教经典。但塔哈 · 侯赛因看不上那些人的解经方式。他觉得，历朝历代的教法专家证明的东西全是他们想证明的。他甚至胆大到和神圣传统对着干，认为《古兰经》中关于易卜拉欣和伊斯玛仪的故事不过是神话或寓言而已。

争议持续了许多年。传统分子觉得塔哈·侯赛因这是“叛教”——塔哈 · 侯赛因的妻子是法国人，似乎更坐实了他的“叛徒”身份。有人发起运动，要把他驱逐出校。虽然得到了同事的支持，塔哈·侯赛因还是前往欧洲躲避风头。一年过后，他回到埃及，继续担任院长，结果在 1932 年的时候被独断专行的首相伊斯梅尔 · 西德基（Ismael

Sidqi）赶了下来。不过，局势很快又朝着有利于他的方向发展：两年不到，他再次复归原职。校方举办了一场盛大的典礼欢迎他的回归。学生们将他高高举起，抬回了院长办公室。

塔哈·侯赛因和他的事业获得了胜利。1950—1952 年，塔哈·侯赛因进入内阁，成为旧政权的最后一任教育部长。1973 年，塔哈·侯赛因与世长辞，后被奉为埃及现代化进程中的伟大代表。人们高抬他的棺椁，沿着当年学生欢迎他的道路肃穆前行。

塔哈 · 侯赛因的故事，阿布 · 扎伊德当然是很熟悉的。但是他认为自己身处的时局可比这位前辈要凄凉得多，他的遭遇也更严酷。“校外的人指控塔哈 · 侯赛因‘叛教’，但学校一直在保护他。指控 221
我的人就在自家的学校里，反而是校外的某些人在为我辩护喊冤。终其一生，塔哈从未背上‘卡菲尔’的骂名。更能说明问题的是，‘叛教’这种概念现在已经被人带进现代大学校园了。”

埃及人的心灵笼上了一层可怕的阴霾。现代埃及人为国家万分自豪，但国家却乏善可陈，远不能满足这种心理。这片土地历史悠久、光辉灿烂，世俗派的先辈们经历了漫长的现代化奋斗，然而埃及的自我观感与逼仄现实之间的巨大鸿沟，是任何埃及人都没法视若无睹的：底层人民生活困苦，政坛前景黯淡，政权被军事独裁者牢牢把控，公民社会潜在的所有异见人士都惨遭打压；穆斯林与科普特人心存嫌隙，文化与教育界了无生气。

按照《摄影家》（*al-Mussawar*）周刊近期的披露，埃及的人口约为 6,000 万，每年出版的图书却只有 375 种。而以色列年出版图书多达 4,000 余种。两相对比之下，我们便不难理解埃及文化界何以怨声四起。《金字塔报》创办于 1867 年，是埃及发行量最大的日报。如今，这家有着辉煌历史的报纸已经失却了往日的光彩。翻开报章，读者找不到调查新闻的踪迹，也寻不见任何富有见地的分析。目之所及，唯有权力喉舌连篇累牍的干瘪宣传。这样的惨淡局面让纳吉布·马哈富兹这样的人物无奈地哀叹道："埃及的文化正在极速衰落，教育局势危在旦夕。教室成了集中管控孩子们的库房，根本不是培养英才的场所。文学与艺术只能在公立教育机构里学到，可这些机构完全不像是培养文化自觉与欣赏能力的地方，倒更像兵营。"评论家卡里姆·阿勒拉维（Karim Alrawi）更是觉得末日将临，他警告人们，自 19 世纪早期埃及遭遇西方势力以来，世俗现代化的洪流一直推动着这个国家向前发展，可今天，这股洪流却在调转方向。

失望之余，人们生出了强烈的怀旧心理，怀念那个自由过渡时
222 期（20 世纪 20 年代到 1952 年革命爆发之间）的政治氛围。那时候的政坛充满生机，媒体活跃一时，文人与艺术家创造的精英文化璀璨夺目，女子获得了解放，踊跃跻身于政坛、文化界与新闻业，个个直率敢言。埃及社会人口多、担子重，眷恋已然失落的光辉岁月是很自然的。但是，这种怀旧之心还另有一层用意：为了发泄对于当下平庸的公共生活之不满。要知道，20 世纪 30 年代的埃及电影远比今时今日的作品来得高明和无拘无束。彼时知识界的头面人物都是巨匠，他们纵论时代的宏大主题，为埃及和阿拉伯文学史添上了光辉的一笔。例如作家兼评论家路易斯·阿瓦德（Louis Awad），他生于 1915 年，1990 年去世，是一位出身科普特家庭的独立文人。他的故去象征着一个时代的终结。如今，埃及由军政府统治，极端民族主义文化盛行，像他那样的文学大师很难再出现了。

阿瓦德生性好斗，兴趣广泛且富有活力。他出生在上埃及的一个小村庄，父亲曾在英国殖民政府中担任职员。1933—1937 年，阿瓦德进入埃及大学（为了适应变幻不定的政局，埃及大学曾数度易名。它先是被称为福阿德国王大学，如今又改称开罗大学）修习英国文学。阿瓦德坚定信仰现代化，为人不拘小节，没有宗

教信仰。1938年，他得到政府资助负笈剑桥，日后又在普林斯顿获得了比较文学的博士学位。作为学者与评论家，阿瓦德涉猎广泛，曾将埃斯库罗斯、雪莱、哈代、乔伊斯和艾略特的作品译成阿拉伯语，撰文研究英法文学中的普罗米修斯，留下了大量严肃的著作，记录现代埃及的种种思潮。他无所畏惧，一脚踏进了比较语言学这个高度危险的研究领域，提出阿拉伯语和印欧语系有亲缘关系。这一研究引爆了争议的火药桶。1980年，爱资哈尔大学封禁了他的相关著述。阿瓦德早就清楚其中的风险：虔诚的信徒认为，阿拉伯语是真主的语言，诞生于历史出现之前，任何人都不得打着学术的旗号，用唯物论的那一套来研究它。不过，阿瓦德是科普特人，并不在乎这些禁忌，他这个知识分子特别乐意和习俗、正统这些东西对着干。 223

终其一生，阿瓦德都将反对主流视为己任，积极拓展埃及社会的知识与文化边界。选择志业的时候，他甚至不惜和自己的父亲翻脸——父亲希望儿子修读经世致用的法学专业，儿子则一心一意想要投身文学界。就读大学期间，阿瓦德是全校唯一一个不愿佩戴菲斯帽的学生，而当时的埃及政府明令规定菲兹帽是国家的官方服饰。阿瓦德狂热地爱着欧洲的文学与文化，声称欧洲是自己的精神家园。他曾经写道，第一次穿越地中海踏上欧洲的土地时，他觉得自己其实是个欧洲人，只是在小时候不幸被吉卜赛人拐到了埃及。但阿瓦德不是那种只知模仿西方的人：他在讲吉卜赛人的玩笑时用的可是埃及的方言。他热爱自己的祖国，也热爱本国的历史。他和其他一些埃及人一样，追求启蒙与开化，希望找到一种在埃及立得住的新秩序。他专心治学，引导后辈的学者与作家。“自由军官团革命”过后，他担任了两家主要日报的艺术与文化版编辑。他对新政权非常忠诚，却也不怯于提出异议。纳赛尔政权迫害独立文人与左翼知识分子的时候，他因为自己的政见而身陷囹圄，乃至一度流亡国外。他一生笔耕不辍，从来不言之无物，始终忠于埃及的利益。他清楚埃及政坛的内里法则，却一直不向权力低头。他坚持自己关于政治与文化的种种追求——语言的革新、文化的创见、教育系统的独立、戏剧事业的生命力，以及世俗文化不受约束的蓬勃发展。临终之前，他推出了自传《一生的说明》(*Awraq al-Umr*)，作为对埃及文化的最后贡献。书完成后不久，阿瓦德便去世了。他的自传既总结了他一生的故事，也解析了他那一代人的政治风云与人生际遇。

阿瓦德才华惊人，但这种才华并非凭空而生。他的天资、胆
224 魄，还有那些影响了他的、普遍宏大的主题，是从一个特定的时代和这个时代的气质与情感之中突然冒出来的。并非有什么传说理想的时代塑造了阿瓦德和他的同龄人；阿瓦德的身体里跳动着自由与进步主义的脉搏，但他那一代人没有。在大学里，在文学沙龙之中，在大街上，一场“战争”正在四处蔓延（阿瓦德在自传中绘声绘色地描绘了当时的“战况”)。一方是心向现代的年轻人，一方是不允许女性进入大学的宗教反动分子。可是，现代化的趋势无可阻挡。1929—1930 学年，第一批埃及女性踏入了大学校门。阿瓦德告诉读者，其中有 4 人就读于文学院，第二年就增加到了 8 人，第三年更是多达 16 人。她们既然来了，就不会再离开了。几年之后，一些宗教反动分子冲入校园，意图驱逐女学生。男同学们挺身而出，直面反动分子，驱散了学校里的示威队伍。著名教育家与作家塔哈·侯赛因呼吁学生们团结一心，共同捍卫女性的受教育权。塔哈 · 侯赛因认为，这是一项伟大的志业，它犹如“滔滔怒海”，“向海里扔几块鹅卵石”是无法制止海涛咆哮的。塔哈 · 侯赛因拿出了将军一般的气势，为学生们做了激情澎湃的动员演讲。他说，这是一场“正义的事业”，鼓励学生们在反动分子发起进攻之前先发制人。当时的路易斯 · 阿瓦德年龄尚小，还是一个上埃及（即埃及南部地区）的农村孩子，曾目睹学生守护校园的一幕。在他看来，塔哈 · 侯赛

因不仅有着支持现代化的激情，还身具农家子弟（ibn balad）的血气，绝不能容忍外人侵入女性的领域。埃及的南部乡村（al-Sa' id）向来崇敬男儿的职责。反动分子袭击校园与女大学生，这在塔哈·侯赛因的心里无疑是对乡间道德准则的严重侵犯。

现代化的斗争历程并非毫无波折。崇尚自由、思想左倾的华夫脱党（Wafd Party）支持者与青年埃及党（Misr al-fatat）那帮以欧洲法西斯国家为标杆的右翼分子之间曾经爆发过一场恶战，支持华夫脱党的“蓝衫军”与青年埃及党的“绿衫军”拥趸互相对峙。“蓝” 225
与“绿”的争斗付出了血的代价。随着自由派渐渐失势，一些本来以现代化支持者面目示人的文坛中人改变阵营，屈服于习俗、宗教权威与守旧势力。自由主义心怀恐惧、战战兢兢，它的基础是一个贫困而无知的社会。有人崇拜洛克，崇尚自由思想，也有人将墨索里尼和“黑衫军”当作偶像，双方之间隔着一道鸿沟（当时的埃及境内生活着 7 万意大利人。对“领袖”[Il Duce] 的狂热崇拜吸引了不满英国统治的人）。不过，政治宣传的鼓噪、民族主义的呼声与大众教育的压力还没有荡平知识界。

“我们在咖啡馆里一直坐到深夜，谈天说地，讨论世界格局。”文豪马哈富兹告诉美国记者玛丽·安妮·韦弗（Mary Anne Weaver），当时他刚刚逃过那场刺杀行动，和死神擦肩而过。他说的是他和阿瓦德年轻时的社会。“那时的我们无须为明天会发生什么而忧心。经济环境远胜今日，我们有更多的民主权利，可以自由自在地选择政党，选择我们的政府……我们希望当家作主，希望有大展身手的机会。可是，如今的青年不再有我们的那种希望，不再有那种机会了。我们的梦想，他们也无法理解。”

在马哈富兹的作品当中，类似的怀旧情绪随处可见，但它并非只是一位老人对于青春时光的眷恋。马哈富兹一生支持现代化，锐意创新；他笔下的人物无一例外也都会为新鲜事物而感到激动，乐于接纳它们。他晚期的作品中涌现出一种痛苦的向往之情（hanin），向往两次大战之间那段一去不返的时光。1985 年，马哈富兹出版中篇小说《领袖被杀的那天》（*Yawm Qutala al-Za'im*），用虚构的手法重现了安瓦尔·萨达特遇刺的过程。小说中，一位老人悲叹道："这片土地，这片土地到处都是顽固不化之人。他们想把我们拉回 14 个世纪之前。"在这部小说里还有一位人物：长者马赫塔沙米·扎耶德（Mahtashami Zayyed）。他的家在尼罗河岸边，夹在一片高楼大厦之中，"就像是房子里的侏儒，旁边那条河流也变了模样，没
226 了往日的壮阔与瑰丽，没了四季的分别，再不能掀起奔腾的怒浪。啊，这里车水马龙，财富数之不尽，却一贫如洗，无数可爱的人都在纷纷逃离这个世界。"

纳吉布·马哈富兹将记忆中的几处片段和对他人的印象串在一起，写成了一部引人入胜的作品《自传的回声》（*Asda'al-Sira al Dhatiyya*）。他在这部作品中为自己创造了一尊替身。他四处游荡，偶遇一位孤身男子——这个奇迹般的故事当然是发生在开罗这个熙熙攘攘的世界——男子吹着笛子，礼赞人间之美。"如果大家能听到你的乐曲，那该多好啊。"流浪者告诉吹笛男子。但吹笛的男子很了解埃及人："他们可没有那个工夫，整天不是吵吵嚷嚷，便是哭哭啼啼。"这位浪客游历祖国各地，一遍遍重复着自己的过去，倒还挺乐观的："他们会听的。每个人都有渴望独处的时候。"

这位浪客的名字叫阿布德·拉布（Abd Rabbo），意思是"真主的仆人"。他坦然接受命运的循环往复和人生的多样性——人生就是信真主，就是行乐，世道曲折，同时包容一切：

> 我认识一个人，他的人生经历过两大阶段。年轻的时候，他诚心礼拜祈祷，整天待在清真寺里，沉醉于《古兰经》之中。老了以后，他循着命运的小径走进酒馆，染上了酒瘾，把所有不再

> 重要的事情忘得一干二净。他喝酒会喝到深夜里，醉醺醺踏上回家的路，唱着年轻时的歌曲，在黑夜中踉跄前行。有人要他小心夜路，他却嗤之以鼻：“仁慈的天使会保佑我的，我的头上顶着光环，能照亮我的前程。”

这就是那位流浪者。他狡诈精明，鄙视乌托邦理想，不屑于像神权分子那样，靠狂热地崇拜祖先来麻醉自己。“离开酒馆，我走在墓园一侧的小路上，朝家里走去。突然，墓地里响起一声疑问：‘你为什么不来和我们聊天了呢？’我回答：‘你们只喜欢谈论死亡与死人，我已经腻味了。’”

信仰与俗世并无隔阂，人可以在两者之间轻松来去——这就是 227
马哈富兹想要表达的思想，但这也是一个时代的文化遗产。那个时代的世界更为宽容，宗教信仰还没变成某些人手中的武器。

埃及曾有一段属于布尔乔亚的过去，对此我非常好奇。我还想知道，往日风华如今又能留存多少？带着这样的问题，我造访了福阿德·帕夏·塞拉吉丁（Fuad Pasha Serageddin）的宅邸。主人是位近乎传奇的人物，生于1908年，曾在旧政权供职。那个时候，他可是一位政坛金童，才32岁就官居部长。1952年革命前夕，塞拉吉丁已然成为全国最大的土地所有者，担任华夫脱党的秘书长。1919—1952年，他的党派一直都是埃及资产阶级民族主义的中心。革命过后，塞拉吉丁先是被捕入狱，继而又遭驱逐出境，20世纪70年代才返回故国。这时，埃及已在萨达特的统治下得到开放，塞拉吉丁的政党仍然沿用之前的名称，迅速成为一股不可忽视的力量。塞拉吉丁的政党天然就是各种专业人士、科普特基督徒以及私营实业和商业人士的家园。萨达特嘲笑塞拉吉丁，说他是“路易十六”（Louis XVI）。可是，这位前革命时代的人物终于还是在新的政治格局中开辟了一方天地。

塞拉吉丁（在埃及，大家都这样称呼他）住在一座宫殿里。宫殿所在的“花园城”（Garden City）还多少保留着开罗在半个世纪之前的古色古香，不似今日这般喧嚣和拥挤：曾经的宏伟别墅现在灰头土脸、破败不堪；布尔乔亚家庭从前住在带花园的房屋里，享受着安全与尊贵的感觉。塞拉吉丁的宅院建于1929年，由他的父亲一手操办。身处其中，颇能回味旧时代的繁华。宅院内部阴暗破败，零零散散的家具都是那个年代的时兴款式，宽敞的门厅和大理石廊柱也属于当时的流行之物。塞拉吉丁的仆役与随从饱经岁月历练，他们肯定是从这座府邸风华正茂之时起就在陪伴着塞拉吉丁一家人了。

塞拉吉丁走进会客厅，仿佛带来了一种旧时的韵味，让人想起踏上“盛大之旅”的大学生造访的那个埃及，想起劳伦斯·杜雷尔（Lawrence Durrell）在《亚历山大港四重奏》（*Alexandria Quartet*）中描摹过的埃及风情。塞拉吉丁的人生跨越了当代埃及几十年的历程，目睹了这个国家的世事变迁。他怀念过去，严厉抨击当下的军
228 政府。他看不起那些政府控制之下的媒体。他说，他翻看《金字塔报》纯粹是为了读一读讣告栏，了解老友们是否还在人世。除此之外，这些刻意逢迎当局的媒体完全不值一读。他抱怨美国与当局的关系，认为美国人对威权政府颇为满意。他发现，美方对“原教旨主义者”夺权的担忧，正好帮了穆巴拉克的忙。

埃及是一片保守的土地，塞拉吉丁和他的政党在这里根基牢固。可是，最初的激情退潮之后，东山再起的华夫脱党失去了吸引力。1984年，华夫脱党为了应对议会选举，与“穆斯林兄弟会”结成同盟，这种行为似乎背弃了该党一贯的世俗传统。塞拉吉丁年事已高是华夫脱党继续壮大的另一大障碍，他象征的往日情怀愈发无人响应。他虽为埃及政坛注入了一股勇气，创办了一份比官方喉舌好得多的日报，却无力解决埃及的问题。1981年（也就是穆巴拉克上台

的第一年）到 1996 年，埃及人口剧增了 1,600 万，这个数字比约旦、以色列、黎巴嫩以及约旦河西岸和加沙地带的巴勒斯坦居民加起来还要多。埃及的贫困早已为人所知，无须任何人多加提醒。以下这组数据足以佐证事态的严重性：在埃及，每年进入劳动市场的新增劳动力达 400 万人，其中 90% 拥有大学文凭。所以，穆巴拉克的批评者认为当局必须负起责任。要确保埃及正常运转不出乱子，难度就和在大海上播种差不多。人口爆炸让埃及不堪重负，布尔乔亚的舒适岁月、别墅与花园里的美好生活，已经一去不返了。

对于这种怀旧的现象，侯赛因·艾哈迈德·阿明（Hussein Ahmad Amin）有过一番冷峻的剖析。他生于 1932 年，是自由化世俗主义的坚定卫士，身兼作家与外交官两职。他的父亲艾哈迈德·阿明（Ahmad Amin）是个历史学家，著述丰富，在两次大战期间支持以理性和自由主义精神应对政治与社会事务。根据侯赛因·艾哈 229
迈德·阿明的观察，世界各地、不同时代的人类都爱把治平理想寄托在某个逝去的美好年岁之上，这是人性使然。比如，一份留存至今的法老谕令就在抱怨：古埃及的年轻人总是崇拜过去、鄙弃当下。维吉尔和荷马也觉得自己所处的时代平庸无奇，不如之前的神话时期更具英雄色彩。10 世纪的著名诗人穆塔纳比（al-Mutanabbi）不也曾为“黄金般的往日”而饮泣么？侯赛因·艾哈迈德·阿明坦承，今日之埃及已经落入“怀旧魔教”的掌控，就如“中了瘟疫”一般。他指出，20 世纪的 20 年代、30 年代与 40 年代已经成为——

> 我国历史上最值得珍惜的时期。那时的交通工具适合人们出行，街上没有嘈杂的人群，天空尚未被污染，还不是一片乌黑。“有房出租”的标志在每个街角都可以见到……看看今天的亚历山大吧，海水污染严重，到处都是腐朽和衰败之象。它怎能与过去那个拥有洁净海滨和希腊餐馆的城市相比？每个人都相信，当下已

经没有塔哈·侯赛因和艾哈迈德·阿明那样的文坛巨人，就连天空也是以前的比现在的来得更蓝一些。

侯赛因·艾哈迈德·阿明认为，埃及人极度念旧的心绪来源于埃及的近现代历史。他写道：

> 埃及尝试过自由主义，也经历过军事独裁；实施过多党制，也有过一党专政；实行过资本主义，也实行过社会主义；曾与东方联盟，也曾和西方亲近；信仰过埃及民族主义，也曾投身泛阿拉伯主义……我们的作家与记者来来回回更换阵营，少说也换了一千次。我们先是为统治者大唱赞歌，而后又咒骂他们。我们为他们立起塑像，而后又亲手将其推倒；我们用他们的名字命名街道，而后又把这些名字换掉。我们曾与以色列势不两立，但最终又与之媾和。我们一度拒绝美国的介入，到头来还是向其屈服。
> 230 我们和苏联缔结过友好条约，然后又毁约弃盟。试问，我们还有什么事情没有尝试过？除了一头扎进那个涂抹掉所有沉痛、只剩下荣光记忆的过去，我们还能做些什么？

埃及小说界近年出了一部优秀的作品——《埃及之战》(*al-Harb fi Barr Misr*)，作者优素福·卡伊德（Yusuf al-Qa'id）属于新近崛起的作家群体。他在书中流露了他这一代人的迷茫与挫败之情：

> 每一代人都有各自的命，我们这一代埃及子孙命中注定会陷入雄心大过能力的困局。我们大踏步前进，脚下却没有坚实的土地。我们昂首想要探向云端，不料整片天际都已消失不见。我们刚刚领悟了这个时代的真相，我们的领袖（纳赛尔）却在我们正需要他的时候离我们而去。好好看一看这个国家、这片土地吧。

> 这里是个怪地方，既危险又安全，既保守又包容，和谐但也充满妒忌之心，满足却又饥渴。战争年代已经过去了，今天的埃及所处的是文字的年代。文字可以相互滋养，所以埃及只会接受文字的统治。

《埃及之战》成书于 1979 年，属于那种难得一见的杰作。它关乎一个国家、一个时代：书名、构思，以及一种顺从、讽刺与心照不宣的声音共同讲述了这个国家在纳赛尔主义与改革运动梦想黯然破灭之后的种种遭遇。马哈富兹的作品以开罗为舞台，卡伊德则在乡间寻觅灵感。在《埃及之战》中，某地乡村的一位守夜人（ghafir）收到一份法令：他在土地改革中获得的田产将被归还村长（umdah）。法令遭到了守夜人之子米斯里（这个名字的意思是“埃及人”）的坚决反对。米斯里发誓，绝不会把土地还回去，他们一家人愿意“付出血的代价”捍卫那个希望与激情年代赐予的礼物。年迈的守夜人觉得，政府一贯办事拖沓，他们的“一天”就意味着“一年”，可能要到一年以后，执行法令的官差才会在村里出现。但是，一位精 231
明的妇人说，这件事已经是板上钉钉了，村长想要什么就有什么，因为“水不会从下往上流”，官府的老爷们怎么可能向泥腿子低头呢？

没过多久，一位警察代表官府造访小村，准备收缴守夜人的土地。他告诉守夜人，自己带来了不少手下，因为他是埃及人，守夜人的家人就是他的家人。他不希望他们从其他人那里听闻（土地将被收缴的）噩耗。诚然，守夜人一家失去了田产，但埃及仍是“一片仁慈的土地，绝不会让自己的子孙没有田地和工作”。埃及对于外人尚且慷慨无比，更不会亏待自己的子孙。警官还称，如今的埃及处于主权法治时代，国法凌驾于所有事物之上。

守夜人伤心极了。当下这个世道在他看来与旧时代一成不变的乡村岁月并无区别。他说："不都是抢掠一无所有的人，然后喂饱那些拥有一切的阔佬吗？"不少见证守夜人遭遇的乡亲宣称，既然压迫和不平等的日子又回来了，他们就离开这个国家好了。一个惯于拍村长马屁的人告诉伤心的守夜人：村长有事想请他帮忙，而且一直觉得他和村子里的其他人不是一类人，心里始终记挂着他。

村长提出了一个计划：他想让守夜人的独子米斯里顶替自家公子去部队服役。如此一来，村长家的七公子倒是轻松了，可替他服兵役的米斯里是一棵独苗，还得承担家中的农活儿。村长宽慰守夜人，当兵没什么大不了的，三年时间"一眨眼就过去了"，而且当过兵以后，米斯里就会有大好的前途：他可以继续留在军队，也可以为政府当差。如果想要回村，村长会照顾他。没错，埃及子孙亲
232 如兄弟，就是喜欢这样为人分忧。跟班说，埃及人都是血脉相连，所以一个埃及的儿子自然可以代替另一位埃及的儿子缴纳"血税"（tax of blood）*。

当时，米斯里有自己的梦想：他原本想成为一名大学生。这个年轻人身上"凝聚着我们国家的所有矛盾：他既热爱生活，又严格克制着自己的欲望，既勇敢又犹疑，既忧惧又无畏。他外表恭顺，内心则富有叛逆精神"。最终，他屈从命运的安排去当了兵。"我们都爱埃及，"优素福 · 卡伊德写道，"但爱的方式不一样。也不知道我们爱的是哪个埃及？是苦于饥馑的人们的那个埃及，还是脑满肠肥的人所有的那个埃及呢？"

米斯里战死了。他为心爱的祖国献上了"血税"，替村长家的公子牺牲了。可村长家却得寸进尺，不仅希望得到米斯里那笔抚恤金，还谎称为国捐躯的是自己家的一个儿子。一位好心肠的官员打算彻查此事，却被告知最好不要多管闲事，以免引火烧身。"村长

---

* 西亚、中亚和北非等地的政权抢掠儿童充作兵源、仆役的一种制度。

家很有权势，而且一直宣称他们家的权势是真主赐予的……今天我终于知晓了一点：我们的国家就像猫，它会毫不留情地吃掉自己的幼崽；埃及的子孙如鱼儿一般，大鱼会把小鱼吞入腹中。”

埃及累了。这里的人们自以为迎来了新的黎明，却一次次地失望。埃及的现代历史进程非常简单。1798 年，拿破仑 · 波拿巴（Napoleon Bonaparte）的舰队在亚历山大港登陆。打那以后，这个国家就像推石上山的西西弗斯*，不断地追求国家的现代化与强盛而不得。当年，征服和占领埃及多年的马穆鲁克骑兵在法国军队的现代炮火之下灰飞烟灭。那震撼的一幕成了埃及历史的分水岭，鞭策着这个国家的政治阶层。拿破仑身上具有典型的浪漫气质，加之他深知文字与记忆的力量，这些都让埃及人民想起了埃及失落多年的荣光和伟大。他对他的士兵说：“我们来到的第一座城池由亚历山大建成。我们在埃及每走一步，都会和各式各样的文明遗迹相遇。 233
这些遗迹全都值得我们法国人效法。”进入开罗后，这位伟大的征服者察觉到了埃及的一个矛盾之处：“埃及的棉花、大米、蔬菜与牲畜比世界上任何其他国家都要丰富得多，可是埃及人民的生存状况却无比落后。”

这个外来人发现的矛盾也许只是借口：当时法军在埃及处境艰难，拿破仑正要撤离此地。但是，公平地说，这个矛盾在过去的两个世纪里一直在折磨埃及。为求进步，埃及已经用尽办法，尝试过各种意识形态——自由主义、马克思主义、法西斯主义等。急于富国强民的希望，以及每一次的功败垂成，构成了埃及现代化进程的主旋律。

---

* 希腊神话中的人物，因触怒众神而遭到惩罚，需要将一块巨石推上山顶，但石头每次被推上山顶就会滚下山去，如此周而复始。

近代以来，埃及人至少有四次梦想着国家富强、摆脱困境，但都遭遇了挫折。穆罕默德·阿里（1805—1848 年在位）曾励精图治，发起了一场典型的自上而下的改革。可他未能认识到自身力量的局限，冲撞了名义上的宗主奥斯曼帝国和“英国治下的和平”。他想建立一个强大的国家，为国家的制造业打下基础，但壮志未酬。他的继承人伊斯梅尔 · 帕夏（Ismael Pasha，1863—1879 年在位）自命不凡，也有着自己的强国之计。那个时代，棉花正行销世界。埃及处于风口之上，借此获得了大笔外汇。伊斯梅尔 · 帕夏趁机大兴土木，修大道，造铁路，还建了一座歌剧院。他一度放出豪言：“我国已经跻身欧洲诸国之列，不再是非洲的一部分。”风云突变，王朝破产了，伊斯梅尔的梦化为镜花水月，整个国家在 1882 年被英国占领。

20 世纪二三十年代，自由主义者也曾风光一时。他们主张本地化的资本主义道路，试图建立议会制度。不过，埃及的自由主义根基薄弱，内有腐败，外有集体主义思潮的威胁（“穆斯林兄弟会”正是在这一时期，也就是 1928 年成立的），而且活在殖民势力的阴影之下。最后，这个资产阶级的时代深陷泥沼，没能让国家的经济状况有所好转（就连作为时代象征的菲兹帽也得从奥地利进口）。
234 资产阶级文化得生长在适当的物质基础之上，可是埃及的物质基础得不到发展。此后，埃及迎来了纳赛尔时代。这场未竟之业可能是最令埃及人心碎的：进口替代的经济政策、泛阿拉伯主义的政治立场、不结盟的外交方针，还有一支看似雄壮的军队——一切的一切，都随着纳赛尔主义大厦的倾覆而化作乌有。

熟知这些故事的埃及人觉得，这些努力都与成功失之交臂了。它成了这个国家的一部分形象。每个执掌埃及国柄的政治家都得想法满足埃及人的期望、小心应对埃及人的绝望情绪。埃及人民知道本国的发展过程，也看到了好些亚洲国家的大发展，它们本来比埃及还穷，却走出了昔日的困境。而埃及还在原地踏步，找不到出路。自由主义的革新蓝图、自上而下的革命理想以及纳赛尔的社会主义大计通通落空。穆巴拉克主政十年，整个国家仍是动荡不定。人民期待一位李光耀那样的人物降临埃及，整顿秩序、提高效率，哪怕牺牲些许政治与文化上的自由也行。但埃及没有李光耀，那里的经济一团糟，当局采取了一种盲目的经济政策，既推行自由放任的资本主义，以便各路资本大鳄掠夺当地财富，又为底层的贫穷阶级提供救济。人们就经济改革这个问题已经讨论过不知道多少次了，政府却选择维持现状，只求不激起任何风波。1974 年，有人提出倡议，要在十年之内将私营经济占比从 23% 提升到 30%，结果这个计划搁浅了。40 多年以来，苏联、海湾石油国家、美国还有世界银行曾经先后为埃及提供过援助，使埃及养成了依靠外国的政治经济模式和心理。

穆巴拉克绝非什么富有魄力的改革家，无意于大刀阔斧的经济改革。他刚一上任，面对的就是一个经济凋敝、走下坡路的局面。20 世纪 80 年代，埃及经济可谓举步维艰，经济增长率呈现逐年下降之势，整整十年经济不过增长了 2%，远远落后于人口增长速度。
埃及跌出了世界银行的“中低收入国家”行列，沦为“低收入国家”。 235
通货膨胀居高不下，产业工人的实际收入不断萎缩。穆巴拉克当局无力扭转经济方面的颓势，又面临伊斯兰主义的挑战，只能倚仗专制手段巩固统治了。

穆巴拉克上台以来，埃及政府陷入了与国际货币基金组织无休止的斗争。各种熟悉的困境——比如高筑的债台、醒目的赤字（一度达到国内生产总值的 20%），还有几近见底的外汇储备——拖累了国民经济，致使其裹足不前。1994—1995 年，伊斯兰主义稍稍得到克制。当局还没来得及喘气，便要吞下债权国与国际货币基金组织送上的一剂猛药：按照规定，埃及必须将纳赛尔时代遗留下来的国营部门改为私有，并停止政府补贴。

埃及经济没有迎来奇迹般的增长。不过，经济改革的新步伐到底收获了些许实在的好处。国家的通货膨胀率从 1990 年的 22% 降到了 1995 年的 7%，外汇储备从 6 亿美元增至 160 亿美元，财政赤字占国内生产总值的比例降到了 1.3%。人口增长率从 1985 年的 2.8% 降至 1995 年的 2%，国家稍得喘息。但埃及并未迈上一条通往繁荣的康庄大道——经济仍在停滞之中，文盲率高达 50%，外债达 330 亿美元之巨。可是，当局至少已经明白，20 世纪 80 年代时那条保守的发展道路已经走不下去了。以前，埃及是靠权力交换维持生存，用自己的政治资产、埃及在美国霸权与区域和平中的重要性作为筹码，避免经济改革。90 年代中期，埃及已经没有了讨价还价的本钱，当局的真实想法随即暴露了出来——他们可以接受经济改革方案，但绝不容许外人触及政治。他们既要开放的市场，又要保持政治上的威权。

于是，埃及似乎迎来了两尊全新的神祇，其一是经济上的私有化，其二是全球化。两尊大神都是拜国际货币基金组织所赐，是在美国的推动下降临埃及的。穆巴拉克的施政重心遂转移到了全新的
236 政治经济秩序之上。一度受到尊崇的社会主义与国有经济现在失宠了，私有化与全球化成了人们的膜拜对象。突然之间，手机这个全新事物在埃及全国遍地开花，新杂志、潮流餐馆与夜店鳞次栉比，来到埃及的外国人在这个国家看到了新的飞跃，富裕子弟都赶起了时髦。埃及经济得到了喘息，这一点毋庸置疑；未来是否能够步入繁荣还有待观望——埃及的有钱人急着炫富。热钱源源流入，国有企业变为私有，股市成了热门话题，一部分人动作很快，在出售优质的国有资产时通过早期募股赚了大钱。专门追踪股市的出版物《股市》（*al-Borsa*）成了热门读物。匮乏与赤贫的日子一去不返，新富阶层也不讳言自己的经济主张：如今这种经济模式可比国有企

业主导、开支紧缩的旧日子优越多了。

“这个社会的上层正在黎巴嫩化，下层则在向伊朗靠拢。”一位内科大夫对我说。他对埃及社会的政治风向有着自己的看法：所谓的“黎巴嫩化”，指的是以前上层阶级的浮华奢侈——雍容的贵妇、富有的商贾，还有他们的豪车与华屋；至于“伊朗”，则是神权政治的代名词。这位大夫认为埃及前途很惨淡,但他的悲观事出有因——埃及这个国家有太多梦想破碎的记忆，总喜欢在尚未成功的时候就提前庆祝。就在那位大夫提出那番意见几天之后，埃及经济就挨了一记当头棒喝——国家的进口上升了 8%，出口则下跌了 8%。有人担心，埃及经济的增长只是虚幻的表象，严重的失业问题并未得到改善。经济复苏只是给了少数的阔佬一线曙光，下层阶级仍是了无希望。

“去卡塔米亚（Qatamiya）的高尔夫球场看一看，你就知道埃及的问题出在哪里了。”大夫告诉我。卡塔米亚位于开罗郊区，去往苏伊士运河的路上，他认为那里的高尔夫球场是新富阶层的象征。他之所以选择那里，是为了让我看到这种经济变革的种种愚行，其 237
看似能医治百病，实则是大行其道的意识形态吹嘘出来的。这座球场附近不远处有一大片公有房屋，楼群残破，住着两万居民，都是此前一场大地震的受害者。相较之下，某些人为了打造球场真可谓不惜血本：一片荒漠在须臾之间变身茵茵翠翠的草坪，速度之快足以打破纪录。英语杂志《开罗时报》（*Cairo Times*）一向出语辛辣。该报报道，这座球场的草皮系美国进口，装在冰柜里，由专机从佐治亚州的蒂芙顿（Tifton）送到埃及。球场的开发商也不低调，他们的项目开发手册直言,这片球场体现了“极少数贵客的生活方式”。球场附近有 300 多座别墅，其中三分之二已经有了主人。

高级球场身居贫民窟一侧，自然显得异常扎眼。埃及曾被国家干预论和政府管制扼杀了经济活力，它不得不硬着头皮采取新的经济政策。这种方针变化势必会带来折磨。这个国家将为经济调控和公有部门的解体付出代价。埃及正处在一道分水岭上，大规模改革的阵痛与忧惧无可避免。官僚资本主义这头混血巨兽——旧秩序的掌权者和他们的子女正是借此得以在市场经济中如鱼得水——在埃及大行其道。人们担心，这只巨兽只会自顾自地享用这片土地的财富，把所有资源吞落肚腹。而完备可行的经济秩序仍将无处可觅。

《沙拉夫》(*Sharaf*，1997 年出版）是小说家索纳拉·易卜拉欣（Sonallah Ibrahim）的震撼新作。易卜拉欣在这本书中表示："如果我没记错，一有什么新的机会，你们这类人总是反应很快……你们就是你们那个主子的忠仆。历史上的每个时期，你们都是明星。"易卜拉欣口中的"你们"指的是经济改革的受益者。他们本是国有经济部门的掌门人，借着私有化的东风顺利成了私营企业主。易卜拉欣写道：

> 238 我们见识过你们过去的样子。那时的你们热情地礼赞故土、歌颂祖国独一无二的社会主义制度；你们曾领导着国营经济部门，掌握着政治、经济与媒体，拥有地球上所有的好东西——最宜人的家居与座驾、最昂贵的时尚货品、最美丽的女人，还有最好的机会留给你们的子女。然后，你们把握时机，变身为新兴外资公司的总裁，抑或西方企业在埃及的代理人。你们的生意做得很大，你们始终保持着尊荣与富贵，哪怕这个国家一半的百姓生活在贫困线下，近 50 万人只能栖身在墓地里。

"你们"（埃及的新贵资本家）可不是什么"商人"，而是外国势力的"代理"。易卜拉欣说出了千千万万埃及人共同的心声。《沙拉夫》中有一个角色向新贵阶层发出疑问："你们也算真正的商人吗？"

> 你们本来可以兴办企业、修整土地、训练工人、资助科学研究。这些事情，你们的外国主子在他们的地盘上做过。可是，你们不过是在学你们的老子和老子的老子。他们一辈子都是别人的奴仆，只会跟在波斯人、希腊人、罗马人、阿拉伯人、土耳其人、意大利人、亚美尼亚人、法国人和英国人，当然还有近来的美国人和以色列人的鞍前马后。

这可不是一个认为自己有能力在国际竞争中占据一席之地的国家该有的样子。埃及在融入国际秩序的过程中自然少不了恐惧与质疑。对于穆巴拉克当局而言，这是一次全新的冒险之旅。市场与选票并未同时造访埃及。经济虽愈发开放，当局却没有一点儿要与人民分享权力的意思。

日后的史家若要回顾埃及现总统的施政生涯，会发现穆巴拉克
当权的最初十年还算美好，但接下来，他如以往领袖那样，权力欲
膨胀，试图将一切掌握在手中。根据穆巴拉克早年的事迹与自述，
他是个谦逊的人，不求闻达，似乎只想跟在前任身后就可以了。他 239
为人谨慎，身不犯险地，竭力让政府与主要的反对势力暂时相安无
事。萨达特一度毁坏了埃及与其他阿拉伯国家的邦谊，穆巴拉克把
它修复了。他还无时无刻不在暗示，萨达特是因为跟从美国与西方
才送了命，在他治下，这种政策将会缓行；同时他要让埃及的政治
重新懂得分寸和节制。他自称要做一个两手干净的人，结束萨达特
时代泛滥成灾的裙带资本主义与经济掠夺之风。

对于祖国追求现代化的历程，路易斯·阿瓦德有一番鞭辟入里 242
的研究。他是这样描绘埃及社会之中守旧与改革两股力量的反复拉
锯的：

> 在埃及，改革派总比守旧派更有力量。我们应该注意到，反

> 动之潮泛起的时候，往往也是国家遭遇挫败、陷入困顿的时期……在事业成功、文化昌盛的年岁，埃及当局总是支持改革；国家碰到困难和败局，它便会偏向守旧派。可是，改革的星星之火从未熄灭。若时局不利，它会暂时隐于灰烬之下，等待再次燃烧的机会。这便是埃及历史的规律。当然，反动势力并非来自埃及
> 243 之外：它就像一头巨兽，沉睡于埃及社会的表面之下，唯有埃及文化的挫败才能将它唤醒。

熟知本国历史的埃及人对埃及经历过的困难如数家珍，他们坚信，这个坚韧的古国必将屹立不倒。我虽然是个外人，但也熟悉埃及走过的风风雨雨，敬佩这个国家于重重困难之中建立的文明。我相信他们说的没错。这个国家有着足够的智慧、见识与胸襟，宗教狂热终归难以将其降服。不同的信仰、多样的文明在此兼容并蓄、互相影响。开罗这座因文化而伟大的名城，又怎会走到文明的对立面呢？这里的危险并非那种来势迅疾、有如末日的动荡，而是持续的下坠，让这个国度陷入更为贫苦的境地，把这里最优秀的人变得冷漠、绝望。现在的埃及又一次踏进那个陷阱，进入一段沉郁的历史时期。

埃及喜欢拿他们那多元且兼容并蓄的历史做文章。例如米腊德·汉纳，他出身科普特家庭，学的是工程学专业，后来成为国会议员，支持公共住房政策，倡导左翼的世俗化思想。他在最近的一本新书中就表现出了这种特点。这本书叫《埃及人身份的七大柱石》（*al-Amida al-Sabaa Ii al-Shakhsiyya al-Misriyya*），篇幅不长，将埃及文明视为独特历史际遇和地理环境的造物。按照米腊德的意见，是四根“历史柱石”与三种地理因素造就了埃及人的独特秉性。这四根“柱石”分别来自法老时代、希腊-罗马时代、科普特时代和伊斯兰教兴起后的时代；三种地理元素则是与地中海对面的欧洲、

临近的非洲、阿拉伯世界的纽带。汉纳在书中回应了这片土地上的一个常见观点：埃及处于几大文明的十字路口，它通过亚历山大港与欧洲相连，经由开罗和亚洲互通，又经由阿斯旺（Aswan）受到非洲的影响。埃及文化海纳百川、古老多元的特质，正是伊斯兰主义者所反对的东西。

汉纳的新作半是分析，半是历史叙事，既有希望，也有告诫。借由此书，他肯定了埃及这个国家与民族的团结。即便是伊斯兰主 244
义者也不会给他扣上背弃家园和传统的帽子。汉纳认为，科普特人从来都属于埃及这片土地，有着埃及人的心理特质：耐心、善良、厌恶暴力。他们散居于埃及各地，在城市与边远乡村都能见到他们的身影。黎巴嫩的马龙派基督徒聚居在黎巴嫩山；科普特人则与之不同，他们遍布埃及全国，活跃于各行各业，“就像水和空气一样”。身处城镇的科普特人和其他族群混居在一起，没有单独的居住区；尽管他们精于某些领域的活计，比如药商、金匠、会计、制皮师和建筑商，但埃及几乎所有的行业和生意他们都有参与。

至于科普特人的政治抱负，穆斯林大可不必担心。汉纳笔下的历史显示，科普特教会从来不追逐政治权力，不参与国家大事，“全心全意地忠于埃及这片土地，绝无二心”。他们曾遭到罗马人的迫害，而后又忍受过拜占庭的严苛统治，这段经历让他们领略到了政治权力的残酷与愚蠢。也正是因为有这段经历，他们才会欢迎 7 世纪时的伊斯兰教。科普特人不像欧洲天主教、犹太教与伊斯兰教那样建立自己的政权、实行政教合一，没有那种政治动力，所以是统治者眼中的模范信徒。他们总是远离政治，忠于国家。

汉纳的这部作品极富思想深度。他认为，埃及的“水利社会”*属性、漫长的历史，以及土地和中央集权制度，远比宗教归属更能

* 指围绕水资源的开发利用而发展出的社会。

定义这个国家。历史上，埃及人曾三度更换他们的语言和信仰，但仍是一个独一无二的民族，永远不可能被改造成另一副面孔。埃及不会成为黎巴嫩，也不会成为伊朗。公元 7 世纪，伊斯兰教征服了埃及，可人们都知道，直至 14 世纪，穆斯林才成为埃及的多数群体。伊斯兰教渐渐在这里扎下了根，与科普特基督教并存了几百年。埃及人民信仰伊斯兰教的过程漫长而和平。一个家庭常常因此一分为二，有人坚守旧有的科普特基督教，有人则选择了信仰伊斯兰教。
245 埃及大地上那些关乎生死的仪式典礼先是为科普特基督教的仪式所取代，后来又让位给了全新的伊斯兰教信仰。

汉纳认为，所谓的“纯净”并不存在于埃及。遭遇这个国家的一切都已融入了它的文化之中，始终未改的是这里的土地、强有力的政府和对统治者的膜拜。“从亚历山大大帝时代到纳赛尔在位时期，埃及人都在谋求进步和改变。每位皇帝、哈里发或总督的死讯传来时，大家就会盼望更贤明的君主、更好的环境。最后，他们向现实低头了。”这是一个苍老、疲惫的国度，面对周围的一切毫无招架之力。这就是汉纳笔下的埃及。这里的科普特人知道甜蜜的日子是什么样，也尝过辛苦的年头是什么滋味。比起追求宗教狂热，这里的两大信仰群体更愿意相安无事。汉纳选择了《圣经 · 箴言书》（9：1）中的一个句子作为书的献词——“智慧建造房屋，凿成七根柱子。”

我在开罗一处名为“外交俱乐部”的上层人士集会所参加过一场讨论会，会后汉纳送了我一本《埃及人身份的七大柱石》。一位知名的“温和派”伊斯兰势力也应邀出席了这场活动。此人与汉纳相识多年，他坚称，他心中的那个乌托邦，那个由信仰主宰一切的国度，绝不会威胁到科普特人。汉纳没有多说什么。在我看来，他的作品就是他给朋友的回答。汉纳是个有着世俗观念的人，与科普特教会中的神职人员一向不睦。对他而言，埃及的多元主义是一种毫无争议的信仰；除了埃及，他没有其他家园，除了多元主义，他不会倾心于其他意识形态。

不少埃及人认识到，本土的历史传统正在遭到毁弃，这种认识必定部分导致了泛阿拉伯主义在埃及的复兴。这是一种古老的诱惑：埃及人不想再努力修复这个国家了，他们想从事更广阔的冒险。这种寻求抚慰的方式曾给埃及带来过苦涩与失败，如今它又回来了。埃及的智者和知识分子又重新弹起了 20 世纪 60 年代
的泛阿拉伯主义的老调——对埃及区域地位的担心。过去 20 年来， 246
美国为埃及提供了高达近 400 亿美元的援助，包括军事支持与经济项目。有趣的是，埃及却弥漫着一股对美国意识形态与利益的敌意。有些埃及人认为美国希望埃及永远依赖它、永远弱小，条件反射式地想要与美国对着干，相信美国想要削弱埃及的力量和影响。一个世代以前，埃以两国在萨达特治下已经缔结和平条约，可是这份条约并未获得知识分子的首肯，是“法老的和平”，只有他的继承人知道。

他们说，这轮新的泛阿拉伯主义浪潮将秉承务实之风，不像纳赛尔时代那场旧式运动那么轰轰烈烈、喧哗吵闹。埃及将引领其他阿拉伯国家，协助守护海湾地区的安全（抵御伊朗的进攻），同时与以色列达成和解，但这次运动不会大张旗鼓，更不会在阿拉伯世界引发意识形态的战争。埃及将以巧妙的手腕和庞大的官僚机器，与以色列的力量达成平衡。

实际上，埃及政府（以及该国知识阶层）梦想中的泛阿拉伯主义复兴大业只不过是空中楼阁，埃及在阿拉伯世界早已失去了领袖地位，其他阿拉伯国家也已经各走各的路。以前，埃及是最后一个举起泛阿拉伯主义大旗的国家，也是第一个抛弃它的国家。埃及想借助新一轮泛阿拉伯主义运动，从困难中脱身，但注定将徒劳无功。有一句话说得好——泛阿拉伯主义只会发生两次，第一次是悲剧，

第二次是闹剧。埃及没有能力充当“新月沃土”阿拉伯国家与以色列之间的调解人，假若双方真要缔约议和，议程也要由双方自己决定。讽刺的是，约旦和以色列和解将近，埃及却对此大加嘲弄。想当年，正是由于埃及政府在“六日战争”中指挥失当，约旦才失去
247 了约旦河西岸与东耶路撒冷。约旦人民等待了一个世代才因为《戴维营协议》而迎来一线转机，而埃及在此期间却因为和平的果实和随之而来的美国大宗援助赚得盆满钵满。

如今的埃及想要再次主宰泛阿拉伯运动，但他们的号召却无人响应。1995 年，埃及政府又使出了不切实际的昏招儿，既反对续签《不扩散核武器条约》，又想借该条约限制以色列的核能力，最后无疾而终。这次失败给了埃及一次警示。它既焦虑自身的区域地位，又要借此事和美国拉开一些距离，而且还想重塑自己在阿拉伯世界的威望，这些小算盘全都体现在了这次事件中。为了成功，埃及政府抛出了手上的所有筹码，但没有一个阿拉伯国家打算入伙。

而在保证波斯湾航道畅通无阻、捍卫阿拉伯半岛的安全稳定方面，埃及也没有什么特别的建树。对海湾地区的保守小国而言，要制衡伊拉克与伊朗需要依靠美国的力量。在这样的事情里，埃及扮演的只是一个小角色，比如在“沙漠风暴”行动中，埃方曾为美军打过掩护。埃及也许可以因此尝到甜头，可起到的作用实在微乎其微。

埃及人曾屡次以自我安慰的方式对世界描绘自己的国家，其中带着部分真诚、部分自豪，还有一部分是为了面对和这个国家的自我形象不相称的物质条件。在这些人中，埃及最负盛名的记者穆罕默德·海卡尔，是纳赛尔主义最为坚定的吹鼓手。1973 年“十月战争”过后，他曾向亨利·基辛格讲述过自己心中的埃及印象。他说，埃及并非只是一个横跨尼罗河两岸的国家，还象征着一种思想、一场历史悠久的运动。不过，仅此而已。埃及想要跨越地中海，成为

欧洲的一部分，也想充当阿拉伯世界的领袖，可这两种期望都搁浅了。治理埃及就等于接下了一个尼罗河畔苦难国家的全部负担，这里的昔日荣光并不能带来安慰。

埃及给其他阿拉伯人带来了一份礼物——埃及的文明和示范 248
性。埃及的历史和身份很微妙，它曾冒着偌大的艰险英勇不懈地追求现代化，这些都给怀有相同志向的阿拉伯人带来了启发。相比其他阿拉伯国家，这个国家似乎更有“深度”，其历史更宽容。埃及人无须故意和以色列作对，也无须破坏“美国治下的和平”，就能在阿拉伯世界里获得影响力。20 世纪二三十年代，在埃及还是阿拉伯世界的中心时，这个国家风气自由，是其他阿拉伯人的指路明灯。埃及社会在较自由的时期营造了一种文学生活，这样的社会不必激进吵闹。自由和文化是埃及傲视阿拉伯世界的特殊资本。埃及人不需要开罗的阿拉伯国家联盟（如今已经到了解散的边缘）那些啰里啰唆的工作人员也不需要“安全专家”编造什么对“阿拉伯世界和平秩序”的威胁，就能坐享这份资本。

1995 年年初，埃及的文化界遭遇了一场小小的暴风雨。当时，一位叙利亚出生的诗人给埃及书籍总会写了一封公开信，恰如其分地反映了埃及在阿拉伯世界的独特地位。站在这场暴风雨中心的人，正是大名鼎鼎的诗人尼扎尔·卡巴尼。他的作品《他们何时宣告阿拉伯人的死亡？》（“When Will They Declare the Death of the Arabs?”）点燃了人们的熊熊怒火。有人发起了一场运动，要求书籍总会收回延请卡巴尼访问开罗的邀约。但文学界和政界的精英们坚持立场，并表示伟大的卡巴尼有言论上的自由，埃及的国门也将永远向他敞开。后来，卡巴尼未能成行。他从伦敦的新家寄来了一封公开信，不加掩饰地表达了自己对于埃及的感激和眷恋。书籍总会创办的新杂志《开罗》（*al-Qabira*）登载了这封信：

埃及大地上的各位亲朋好友：

写到埃及，我无法保持中立的态度，也不能中立地表达对埃
249 及的爱。埃及就是我的母亲：她养育了我，让我饮用她的甘泉，教我走路，教我说出第一句话。20世纪40年代中期，我第一次来到开罗。那时的我就是一个找妈妈的孩子，寻觅着自己的文化母体。我要声明：是埃及照料着我，在我的床边唱歌，直至我能够写下自己的诗句，于1948年发表自己的诗集……我还想说，埃及对我就像对待她亲生的儿子一样：她常常站在我这边，完全不在乎我的大马士革籍贯和叙利亚口音。埃及曾为我的祖先与祖父阿布·哈利勒·卡巴尼（Abu Khalil Qabbani）张开怀抱，把他当作19世纪末期的戏剧界先锋。在这个世纪行将结束之时，她又热情拥抱了我的诗歌。埃及守护着这里的遗产，保卫着自由、创意与求新的精神。

书籍总会的邀请并非一份简简单单的邀约，而是带着埃及的芬芳、温柔和对儿女的不懈奉献——我也是埃及的儿女，哪怕身陷风暴，顶着风、淋着雨，忍受着流亡的冰冷，也不会被埃及抛弃。我近来的诗作引来了洪水，唯有埃及伸出援手，将我拉出了漩涡……埃及之所以成为埃及，就是因为这种使命。纵观埃及的历史，她从不会附和那些迫害被害者的凶手，从未参与对于被压迫者的压迫，从不帮助狱卒监视囚徒，从不协助无知者去对付智者。各位亲朋好友，一年一度的图书盛典将在开罗揭幕，这场盛典象征着一场胜利，说明阅读好过杀戮，知识优于无知，写出美丽诗篇的人胜过制造棺材的屠夫。

埃及的天赋在于它对艺术和文化的感知能力：文坛男女善于讲故事，电影、电视连续剧、戏剧、歌曲以及政治和哲学的争鸣都富有文化创造性。我最近一次访问埃及时曾到访塔拉特哈布广场的知

名书店“马达卜利”（Madbuli），在那里遇见一家出版社展销近来 250
的出版物，再次见识了埃及在阿拉伯与伊斯兰世界当中不可取代的地位。那一次，我遇到了一个小伙子。他来自海湾某国，正在向出版商急切求购一本（据说）暂时缺货的书。那天是小伙子逗留埃及的最后一天，但他很想得到那本书。他很快得知，这本书已出版新版本，只是还未送至这家书店。小伙子心急如焚。他和书店经理商量，愿意掏一笔钱请人将那本书送到他所住的酒店，他可以先付清货款；如果出版社哪位人士愿意把书送到机场，他还可以补贴一笔可观的车马费。他来自一个富裕的国度，可他即将告别的这个城市更为富有——在这里，写作的天赋、出版的文化尚未完全灭绝。（那天，那家书店还举办了一场作品展，来宾可以翻阅和购买深受挞伐的学者和哲人纳赛尔·阿布·扎伊德的全部作品。）

埃及曾经（在某种意义上）围剿过文化界，但文学与文化早已在这里根深蒂固。19 世纪 80 年代中期，开罗接纳了两位来自黎巴嫩的基督徒移民。他们是一对兄弟，一个叫萨利姆·塔克拉（Salim Taqla），一个叫比沙拉·塔克拉（Bishara Taqla），二人后来在埃及创办了《金字塔报》。同样是 19 世纪 80 年代，埃及给了阿拉伯世界的现代化先驱法里斯·尼姆尔（Faris Nimr）和亚库卜·萨鲁夫（Yaqub Sarruf）东山再起的机会。此前，两人因为狂热信仰达尔文和进化论而被美国教会逐出了叙利亚基督教学院（也就是后来的贝鲁特美国大学）。后来，法里斯·尼姆尔跻身埃及的名流富豪阶层，拥有了自己的报纸，并亲任总编。他的一生充实而多产。他长期活跃在政界和报界，直至 1951 年逝世，享年 95 岁，彼时正值 1952 年革命爆发的前夜。法里斯·尼姆尔喜爱西方的生活方式，推崇盎格鲁–撒克逊文化的纪律与道德，而且从不掩饰这种偏好，希望能把它们嫁接到“东方”来。正是埃及的戏剧和支撑着埃及戏剧的社会风气，让叙利亚人艾哈迈德·阿布·哈利勒·卡巴尼有机会在 19

世纪末期继续追求戏剧艺术。出身叙利亚德鲁兹山脉大公家庭的法里德·阿特拉什（Farid al-Atrash）与阿迈勒·阿特拉什（Amal al-
251 Atrash）兄妹，渴望逃离囚禁灵魂的祖地，自由追寻音乐、电影与歌唱方面的事业。这对兄妹于 20 世纪 30 年代来到埃及，哥哥法里德成了阿拉伯世界最成功的低音歌手与电影明星，妹妹阿迈勒则以艺名“阿斯玛罕”（Asmahan）享誉歌坛，是那个年代最美的女性之一，只可惜年纪轻轻就去世了。她的歌曲融合了阿拉伯和欧洲的艺术风格，参演的电影场场轰动。公众热衷她的一切，听不厌关于她的小道消息和情感故事，就连国王内阁的首相、某位知名的大导演，还有她某位密友的前夫，也曾和她传出过绯闻。

1911 年，埃及开始引进（西方）小说。1926 年，埃及制作了第一部国产电影。这部电影的出品人是位女性。她叫阿齐扎·埃米尔（Aziza al-Amir），除了制作影片还兼任演员。她自幼丧父，在贫困中长大成人。早在 20 世纪的最初十年，埃及便涌现了一批女性杂志。到了 1914 年，相关刊物已有 20 余种。阿拉伯世界的文化意识都是由埃及的艺术与产品带动的，凝结着埃及的创意和灵感。可是，其他国度的阿拉伯人并不一定那么了解埃及的实际情况，他们与埃及的初次相遇往往发生在电影与文学之中。在影片和文字中，那个国度的优雅与魔幻令无数男女为之痴狂；但如果他们亲身到埃及走一趟，又会被这里的贫困与脏乱震惊，直至离去，心神才会再次安定。远离埃及之后，他们又会沉醉在埃及的魅力之中。

一个国家的神话总是可以治愈人们的心灵，认识各异、需求不同的男女会因此团结起来。神话可以帮助大家度过艰难，抒发心中的愁绪与失落。有了这种神话，人们才能在这万国林立的世界上找到自己的位置。可是，神话也能蒙蔽一个国家的心神，让其子民失去自省的能力。埃及就有这样一则神话——在神话中，埃及是个温文的礼仪之邦，这里有着川流不息的大河，人民和睦相处，总能安然地接受所有遭遇。无数的历史研究反复描写着埃及的模样：一个因为大兴水利工程而生的社会，有着无比稳定的社会结构。不过，洪水一次次地泛滥成灾，埃及人的漠然与容忍也在被一点点地消耗。人与土地之间已经不复以往的平衡。埃及农民得从城里采购鸡蛋，最为边远的乡村地区出现了商铺，昔日的田地不是变成建筑工 252
地，就是被无以为家的人占据，因为埃及的人口数量仍在持续大增。满腔怒火的谢赫·奥马尔·阿卜杜勒·拉赫曼就来自埃及。他本是一名宗教文书，在埃及西部沙漠边缘的绿洲小镇法尤姆（Fayoum）讲读经文，但是到了 1993 年，他找到了新的同伙和新的事业，他谋划的恐怖活动波及了纽约城，震惊了全球。

尼罗河是一条淌在神话中的河水——它的身体泛着血红色，象征着记忆和永恒，如西蒙·沙玛（Simon Schama）在《风景与记忆》（*Landscape and Memory*）所述的那般绵长久远。它滋养了无数生灵，一刻不停地奔流向前。从头到尾，它都是那样平静而肃穆。它不像希腊神话中的川流，也不似黎巴嫩山谷落下的溪水，它并非自高地降至平原，也从不掀起任何大浪，沿途没有险滩。它就是一条端庄之河，水流平缓，像埃及这个国家一样波澜不惊、从未改变。

其实，这条端庄之河有着另外一种面貌。尼罗河两边的水利设施足以证明河流水位在历史上的涨落。在枯水期，土地干旱龟裂，作物枯萎、牲畜倒毙，埃及社会的秩序会随之陷入混乱。当汛期来临时，则意味着浩劫将至：谷仓被毁，疫病席卷大地，人民受苦受难。众所周知，埃及人有一种特别的方式来形容尼罗河水位与两岸民生的密切关系：水位低到 12 腕尺[*]时，两岸就会发生饥荒；水位突破 13 腕尺时，岸边居民便有饿肚子的风险；水位高达 14 腕尺时，

---

* 古代长度计量单位，被用于世界多地。古埃及的 1 腕尺约等于 52 厘米。

人们就会欢欣鼓舞；15腕尺意味着安定；16腕尺则预兆着国泰民安、万众欢腾。

任何国度、任何地区，都不存在一种可以永远保障和乐安宁的法则。尼罗河畔的这个国度曾经深陷低落，也曾无比欣喜。这里的人，一直见证埃及的生命循环，历经季节变化带来的兴衰。唯有他们的意志，方才具备决定一切的能力。礼赞埃及的沃土、埃及的长河并不足以了解埃及这个国度，我们还得留心两岸的水文量表，时时注意各类数据。

无人喝彩的和平

1995 年刚开年，总部位于大马士革的阿拉伯作家联盟就发表声明：开除居住在叙利亚但有着黎巴嫩国籍的诗人兼文学评论家阿多尼斯的成员身份，作家联盟自此与他毫无瓜葛。两年前，阿多尼斯前往西班牙格拉纳达（Granada）参与一场文学会议。会议由联合国教科文组织协办，聚集了以色列与阿拉伯各国的文学创作者，以色列外长希蒙·佩雷斯（Shimon Perez）和巴勒斯坦领导人阿拉法特也双双参会。那次会议在阿拉伯知识分子当中掀起了轩然大波，他们围绕阿以关系正常化（tatbi）、双方的文化交流展开热议。巴以双方刚刚于 1993 年 9 月在华盛顿达成《奥斯陆协议》不久，新的战斗就开始了，大家除了畏惧以方的军事优势，又开始忧虑以方的文化霸权。

自 1986 年开始，阿多尼斯一直旅居巴黎。他不愿过多回应作家联盟的非议，并告诉一位记者，被开除只是一件小事。他知道被放逐和被扣上“背叛”的帽子是什么滋味，可以处之泰然。在这类事情上，他已经是个老手了。孑孓独行的生活，他熟得很。过去的

30 多年当中，他一直处于评议的风口浪尖。就在几年之前，他还在
254 一部文选《诗歌时代》（*Zaman al-Shi'r*）里嘲弄过作家联盟这种“文学权威机构”，讥讽那些给政治权力当走狗的作家。他把阿拉伯世界的作家分为下列几类：一类人成了“奴仆”；一类人选择遗世独立；还有一类人干脆出走他乡，寻找自由的写作天地。“告诉我吧，亲爱的政府啊，您的政策到底是什么？而我会告诉您，您的文学与文化是什么。”

阿多尼斯深知作家联盟的缺点和官僚本性，与他脾性相同、立场相近的文人对此也不陌生。比如加利·舒凯里（Ghali Shukri），他来自埃及，在文学评论界地位卓著。在舒凯里看来，阿拉伯作家联盟就是当局的走卒。纵观整个阿拉伯世界，许多作家身陷囹圄，各国当局查禁的图书更是数不胜数。这些状况，作家联盟却一直漠不关心。舒凯里指出，“作家联盟从未帮助过被囚禁的作家，也从未向任何身陷困难的人提供过救助，更没有帮助过任何流亡作家归国。所在的城市处于严酷的军政府专制之下，因此作家联盟并不是一个适宜讨论文化的团体”。舒凯里还认为，作家联盟发起专门运动大肆挞伐所谓的“文化媾和主义”，其实只是披上了一层文化外衣，为叙利亚当局的外交偏向摇旗呐喊。

阿多尼斯被逐出作家联盟之后，许多人挺身而出，对他表示支持。不少作家干脆跟从他的脚步退出了作家联盟。叙利亚小说界的领军人物哈尼·拉希卜（Hani al-Raheb）发布声明力挺阿多尼斯，强烈批评阿拉伯文化与文学界描绘出的以色列形象。拉希卜愤然指出，阿拉伯人对以色列的制度、语言与文学一无所知。他们视以色列相关话题为禁忌，拒不承认以色列的国家地位，讳言以色列的成就。因为痛斥腐败官员，拉希卜在十年前丢掉了大马士革大学的教职。他精通英语文学，曾经撰写专著研究英国文学中的犹太人形象。他和作家联盟早有矛盾。20 世纪 80 年代中期，他曾把作家联盟的

领导称作“报告作家”——在他眼里，这些人只是在为当局搜罗消
息和粉饰太平。拉希卜写道，40 多年来，以色列方面坚持不懈翻译
与追踪阿拉伯的文学作品与文化事务；反观同一时期的阿拉伯世界，
“却只知道一味拒绝和贬低犹太民族的文化”。他觉得，这种态度该 255
改一改了。阿拉伯人应当认识到，生活在自己身边的以色列人绝非
“外星生物”，不是从某个陌生世界降临此地的。以色列在历史上成
就卓著，但阿拉伯人不应该害怕它。阿拉伯民族与犹太人争斗多年，
落得个两败俱伤，现在大家都需要歇一歇了。

另一位叙利亚作家萨阿杜拉·瓦纳斯（Saadallah Wannous）与拉希卜看法相仿。瓦纳斯觉得，那些竭力反对巴以关系正常化的人士只知因循守旧，致使阿拉伯世界“屡屡陷于失败，落入投降外交的可悲境地”。有人担心以色列的文化霸权，害怕以色列的思想会“传染”给阿拉伯世界。瓦纳斯觉得他们的看法不值一驳——“各位阿拉伯的兄弟姊妹，有一点我非常肯定：以色列的文化并不比我们更丰富，知识也并不比我们更深刻”；认为以色列在战场上占据优势，自然也能在文化与思想领域所向披靡。这在瓦纳斯看来大错特错。阿拉伯世界在军事上的弱势是因阿拉伯各国政客软弱、政局破产而造成的，阿拉伯人不能把头埋进沙子里，对现实拒不接受，也不能被政治上的挫折吓倒。

> 对于我们的历史、我们的人民，我怀有信心。我相信我们民族文化有着丰富的内涵，相信我们的未来有无限的可能，相信我们可以改变这种无法达成任何成果的冰冷现状。如果阿拉伯世界能充分了解以色列的文化，我相信任何人都不会再为作家联盟感到骄傲。相反，大家会满怀自豪地想起马哈富兹、阿多尼斯以及其他勇于求新的阿拉伯作家。

阿多尼斯、拉希卜与瓦纳斯属于特别的少数派（1997 年，瓦纳斯逝世，年仅 56 岁）。更多的民众都在反对和平协议，相关活动来势汹涌、声势日隆。作为阿拉伯世界最负盛名的诗人，尼扎尔 · 卡巴尼理当记录时代的声音。卡巴尼是个直面伟大时局的人，无论是面对 1967 年“六日战争”、1970 年纳赛尔逝世，还是他的第二故乡贝鲁特遭遇野蛮破坏，他都曾挺身呐喊，留下不朽的章句。后来，他更是写下了一首感情凶猛而激烈的作品《急迫的人们》（“al-
256 Muharwiluun”）。此时的卡巴尼已经身居伦敦，于 1995 年 10 月在《生活报》（*al-Hayat*）上发表了这首诗作。阿拉伯人对于和平协议的愤懑，对于遭遇颠覆的昔日真理的呼唤和热忱，经卡巴尼之手灌注到了《急迫的人们》之中。我把这首诗的一部分进行了粗略翻译，诗句如下：

耻辱之墙的最后一层已经垮掉
我们满心欢悦
我们手舞足蹈
我们称颂自己
懦弱求和的功绩
自此我们再无烦恼
再无羞愧
骄傲的脉搏在我们体内腾起

我们列队整齐
就如待宰的羔羊
我们奔跑，上气不接下气
我们在地上爬行
争相亲吻屠夫的鞋底

他们让我们的孩子忍饥挨饿
折磨了五十多日
绝食到头
只扔来一颗洋葱

格拉纳达第五十次陷落
再也不是阿拉伯人的城池
历史也已故去
再也不遂阿拉伯人的心意

安达卢斯这片土地
永远地离我们而去
一切都已失窃
城墙、妻眷、儿女
橄榄与油脂
还有街上的石子

襁褓中的耶稣 257
被他们从玛丽那里夺走
记忆里的橘树、杏树、薄荷树
还有清真寺里的烛影
也被他们席卷一空

我们的手中
只剩下一罐沙丁鱼
它叫"加沙"
还有一块干骨头

挂着“杰里科”的名
他们扔给我们一副没有骨骸的躯体
丢来一只手，手指都被砍去

奥斯陆那场秘密冒险
令我们倾家荡产
他们给我们的家园
小得不如一粒麦子
我们只能生生吞下苦果
就像无水送服阿司匹林

啊，我们在梦中期盼和平
白色的弯月，与蓝色的海
梦想时分，我们只发现了
倒头睡在粪堆里的自己

谁能向统治者发出质询
质询他们屈膝求饶的懦夫之举
质询他们慢慢出卖国家
换取援助的和平协议
质询他们商贾一般的卖国活动
质询他们为求和谈滥施剥削
谁又能问问他们
已死之人有何和平可言?
街市都已噤声
提出问题的人全都死去
一切，自然都已不成问题

婚礼上 258
不再有阿拉伯的舞姿
阿拉伯的美食，阿拉伯的歌曲
阿拉伯所处的羞愧境地
阿拉伯大地的孩子
绝对不会
出席这场婚礼

* * *

嫁妆来自美国
钻石戒指也是美方贺礼
司仪所收的费用
也由美元结清

蛋糕由美国馈赠
婚纱、花朵、蜡烛
还有奏响的海军歌曲
通通属于美国产品

婚礼行将结束
整场活动
还是没有出现巴勒斯坦人的踪影

电视上
巴勒斯坦看见了自己
看到自己的眼泪

随着电波跨越大洋
直达芝加哥、新泽西和迈阿密

巴勒斯坦在喊叫
就像一只受伤的鸟：
婚礼不是我的！
婚纱不是我的！
这场耻辱，也是不属于我的！

259 一夜之间，卡巴尼的新作引起了轰动。阿拉伯诸国的政客和商贾往来于卡萨布兰卡、安曼和开罗的各种经济会议和峰会，鼓吹新的中东经济就要到来；而卡巴尼有属于他自己的王国。他曾经大胆宣称："每个阿拉伯人的额头之上都有诗歌的印记，从生到死，永不褪色。"阿拉伯民族是"诗歌的代表"。诚然，政客与商贾势倾天下，但诗人也享有一种统治权，阿拉伯语称之为"诗的治权"（sultat al-shi'r）。这种权力比"父权、婚权、政权与军权"还要高贵和真实。这些权威可能"化为梦幻泡影"，但诗人的声名将永垂不朽。卡巴尼认为，诗歌就是"阿拉伯人的核心遗产（turath）"，这个遗产是"我们的身份、我们的护照、我们的血型，没有它，我们就是不知父母到底是何人的私生子"。

因为自己的新作，卡巴尼与深孚众望的马哈富兹发生了一场争执。几个月前，马哈富兹被激进伊斯兰主义者袭击，身心创伤还在恢复之中。自打20世纪70年代初期开始，马哈富兹一直倡议阿以和解。他带着一贯的冷静与理性评论卡巴尼的诗作。在这位小说家看来，卡巴尼的新作美则美矣，但在政治上却是站不住脚的：

有人拒绝和平协议，但同时又不想打仗。可他们并没有给出

> 第三条可行的路……和平协议的另一方（以色列）并不会等待任何人，他们会继续侵吞阿拉伯人的土地。没有谈判，就不可能有和平。阿拉伯民族已经无力继续战争，选择和谈实属时局所迫，所以他们没有理由批评选择务实和谈的人……痛斥阿拉伯诸国的领导人与谈判者也好，告诉他们是他们丢掉了格拉纳达、塞维利亚和安条克也好，都无济于事。卡巴尼的心声无疑是真诚的。他有他的观点，他有权利坚持他的观点。这种观点在阿拉伯世界不乏追随者，他们虽因和平受益，却拒绝和平协议。他们持有这样的观点是他们的权利。

诗人的身份本可以帮助卡巴尼逃过争议。没有人强迫他在这纸漏洞百出的和平协议之外再提供什么另外的选择，但他还是写文章回应了马哈富兹。卡巴尼表示，自己并非军事将领，没有策划或者 260
终止战争的权力。他是诗人，正是诗人的天职让他写下了这首颂诗，而诗人不会做政治决策。“诗歌超越了习惯和日常生活的限制。她是一个愤怒的女子，用她的指甲和牙齿说她想说的话。她是一匹警惕的狼，日夜准备扑向盗匪和贼人。”卡巴尼写道，马哈富兹这是不习惯“这种满腔怒火的颂诗，她扯开罩袍扔在地上，像发疯的猫一般，控诉阿拉伯世界的黑暗，不顾人们的闲言碎语，也不怕惹出什么丑闻”。

卡巴尼觉得，自己与马哈富兹的不同之处在于诗歌和小说的差异。小说是经过深思熟虑写成的，作者要负责安排小说的所有元素，仔细探究人物心理，没有时间上的压力。可诗人则是在处理“高度易燃的物质”。诗的情感无法延长，诗作不受诗人控制，“就像流星一闪而逝”；而小说则是“24 小时营业的作坊”。在当下的阿拉伯世界——

> 诗就是一声警笛，提醒大家危险临近了。它催促人们躲起来，戴上面具保护自己，躲过恐惧、抑郁和专制。马哈富兹是萨达特的追随者，深信天才的萨达特可以预知未来 。我追随的则是纳赛尔主义，支持它的疯狂和骄傲，它的爱国行为，它的荣光与耻辱，还有它的高峰与落入低谷的沉郁。马哈富兹的手指浸于水中，而我的手指则与火共舞。我是诗人，我生来热爱和平，因为在死亡与废墟的阴影下是写不出诗的。可是，这一次我们得到的并非和平，而是一个空奶瓶的奶嘴、一瓶空空如也的红酒、一封用隐形油墨写就的情书。我们表面收获了一点儿施舍，却要因此丢掉头
> 261 上与身下的一切，只剩下一张毯子……这份和平协议毁了巴勒斯坦，让它失去了立足之地。

1993 年 9 月 13 日，阿拉法特与伊扎克 · 拉宾（Yitzhak Rabin）在美国白宫进行了那次历史性的握手；1996 年 5 月 29 日，希蒙 · 佩雷斯和工党在以色列大选中一败涂地。在这两件历史大事发生的间隙，阿拉伯知识阶层陷入了困顿。巴以之间秘密的和平协议粉碎了他们的所有瑰丽幻想。民族主义当中的激进分子本来满心以为，上一代人签订的埃以协议负担沉重，必定无法维系下去。签署和平协议的萨达特背叛了阿拉伯世界，被美国的财富和认可迷惑了心神。他签订的和平协议带来的是“法老的和平”，不作数。埃及不情不愿地与以色列讲和，加之国内知识分子与文人反对本国与以色列媾和，这多少给了阿拉伯民族主义者一点儿安慰。

奥斯陆的这次和平协议却与以前大不相同。签署协议的阿拉法特是巴勒斯坦人，是巴勒斯坦这片土地的代表。1982 年，阿拉法特被赶出黎巴嫩以后，巴勒斯坦民族解放运动的总部迁到了突尼斯。突尼斯离他心中的家国很遥远，在这里，他成了一种象征，连接着 20 世纪五六十年代阿拉伯民族主义的政治传统。一路走来，这位巴

勒斯坦民族解放运动的“长者”跌跌撞撞，可是他始终没有放弃自己的志向。1970—1982 年，他以黎巴嫩为基地，给黎巴嫩人民带来了灭顶之灾，但他并非强行赖在这个地方，他和他的支持者来到这里是有理由的。这座城市属于阿拉伯人，是一处“没有栅栏的花园”。阿拉法特来到这里，为这座城市、这里的年轻人、穆斯林和支持他的基督徒带来了片刻光明。他把西贝鲁特变成了一个“阿拉伯区”，为其他阿拉伯人眼中的这个轻浮之地和“大号红灯区”赋予了严肃的政治使命。诚然，他曾在 1990 年表扬过伊拉克侵吞科威特的行径。 262
可那时候，又何止他一人在对萨达姆大唱赞歌呢？

《奥斯陆协议》让阿拉法特的航船驶入了一片未知水域。他面对的正是约旦国王阿卜杜拉和萨达特走过的路。* 但此时的阿拉法特已经和过去不一样了。1948 年，这位巴勒斯坦的领导人选择让巴勒斯坦人民流亡于约旦、叙利亚、黎巴嫩和海湾诸国的难民营，如今他决定另觅新路。他和他的人民将接受以色列的帮助，在约旦河西岸与加沙地带建起自己的小小国度。他将在各种地方收获新的赞誉：诺贝尔和平奖得主；1996 年受邀访美，与比尔·克林顿（Bill Clinton）在白宫的椭圆形办公室留念合影；他还将拜访世界银行总裁詹姆斯·D. 沃尔芬森（James D. Wolfensohn），与他商谈加沙政权所需的财政与援助。但这份新的使命似乎令他形单影只。他的孤独落寞与阿卜杜拉和萨达特是如此相似：他们都有胆魄力排众议、另辟蹊径。过去的 20 余年，阿拉法特勉力支撑着巴勒斯坦民族解放运动，但现在一有事情，人们就会耍起事后聪明，用怀疑的眼光批评他，指责他一心追求的和平是投降之举。旅居美国的巴勒斯坦裔作家爱德华·萨义德（Edward Said）甚至觉得，《奥

* 约旦国王阿卜杜拉和萨达特都因为与以色列讲和而遭到了杀害。

斯陆协议》就是巴勒斯坦人的“凡尔赛之耻”*。阿拉法特命运发生这样的转折，实在让人感到讽刺。连陪他共度患难、不离不弃的许多同伴也指责他和拉宾与佩雷斯沆瀣一气，认为和平协议包藏着以色列追求地区霸权的野心。坚定拒绝与以媾和的人士更是认为阿拉法特的求和之举可能造成骨牌效应：有了他的这个先例，早就想要对以色列妥协的各路人马——从掌控约旦河东岸土地的哈希姆家族到卡塔尔和阿曼的王朝统治者，再到突尼斯和摩洛哥两国政府——肯定纷起仿效，他们的行为也将变得合乎伊斯兰教法理。

巴勒斯坦民族解放组织计划中的家国蓝图原本十分宏大。可是根据《奥斯陆协议》，巴勒斯坦的治权仅限于绿洲小镇杰里科与加沙这片穷乡僻壤，这是巴基斯坦人开始自治的地方。史书写到杰里科，都会说它“曾经是一座宏伟壮丽的城市”，如今它的风采早就消散在了历史深处。昔日，人们踏入耶路撒冷所在那片山地之前，
263 都会在此停留片刻。10 世纪的历史学者穆卡迪斯（al-Muqadisi）生活在耶路撒冷，曾这样描写杰里科：“杰里科的水很好，当是诸多伊斯兰教地区中的第一名。”“这里盛产香蕉，甜枣与鲜花也是应有尽有……本地的槐蓝属植物等草木生长繁茂。”穆卡达斯寥寥几句道尽了小镇所有值得一提的事物。这里没有历史遗迹，也不曾见证什么大事件的发生。它只是个绿意盎然的小镇，遍布着未经修饰的花园和香蕉种植园。这里实在太小，撑不起民族主义者的千秋之梦。

随着巴勒斯坦人亡命他乡、流离失所，他们想象中的故国变得愈加可爱了。那一个个橙子果园在难民的惦念中成了阴凉、美满与幸福的象征。在 1948 年逃离海法（Haifa）与雅法（Jaffa）的男男女女的心里，回不去的家乡有着万般好处，那里的一切无不质朴、

* 第一次世界大战之后，协约国与同盟国在凡尔赛签订协议。该协议迫使战败国德国割地赔款、放弃全部海外殖民地并限制军备，因此被部分德国人视为奇耻大辱。

优雅和动人。阿卜杜拉提夫·卡纳法尼（Abdul-latif Kanafani）便是来自海法的难民。1995 年，他出版了一本典型的思乡之作《村镇之路：海法》(*Bourg Street: Haifa*)，在这本书中倾诉了自己对于故土的怀想："谨以此书献给海法，你就是迦密山（Mount Carmel）* 的新娘。你落入他人的囚牢，被监禁了太久。"写就《村镇之路：海法》的时候，卡纳法尼已经年届古稀。他在职业方面很成功。他熟悉金融行业，曾辗转谋生于科威特、沙特阿拉伯、阿曼与黎巴嫩。海法这座城市昔日里的点点滴滴，都能在他这本《村镇之路：海法》中寻到踪迹：他提到了他求学的第一站，以及那所伊斯兰教学校里的老师；他记下了海法阿拉伯青年足球队与雅法伊斯兰教体育俱乐部之间的恩恩怨怨，还有两队在 1947 年那场刺激异常的经典对决——比赛最终以海法阿拉伯青年足球队三比一获胜而收场。他写到了阿布·萨利姆（Abu Salim），这位出租司机常年往返于贝鲁特与海法之间，车技好，人品也好。他还不忘记录海法与阿卡（Acre）两市的商业竞争。在他看来，海法是"地中海沿岸的文化与艺术灯塔"，是这片海域仅次于马赛的第二大港口。他回忆里的海法是一个现实世俗的地方，不同的宗教信仰在此和睦共处。"我们心怀宗教，眼中则闪耀着进步之光。"这是那一代海法年轻人为它唱诵的赞歌。

这种回忆与渴望一度是巴勒斯坦民族解放运动的强心剂，支持着以前的阿拉法特不断前行。无论是寓居海外的巴勒斯坦上层人士，抑或流落难民营的巴勒斯坦贫苦百姓，他们的思乡之情别无二致。"在凛冽的冬日，我们会挤在火炉旁边，听祖母讲述过去的事情， 264
回想伊拉克曼希亚（Irak al-Menshiyeh）半数土地归属我家的那段时光。"法蒂玛·阿布·瓦赫达（Fatima Abu Warda）告诉一位外国记者。她出身于著名的阿布·瓦赫达家族，有一个堂弟叫马吉迪

---

* 海法附近的宗教圣地。

(Majidi)。1996 年 2 月 25 日，18 岁的马吉迪在耶路撒冷的一辆巴士上引爆炸药，造成 25 位乘客死于非命。“祖母会给我们讲我们家过去的那些橙子果园、成群的奶牛、甘甜无比的奶酪和葡萄。如今，一切都失去了，我们全家都为此感到痛惜。”如今，瓦赫达和她的一大家子人住在约旦河西岸法沃（Al Fawwar）的难民营，全家老小只有一处四间房的混凝土仓库可供栖身。他们思念过去，盼望着能回去。而如今，正是这种回忆和期望在如影随形地威胁着阿拉法特达成的和平协议。

还有一位巴勒斯坦的作家法瓦兹·图尔基（Fawaz Turki），他的故乡在海法。在政治上，他是个自立门户的“叛徒”，不受官方教条的认可，也得不到巴勒斯坦民族主义的支持。他大着胆子从美国的家回到了阔别 40 多年的幼年故乡。他在 1993 年出版了《流亡者归乡记》(*Exiles Returns*)，这既是一份政坛回忆录，也记述了他的个人经历。书中，他谈及那次痛苦的还乡之旅，说到自己如何在米克纳斯（Miknass）与塔拉勒（Talal）两条街道的交叉口找到了他们家的老房子。一位年近七十的以色列老人为他开了门。新主人并不待见图尔基，二人最终不欢而散。“老头儿不让我进屋。那是他的屋，但也是我的屋。就算是我俩共同的屋吧。”那次旅行，图尔基本想找到失落的家园，却发现自己不过“是个身处陌生城市的陌生人而已。那座城市现在属于他们，是他们的地界、他们的黎明。”终其一生，图尔基都行走在边缘地带。他想回到属于他的那片土地，然后就此忘掉它，这样的想法仅仅属于他个人，没有任何代表性。阿拉法特的《奥斯陆协议》让 1948 年的流亡一代变成了丧家之犬，扼杀了他们“回家”的念头。现实残忍且乏味，阿拉法特苦心维持的巴勒斯坦民族解放运动无法满足巴勒斯坦人民的美好期待。

犹太复国主义分子信心满满，可是他们也想早点甩掉被占领土这个包袱。缘此，流落突尼斯的阿拉法特和他那些流亡将领获得了一条生命线。以色列的发展已经超出了犹太复国运动早期的“塔与栅栏”*，犹太人渴望过上不受拘束的新生活。他们已经厌倦了据守被占领土。1992 年 6 月，在以色列夺取约旦河西岸 25 年后，这个 265
国家迎来了一场标志性的选举，国家的命运由此回到原点。“六日战争”期间的英雄拉宾赢得大选，再次当选总理。拉宾是讷言之人，民调遥遥领先的情况下，他也没有大谈特谈“改善对巴关系”相关话题。他当时仅仅表示，自己会“让加沙脱离特拉维夫的控制”。他承诺，要把自己的国家和巴勒斯坦“隔离起来”。绝大多数以色列人对拉宾寄予了深切期望。他们坚信，既然这位当年的军中硬汉、昔日“帕尔马赫”（犹太人地下抵抗组织的精锐先锋部队）的健儿和犹太复国主义的忠诚战士曾经多次为国纾难，这一次他一定也会稳稳地掌控大局。以色列人凭借着本能理解拉宾的设想：他想划下一条“绿线”，隔开以色列与约旦河西岸地区，从而使以色列逃出阿拉伯人的包围，找到一片安全宁静的新天地。约旦河和以约边境的崇山峻岭就是一道天然的“安全边界”。约旦河西岸纷繁复杂的民族与政治生态，会成为以色列人与巴勒斯坦居民之间的“安全距离”。

拉宾规划的和平前景很有可操作性。为了启动和平进程，他和他的外交部长希蒙·佩雷斯为阿拉法特找了个新角色。他们救了这位巴勒斯坦领袖一把，因为一度成为阿拉伯诸国的共同宠儿、曾在阿拉伯政坛如鱼得水的阿拉法特，当时正处在焦头烂额之际——1990—1991 年的海湾战争与他看好的萨达姆侵略科威特的行径把他脚下的世界炸得灰飞烟灭。最终，他虽然屡屡行差踏错，却因为以

* 犹太复国运动早期，犹太人在巴勒斯坦建立的定居点大多包括一座警戒塔和一道栅栏，因此“塔与栅栏”便成为早期定居点的代称。

方递来的橄榄枝而成为唯一一个能够帮助巴勒斯坦人民索回部分领土的人。过去的他曾放出豪言，誓要收复“自约旦河到海水之滨”（min al-nahr ila al-bahr）的全部疆域，但现在阿拉法特对他能得到的东西已经心满意足。毕竟，此时的他已经山穷水尽，没有别的选择了，只能低头接受残酷且无法逆转的现实。但是，一心妥协的他忽视了民族主义那致命的魅惑力。阿拉法特本可以继续斗争下去，本该坚持原有的强硬原则。他本来可以走上哈只 · 阿明 · 侯塞尼
266 （Hajj Amin al-Husayni，1893—1974）的老路，用最激进的方式与敌人对抗到底。侯赛尼乃是巴勒斯坦人的另一位重要领袖，是耶路撒冷的大穆夫提。他带领追随者踏上了一场危险之旅，一条暗杀行动与恐怖主义、在二战期间与轴心国暗通款曲的道路，而且从未对自己的选择流露过悔意。直至客死贝鲁特的那一刻，他也觉得当年并未做错。他的信众一直尊敬他。按照一位传记作家的说法，多年以来，数以千计的年轻男女纷纷前来“向这位老战士致敬，寻求救国救民的真理”。阿拉法特本可以选择坚持恢复想象中的大巴勒斯坦，继承老战士留下的路线。难怪他会不辞辛劳（花了接近一年的时间）前往加沙，宣示他对于收复故土的不变决心。他知道约旦国王阿卜杜拉（King Abdullah）与埃及总统萨达特的前车之鉴。他无疑清楚，假如他选择坚守政治最高纲领描绘的那个无法实现但无可指责的世界，他的政治生涯将会免去不少波折。

阿拉法特在《奥斯陆协议》这件事上做得很好；历史给了他一份极为珍贵的馈赠——一次从头再来的机会。巴勒斯坦民族主义得救了，但阿拉法特似乎是孤身一人担起这份担子的。在巴勒斯坦的知识分子与政界人士当中，为他发声者寥寥无几，就连那些追随他30多年的民族主义旗手也抛弃了他。移居巴黎的巴勒斯坦民族主义运动的桂冠诗人马哈茂德 · 达维什（生于1942年），1995年来到加沙访问，在接受媒体采访的时候表达了对于《奥斯陆协议》的失望

情绪。达维什表示，自己虽然回到了巴勒斯坦，却没有回乡的感觉；明明来到了此地，却觉得没有来；他的流亡生涯还没有结束。他说，时局如此暗淡，诗歌也得低声下气、极尽谦卑。美籍巴勒斯坦学者爱德华·萨义德曾在巴勒斯坦全国委员会（Palestine National Council）任职，被认为是巴勒斯坦公共知识分子中的领袖人物。他用更为直接的语言抨击了《奥斯陆协议》和阿拉法特，指责这份协议只是为了美国想要的和平，阿拉法特是在为以色列的暴行助纣为虐。阿拉法特和拉宾在白宫南草坪握手的“伟大一天”，是所有巴勒斯坦人应当铭记的“国难日”。在萨义德看来，困居加沙的阿拉 267
法特及其巴勒斯坦民族权力机构已经沦为以色列情报机构的走狗。“有人被折磨致死，好些报纸被迫关停。他（阿拉法特）的政敌被一网打尽，而他本人却一直在位，他的大多数部下要么默默忍受他的统治，要么就和他沆瀣一气。”萨义德表示，如今的巴勒斯坦民族权力机构和当年挪威的吉斯林政权*系属同类，“以色列与美国的和平协议”害得巴勒斯坦人两手空空。

阿拉法特的形象改变了。1993 年，在他 65 岁的时候，历史赋予了他全新的角色。他将以他的新角色驾驭两股不可调和的力量：一方是以色列人，他们急于跟巴勒斯坦居民隔绝开来；另一方是巴勒斯坦的激进势力和那些“扔石头的孩子”。有一点不可否认，散居叙利亚、黎巴嫩、约旦、底特律、纽约与澳大利亚的巴勒斯坦移民乃是阿拉法特的坚强后盾。有侨胞的支持，他得以继续领导驻留故土的诸位乡亲。犹太复国主义运动的前史，似乎能给巴勒斯坦方面提供镜鉴。想当年，“建立一个属于犹太民族的国度”尚属痴心妄想，哈伊姆·魏茨曼（Chaim Weizman）曾经放言：他只求自己

---

* 指挪威政治人物维德孔·吉斯林（Vidkun Quisling）建立的政权。二战中，纳粹德国占领挪威。吉斯林受命组织伪政权，与德军积极合作。

的民族能有自己的国家，哪怕这片家园只有桌布那么大。阿拉法特也面临同样的选择。当下的政治、文化与国际秩序实在严酷，他过去的宏伟蓝图已然无法成真。《奥斯陆协议》虽然赋予了 1948 年以来流落异乡的巴勒斯坦难民以“回归故土”的权利，但大家都不是傻子，清楚这权利不过是空头支票。没有哪个巴勒斯坦难民觉得自己能顺顺利利回到阿卡、雅法或者海法的老家。阿拉法特告别了一整套政治遗产，得到的却只是一种可能性。《奥斯陆协议》让不少海外巴勒斯坦人很受伤。旅居伦敦的巴勒斯坦学者加达·卡尔米（Ghada Karmi）捕捉到了大家的失望之情。她写道：

> 1993 年，巴勒斯坦民族解放组织接受了《奥斯陆协议》。过去 60 多年的历史和巴勒斯坦民族解放运动的中心原则仿佛被一笔勾销。在自己的土地上为别人安定国家、驱赶这片土地的居民、不择手段地阻止他们回归故土，这些事似乎都变得可以接受了。签订协议的那一刻，此等行径似乎也变得情有可原了。出于同样的原因，人们对这些已然发生的事情往往避而不谈。提及相关的
> 268 史实，似乎已经过时。倒是那些时至今日坚持认为巴勒斯坦难民遭遇不公正对待、巴勒斯坦人的土地遭到剥夺和巴勒斯坦人有权索回财产的人，成了政治上幼稚无比和严重落后于时代的象征。

关于希沙姆·沙拉比，在前面的章节已经提到了。时光流转，他不再是那个忠实追随安东·萨阿德的年轻人。年近七旬的沙拉比已经成为美国学界的一员。他在散布世界各地的巴勒斯坦侨民当中有着极高的威望。提到《奥斯陆协议》，沙拉比的言语中满是愁绪。他表示，自己一度也想做该协议的一个忠实信徒。《奥斯陆协议》敲定之后，他还放下成见亲赴以色列，与小说家阿莫司·奥兹（Amos Oz）探讨巴以和解的可能性。有那么一段时间，沙拉比觉

得两个民族有可能迎来握手言笑的一天。和谈过去三年之后，沙拉比改了主意。他转而坚信：所谓和平协议，不过是逼迫巴勒斯坦人“可耻地乞降”。至于阿拉法特和他的巴勒斯坦民族权力机构，根本不是万千巴勒斯坦人民为之奋斗的“独立、民主的制度”，而是与南非种族隔离时期的“班图斯坦”（Bantustan）* 别无二致，其存在价值只是听从以色列的差遣。沙拉比也隶属于“1948 年的流亡一代”。他觉得，对于阿拉法特接受的那份“和平协议”，自己和同龄人实在是无法忍耐。根据他的观察，协议一签，离开“巴勒斯坦历史领土”的游子们“与民族和故土的牵绊就会被合法地斩断”。他们“作为民族和人类的权利也将遭到剥夺”。对于“海外巴勒斯坦人”而言，国际政治划好的囚笼早就牢不可破。和平协议是强加于身的，没有拒绝的余地。不过，他们至少可以声讨阿拉法特，谴责他全盘接受和平协议的行为。沙拉比向同胞们发出倡议：摈弃阿拉法特式的“和平”，争取真正的和平。有学者认为，唯有难民们“回归故土的权利”得到保证，建立“独立的、以耶路撒冷为首都的巴勒斯坦国”，“和平”才算真正降临。

沙拉比等人的态度如此激进，也许是因为内心的负疚和想要寻求解脱。学者本人出身高贵家庭。1975 年，他在自传《烬与尘》中坦承，巴勒斯坦蒙受厄运，他所在的巴勒斯坦精英阶层却没有一人
担起为国纾难的责任。1936—1939 年“阿拉伯大叛乱”期间，沙拉 269
比还处在人生的懵懂岁月，曾直白地抵制过自己所属的特权阶层。这样的态度很难得。要知道，沙拉比的父亲出身显赫，父亲的密友奥马尔 · 拜塔尔（Omar al-Baytar）是巴勒斯坦数一数二的大地主。拜塔尔曾经担任雅法市长。他支持英国统治，曾把自己名下的土地出售给犹太人。为此，他深为起义人士所怨恨。沙拉比回忆道：

* 南非的一种种族隔离政策，以“自治”的名义将某个特定种族集中于一个区域。

> 1936 年起义期间，我们什么也不缺。危机远在天边，无法波及特权阶层。起义的炮灰是那些农民和穷人，他们要完全承担起义的代价。受过教育的人和各位士绅只是通过《巴勒斯坦》（*Filastin*）和《国防报》（*al-Difa'a*）上的新闻观察革命的进程。房屋被毁是常有的事，起义者遭到处死的新闻传来之后，我们还会大声咒骂英国人的无道和残忍。我们很关心革命，可我们的生活并未因为革命发生任何改变。然而，1938 年夏天发生了一件大事，我的人生从此天翻地覆。当时，有人想要谋杀我父亲的密友拜塔尔，我的母亲知道后，立即着手收拾行李。“我们必须立即离开巴勒斯坦，”母亲说，“不然下一个要死的人就是你们的父亲。”那天早上，阿布·扎基（Abu Zaki，即拜塔尔）夫妇出发赶往黎巴嫩。第二天，父亲、母亲和我踏上了同样的行程。在阿莱（Alayh），扎基和家父戴上红色的菲兹帽，一道去往山巅的那家咖啡店。他俩坐在小小的桌台旁边，悠闲自在地抽着水烟袋，仿佛在说人间一片温暖呢。夏天结束之前，我们全都去了贝鲁特，在那里租了一个小小的房间……父亲为我在贝鲁特美国大学的预科中学报了名。转过年去，他和妈妈都回到了雅法，我则去了寄宿学院就读。此后我一直待在贝鲁特，直到 1947 年从贝鲁特美国大学毕业。其间，除了假期，我从来没回过巴勒斯坦。

沙拉比对于巴勒斯坦最后的青春记忆停留在 1947 年 12 月，那个月他返回故土去和家人道别，而后便踏上奔赴芝加哥大学的行程。
270 归乡的那天很冷，沙拉比经由拉斯纳古拉（Ras al-Naqura）从黎巴嫩进入巴勒斯坦。天色渐昏，阿卡这座他心中的梦幻之城的城墙和贾扎尔清真寺的叫拜楼又一次进入沙拉比的视线。他一路接近家乡，见到了海法、迦密山和红海海滨的风景。一路上空旷异常，只有两辆长途汽车公司的大巴在驶向纳哈利亚（Nahariya）。大巴是犹太人的，开往加利利西部唯一的犹太人定居点。沙拉比与两位发小道别，其中一人决然表示：沙拉比自美国归乡的那天，巴勒斯坦定然已经获得解放了。

没过多久，沙拉比便和故乡彻底绝缘。远在芝加哥的他一直通过《纽约时报》追踪巴勒斯坦的情势。他了解到，他的同龄男女正在哈加纳（Haganah）浴血奋战，而他却躲到了万里之外。那是1948年4月，那个月他备受煎熬。4月6日，耶路撒冷之围被犹太人化解。4月8日，耶路撒冷郊外，巴勒斯坦的名将阿卜杜勒·卡迪尔·侯赛尼（Abdul Qadir al-Huysani）在卡斯特尔（Kastel）战役中阵亡。19日，提比里亚（Tiberias）落入犹太人军队之手。三天后，犹太人又占领了海法。沙拉比的家乡雅法也没能逃脱陷落的命运。5月2日，《纽约时报》为沙拉比带来了犹太人民兵武装“伊尔冈”（Irgun）占领哈加纳的消息。于是，沙拉比再也回不去了。“对于雅法的海，我有着清晰的记忆。那片海属于我的童年。至今，我还能嗅到海的气息，尝到海的咸腥。海风阵阵，似乎在扑打着我的脸。”

有一阵，沙拉比也尝试着想要接纳《奥斯陆协议》。可每当回忆涌上心头，他就会打消这个念头。旧日的巴勒斯坦如同幽灵一般，令这苟且的“和平”丑陋不堪。回忆中，失陷之前故土是那样的神圣美好。“1947年，年少的我挥别了巴勒斯坦。当时，这片小而美的土地正处在现代的黎明。”1996年12月，在慕尼黑的一次活动上，沙拉比告诉他的听众。他觉得，旧日的巴勒斯坦就像一个被封印的精灵，《奥斯陆协议》把它释放了出来。沉湎在昨天的巴勒斯坦游子，根本无法认同《奥斯陆协议》划定的那片土地。沙拉比指出，人们是时候重新拾当年的家国理想了。他表示：

> 第二次世界大战结束的时候，巴勒斯坦就是阿拉伯诸国当中的先进模范……这里，有阿拉伯世界最活跃、最勇敢的媒体。大

> 多数周边国家还忍受着封建统治，巴勒斯坦却已在享受自由。这
> 271 里的农民得到了解放，大多数人拥有自己的农田。城市中，受过教育的中产阶级正在崛起。雅法的大部分女性摈弃了传统的面纱和罩袍，女孩开始走进校园。巴勒斯坦的教师、经理，还有医生和工程师，成了阿拉伯世界现代化事业的急先锋。

46 年过去了，沙拉比再次回到出生地。此行，他要探访自己的过去。他的身边除了阿莫司 · 奥兹，还有英国广播公司派来记录这次旅程的摄制组。归乡之行恍如一梦，沙拉比感叹道：“雅法的一切都变了，一切却似乎毫无改变。”走在雅法的主干道上，他发现楼宇还是那般老旧低矮。童年时候的老字号现下还在开门迎客。“我听见了汽车喇叭的轰鸣，也听到了街头巷尾行人交谈、小贩叫卖的声音。可是，这不是我记忆中雅法居民的样子，因为他们说的不是阿拉伯语。”钟楼广场还是往日模样，但原来的市政厅早已不见踪影——1947 年，“伊尔冈”分子炸毁了它。

> 英国广播公司的摄制组陪着我一道寻访了我那位于阿贾米区的旧居。如今这片区域成了贫民窟，住客都是阿拉伯人。旧居门前的花园还是老样子，茉莉花树也保持着原有的形貌。围墙边盛开着茉莉花，以前家父每次离家前都会从这里摘下一朵小花。我听说，现在这里住着一家来自罗马尼亚的犹太人。制片人让我进去看看，但我拒绝了，我不忍心再看到我熟悉的客厅、餐厅和其他房间。

沙拉比眷恋着过去。放眼现在和未来，他只能看到无尽的暴力冲突，还有那份“失效的非法和平协议”。他不怕和平的希望落空，倒是担心万一和平协议达成，美国与以色列的图谋就会得逞，巴勒

斯坦的光辉过去将会遭到背叛。

巴勒斯坦民族屡遭离乱而又矢志回乡的历史，是一部强大的民族主义神话。它支撑着巴勒斯坦人，使他们在阿拉伯的政治运动之中获得了重要的地位。但是，这一神话被迫向现实的政治事业低头 272
了。巴勒斯坦人就像一群游客，一路上畅想着前方恢宏瑰丽的景色，到了以后却发现一无所有。一些激进分子认为，在 1993 年 9 月巴以会谈当中，阿拉法特仅仅只是从伊扎克 · 拉宾那里获得了对巴勒斯坦民族解放组织的简单认可。糟心的事情还没完。1994 年 7 月 1 日，“历史性的会面”差不多过去了一年，阿拉法特带着随行人员从埃及来到加沙这个政治生涯的新目的地，这和他的归国梦相去甚远。国际媒体对于此次事件兴致寥寥，只有几家报纸的记者恭候阿拉法特。他发表的回乡宣言乏味无奇。酷烈的日头之下，他对着一小群听众讲话，演讲尚未结束，人群便纷纷散去。40 多年来，渴望弥赛亚救赎的梦想压在巴勒斯坦人民的心头，阿拉法特和他那段干巴巴的讲话实在无法满足巴勒斯坦人的殷切希望。

阿拉法特和他的部下走上了一条前途未知的路。反对的声音很快便出现了。有人控诉阿拉法特政权有 9 个安全机构，他大力迫害政敌，监狱里关押了 12,000 名政治犯。他还钳制言论，打压《日报》（*an-Nahar*）和《祖国之女》（*Abna al-Balad*）这两家亲约旦的媒体，令《祖国之女》被迫停业。阿拉法特还犯了很多小错误：他下令封杀了爱德华 · 萨义德的所有作品，虽然此人曾是他在西方知识界的主要拥护者；他力捧的文学教授哈南 · 阿什拉维（Hanan Ashrawi）在 1991 年马德里和平会议之后化身为媒体红人，却投入了反对派的阵营。（阿拉法特回应的方式是在 1996 年 6 月将她引入内阁。）阿拉法特本色不改。流亡期间，他牢牢掌控着权柄，巴勒斯坦民族解放组织的财政支出由他一人决定。他错误频出，但仍是巴勒斯坦民族解放运动无可争议的领袖，掌握着巴勒斯坦的前进方向。他是

273 革命者的表率、阿拉伯政坛的风云人物，然而《奥斯陆协议》的签订将他卷进了前所未有的责难与抨击。

阿拉法特摈弃了原先的路线，由此得到不少意外收获。1996年5月1日，他在白宫的椭圆形办公室会见了比尔·克林顿。这可是巴勒斯坦历史上的第一次。还是希蒙·佩雷斯亲自斡旋，为阿拉法特赢来了与美国总统见面的机会。两个星期之前，阿拉法特授命巴勒斯坦全国委员会（巴勒斯坦政权的议会）修改《巴勒斯坦民族盟约》（Palestine National Covenant），该盟约制订于20世纪60年代，不但声称巴勒斯坦人民对于巴勒斯坦全境享有主权，而且拒绝承认以色列的国家地位。废除盟约是以方长期以来的核心要求，阿拉法特接受了这个要求，至少看起来接受了。他的手腕一如既往，在这件事上，他依然要博得所有人的好感与期望。他刻意留出足够的暧昧空间，以便遮掩他的种种行为。他向巴勒斯坦激进派承诺，有朝一日定会废除盟约当中对以妥协的修正案，和平进程只是刚刚开始，他们还有机会考虑新的政治章程。但佩雷斯已经可以拿着这份和平协议作为伟大的功绩大书特书，称之为“过去100年来中东地区最伟大的革命”。

《巴勒斯坦民族盟约》的修正案不仅语焉不详，出台的时机也耐人寻味。当时，以色列方面正向黎巴嫩境内的真主党武装发动攻势。黎巴嫩这个国度曾是阿拉法特等人的容身之所，他们在这里待了十几年。1970年，阿拉法特被逐出约旦，于是来到了黎巴嫩，1982年，以色列击败了他的军队，他不得不再度离开此地。阿拉法特对1996年4月以军侵略黎巴嫩的行动置若罔闻，其间甚至还和已经升任以色列总理的佩雷斯有过一次会面。如今的他已不再关心阿拉伯国家，而在意的是以色列与华盛顿的同情。他积极支持佩雷斯与“利库德集团”（Likud）的总理候选人本杰明·内塔尼亚胡（Benjamin Netanyahu）展开对决，希望帮助佩雷斯赢得以色列大选。

前往白宫觐见美国总统是他因此举而得到的机会，不过他在访问美
国期间也有别的事务要谈。自称“巴勒斯坦总统”的阿拉法特拜访
了一位新朋友：世界银行行长詹姆斯·D. 沃尔芬森。两人商讨了世 274
界银行向阿拉法特政权提供贷款的细节问题。阿拉法特声称，巴勒
斯坦的建国大业就要实现了。他积极参与到华盛顿热爱的政治评论
活动中，出现在美国有线新闻网的电视节目上，与拉里·金（Larry
King）纵论以色列大选。他预测以色列总理一职非佩雷斯莫属。他
认为，此次选举将会相当胶着，不过佩雷斯定会获得大胜。

20 世纪 70 年代，贝鲁特云集了巴勒斯坦民族解放运动的支持者和武装人员。当时，哪怕想象力最为奔放的贝鲁特人，也无法预见事情会发生这样的变化。对那时的黎巴嫩而言，阿拉法特并非一个外来的破坏者。他主张阿拉伯民族拥有共同的命运，无数的黎巴嫩穆斯林和基督徒为之倾倒。黎巴嫩宗派林立的政坛生态给了他生存的空间。阿拉伯世界的重量级力量——比如埃及和海湾诸国——默许他利用黎巴嫩作为活动基地。以色列入侵黎巴嫩之后，他被迫远走他方。有人觉得他务实老练，有人则觉得他“卖国”“投降”。总之，他在黎巴嫩正逢悲惨遭遇的时候和美国搭上了线。他总是以一双理性的冷眼审视权力与政治，断定阿拉伯诸国帮不了他，也奈何不了他。他和约旦竞争，因为约旦正在巩固与以色列的和平关系。他在大马士革不受欢迎，叙利亚当局庇护的巴勒斯坦组织也在抨击他。他很清楚，阿拉伯民族的政治事务并无中心可言，这个世界已经四分五裂。在这样的新秩序下，没人能在“合法”与“非法”之间划下明确的界限。

《奥斯陆协议》无法赢得阿拉伯知识分子的喝彩。大家都觉得这不是他们想要的和平，而是统治者想要的和平。协议签署之时，正值阿拉伯世界混乱无序、贫弱乏力的困顿期。1990—1991 年海湾战争中，阿拉伯人自相残杀。阿拉伯知识分子眼中曾经的“民族主义

旗手”——也就是伊拉克的复兴社会党政权——露出了本来面目，为众人所唾弃。坚定的民族主义人士表示，不平等的协议没有任何荣耀可言。作为知识阶层的自留地，阿拉伯的语言文化成了用以反对
275 《奥斯陆协议》的工具。文人们操弄文字游戏，把“正常化”（tatbi）贬作“驯服”（tatwi），称“和平”（salam）为“投降”（istislam）。

若以人均收入计算，以色列10倍于约旦；而埃及与以色列在这方面的落差达到了20倍之巨。经济上的成功成了犹太复国主义政治事业的正当理由。到了1995年，以色列更是在经济上将西班牙和葡萄牙抛到了后面。以色列一飞冲天，阿拉伯世界那一度因石油储备而表现强劲的经济形势却一日比一日惨淡。增长已成往事。20世纪90年代初阿以走向和平的时候，阿拉伯世界的经济状况已经跌落到最低点。1995年，世界银行出具报告《面向未来》（Claiming the Future），用质朴的语言描绘了穆斯林聚集的中东与北非地区所面临的经济困境。当时，那里的总人口已达2.6亿，出产的工业制品却连有着500万人口的芬兰都不如；仅有的一些资本纷纷外逃，海外资金达到3,500亿美元。中东与北非在世界经济的版图上成了无足轻重的地区。流入当地的外国投资，不到所有发展中国家吸引外资总数的1%。东亚地区早已摆脱贫困，拉丁美洲的私有化进程和经济改革也逐步取得成效。相形之下，穆斯林聚居的中东与北非是唯一陷在经济低潮之中无法脱身的孤儿。诚然，撒哈拉以南非洲地区的经济表现也很差。可是，见识过20世纪七八十年代经济高峰的阿拉伯人怎会“自甘堕落”地去和“黑非洲”[*]一较短长呢？时间进入20世纪90年代早期，就连纸醉金迷的“海湾油霸”也已荣景不再。持续十年的赤字生涯让海湾地区的六大产油国疲惫不堪，1973—1983年这“黄金十年”收获的

* 即撒哈拉以南非洲，该地区的居民以黑人为主。

外汇储备慢慢见底了。

20 年来，海湾产油国家的人口翻了两番，权利变多了，年轻一代的国民对于过去的困苦毫无认知。举个明显的例子：1989—1990 年，科威特的外汇储备达到 1,130 亿美元；到了 1996 年，储备只剩下 460 亿美元。贫困之潮并未因此席卷阿拉伯半岛，可是他们的石油资源为邻近国家带来的繁荣局面却已一去不复返。以前，有人曾 276
经畅想一场惠及整个阿拉伯世界的经济改革，它将成为一番千秋伟业，为阿拉伯世界带来光明未来。这个梦想已然落空，他们所谓的“阿拉伯人的经济事业”完全与现实相悖——现实中，阿拉伯诸国之间少有贸易上的关联，对于阿拉伯世界以外的工业化经济体倒是特别依赖。

《奥斯陆协议》的以方设计师佩雷斯对未来也有着不切实际的期待。他深信，自己奠定的和平局面犹如黎明初晖，宣告着“新中东”的诞生。《奥斯陆协议》的影响会在新千年开花结果，届时的“新中东”将会施行市场经济和民主选举，各国边界开放，人民可以自由迁徙，中东的沙漠将会变得繁华，征服与攻伐将让位给商贸往来。极端的民族主义将因此失去人心。“过去，一个国家的认同由人民的自有秉性、国土的地理形貌以及语言文化的独特遗产共同铸就。今天，一切都已改变——科学没有国籍，技术并无家园。信息不需要护照也可以传遍世界。”佩雷斯以他一贯的风格说道。他的发言热情洋溢、滔滔不绝、充满希望，但他就像一个迟到的客人，到场之时，盛宴已毕。佩雷斯憧憬着和平，而阿拉伯知识分子却在追悼那个已然逝去的世界。他们见惯了恶政，长期生活于糟糕的经济形势之下。那时候，民主制度在拉美与东欧的许多地区获得了意外的成功（至少有人如此吹嘘），他们却还得忍受残酷的军政府统治。除了军人独裁，阿拉伯人似乎只有宗教极端主义这一个选项——黎巴嫩如此，埃及如此，巴勒斯坦亦如此。石油拉动的经济增长眼看难以为继，此时，佩雷斯唱起了阿拉伯世界大同和迈向现代化的高调，可他鼓吹的全新世界只能带来文化上的疏离与解体。广受欢迎的叙利亚诗人卡巴尼不禁哀叹：阿拉伯世界已经不复往日的完整和纯真，“我们的国家成了别人想来就来的超市，董事长还是个以色列人。”阿拉伯民族主义的真正信徒甚至生出一种感觉——比起佩雷斯，还是拉宾更可亲一些。拉宾是个军中硬汉，议和的姿态也像个军人——当年，他在白宫门外的草坪之上向阿拉法特伸手致意的那一刻，显得万分犹疑不决。犹疑符合拉宾的性格；巴以关系的正常化进程也和各类的疑虑形影不离。佩雷斯的挑战则不同。
277 对想要守护阿拉伯世界的人来说，佩雷斯有很强的诱惑力。他会唱着技术治国的高调，让多哈、阿曼、突尼斯城和拉巴特（Rabat）等地的政治人物对他言听计从。慢慢地，阿拉伯世界各大城市的权势人物，凡是意志薄弱、心性不定和有意效仿的，都会上他的道儿。他将把阿拉伯人划为三六九等，使大家都屈服于以色列的霸权。佩雷斯的设想一旦实现，几代阿拉伯民族主义者信奉的真理就会遭到践踏，被抛进风中四处飘散。

1996年5月，以色列大选结束，佩雷斯未能出任总理。这对阿拉伯诸国的知识分子而言是个大好消息，为他们送来了政治上的新生，因为他们不用再忍受和平的束缚了。他们本来就不相信佩雷斯许诺的美好未来，而如今就连以色列人自己也拒绝了这个规划未来的先知。大选落幕的六个星期之前，佩雷斯曾命令军队进入黎巴嫩。这次代号为“愤怒的葡萄”（Operation Grapes of Wrath）的行动并不成功，为佩雷斯的下台奏响了序曲。佩雷斯此举是要惩戒几起恶性恐怖活动。此前短短八天之内，阿什科伦（Ashkelon）、耶路撒冷和特拉维夫连续发生了惨烈的自杀式炸弹袭击事件，59人失去生命。佩雷斯苦心经营的和解进程遭到了广泛质疑。按照佩雷斯的和平方案，以色列与巴勒斯坦将会彻底分割开来，可是宗教极端组织“哈马斯”制造的系列血案却说明两个民族纠纷很深。最后一起爆炸袭击事件发生于特拉维夫的购物胜地迪岑哥夫街，事发当日是普林节的前夜。在以色列历史学者兼作家本韦尼斯蒂看来，特拉维夫的这个事件非常骇人，让人觉得“天塌下来了一般”。本韦尼斯蒂指出，耶路撒冷暴乱频发，人们对这种事通常不以为意，因为这座城市位于阿拉伯人和犹太人两大民族杂居共处的交界线上，“充满了各式暴力”。可特拉维夫遇袭给以色列人带来的震撼不可同日而语。本韦尼斯蒂打了一个精妙的比方：特拉维夫是“以色列的腹部，充满享乐元素”。“身处此地，以色列人可以暂时忘却血腥的战争。”佩雷斯发兵黎巴嫩正是为了平息以色列人的愤怒，不料他主导的军事行动却令他自食恶果。4 月 18 日，黎巴嫩南部的卡纳（Qana）小镇附近，古城提尔（Tyre）的几英里外，以色列方面的炮弹落入了联合国临时搭建的难民营，数百名平民身亡。旧怨又添新仇。过往的苦难、宿怨和激情变得更鲜活、更持久了，令技术官 278
僚促成的和平与商人的交易相形失色。

海湾地区的卡塔尔是一个独立的小公国，和以色列有着深厚的关系和贸易往来。佩雷斯访问该国的时候，政府特意在机场的跑道上奏响了《希望》（*Hatikvah*，以色列国歌）的旋律以示欢迎。卡塔尔接触以色列，一方面是为本国的天然气开拓市场，另一方面也有对抗强邻沙特阿拉伯的用意。小小公国有此政策，魄力不可谓不大。当局与以色列亲近的举动，打破了长期以来的政治禁忌。卡塔尔国内的反对声浪开始翻涌激荡。优素福·卡拉达维（Yusuf al-Qardawi）博士是多哈（Doha）奥马尔伊本哈塔卜清真寺的宗教领袖。身为伊玛目，卡拉达维名望很高。他在布道时强烈谴责了当局的所作所为，说那些想与佩雷斯握手言欢的人不干净，因为手掌一旦与佩雷斯接触，就不再纯洁了，要“清洗七次”（其中一次是用尘土）才能洗去手上的污秽。卡塔尔的政策还招来了阿拉伯大国的反对。为了达到目的，卡塔尔的统治者使尽浑身解数，可随着佩雷斯的败北，他们不得不变得更为小心谨慎。

激进分子欢欣鼓舞，庆幸佩雷斯那个“新中东计划”无疾而终。其中就包括爱德华·萨义德。在他看来，内塔尼亚胡的上台值得巴勒斯坦人额手称庆。“我们宁愿和这个粗鲁又残忍的内塔尼亚胡打交道，也好过应付那个惺惺作态而且同样粗鲁残忍的……佩雷斯。”爱德华·萨义德还预测：在可预见的未来，阿拉伯人与犹太人都将“走进一段黑暗而迷茫的岁月”。不过，历经一番斗争过后，双方总会迎来“两相情愿的和平”。巴勒斯坦学者穆罕默德·里马维（Muhammad Rimawi）一直在为伦敦的阿拉伯语日报《生活报》撰写稿件，他的看法更贴近阿拉伯知识分子的共识。里马维觉得，佩雷斯“把所谓的‘新中东计划’和经济合作前景当作衣衫，遮掩自己的真实用心。内塔尼亚胡则会赤膊上阵，他是一个游荡在现代都市街道的战士。”内塔尼亚胡当选以色列总理，意味着阿拉伯重新回到了知识分子熟知的那个世界。泛阿拉伯主义的政治秩序虽然无望重整旗鼓，但只要巴以的往日仇怨再次蒸腾，只要被佩雷斯和阿拉法特模糊的民族界限再次清晰起来，就足以安慰知识分子。过
279 去的阿拉伯世界有一种富含规则和仪式的政治游戏：各种首脑峰会，承诺要结束阿拉伯诸国之间的内部恩怨；无尽的计划，以终结巴以力量的失衡。那个政治世界无论取得过什么成果，都已经被扫荡一空了。1990—1991 年的海湾战事，就像是对阿拉伯世界旧有政治模式的嘲笑。而今，以色列工党下台了，以前的政治游戏又得到了死灰复燃的机会。“如今，我们的世界已经分崩离析了。”1996 年 6 月，在开罗举办的阿拉伯国家峰会上，埃及总统穆巴拉克说道。他宣称，埃及政府已经下定决心，要领导阿拉伯世界重整既有秩序。

以色列方面倡导和平的那一派下台了，阿拉伯阵营中的不少人如释重负。卡巴尼在写给参加开罗峰会的领导人的公开信中捕捉

到了这种情绪。字里行间除了讥诮与苦涩，还带有一缕希望色彩。他希望，这场“背叛的和平”和不着边际的幻想将随风而逝、永不重现：

> 我很高兴，你们宣布了那个已经被推迟了几个世纪的婚姻，虽然你们是在已经到了要离婚的年龄才决定结婚的，虽然你们的筋骨已经疲惫不堪，力量已经衰弱枯竭。你们能在同一个屋檐下安安静静相处三天，我们就谢天谢地了。
>
> 如果内塔尼亚胡有本事升高你们的血压，刺激你们的神经，乃至改变你们的血型，我绝对要向他表示万分感谢。
>
> 如果内塔尼亚胡有本事说服你们，让你们相信婚姻的美满。假如你们能够共享同一片枕席，坐在同一张餐桌旁边，共用同一套碗碟、同一个杯子，那他可真是做了一件人间美事。
>
> 如果这个人有本事让你们想起自己的民族身份，想起你们的生 280
> 日和出生地，想起你们是阿拉伯民族的一分子，那他可是功莫大焉。
>
> 如果这个人有本事重塑阿拉伯民族主义，让“扔石头的一代”过上正常的童年。
>
> 如果他有本事提醒我们先人和孩子的姓名。
>
> 我会对他的到来表示绝对的欢迎。
>
> 先生们，这可是你们抵达人生末路之前，最后一次获得爱戴的机会。

《奥斯陆协议》已成一纸空文。对于协议带来的和平局面，阿拉伯人既不期待，也不欢迎。三年来，大家苦苦地争论“巴以关系正常化”。他们谈论以色列，其实就是在谈论他们自己。这种谈论从犹太复国主义降临到他们这个世界的那一天起就开始了。1995年，尘埃落定，约旦文化部长发表声明：约旦官方赞成与以色列和解，不过“人民以及社会团体”有权自行决定要不要和以色列和平相处。政府与知识阶层的游戏规则被摆上了台面。在阿拉伯诸国的领导人中，就属约旦的哈希姆王室（Hashimites）最为公开支持《奥斯陆协议》,不过政府与官方的权力是有限的。所谓的“阿以关系正常化”到底何时实现，又能行进到何种地步？统治者选择了和平，但没有公开地大吹大擂。他们想方设法地暗示，选择议和是无奈之举，是受力量平衡所迫，是因为被本该并肩奋战的其他阿拉伯国家抛弃了，或者是因为冷战已经结束了，等等。他们还给知识分子提供了批评的空间。在埃及，领导人很尊重知识界的意见。萨达特的继任者穆巴拉克上台 14 年来从未访问过以色列。（1995 年 11 月，穆巴拉克出席了拉宾的葬礼。不过，他解释说这次赴以行程是出于对死者的礼貌，他的发言人表示这不是一次正式的访问。）穆巴拉克并不喜欢议和，他虽然多次委婉地暗示，自己接受《奥斯陆协议》只是因循萨达特的安排而已，虽然频繁提醒批评对以媾和的人，唯有和以
281 色列搞好关系，美国才会展现善意、提供援助，但他为反对派留足了空间。他们可以尽情地猛烈攻击这场不被他们喜欢的和平。

埃及政府一早就与以色列实现了关系正常化。不过，反对正常化的埃及人仍然比比皆是。埃及艺术界、演艺界与文学界的领袖人物萨德 · 埃丁 · 瓦赫比（Saad Eddin Wahbe）就格外仇视以色列，带头抵制文化领域的“阿以关系正常化”，坚持不和以方展开任何形式的交流，并为此颇感自豪。他在埃及电影业与戏剧界是一个重量级人物，从不掩饰对以色列的敌意，不会为此道歉。在他看来，所谓“阿以关系正常化”就是一份法律文书，生效与否全要依赖阿拉伯人民自己的决定。“即便阿拉伯各国的统治者都已经与以色列签好和平协议，阿拉伯人也不该放弃随时撕毁协议的权利。”胆敢穿越国界前往以色列、与当地同行互通有无的埃及文艺界人士，都遭到了瓦赫比的厉声责难。这位电影大亨声称，以色列并没

有什么值得交流的文化可言。1996 年 4 月，著名记者哈泽姆·萨吉（Hazem Saghieh）前往安曼旅行期间曾在约旦作家协会主席的办公室偶遇瓦赫比，记录下了电影大亨的一桩奇事。当时，瓦赫比想要在约旦购置一批新书带回开罗。他晃动着手里的《锡安长老会纪要》（*Protocols of the Elders of Zion*）[*] 得意地笑道："这本书我们已经印了很多本，我自己就曾四次见证它的出版。"他还留意到另一部以前从来没听说过的作品。那本书讲述了共济会以及它和犹太教、犹太复国主义运动的关系。同时，他不允许任何阿拉伯语电影在以色列境内上映。"就连加沙和杰里科也不行！"他告诉萨吉。

瓦赫比仿佛一位忠诚的守门人，捍卫着阿拉伯人对以色列一直以来的深仇大恨。在埃及，政权操控在军人手里，经济事务则由官僚与商人共同管辖。宗教极端分子则扮演着反对派的角色。在埃及的文化界，瓦赫比有着一呼百应的权威地位。他主持操办了 1994 年的开罗国际电影节，封禁了《辛德勒的名单》（*Schindler's List*），因为这部电影充斥着"暴力与裸露镜头"，同时又对奥利佛·斯通（Oliver Stone）的《天生杀人狂》（*Natural Born Killers*）大加好评。当年的电影节拒绝以色列制片人的参与，对以色列的电影紧闭大门。瓦赫比属于旧有的纯真年代，信奉阿拉伯民族主义和纳赛尔主义。他无法推翻军政府，也无力鼓动当局再次对以开战，但他坚持立场， 282
拒不认可和支持政府的对以媾和行为。不过，并没有什么"清晨来客"[†] 因为瓦赫比反对阿以和平就把他送进监狱。他知道埃及政府容忍异见的边界在哪儿，也清楚他自己身上的符号具备的影响力。在他看来，"阿以关系正常化"乃是一种心理状态。他无论如何也不

---

* 又名《锡安长老的协定》，一说为极端分子编纂的阴谋论伪书，曾被纳粹德国用于反犹宣传。由于强烈的种族主义意味，二战结束后遭到普遍非议。

† 指 1975 年的埃及电影《清晨来客》。影片从一位记者的死出发，批评埃及当局的特务统治。

能想象，自己会欣赏以色列的歌曲，因为他的心中“牢记着数十起以色列人犯下的屠杀罪行……阿拉伯人的心扉不会向来自以色列的任何事物敞开”。

海湾产油国债台高筑，伊拉克遭遇了失败与饥荒，巴勒斯坦民族解放组织成员则垂垂老矣，一无精神可以继承，二来缺乏国际上的支持和同情。所以，1993 年的《奥斯陆协议》不可能是平等的双边条约。埃及记者海卡尔是纳赛尔的忠实信徒和阿拉伯民族主义的旗手。40 多年以来，阿拉伯人一直在阅读他的文章，很熟悉他的夸张风格。他用这种一贯的风格评价《奥斯陆协议》：20 世纪五六十年代的阿拉伯世界以埃及为中心，以民族主义和政治斗争为主题；到了七八十年代，中心转移到了沙特阿拉伯，主题变成了财富和石油美元；90 年代则是“以色列的时代”。90 年代达成的和平协议体现了以色列的强大。埃及早已放弃泛阿拉伯主义，阿拉伯民族的共同事业已然不堪一击。阿拉法特接受的这份协议已是一位身陷绝境的领袖可以争取到的最好结果。他的巴勒斯坦政权在这个四分五裂的阿拉伯世界已是无人关心，这个生于“流亡与围困”、在“枪炮和炸弹”之间成长起来的组织，面对处处占优的以色列，除了接受那份不平等的协议，已经没有其他的路可走了。

海卡尔认为，指责巴勒斯坦方面屈膝求和是没有意义的。巴勒斯坦人已经山穷水尽了，国际社会对他们也不耐烦了。阿拉伯诸国已经放弃了解放巴勒斯坦的事业，正在怂恿它早点接受那份不平等
283 的协议。回想 1973 那场战争刚刚结束的时候，阿拉伯人本可得到更为体面的和平，提出更有利的条件，但这样的时机却被白白浪费了。巴勒斯坦地区的格局被重新划定。新的局面可能要比“第一次世界大战后期‘赛克斯–皮科协定’（Sykes-Picot accords）*的规划

* 第一次世界大战期间，英国与法国签订的瓜分奥斯曼帝国亚洲部分的秘密协定，因英国代表 M. 赛克斯（M. Sykes）和法国代表 G. 皮科（G. Picot）而得名。

来得更为严酷”。“赛克斯—皮科协定”不过是将奥斯曼帝国的尸身一分为二,《奥斯陆协议》则像一份“出生证明”，催生了一个全新的秩序。在这种秩序下，阿拉伯世界注定了要仰人鼻息。新秩序到底会为阿拉伯民族带来何种前途？海卡尔对此万分忧心。阿拉伯世界已“被渗透得千疮百孔”，一贯依附于外部势力；面对新的势力平衡，它没有任何准备；在这个“卫星与大众信息的年代”，阿拉伯人却“活在黑暗与蒙昧之中”。

整个世界从 20 世纪五六十年代成长起来的两代阿拉伯人的指间溜走了。贝鲁特这座他们共有的文化故乡已经不复当年。阿拉伯民族主义的政治文化哺育了他们，被他们视为不容置疑的真理，不加反思地得到了他们的全盘接受；可它已经走入了死胡同，成了暴政的外衣和独裁者手中的工具。这两代阿拉伯人陷入了迷惘。没有什么后悔药能让他们重返过去的那个世界。而这场反对《奥斯陆协议》的运动，将使他们有机会夺回失却多年的阵地。

阿拉伯民族主义的神话已经没有了往日的光彩，它的忠实信徒已四散离去。知识阶层如果要怪，也只能怪自己。是他们自己罔顾现实，未能认清政治世界的本来面目。他们的声明与诉求与权力的冰冷逻辑格格不入。他们的政治理想如同脆弱的蚕茧，在那残酷的十年之中被撕得粉碎。他们虽指责巴勒斯坦民族委员会充斥着阿拉法特的忠实走卒，巴勒斯坦“真正的国士”是被排挤的异己群体，但这没有什么用。虽然阿拉法特成了专栏口诛笔伐的对象，但他毫
不在意。他不客气地回击了这些批评：他掌管着一个政权，必须为 284
其前途负起责任。他要带领全体巴勒斯坦人，将“纸上的家园”变为实实在在的立国根基，这才是他的使命。

畅想未来政局的时候，阿拉伯人从来没有真正地考虑过以色列在这个地区的和平地位。大家都觉得没必要考虑这个问题。摩洛哥

学者阿卜杜拉·拉鲁伊（Abdallah Laroui）鞭辟入里地说，阿拉伯人大都认为“阿以对峙的局势注定能够扭转，虽不知道到底如何实现，但相关秩序肯定会在一夕之间得到完全重建。占领者会像受到魔力影响一般抛下他们占领的土地自行离去，受害者会得到正义的垂青。那一天，真主将与我们同在”。无论是在知识层面还是心理层面，阿拉伯人对和平都没有丝毫准备。穆罕默德·锡德·艾哈迈德（Muhammad Sid Ahmad）是埃及左翼知识界的重量级人物，向来以独立姿态评议时事与政局。20 世纪 70 年代早期，他曾推出一部大胆之作，名为《炮声停息之后》（*After the Guns Fall Silent*），是一部前所未有的作品。书中，艾哈迈德（用阿拉伯语）评估了未来和平环境会给阿以双方带来的影响，既有想象力，又富于挑衅意味——艾哈迈德认为，以色列将成为一个“正常国家”。近 20 年后，来自耶路撒冷的后辈学人兼社会活动家萨里·努赛贝（Sari Nusseibah）迈出了不寻常的一步。他与以色列学者马克·赫勒（Mark Heller）合著了《号声也无，鼓声也无》（*No Trumpets, No Drums*），大力提倡巴以关系的全面正常化，号召双方携起手来共同努力。萨里出身显贵，他的家族已在耶路撒冷经营了几个世纪。他的父亲安瓦尔·努赛贝（Anwar Nusseibah）还曾在约旦内阁任职。萨里毫不畏首畏尾，有着强烈的好奇心。巴以双方能够接触的具体条件，他同样相当了解。借此，他想打破阿拉伯知识阶层关于以色列的种种禁忌。在《号声也无，鼓声也无》当中，萨里为巴勒斯坦国草拟了一份初步的建国方略。根据他的规划，巴勒斯坦将承认以色列的合法地位，由此换取对方的接纳。阿拉伯人的政治正确被他完完全全抛到脑后。可是，《号声也无，鼓声也无》毕竟是一本英文书籍，阿拉伯世界大可以置之不理。

以色列仍旧是个棘手的问题。为了和以色列和平共处，阿拉伯
285 各国的掌权者都在寻觅路径。各国的知识阶层倒是一如既往继续战

斗在反以前线。他们怀着坚定的信仰，忍受着时局带来的各种不堪。萨达特度过了千难万险，他倡导的和平局面虽不为人接受，到底还是得以存续。阿拉法特与约旦当局走上了萨达特的老路。操纵权力杠杆的他们，天生就是“战略科学界的大师与巨匠”（瑞士历史学者雅各布·布克哈特（Jacob Burckhardt）对于文艺复兴时代意大利诸多城邦掌舵人的评价，也适用于当下阿拉伯世界的统治者）。至于知识分子则像看守，卫护着民族主义和世俗倾向的神圣遗产。双方之间，达成了一点共识：全面接纳以色列乃是政治方面的大势所趋；不过，知识阶层也被赋予了一项特权，可以朝着阿以和平协议倾泻火力。埃及《金字塔报》的读者翻开报章就能嗅到满篇的火药味，仿佛以色列和埃及还在打仗一般。对于阿以关系正常化，专栏作家与撰稿人无不都在猛烈抨击。无论阵营，无论倾向，不管是宗教极端人士、阿拉伯民族主义者还是军方的专用文人，大家的反对立场异常统一。在一般的政治与文化事务方面，《金字塔报》有着严格的界限。只有当言论涉及以色列的时候，尺度才会开放到无拘无束的田地。渐渐地，《金字塔报》的作者向人们传递着一条带有旧时代色彩的信息——那个时候，埃及与以色列尚未缔结和平协议。在他们的笔下，以色列就是美国的打手，是在维护“美国治下的和平”；有了以色列，埃及将失去它的既有责任与地位。埃及与埃及的天然腹地——新月沃土和波斯湾沿岸地带——之间的联系将被切断。

知识阶层并不掌权，可他们构建了一个道德世界，借此缚住掌权者的手脚，限制他们的选择。当然，我们不能过分渲染阿拉伯的知识分子与权势阶层之间的嫌隙。掌权者也得接接地气，要体察民意，了解变幻多端的政治风向。埃及政府过去几年的对以政策——无论是对以色列拥核的抨击，积极展现“独立于美国之外”的姿态，限制以色列地区权力的决心，还是拒绝跟从约旦逢迎以色列——都显示出埃及反对阿以关系正常化并非徒劳无功。政府与公民社会的默契促生了埃及和以色列之间的“冷和平”(cold peace)。这就是埃及的外交之道。

穆巴拉克政权精明而富有智慧，而且相信美国与以色列忌惮埃
286 及会走上神权政治的可怕道路，所以它有充足的操作空间。它虽然尽量疏远以色列，却指望着美国和以色列会容忍它想干什么就干什么。《戴维营协议》签署一个世代以后，埃及的对外关系步入了黄金时期：埃以两国和平共处，泛阿拉伯主义的沉重包袱已被抛下，和平的红利以及随之而来的美国援助都被埃及方面收入囊中，而且埃及在意识形态和外交方面没有做出什么让步作为交换。它的行为都是怎么方便怎么来。它没有为了和平掀起一场知识领域的战争。埃及一直是个涌动着思想和文字激流的社会，政府特别擅长操纵共识和符号，大量知识分子和足智多谋之人都准备着为政府效力。当局选择与以色列秘密媾和而不声张，等于向反对关系正常化的大学学者与专业人士递出了橄榄枝。埃及长期处于政治动荡之中，穆巴拉克政府对以色列的强硬姿态为的是确保自己能渡过难关。回望 20 世纪 70 年代，萨达特力主结束对以争端的那个时候，大多数知识分子都对当局表示支持，可那一代的知识分子不是撒手人寰，就是已经垂垂老矣，唯有马哈富兹还健在，评论家路易斯·阿瓦德、剧作家陶菲克·哈基姆(Tawfic al-Hakim)、历史作家侯赛因·法乌济(Hussein Fawzi)和小说家优素福·伊德里斯(Yusuf Idris)全都已经离世了。他们的童年与青少年时期实在埃及的王朝统治下度过的。他们有着反叛的传统，熟悉过去那个时代的自由风气。他们眼界开阔，兴趣多元广泛。他们不喜欢以色列，但希望自己的祖国能早日从对以战争的破坏之中抽身，随着和平到来，以战争为理由的专制统治就此结束。他们都是坚定的西化派(伊德里斯可能是个例外，他比其他人更年轻一些)，认为埃及天生的家园是地中海那

边的欧洲传统。哈基姆、马哈富兹、阿瓦德和法乌济都曾亲眼见证纳赛尔时代的泛阿拉伯主义事业和因此发生的战争和祸患，他们清楚泛阿拉伯主义事与愿违，催生了军人独裁。他们相信，和以色列 287
和平共处可以让埃及重归现代化的道路，迈向开放与自由。萨达特去耶路撒冷的破冰之旅的五六年之前，哈基姆、马哈富兹和法乌济就告诉萨达特，是时候和以色列休战了。在埃及政府谋求与以色列和解的十年前，伊德里斯和马哈富兹就在他们的小说里呼吁埃以恢复正常邦交与和平关系。

在这几位文人中，哈基姆年龄最长。他生于 1898 年，是个大胆无畏、在国内饱受争议的人物。20 世纪 20 年代中期，哈基姆赴法留学。归国之后，他戴上了蓝色的法国贝雷帽。在那个人人都戴菲兹帽的年代，这款贝雷帽成了哈基姆的个人标志。可以说，是他发明了阿拉伯语的现代戏剧。关键在于，他是纳赛尔最为欣赏的文人。纳赛尔比他小十岁，对他推崇备至，说自己在军中服役的时候，他的作品与思想给了自己很大的启发。纳赛尔在年轻时也曾尝试过创作小说，作品虽未问世，却带着陶菲克·哈基姆的独特痕迹。1957 年，纳赛尔将埃及的最高荣誉之一“共和国勋章”（Order of the Republic）授予哈基姆。20 世纪 60 年代，纳赛尔与剧作家渐行渐远，哈基姆的剧作开始明显流露出对埃及政府、军事独裁统治和民粹式民族主义的失望。不过，哈基姆在政坛与文化界已经积累了巨大的威信。年届七旬的哈基姆为埃以和解奔走呼吁，成了他一生的写照，反映出他为国为民的使命感。此时，他已至暮年，又是埃及现代化历程中的重要人物，他的作品启迪了三代埃及人，而且他还受到纳赛尔的尊敬，这些都使他在政治上立于不败之地。哈基姆曾经表示，“殖民南部非洲的英国和荷兰人与他们占据的土地并没有文化上的联系，但巴勒斯坦境内的犹太复国主义者则不然。他们定居的巴勒斯坦，是祖先曾经居住过的土地。”这样大逆不道的言论，在他的读者那里却只被当作哈基姆一贯独立姿态的表现。没人能在阅读哈基姆的时候忽视他对家园和祖国的重视。一般而言，质疑政治正统的小人物往往会被扣上“背弃民族”的帽子，但这种
288 污蔑奈何不了哈基姆和他身边的作家小圈子。倒是有两位作家——阿瓦德和伊德里斯曾为自己的政治倾向付出过代价：纳赛尔军政府整肃工会、迫害左翼知识分子和共产主义者的时候，他们曾蹲过一段时间的监狱。

1987 年，哈基姆以 88 岁的高龄逝世。埃及人把他视为民族的英雄、埃及深爱的儿子、“米思尔”社会生活的一颗启明星，他的一生反映了 20 世纪埃及的历史进程。人们以盛大的国葬悼念他的离去。告别仪式上，前来瞻仰遗容的人数以万计。100 多名同事写文向他致以告别和缅怀之意，文章结集成了一本书。没有一人提及哈基姆对于阿以和平的支持，也没人怀疑哈基姆对于家国的赤胆忠心。他从出生到死亡都是一个无畏的爱国者。在经济开放的时代，大多埃及文人都汲汲营营于赚钱发财，哈基姆则出淤泥而不染，超然于时代的诱惑。他支持与以色列和谈，完全是出于一个坚持自身选择之人的一片真诚。

“我们敌不过这些人。”舒凯里谈到哈基姆、马哈富兹、法乌济和阿瓦德的时候说。舒凯里是个多产的左翼作家，充满激情，对于萨达特及其与以和谈的行为向来报以毫不留情的批评。20 世纪 70 年代的时候，舒凯里流亡贝鲁特和巴黎，还被萨达特政权剥夺了埃及公民的身份。尽管如此，他仍然很尊敬现代埃及思想界与文学界老一辈的先锋，理解他们为什么支持与以色列恢复和平关系。“对于他们那一代人而言，巴勒斯坦和阿拉伯民族主义并非重要事务。”这些人“成长在自由埃及民族主义的时期”，生活优越，不指望从萨达特那里得到什么。“萨达特拿哈基姆毫无办法……他们这些人全都忠于自己的内心……即使在哈基姆、法乌济和马哈富兹百年之

后，他们为文学与小说所奉献的一切也都会沉淀下来，久久铭记于每个埃及人和阿拉伯人的心里。”

哈基姆、法乌济和马哈富兹这几位有名的“鸽派人物”有着不 289
同于后来者的历史际遇和无可争议的天资，令人们为之折服。（1994年，马哈富兹遭遇袭击的事件说明，埃及政治文化正在走向粗鄙和暴力。）他们的权威地位支撑着埃及和以色列的和平局势。不过，大多数后辈知识分子却并不相信他们的理想：无论是纳赛尔的追随者还是伊斯兰主义者，都对和平与阿以关系正常化的前景无动于衷。1994年，杰出的剧作家阿里·萨利姆（Ali Salem）访问以色列，因而触怒了他的同行。对他的指责源源不断。有人认为，萨利姆已被以色列收买，说他是收了好几十万美元才干了那些事、说了那些话。还有谣言声称，萨利姆这次的旅行费是他与以色列关系莫逆的企业家与商界大亨掏的。萨利姆没有向诋毁者致歉。他回击道，他是以一个文学家和文化人的身份前往以色列寻求和平的。除了和平，他看不出埃及还有什么其他选择，他也看不出以色列对于埃及和全体阿拉伯人有什么威胁。“今天没有，将来也不会有。”他认为自己“属于地中海，属于历任法老，属于埃及和阿拉伯民族”。正是出于这种多元的身份认同，出于他对“自由民主的公民社会”的拥护，他才如此向往和平。他曾经告诉一位记者：“我可以告诉您，埃及人和犹太人是这个地区最为亲近的两大民族。犹太人内心深处觉得，他们是一个来自埃及的部族。文化上，犹太民族认为自己与埃及人共同构成一个整体。正因如此，犹太人绝不愿意与埃及为敌。”

铺天盖地的批评炮火并未让萨利姆退让半分。他在《以色列之行》（*Rihla ila lsraeel*）里记录了那次旅程。他提到，某些人反对阿拉伯诸国与以色列展开文化交流，是一种“煽动性政策”使然，是因为“对于埃及文化和思想缺乏了解和自信”。萨利姆深信，埃及有着天生的智慧、特殊的禀赋和文化，并不担心以色列文化将会席

卷埃及。他的兄弟死在了对以战争之中，他非常希望埃及能够收复
290 所有被占领土。他还觉得，散布“以色列文化侵略埃及”的论调是在妖言惑众，如同用“食尸鬼”的可怕传说吓唬年轻一代，因为他们仍在追寻真理，有机会凭借自身的勇气和好奇心决定自身的命运。萨利姆以讽刺见长，从来不缺灵光一闪的金句，他说假设以色列当真以文化入侵埃及，将会是由阿里尔·沙龙（Ariel Sharon）将军领导的一场“夹击行动”（pincer movement）；以色列人的小说会像导弹一样倾泻到埃及的国土之上，将马哈富兹、塔哈和哈基姆等人的著作化为齑粉。以色列人会用它那“短暂的历史”替换埃及的“悠久历史”，而埃及人则将被这短暂的历史所束缚。在仇视以色列的人看来，这个国家就是《一千零一夜》里惑人心智的妖女，“这个狡猾的魅影能发出诱人的歌声，勾走你的魂魄，引诱你一头栽进尼罗河深处”。

对于未知事物，人类总会心怀恐惧。萨利姆踏上以色列的土地，发现它就是一个正常的国家，既有优点，也有缺点。他的以色列游记机智诙谐、恣意挥洒，毫不逊色于他那些广为流传的讽刺之作。他让边境那头的地方露出了本来面目，解开了它那神秘而邪恶的外衣。他记述了自己在特拉维夫某个宾馆讨价还价的经历，和接待小姐调情的场景，还与来自阿拉伯国家的塞法迪犹太人[*]打成一片。在他看来，这些塞法迪犹太人和埃及农村居民别无二致，都是“巴拉迪”（baladi）[†]。他把他们看作乡里乡亲，他们虽对祖先曾经生活过阿拉伯诸国恨之入骨，骨子里却仍是阿拉伯人。他并不害怕塞法迪犹太人对阿拉伯世界的敌意。他在这种敌意之中，在他们对阿拉伯故乡的音乐、文化和美味佳肴的向往中发现，他们仍然忠于这种曾经属

---

[*] 指伊比利亚半岛的犹太人。

[†] 阿拉伯语，“乡亲”的意思。

于他们的文化。

萨利姆访问以色列三年后，我在开罗见到了他。他生得高大魁梧，健谈到有点滔滔不绝的程度。他不修边幅，浑似他笔下剧本里的那些人物。没过多久我就发现，萨利姆肯定刚经历过一场激烈的战斗。他很容易想起那段不甚愉快的经历。此前，开罗的一份文学 291
杂志刊出了他和以色列领导人佩雷斯的合影；照片里他拿着一个手袋，这次他还带着这个手袋来和我吃午饭。杂志编辑在这张合影下方配文“萨利姆和佩雷斯，在他们之间有一个敞开的手袋”。那种媒体的风格一贯如此，它暗示读者萨利姆的以色列之行是为了收钱办事。开罗是萨利姆的故乡，是他成名的祖地：面对种种恶意，他选择泰然处之。但他到底还是付出了代价。他和他的作品在开罗文化圈里的日子变得不再像从前那么好过了。

尽管如此，萨利姆却并不后悔。他对我表示，即便时光倒转，他仍会前往以色列访问交流。为什么萨利姆会萌生去以色列的念头？他的政见又是因何而起呢？我对此很是好奇。他爽快地给出了答案：他的思想源自他的童年时代（萨利姆生于 1936 年，正值两次世界大战之间埃及的“自由时期”）。他的家乡杜姆亚特（Damietta）位于尼罗河口与地中海之滨，同样塑造了他的性格。这个港口城市是面向世界的商都。在古代，这里的丝绸制品声名远扬；后来，它出产的精美家具行销海内外。船舶往来，连接着地中海的其他港口。萨利姆说，他的性格有着杜姆亚特的烙印——他像他的家乡一样关注世俗事务，像海风一般无拘无束。他一辈子自由惯了。他年轻时从事过体力劳动，能有今天的成就，全靠不懈的努力与奋斗。他觉得，他的全新事业（也就是他坚持要与以色列和平共处的态度）与他一直以来大胆敢言的文学姿态密不可分。

萨利姆代表了一个团体。他和他的同路人属于过去的埃及，深信世界终将归于大同。哈基姆、阿瓦德还有法乌济都认同这一观点。

萨利姆知道自己是在逆水行舟，清楚他抗击的这股大浪所具备的无边威力。他所属的文艺家协会成员数以万计（共有 13,000 多人），其中只有极少数人和他观点相近。按照不成文的规矩，前往以色列乃是一种天大的禁忌。埃及的文化、艺术、电影与文学界之中，只有不到十几个思想独立的人敢于打破这种禁忌。作家艾哈迈德曾公平地评价过埃及的知识分子："埃及知识界大体上是极端厌恶阿以
292 关系正常化的。埃及的外交官和军人必须听从上峰命令与以色列方面接触和对话。而知识分子看待以色列的方式非但没有半点改变，而且比以往来得更加极端。"

1972 年，作家伊德里斯推出了短篇小说《无辜》（"Innocence"）。这篇杰作成功预见了埃以关系的正常化（也就是 1977 年萨达特的耶路撒冷之旅），还先人一步地指出了由此而来的那出悲剧——访问以色列的四年过后，萨达特遇刺身亡。《无辜》篇幅精悍、基调黑暗，以第一人称写成。主人公乃是一位"埃及领导人"（显然就是萨达特的化身）。有一天，他突发奇想，要去海那头"敌人的领地"走一走、看一看。老旧的码头上，一位带着黑色眼罩的敌方将领（此人无疑是以以色列指挥官摩西·达扬［Moshe Dayan］为原型）等待着他的驾临。"将军的脸上带着笑意，身边停着一艘船，显然是在发出邀请。"黑压压的人群默默地观察木板码头上的动静。"四下一片死寂，仿佛末日审判就要到来了。"将军彬彬有礼地微笑着，露出一口不大整齐的牙齿。只是，"好在我发现，他并未长着毒牙"。主人公心血来潮，答应了将军的邀约。他们渡过"丝绸一般的水面，或者说水一般柔滑的丝绸"，踏上了海对岸的土地。将军不想让他的客人尴尬，没有伸出手和客人握手。主人公本人也有点犹豫。"我来这里只是想要观望观望……他们的手上长满了蝎子和毒蛇，我可不想跟他们接触。我很肯定，如果自己主动伸手迎上去，那一刻肯定会永载史册遗臭万年……我来这里只是想要观望观望。我曾在海

的那一边朝着这边张望，如今已身在实地。嗯，身在实地好像也不会灰飞烟灭，不会因此惹上什么麻烦。”

海的这一边有着一个浑然不同的世界，有“大大小小的城市，有海滩、有窑子，还有许多工厂在生产秘密武器”。将军为人谨慎。他请小说的主人公自行游览，然后如影随形地跟在他的身后。他脸上挂着笑意，腋下夹着一根警棍。不久，主人公和一长队的女性迎面相遇，其中有老妪、少妇和 13 岁出头的小姑娘。“将军让我随意挑选，看上哪些只用动动指头就行了。她们的这条队伍长得很，人也多得很，不管想要什么样子的女人都找得到……我对自己说：看一看，不算罪过。我的心灵就和棉花一样洁白，像棉花一样干净无瑕。我努力想要为邪念套上枷锁，克制胸中的欲火。我很担心，生怕自己一不小心坚持不住，就中了对方的美人计……嗯，我再也没法轻轻松松地待在这里看下去了。”

主人公要走了，将军的临别微笑带着几分惋惜，让人觉得有点讥讽。他回到了自己的国家。“我通过了一场艰难的考验，对得起自己的良心……我没有动那些女人一根指头，也没给自己的形象抹黑。”登上码头，他发现人群仍然没有散去。主人公再一次没入“寂 293
静无声和死气沉沉”当中。突然，他看到了意料之外的场景：“我在人群中瞥见了我的儿子，他赤着脚，穿着睡衣，就那样站在那里。他努力驱散睡意，瞪着我的方向……他是我的儿子，我的骨血。”儿子不光冷酷，“让我僵在了原地。从他看我的眼神中，我感觉不到丝毫的骨肉亲情”。儿子的手探进睡衣口袋，掏出了一支手枪来。那可是真正的手枪，不是什么儿童玩具。“我没有碰那些女人，儿子，我就跟这里的所有人一模一样，只是在那边看了看，瞧了瞧而已。”主人公的哀求，儿子置若罔闻。他的表情就像一个行刑者。“一颗子弹击中了我的肩头。泪水浸湿了我的眼眶。第二颗子弹射进我的胸口，连我自己也能听得清回声。第三颗子弹，我已经听不到了。”

阿以和平进程是一起自上而下的行动，由各国政府一手操办，而且自始至终秘而不宣。最为激烈的反对之声无不出自政府难以完全掌控的角落，也就是各国的“公民社会”当中：反对者有各大职业工会的成员，也有工程师、医师和记者组织的积极分子。谁能想到，阿拉伯诸国最为自由、独立的一群职业精英，却成了原先民族仇恨的忠实继承人。“公民社会”风起云涌的高潮，正是民主资本主义大获全胜的时期。我们无法期待他们能够心平气和地看待阿以关系。（公民团体在许多历经制度变迁之后的社会中所扮演的角色，也需要我们好好审视。当然，这是另外一个话题了。）阿拉伯诸国当中，最为抗拒阿以关系正常化的那群积极分子，恰好也是掌握了话语权、占据各行各业精英职位而且受教育程度最高的那批人：作家、医生、律师、工程师和记者。他们高高擎起阿以对抗的大旗，深信自己已被各自的政府背叛。为此，他们自觉应当挺身而出，反抗统治者的命令。伊斯兰主义者在阿拉伯各国“公民社会”当中有着极其重要的影响力。各大团体强硬的反以姿态，与这种情况也不无关系。不
294 过，“反对阿以和解”也是一道和解之桥，连接着世俗倾向的知识分子和伊斯兰主义者。知识分子反抗统治者的行为是否存在一道边界？他们对以色列的敌意又是从何而来？对此，没人能够给出确切的答案。统治阶级大权独揽，霸占着社会的公共空间，决定着阿以之间到底是斗争还是和平共处。知识分子的势力因为缺少权力而萎靡，不满于统治阶层的钳制与压迫，却无力改变现状，只能默默忍受。它接受了统治者主导的和平和这种和平的红利，同时又谴责统治者。

反对以色列曾经是阿拉伯的主流传统，现在虽已经走到尽头，但并未被完全抛弃。和平已经跨过了约旦河（相对埃及而言，约旦获取的条件优越得多，和平环境也更有保障一些），可即使是在这里，在这个更温和、政体更稳定的地方，政治与知识阶层仍对新的政治道路充满怀疑。现代约旦的开国君主阿卜杜拉（Abdullah）是

一个理性客观的现实主义者，一早就在谋求与犹太复国主义运动和平共处，可谓有先见之明。1951 年的夏天，阿卜杜拉倒在了巴勒斯坦杀手的枪口之下，“罪名”是“背弃民族”，不过后来证明了他的正确。1994 年夏天，约旦与以色列在华盛顿签订和平条约，克林顿赞颂了约旦开国君主的非凡勇气。“43 年过去了，阿卜杜拉国王的孙子今天总算完成了祖父的意愿。”美国总统口中的“孙辈”就是如今的约旦国王侯赛因（King Hussein）。1995 年 11 月 6 日的赫茨尔山（Mount Herzl），拉宾的葬礼之上，阿卜杜拉的英名再次被人提及。此时，他的孙辈和继承人赶到拉宾的棺椁之前，对以色列总理表示悼念。工于辞令、风度翩翩的侯赛因国王非常清楚，这趟以色列之行别有一番沉重的意味。他第一次踏足耶路撒冷还是在 1967 年。拉宾是“七日战争”时的以方军队指挥官，时光流转，侯赛因国王竟然要向仇敌致意。侯赛因国王表示：“我们不羞愧也不担心。我们只有坚定的决心，要把我的朋友为之献身的事业继续下去。我还要继续祖父在这里的事业，当年，还是小男孩的我就和他一起见证了他的努力。”他怎样也无法想到，自己再次回到耶路撒冷“竟然是出于这样一个原因”。如果自己也将经受考验，他宣称：“我希望和祖父与拉宾一样死得其所。”他致悼拉宾的一刻意义非凡。他 295
向前迈出了大大的一步，激进分子的批评声浪，很快就会传到他的耳朵里。

祖父的往事始终萦绕在侯赛因国王的身边而无法消散。就在他悼念拉宾的一天之后，有人带着复仇的心绪又一次提及了拉宾和阿卜杜拉的姓名。事情发生在约旦和叙利亚边境的小城伊尔比德（Irbid）一处纪念《巴尔福声明》（Balfour Declaration）* 的活动上，主人公是一位担任工程师协会负责人的伊斯兰主义领袖。他叫莱

---

* 1933 年，英国议会通过《巴尔福宣言》，确立了英国本土和各自治领的关系。

斯·舒拜拉特（Laith Shubaylat），出身约旦的上流贵族家庭。他的父亲法尔罕·舒拜拉特（Farhan Shubaylat）曾是阿卜杜拉国王的法务大臣，后来又在侯赛因国王的内阁担任国防部长。莱斯生于1949年，从来都是特立独行。他与约旦政权向来不睦，长期参与反对当局的各种活动。1989年，莱斯当选议员，1993年任期届满。1992年，他招惹了官司，法庭认定他“阴谋反对政府”并判处他20年有期徒刑。由于侯赛因国王的特赦，莱斯得以逃过牢狱生涯。可是，他的政治立场并未改变。莱斯在发言纪念《巴尔福声明》时满腔怒火。他认为，约旦当下的文化环境腐蚀了这个国家的自卫能力，有开门揖盗的嫌疑。“《巴尔福声明》发布的重要日子，竟然就这样无声无息地过去了。曾经，约旦人民为之群起振奋，联合起来讨伐那些背弃声明、出卖国土的人。”莱斯认为，有人刻意欺瞒群众、误导民意。过去，大家倡导“阿拉伯世界团结一心”。但现在，团结的对象却变成了“亚伯拉罕的子孙”。“受到真主诅咒”的犹太人成了约旦的伙伴；而邻近的伊拉克人因为信仰和阿拉伯人的身份而“像苍蝇一样遭人屠杀”，约旦政府却对之漠不关心。莱斯痛陈，所谓的阿以和平全然扭曲了历史的面目。“愿真主原谅大家。因为竟然有人把拉宾当作为和平牺牲的烈士顶礼膜拜。”约旦的政府媒体视拉宾之死为“民族的不幸”，连王后也为“犹太复国主义集团的头子”默哀。莱斯觉得，“统治者和那些修筑‘第三圣殿’（The Third Temple）的魔鬼”* 已然订下了攻守同盟。

296 莱斯认为，这种“叛国行径”和约旦的政体有深刻的关联。他借助民族主义历史学家的证词，历数哈希姆家族背弃约旦的种种行为：投靠英国人，出卖巴勒斯坦的阿拉伯同胞，将土地出让给犹太

* 按照犹太教、基督教与伊斯兰教等宗教的末世理论，修筑“第三圣殿”等同于迎接世界末日的到来。

复国主义势力。他翻出了阿卜杜拉在1926年对犹太复国主义领导人说的话："我们很穷，你们很富。我邀请你们到外约旦定居，安全一定有保证。"在莱斯看来，如此表态足以证明约旦王室乃是迫害巴勒斯坦人民的同谋。阿卜杜拉的孙辈侯赛因国王遵循了祖父的政治路线。莱斯说，犹太人的史料披露了侯赛因国王和敌人的密切关系，不然现任君主为什么要把利亚·拉宾（Leah Rabin，伊扎克·拉宾的妻子）和拉宾称作"我的姐妹和兄弟"？虽然"约旦人的生活"没入了"魔鬼的暗影"，但他相信，有真主的意志与支持，"坚持信仰的少数人"一定会取得胜利。（莱斯对侯赛因国王和王后的讥讽触碰了约旦政府的红线。1996年3月，他被判处三年监禁，不过当年11月便恢复了人身自由。侯赛因国王对政敌一贯宽容，曾为许多意图刺杀自己的人平反，这一次他也一如既往，亲自开车把莱斯送回了家。）

一种文化在尊重和认可方面的观念可能是很奇怪的。到底哪些人能够获得尊重，哪些人会遭到鄙薄？这个问题的答案可能并不存在什么公平正义。破灭的梦想在阿拉伯的历史上零星可见，知道什么能做、什么不能做的实用主义者往往得不到尊敬。民族主义的政治文化认可的是那些不惜以毁灭性的运动追求不可能实现的理想之人。阿卜杜拉自然无法获得大众的歉意，不会感佩他当年的功劳。民族主义的宣传口径不会被改写，莱斯这样的人也不会善罢甘休。一阵污浊的风、一种近乎虚无主义的精神迎来了这场和平。在美国主导的世界格局之下，阿拉伯的知识阶层激进而偏执（他们似乎觉得，如此作为算是在对美国主导的政治霸权表示抗议）。作家和社会运动人士反对与以色列和解，是在践行一种美国的权力无法指手 297
画脚的知识传统。

19世纪后半叶，欧洲（主要是巴黎）和新大陆迎来了一次移民潮：为了躲避当局的政治迫害，知识分子纷纷逃出奥斯曼帝国治下的阿拉伯领地。正是在这些地方和开罗，阿拉伯的自由思想获得了早期的立足之地。一个世纪之后，历史发生了循环：阿拉伯世界的政论家和政治新闻记者蜂拥来到伦敦和巴黎（也有少部分人去了美国）扎下根基。西方成了阿拉伯民族主义分子的避难所。（所以小说家穆尼夫会觉得阿拉伯人的首都是巴黎。）那些鼓吹泛阿拉伯思想的报刊，比如《生活报》、《中东报》（*Asharq al-Awsat*）、《阿拉伯耶路撒冷报》（*al-Quds al-Arabi*）和《中间》（*al-Wasat*）、《阿拉伯世界》（*al-Watan al-Arabi*），都是在阿拉伯世界以外的地方开办的。知识精英都成了海外游子。卡巴尼去了伦敦；阿多尼斯在巴黎；爱德华·萨义德和沙拉比来到美国；巴勒斯坦学者瓦利德·哈利迪（Walid Khalidi）离开任教多年的贝鲁特美国大学，去了马萨诸塞州的坎布里奇（Cambridge）；政治评论家哈桑·塞勒姆（Ghassan Salame）辗转离开贝鲁特，通过安曼到了巴黎。伊拉克人哈迪·哈桑（Hadi al-Hassan）移居英国。还有无数人也离开了故乡：伊拉克人想逃离萨达姆的恐怖统治，叙利亚人渴望自由的氛围，黎巴嫩人则要摆脱祖国的悲惨命运。

贝鲁特一度是阿拉伯各国知识分子的聚集地。这里容纳了他们本人和他们反抗各国政府的言论。但后来，它先是陷入暴力，随后又落入叙利亚之手。1990 年，泛阿拉伯主义知识分子的另一处家园科威特也宣告沦陷。这个商业小公国曾用独特的方式支持泛阿拉伯思想。国立大学和各大报章曾充塞着流亡的阿拉伯人。当然，大量巴勒斯坦人也来到了科威特。这个小国家一时之间聚集了 30 多万巴勒斯坦移民，他们为科威特的政坛留下了巴勒斯坦的烙印。那时
298 的科威特还很有钱，作家、文学会议和杂志可以得到慷慨的资助。可是，1990 年的那场灾难改变了一切，留下科威特人舔舐着身上的创伤。

被流放的阿拉伯知识分子虽然安全，却感到格格不入，他们可以随意想象那个远方的阿拉伯世界。他们早年追求巴勒斯坦的独立自主，现在继续支持巴勒斯坦便是在追忆往昔。因为流落在外，他们对这项事业的忠诚必须坚定不移。19 世纪的俄国文豪亚历山大·赫尔岑（Alexander Herzen）在流亡中度过了他的成年岁月（1847 年，35 岁的赫尔岑流亡巴黎，终生未能返回俄国）。他在《往事与随想》（*My Past and Thoughts*）中描绘了日内瓦、巴黎和伦敦等地的俄国流亡作家，与阿拉伯流亡者很相似：

> 即使是现在我也要说，这种漫无目的、被政治斗争中的获胜一方强加的流亡生活无益于人的发展，只会让人脱离现实生活，堕入虚空的领域。流亡者压抑着怒气，离开了出生长大的故土。他们无时无刻不想回去，巴不得第二天就能重返家园。流亡的人们除了沉湎过去，什么事情也不想做……他们成天怒气冲冲，总在为鸡毛蒜皮又扰人心神的小事吵来吵去，堕入疑问、思想和回忆构成的那种压抑、沉重的传统，再也无法从小圈子里脱身……
>
> 所有流亡者都被从赖以生存的环境当中连根拔起。他们只能闭目塞听，回绝那残酷的真相。他们愈发对外封闭，形成一个沉溺于幻想之中的小圈子。他们的生活只有缺乏生气的回忆和永远无法成真的幻梦。

20 世纪的最后岁月，阿拉伯知识分子又一次大规模地背井离乡。这一回，不仅是巴勒斯坦人“被从家园里连根拔起”。从史前时代开始，埃及人就对走出故土怀有深切的恐惧。可他们却不得
不在 1967 年的战争之后踏上流亡的路途。对远方故土的敬仰已慢 299
慢褪去。（1993 年美国世界贸易中心爆炸案的案犯、狂热的教士拉赫曼曾冒着风险离开埃及，经由苏丹最终落脚在泽西。他的这

段离乡苦旅，只是为了报复自己国家的统治者以及统治者背后的美国主人。想一想，还真是具有讽刺意味。）延绵不断的黎巴嫩战火让一个阶层的人失去了根。黎巴嫩人走了，那些曾经把贝鲁特当作避难所的阿拉伯移民也不得不告别了自己的第二故乡。巴格达与大马士革苛刻的政治环境促使人们远走他国，20 世纪 80 年代末期阿尔及利亚的文化（以及代际）纷争如火如荼，同样也推动了移民潮。

不消说，远离故土肯定是万般艰辛的。流亡人士的大半理念都已失落，他们已经不能再放弃塑造他们的那场斗争了。他们用流亡者的方式想象过去（和那个失落的国家）、忠于过去。其实，流亡有时候对他们大有裨益——他们因此获得了西方名校的优厚职位和全新的职业生涯——但他们仍旧觉得，新的家园并不完全属于自己。他们会怀念自己生长的那片土地，是十分自然的。

“失落的家园就像亲人的遗体；我们要把它的遗体安葬妥帖，将亲人永远牢记在心。”这是小说《非洲之狮》（*Leo Africanus*）里的一个人物说的话。小说的作者阿明·马鲁夫（Amin Maalouf）才华出众，拥有黎巴嫩与法国国籍。《非洲之狮》的故事虽然发生在 15 世纪末期的格拉纳达与地中海沿岸，却处处对应当下的阿拉伯世界。彼时，格拉纳达因收复失地运动（Reconquista）* 而陷落，当地青年哈桑·瓦赞（Hassan al-Wazzan）不得不逃离故土另觅家园。他一路颠沛，曾在菲斯（Fez）、廷巴克图和开罗等地逗留。后来，他落入西西里海盗的手里，并被带到罗马献给教宗利奥十世（Leo X）。这个“摩尔人”知书达礼，到过许多地方，所以颇得教宗的赏识，还被赐以“利奥”的名字。瓦赞继续游历，在流亡的路上度过

* 指代公元 718—1492 年，西班牙人反对阿拉伯人占领，逐步收复失地的运动。其间，占据伊比利亚半岛近 800 年的阿拉伯–穆斯林势力不得不全面撤出。

了 40 多年的悲惨时光。他自己不禁发问："也不知道，是厄运特别钟情于我，还是我这个人天生就要和厄运为伴呢？"

瓦赞这个格拉纳达人成了"路上的孩子"，他接受了他的处境。300
"远走吧，不要犹豫。渡过大洋，跨越所有国境，周游所有国家，挣脱所有信仰的束缚。"马鲁夫的小说通过讲述"利奥"的旅行来表达他生活在法国时的自在：他离开了黎巴嫩的新闻业，来到法国创作小说，赢取了法国文学的最高荣誉"龚古尔奖"。马鲁夫无意再为故国纠结和心烦。他宁静地生活在法国，使用法语创作小说。他的出生地和同辈人仍是他创作的素材。主题是现成的——"十字军"的历史、黎巴嫩的纷争与战乱，还有告别故乡的能力和勇气。这些主题就像种子，结出了马鲁夫的作品。由于他用法语写作，更是避免了无穷无尽的非议。

明眼人都能发现，马鲁夫的人生态度得自约瑟夫·康拉德（Joseph Conrad）的启迪。康拉德是波兰人，却和他的祖国与母语保持着一段距离，因为（据他自称）他总觉得波兰就像散不去的阴影，让他无法看清世界。康拉德出生于一个爱国者家庭，却又不幸生活在波兰爱国主义运动屡遭挫折的时期。他的父亲阿波罗·科热尼奥夫斯基（Apollo Korzniowski）为了革命不惜性命。康拉德年仅 4 岁的时候，父亲便被流放到了俄国北部的苦寒之地。7 岁那年，康拉德又失去了母亲。17 岁时，康拉德离开波兰，坐上一列开往法国的列车，仿佛"一个人即将沉入梦境"。而后，他像"孤岛上的幸存者"（castaway，康拉德时常提及这个词）一般周游世界，最后前往英国定居。终其一生，他也未能摆脱波兰这个"致命的标签"，他的小说总是带有波兰的痕迹。不少寓居伦敦的波兰流亡者指责康拉德的言行背叛了他父亲的爱国精神。1914 年，康拉德回到阔别 30 多年的故土，却因第一次世界大战突然爆发而无法离去。幸好美国驻奥匈帝国大使是他的忠实书迷。在大使的斡旋下，康拉德终于安全返英。他通过《在西方的注视下》（*Under Western Eyes*）的主人公之口，表达了自己对于背叛的见解：

> 背叛，好厉害的字眼。背叛到底是何物呢？人们经常提起，某人背叛国家、背叛朋友、背叛爱人……一个人能背叛的只有他自己的良心。试问，我为什么要把我的良心交给他们这类人呢？
> 301 又有怎样的共同信念和目标，能让我听由自己和那些头脑发热的蠢货一起倒霉呢？其实，真正的勇气并非跟从他们，而是敬而远之。

独善其身的康拉德惹毛了醉心政治的男男女女。“非洲之狮”瓦赞在“真主的广袤领地”上安静地漂泊，无视教条和规矩。他的行为同样不受其他流亡者的欢迎。这也难怪，大多数流亡者虽然失去了故乡，但从来未曾放下对它的牵挂。阿拉伯的大地上笼罩着西方的阴影（对于海湾地区和黎凡特的阿拉伯人而言，西方即是美国；在北非人那里，法国才是西方的代表；英国则在它以前殖民的部分海湾地区扮演着西方的角色）。这给了阿拉伯的流亡人士一个在异国他乡从事政治活动的合理借口。

流亡者和故乡的距离显现在了海外城市开办的报刊中。日报首先是某个特定城市的产物。它就像一面镜子，必须反映城市的生活，城市滋养它、维持它。在伦敦或巴黎的阿拉伯语报纸必须遥望它自己的世界。愤怒的爱国主义、反美主义、对以色列的仇恨——这些都在某种潜意识的层面弥补着流亡者有家不能归的遗憾。你可以庆幸流亡生活的自由自在，可以一口咬定伦敦或巴黎只是暂时的栖身之所；总有一天，贝鲁特会恢复昔日的光彩，自由媒体可以在开罗和大马士革畅所欲言。可是，身在异乡的感觉还是挥之不去，他们不可能办一份正常的报纸，他们报道的那个故土世界离他们太远了。他们的报纸支离破碎、咄咄逼人，他们只能这样，没有别的办法。

平时给流亡人士创办的出版物投稿的人，心中怀着深深的悲伤与愤怒。他们中有很多住在巴黎、伦敦、日内瓦和纽约。本来，阿拉伯人可以团结一心，他们可以有自己的家，有带花园的房子和优美的城市。可是，美国这个远道而来的超级强权先是诱惑了阿拉伯世界的文化，而后又将其无情抛弃；美国豢养的以色列政权更是以武力粉碎了阿拉伯人的梦想。此恨绵绵，永无绝期。在这股悲痛与愤怒中，含着对家园和纯真的渴望，对年轻时代的政 302
治环境与民族主义的缅怀。这些作者们想象出了一个质朴单纯的时代，那时候，一代人深信不疑地捍卫着民族主义的伟大遗产。他们记得 1956 年纳赛尔宣布将苏伊士运河收归国有的那一刻，记得在民族主义的强音下觉醒的那个阿拉伯世界。两代阿拉伯人都曾经历过激动人心的时刻，见证过阿拉伯世界另一头的阿尔及利亚奋起反抗法国统治。没人曾预见到阿尔及利亚局势的残酷走向，没人事先想到阿尔及利亚独立之后会有怎样的坎坷命运，也没人料到伊斯兰主义者与亲法派之间的血腥斗争。学校里设立了捐款箱，呼吁师生慷慨资助阿尔及利亚的勇士们；人们走上街头，抗议法国占领军，声援阿尔及利亚。那个年代的阿拉伯是一个完整无缺的世界，民族主义尚未出现裂痕。

这种对家园的悲痛和渴望很容易刺激撰稿人的情绪，让他们的政治倾向愈发极端。一开始，他们只是为不能回到大马士革和贝鲁特而哀叹；没过多久，不能回家的悲愤就变成了反对以色列和谈、反对跟从美国的坚决立场。没错，一味反美国反以色列，比起承认他们的社会和政治世界已经一去不复返，承认那个世界的人、城市的蔓延和粗俗、强硬的政治势力彻底摧毁了他们熟知的故乡，要来得更容易。1995 年，卡巴尼在他的散文和诗歌集《尼扎尔 · 卡巴尼的大马士革》(*Dimashq Nizar Qabbani*)里写下了关于他的城市、家和童年的记忆：

> 我在我们家的老房子里度过了我的童年。对我来说，那座房子就是我全部的世界。它是我的伙伴，是一片绿洲，是冬天也是夏天。现在，我闭上眼睛，仍能数得清房门上的每一颗钉子，随口就能背诵走廊木柱上雕刻的《古兰经》经文。我记得那里的地板，熟悉每一级台阶、每一块大理石地砖，30多年了，我只
> 303 要合上双眼，就能想起花园里父亲的模样，想起他面前的咖啡、火盆、烟灰缸和摊开的报纸。每隔三五分钟，白色的茉莉花瓣就会落在报纸上面，就像情书从天而降。我好像看见自己正趴在屋内的波斯地毯上写着作业。我还想起了那些伟大的诗人。我们家的那栋老房子给我的影响就像科尔多巴（Cordoba）和塞维利亚（Seville）为安达卢西亚诗歌留下的烙印那般深刻。阿拉伯的诗歌随同大漠的风沙来到西班牙，跨过内华达山脉（Sierra Nevada）与瓜达尔奇维尔河（Guadalquivir River），进入科尔多巴的橄榄园和葡萄园。在那里，阿拉伯的“卡西达”褪去所有的衣衫，一头扎进西班牙的甘冽清泉。干涸与滋润的相遇催生了安达卢西亚的诗歌……我的童年、我的诗歌、我的文学就是以这样的方式诞生在那栋房子里。

卡巴尼的回家之路早已被堵死，幸福的童年一去不返，优雅的城市、美丽的花园和庭院也在回不去的那一边。他热爱开罗，却难以在开罗找到家的感觉。他只能带着作品和怒气前往欧洲寻觅新的容身之所。他的怒意无法消除。统治者殚精竭虑想要促成的对以和平协议有如一阵狂风，直吹得他崇信的政治理想彻底土崩瓦解，断绝了诗人与过去的羁绊。

卡巴尼和“诗的王国”永别了。真主赐给卡巴尼惊人的天赋，让他听见阿拉伯文化内在的心声。他掌握着诗歌的真谛，对这门在阿拉伯文化当中地位卓绝的艺术得心应手。他和他的诗作见证了阿拉伯世界政局的变迁。20 世纪 40 年代末期，卡巴尼初入诗坛。那时，他的作品无忧无虑，充满小情小调，当时的阿拉伯人正需要他的轻松与大胆。随着挫折与失败接踵而来，卡巴尼诗歌的基调变得灰暗了起来。他的妻子巴尔吉斯（Balqees）在贝鲁特的炸弹袭击中不幸身亡，更为他的笔增添了几分悲怆。后来，无数的阿拉伯文人背井 304
离乡，侨居巴黎、伦敦、德国和美国，卡巴尼也奔向远在英伦的新天地。这就是为什么他能够以诗为剑。他说，他的诗作“既不会穿上防弹背心，也不会上什么保险”。他奚落阿拉伯的统治者：没有哪个政权“能逮捕我的诗歌，因为它们浸没在自由的油里。我从未和任何苏丹、将军、埃米尔或大臣同桌吃饭。第六感告诉我，和这类人吃过的饭很可能会成为我这辈子最后的晚餐”。

1992—1993 年，和平降临阿拉伯世界，随之而来的还有现代性的呼唤。有那么一刻，阿拉伯人和犹太人之间的旧怨似乎已经烟消云散了。历史好像回到了原点。早在 1948 年那场战争过后不久，一些以色列领导人曾经表示，他们支持巴勒斯坦人在约旦河西岸拥有某种形式的自治权。这些人觉得，一个小小的巴勒斯坦必定会成为以色列的掌中之物，比一个横跨约旦河流域的阿拉伯大国更好操控，不过这项计划并未实现。以色列民众无法容忍“巴勒斯坦国”的存在。巴勒斯坦社会在战争的压力之下解体。约旦河东岸的国王阿卜杜拉则打着“关注巴勒斯坦问题”的旗号，宣布对约旦河西岸拥有主权。他是一个非常现实的人，他命令他的部队开赴约旦河西岸，巴勒斯坦的解放事业就要灰飞烟灭了。

击退阿拉伯联军之后，以色列领导层面临着一道难题：到底先与哪个阿拉伯国家讲和？他们需要作出抉择。有些人对于哈希姆家族的统治者阿卜杜拉寄望甚高，因此主张“以约旦为突破口”。毕竟，阿卜杜拉与犹太复国主义运动渊源颇深。本–古里安（Ben-Gurion）等人则认为，埃及才是最为适宜的阿拉伯伙伴。他们厌恶阿卜杜拉讨好英国的行径，决定和鲸吞加沙地带的头号阿拉伯大国埃及展开谈判。

当然，仍有一部分以色列领导人想要帮助巴勒斯坦完成建国之业。这帮人虽异想天开，却也熟知巴勒斯坦方面的弱点。他们
305 一心扶助自己的阿拉伯邻居，要帮助巴勒斯坦人建造他们自己的政治世界，从而将对岸的阿拉伯国家势力赶出约旦河西岸。一些巴勒斯坦人也挺身而出，愿意号召他们的人民去和以色列接触。可是，他们都是些胆小怯懦之人，根本无法担起如此重任。帮助巴勒斯坦建国的想法无法落实：民族主义无法由一个民族赐予另一个民族。

近半个世纪过去后，以色列工党回到了允许巴勒斯坦建国的路线上。1993 年的和平重担落到了拉宾的肩上。这位军旅出身的硬汉总理是最不适宜与巴方谈判的人选。拉宾计划以最不浪漫的方式达成巴以间的和平——把以色列人与巴勒斯坦人隔绝开来。他为他的国家提供了一个机会（尽管遭到了人们的反对），一个以色列从未有过的正常化的机会。不过，诚如弗拉基米尔 · 亚博京斯基（Vladimir Jabotinsky，1880—1940 年，他是个颇具争议的理论家，是犹太复国主义的奠基者之一）所言：“东方那个世界于我非常陌生。”犹太人与阿拉伯人正是怀着这样的态度在奥斯陆和华盛顿缔结了和约。无论拉宾是否承认，他的的确确为巴勒斯坦势力在约旦河西岸的崛起开了绿灯。谁能想到，犹太复国主义与巴勒斯坦民族主义的伟大和解竟然是依靠拉宾来完成。要知道，他可是第一位生于以色列本土的总理，他的家庭也是犹太复国主义

的急先锋。他的人生反映的就是以色列的发展历程——历史如此安排，真是最大的讽刺。想当年，拉宾为了投身军旅不惜抛下农学专业，放弃了加州大学提供的水利工程学奖学金，于 1941 年参加了犹太人在巴勒斯坦的地下武装。他年轻时，以色列还是一片以务农为主的边地，如今这个国家的经济、科技和军事实力都已不可小觑。拉宾接下了这副担子和随之而来的可能性——让以色列走上强国之路。他忠于以色列的国父——他这一代人沉默而顺从，巩固了前辈的革命成果——并着手为新的犹太复国事业打好基础。可是，他却在担任总理三年后不幸遇刺身亡。他的死就是一出悲剧。不远处的那片“迦南美地”，他再也无缘踏足了，就如 306
《圣经》所言：“我所赐给以色列人的地，你可以远远地观看，却不得进去。”（《圣经 · 申命记》32：52）

刺杀拉宾有如弑父。他曾为他的人民送过一份大礼：“六日战争”的胜利。杀害他的凶手伊格尔 · 阿米尔（Yigal Amir）是一个心怀救世情结的犹太复国主义分子。这位法学院高才生出生的时候，以色列已经度过危难。他生来就认为以色列在战争中占领的领土属于自己的国家，就是他无可辩驳的家园。打赢“六日战争”的以色列占据了《圣经》提到的这片领土，野心愈发膨胀。“一个月之内，一年的时间，甚至整整一个时代，我们都要以占领者的身份生活在这里，它的历史触动着我们的心灵。”小说家阿莫司 · 奥兹在《以色列之地》（*In the Land of Israel*）中写道，“我们并非希伯仑（Hebron）和拉马拉（Ramallah）的解放者，也没有赢得当地居民的心。我们只是让他们暂时屈服。只有保证了和平，我们才可以开始有效的治理。”可是，和平共处并不符合犹太教极端分子的心意。阿米尔等人已把“被占领土绝对不容返还”当作所有事务的中心，于是与以色列主流的世俗化、实用为先的犹太复国主义思潮分道扬镳。在这一小部分宗教激进分子看来，1967 年的胜利并不是实用主义者拉宾奋力争取来的，而是上帝庇佑的神迹。在上帝的旨意下，这片被占据的领土将会永世归属以色列。

拉宾可不觉得 1967 年的胜局有何“奇迹”可言。那场战争无关宗教、平平淡淡。他只是尽到了军队指挥官的本分。他担心手下的士兵，忧虑埃及空军的突然袭击。战争期间的每个夜晚，他都是在过量的尼古丁、疲累与烦忧中度过的，几近崩溃的边缘。他的同胞都在极力赞颂那场大捷，他本人却几乎避而不谈。翻开拉宾对于“六日战争”的记录，只能看见一个士兵关乎战斗与胜利的职业化叙述。“于我个人而言，‘六日战争’就是从军生涯的顶点。”拉宾在回忆录中表示。他不觉得一起历史事件能够体现什么“上帝的旨意”。1967 年，他确实曾帮助以色列开疆拓土。25 年过后，他却打算将战果让出去，实现“以土地换和平”的誓言。他恪守世俗原则，
307 他所属的以色列左派阵营完全没有宗教色彩。“六日战争”之后劲吹的宗教之风（梅隆 · 本韦尼斯蒂的妙语评点，以色列宗教极端主义的鼓噪实在强烈，导致大家好像一直活在“六日战争”的第七天）和拉宾没什么关系，也并非以色列的主流意识形态。拉宾从来未曾驯服以色列的宗教极端势力，所以他的求和之举在以色列国内惹得沸反盈天。

历史的进步须由多方要素协力促成，拉宾与佩雷斯祈愿的“新中东”也不例外：以色列想要从军事占领当中早早抽身；阿拉法特意识到自己已被过去带进了死胡同；海湾战争的巨大危机虽已过去，阿拉伯世界却已四分五裂，不再团结。五个年轻人掀起的血雨腥风（刺杀拉宾的伊格尔 · 埃米尔正是其中之一。还有四名巴勒斯坦人于 1996 年冬天在“哈马斯”的操纵下，在阿什克伦、耶路撒冷和特拉维夫制造了自杀式炸弹袭击），又让“新中东”的前途蒙上一层晦暗的阴影。以色列民众深受惊吓，所以在总理选举之中倒向了利库德集团及其代表的宗教民族主义。

倘有那么一件事情，虽然烦心，但却并不陌生，人们大概还是欢迎的。反对阿以和平协议的阿拉伯知识阶层乐见利库德集团赢得选举，正是出于这种心理。比起虚无缥缈、前途莫测的“新中东和平计划”，知识分子更愿意接纳利库德集团。他们担心，一旦阿拉伯人当真卸下防备以色列的心防，他们对于民族前途的警示也将失去效力。拉宾死了，佩雷斯无望连任总理，大多数人却并不为之伤怀惋惜。诚然，某些寄望于和平计划的政治人物曾向拉宾致悼，也在哀叹佩雷斯遭遇败局。不过，阿拉伯世界绝大多数的文人与思想家却无动于衷。“新中东和平计划”这个“历史性的突破”并不在他们的期待之中，他们自然不会为之惋惜流泪。

阿拉伯人对于“新中东和平计划”的漠然态度动摇了以色列的政局。原本，以色列领导层已经准备接纳巴勒斯坦民族主义。本雅明 · 内塔尼亚胡能够当选总理，有赖于两股势力的倾力支持：绝不接受“巴勒斯坦建国”的宗教民族主义人士是他的坚强后盾。同时，内塔尼亚胡所在的利库德集团提出的“双向和平”口号也吸引了大量的拥趸。相比宗教民族主义分子，后一类人数量更多也更具代表性。如今的以色列早已不是当年那个龟缩在“塔与栅栏”之后的军事化政权。他们无意继续占据加沙地带与约旦河西岸。1997 年冬天， 308
上任不过几个月的内塔尼亚胡宣布要从希伯仑（Hebron）彻底撤出，此举无疑印证了以色列的真实民意。以色列人的面前也摆着那道迫在眉睫的二选一：是要这复杂多变、并不纯粹的和平，抑或重拾经年往复的民族仇恨？作为一个民主政体，人民的选择就是最好的回答。1997 年，以色列国会以 87 比 17 票（另有 1 人弃权，15 人缺席）的绝对优势，通过了全面撤出希伯仑的法案。以色列人对于正常化与和平局面的热切期望，由此可见一斑。1 月 16 日清晨，以方拆除了希伯仑的军事设施，降下了城市上方的以色列国旗，将当初英军基地的钥匙转交给了巴勒斯坦自治政府。但是，希伯仑的和平过渡并未让双方关系进入全面的理性状态，宗教狂热和民族主义的危险组合随时可能被引爆。好在1993年《奥斯陆协议》的构成要件得到了尊重。

在过去，巴勒斯坦民族主义运动一直牵挂着“约旦河西岸直至地中海之滨”的土地。巴勒斯坦方面一度坚持要在约旦河以西“保持军事存在”，偏偏此地同时也关乎犹太复国主义的中心原则。如今，巴以和平共处已是历史趋势，但和平的力量、意义和要旨又同矢志守护阿拉伯世界政治传统的知识精英发生了矛盾。阿拉伯世界当中，仅有一小部分勇者敢于挣脱传统的束缚。他们之中既有突破条条框框的政治家，也包括为数不多为了将来谋划运筹的商人。相形之下，阿拉伯知识分子显得保守许多。

1997年1月，团结一致的知识界也现出了一道裂痕。几位勇敢的知识分子挺身而出，打破了“不与以色列媾和”的禁忌。几位来自约旦、埃及和巴勒斯坦的文化人和来自以色列的同行相聚哥本哈根，在这座欧洲名城展开了密切交流。几位参会的阿方代表都是胆大之人，他们的领袖是埃及知识界左派的标志性人物、著名记者卢特菲·胡利（Lotfi al-Khuli），以及约旦政界的传奇人物、该国前任内阁成员阿德南·阿布–乌达（Adnan Abu-Odeh）。与会者还包括约旦专栏作家拉米·扈利（Rami Khouri）以及巴勒斯坦学者暨社会运动家萨里·努赛贝。若以自由社会的标准来看，参加此次会议的异见者所占比例是很小的。会上，几位政界、新闻界和文学界
309 的人物联合创立了所谓的“阿拉伯–以色列和平联盟”。他们声称，和平“如此可贵，而战争太过骇人，眼见局势日益恶化，我们不能漠然袖手旁观”。参加会面的双方代表集体宣誓，要共同维护《奥斯陆协议》定下的和平环境。他们声言支持巴勒斯坦人民的自决权利，还呼吁以色列方面停止在约旦河西岸地区建设犹太人定居点。没过多久，卢特菲·胡利等人就被贴上“哥本哈根的阿拉伯人”的

标签——这是个好用的标签，既可以用来分辨他们，也可以表达一种政治和文化上的惩戒。有人觉得，“哥本哈根的阿拉伯人”不是背弃民族的叛徒，就是稀里糊涂为虎作伥的傻蛋。他们向以色列缴械投降，想要借此出名。他们根本没有权利自作主张代表阿拉伯民族向以色列卑躬屈膝。

卢特菲·胡利一向不惧争议。这一次他也没有逃避，而是展开了猛烈的反击。他在政坛浮沉多年，深知其中的生存之道。过去，他也曾反对《戴维营协议》，拒不支持萨达特的外交政策；如今他却走上了相反的道路，被《奥斯陆协议》打动了。他利用《金字塔报》和欧洲多家阿拉伯语媒体的版面宣扬自己的新主张，在媒体上反复强调：自己之所以组织那场哥本哈根会议，是因为阿以冲突的性质“已经改变”，不再是阿拉伯民族与犹太人之间“本质上的永恒争斗”。他自称是个“国际政治方面的实用主义者”，而且希望阿拉伯同胞也都能实际一些。他觉得，犹太人所谓的“大以色列”神话已经破产，阿拉伯方面“自约旦河畔到海水之滨尽是巴勒斯坦领土”的理想也不可能实现了。1897年的“巴塞尔犹太复国主义会议”已经过去了快一个世纪，是时候认识到这片土地发生的巨大变化了：约旦河西岸已经存在一个巴勒斯坦政权，那里守卫着35,000名武装警察；以色列那边，呼吁和平的声音已经占据主流。某些阿拉伯人那种“绝不妥协”的斗争传统只会招来无穷无尽的失败。总之，在卢特菲·胡利看来，阿拉伯人该和过去的老办法分道扬镳了。

过去的那个世界、思想与真理俱已消散；旧的家园和城市，流亡文人们也回不去了，可过去曾经奉为真理的观念仍叫他们无法割 310
舍。唯有继续和以色列为敌，他们才算克尽忠诚。敌意仍然盘踞在他们的心灵与头脑之中，唯有心灵与头脑之中的这方小小天地可以不受统治者及其美国主子的叨扰，继续保持不变和完整。

1997年的一桩惨剧，让阿拉伯世界对于阿以和平的敌意显露无遗。4月30日，在约旦河谷一处约旦和以色列共同管理的地区，26岁的约旦军人艾哈迈德·穆萨·达卡姆萨（Ahmad Musa Daqamsa）举起步枪朝着一群来访的以色列女学生猛烈开火。受害者不过是七八年级的孩子，其中有七人不幸殒命。如果不是步枪哑火，伤亡程度还会更加骇人。达卡姆塞的恐怖举动表明，和平的环境仍难以为继。而且，阿拉伯世界的领导人虽已表示要和以色列和平共处，但人们往日的怨愤却没有完全消散。提到阿以关系正常化，一些国家政府其实还是有些不情不愿。

惨剧过去三天之后，侯赛因国王亲自前往以色列，向经受丧亲之痛的各个家庭送去慰问。那一次，侯赛因国王的两个孩子和他一路随行。在侯赛因国王的邀请下，七个家庭聚集在一处，失去亲人的爸爸妈妈们席地而坐，侯赛因国王跪在了他们的身边。所有安排都遵循着犹太教的传统安葬礼仪。面对各位父母，侯赛因国王自称非常悲恸与悔恨。他还对他们儿女经受的悲剧大表歉意。侯赛因国王觉得，自己与受害者家庭感同身受。他决心竭尽全力，让类似的事情不再困扰阿拉伯人和犹太人。不过，在反对阿以和平的阿拉伯人看来，凶徒达卡姆萨就是一位领路先锋。有媒体报道声称，刚刚摆脱牢狱之灾的前任工程师协会负责人莱斯·舒拜拉特竟在座驾之上贴出标语，上面写着“艾哈迈德·穆萨·达卡姆萨，我们大家都爱你！”约旦律师协会会长主动担起了为达卡姆萨辩护的职责。其他阿拉伯国家——比如黎巴嫩等地——的法律专家也纷纷请缨，要为达卡姆萨提供法律保护。有人打着达卡姆萨的名号发表声明：凶徒在祈祷的时候遭遇了各位年轻女孩的“轻浮调戏”，由此才会狂性大发。辩护律师更是指出：达卡姆萨不过是一位士兵，身处阿拉伯民族与犹太人群体的“无尽恒久战争”当中。自然，他无须为“作战”期间的任何行为承担刑事责任。达卡姆萨最终被判处25年有期徒刑。

消息一经传出，1,000 多名大学生涌上安曼街头为他求情。事情就是这样：哈希姆王室渴望和平，民众却更为记挂民族仇恨。这种鲜 311
明的对比可谓一道熟悉的风景线。

黎巴嫩记者哈泽姆·萨吉（Hazem Saghieh）一向特立独行，从不畏惧触犯政治正确性的禁忌。萨吉觉得，达卡姆塞一事堪为镜鉴，人们由此可以一窥阿拉伯文化的内里和脾性。1997 年年中，黎巴嫩国内最大出版方日报集团在贝鲁特出版了一本名为《捍卫和平》（*In Defense of Peace*）的书。在这部篇幅不长的作品中，萨吉写道："阿拉伯大众狂热支持达卡姆萨的行为反映了阿拉伯文化长久以来的弊病，它比阿拉伯的政治风气更为根深蒂固。无论政坛由谁执掌，都无法改变它。"萨吉的话激发了广泛的辩论，从阿里·萨利姆到阿多尼斯都参与其中。这几位文人告别了阿拉伯世界的主流观念，倡导和平共处，但他们只是阿拉伯人中醒目的一小部分。民族主义仍在阿拉伯大地之上占据主导，摆脱民族主义的影响当然很不容易。敢于发声的文人全都有着无比的勇气。

虽然无人喝彩也无人欢迎，巴勒斯坦与以色列的和解仍有其内在动力。和解自会进行下去，就连身陷其中的政治人物也难以操控。毕竟，连年的纷争早就让阿以双方疲惫不堪，他们早想摆脱这叵测命运的纠缠。安东·沙马斯（Anton Shammas）发表在 20 世纪 80 年代中期的杰作《阿拉伯花饰》（*Arabesques*）正与这种命途纠结有关。沙马斯虽是阿拉伯人，却拥有以色列国籍。在文学方面，他极为敏感与细腻。这本书是这位来自加利利、出身基督徒家庭的作家用希伯来语写成的，它就像密密麻麻的注解，帮助我们读懂血腥而激烈的阿以之争。作品主人公是位巴勒斯坦人，他那位于加利利附近的家乡小村即将落入犹太人军队之手。正在此时，一声笛鸣突然划破天空，全村乡亲"一瞬间跳起了舞，舞蹈中流露着劫后余生的

312 喜悦，还有弱者投降的解脱、面对陌生人的曲意逢迎，以及村民们趁人不备掏出最意想不到的武器的狡黠……渐渐地，大家跳累了，落败的任性也冷却了，庆典上的所有事物都蒙上了一层薄薄的灰尘。谁是征服这里的士兵？谁才是被征服的村民？他们和沙尘暴里的灰尘一样，早已无法分辨彼此。”沙尘暴的漩涡包裹着所有人。阿拉伯人日益意识到：盲目仇视以色列的思潮已经走到了尽头，阿拉伯民族应当正视自己的处境，了解他们自己想要一个怎样的世界。

文献与翻译来源

写作本书期间，我参阅了大量文献，其中有小说、诗歌，也有 xix
回忆录和社会、政治方面的评论文章。我在书的结尾处一一列举了本书引用的各处译文及其来源，其余译文则都是我自行翻译出来的。有谚语说“翻译即背叛”。不过，我还是竭尽所能，尽量还原原文的内容与神韵。阿拉伯世界的政治充满坎坷与不堪，阿拉伯人却又无比幸运：享有数不胜数的图书与文献，语言极富美感，文人作家有着杰出的才能。文人写下小说、诗歌和社会评论，洞悉他们所在的世界。长久以来，西方世界里关乎阿拉伯诸国的文章竟然大多出自并不通晓阿拉伯语之人，实在可悲可叹。这些专家不去倾听阿拉伯人的内心之声，就敢作出各种评判——这等现象，我无法理解。我之所以不厌其烦地记下书中引述的各类文献，也是想要通过阿拉伯人自己的故事讲述整个阿拉伯世界。

本书还引述了大量他人的译笔。他们的作品，要么深得我欣赏，要么让我难以企及。相关的出处，我都会在正文中或者资料来源中说明。

我力图保证本书的文字不东拉西扯。相对完整的文献记录，请参见资料来源。

资料来源

前言

关于布兰·海德里的人生故事，我参考了海德里的作品 *Ila Beirut*（London, Dar Al Saqi, 1989）。《杂志报》追悼海德里的感人致辞，见于该报 1996 年 8 月 24 日号。哈齐姆·努赛贝的话语来自他自己撰写的文章 “Arab Nationalism: Decades of Innocence and Challenge”，收录在 Patrick Seale 编纂的文集 *The Shaping of an Arab Statesman*（London, Quartet Books, 1983）中。涉及各国记者在贝鲁特准将酒店生活细节的著述非常之多。我主要参照了 John Kifnar 发表在 1987 年 2 月 20 日的《纽约时报》上的文章。Thomas Friedman 在著作 *From Beirut to Jerusalem*（New York, Doubleday, 1990）对此也有一番精妙的描写。纳齐拉·扎因·丁的作品《脱下罩袍》于 1928 年在贝鲁特出版。本书中关于萨拉姆家族的内容主要参考了安巴拉·萨拉姆·哈利迪的回忆录 *Jawla fi al-Dhikrayat bayna Lubnan wa-Filastin*（Beirut, 1983），以及安巴拉之父、萨利姆·阿里·萨拉姆的著述 *Mudhakkirat Salim Ali Salam*（Beirut, 1982）。我关于黎巴嫩南部家乡小村的记述主要参考了宗教学者 Muhsin al-Amin 的多卷著述 *A'yan al-Sh'ia*（Beirut, 1960-1963）。

书中关于乔治·安东尼乌斯的内容主要参考了美国新罕布什尔州汉诺威市当代世界事务研究所、以色列国家档案馆以及伦敦公共记录档案馆的档案文件。关于查尔斯·克莱恩的生平记述主要来自
314 当代世界事务研究所存于新罕布什尔州汉诺威市的档案，以及福德汉姆大学 Leo J. Bocage 博士发表于 1962 年的学位论文 *The Public Career of Charles R. Crane*。

哈利勒·哈维之死

我阅读了多种涉及哈利勒·哈维生平与著作的文献。若想了解哈维的诗人生涯，阿德南·海达尔与迈克尔·彼尔德合著的图书 *Naked in Exile: Khalil Hawi's The Threshing Floors of Hunger*（Washington, D.C., The Three Continents Press, 1984）汇集了哈维的生平与作品译文，是上好的入门之作。本书为哈维诗作《桥》选取的译本摘自伊萨·博拉塔的著述 *Modern Arab Poets*（London, Heinemann, 1976）。塔哈尔·本·贾卢恩追怀哈维的悼文参见 1982 年 7 月 9 日的 *Le Monde des Livres*。马哈茂德·达维什对于哈维的评议来自 *Memory for Forgetfulness : August 8th Beirut*（Beirut, August, 1982, Berkeley, University of California Press, 1995）。其余悼念文字（包括哈维的大学同学穆纳赫·索勒赫写的悼文）都见于 1983 年 6—7 月的文学刊物 *al-Fikr al-Arabi al-Muasir*。伊拉克作家黛西·埃米尔追念爱人的作品也收录其中。

我还引用了来自哈利勒·哈维的弟弟伊利亚·哈维的传记作品

Ma'Khalil Hawi: Ii Masirat Hayatihi toa-Sbi'rih（Beirut, 1996）的大量内容。

关于 19 世纪至 20 世纪之交的贝鲁特和黎巴嫩山，有大量图书作为材料来源。若想对此进一步有所了解，可以参阅 Engin Akarli 的作品 *The Long Peace: Ottoman Lebanon 1861-1920*（Berkeley, University of California Press, 1993）。为了解哈维童年时期的生活环境，我参考了以下文献：Grace Dodge Guthrie 的 *Legacy to Lebanon*（自行付印，Richmond, Virginia, 1984）。这是一部佳作。Grace Dodge 的父亲是贝鲁特美国大学的校长，母亲则是前任校长的女儿，她对于那个时代的——也就是第一次世界大战刚刚结束、20 世纪 30 年代的黎巴嫩非常熟悉。通过她的作品，我们可以了解 315
她父亲的生涯。此处还有 Ethel Stefana Drower 的 *Cedars, Saints and Sinners in Syria*（London, Hurst & Blackett, 1926）。

哈利勒·哈维关于黎巴嫩，以及家园、山岳和乡亲的处世之道的种种观点，都可见于他以早年文学偶像、前辈诗人哈利勒·纪伯伦为主题的论文之中。论文写于他在英国剑桥大学求学期间，题为 *Khalil Gibran: His Background, Character and Works*（Beirut, 1972）。若想了解那个年代的贝鲁特美国大学，以及安东·萨阿德在黎巴嫩的经历，哈维恩师、贝鲁特美国大学教授安尼斯·弗雷哈的作品 *Qabl An Ansa*（Beirut, 1979）不容错过。莱昂·威赛尔蒂尔的《反对身份》初次发表于 *The New Republic*，后在 1996 年扩充成书，篇幅不长，由位于纽约的 William Drenttel 出版社出版。

希沙姆·沙拉比的回忆录《烬与尘》（Beirut, 1975）乃是关于安东·萨阿德以及 20 世纪 40 年代贝鲁特政治生态的权威作品。萨阿德本人的著作《叙利亚文学中的智识之争》先是于 1943 年在阿根廷布宜诺斯艾利斯初次出版，后又于 1947 年及 1953 年在贝鲁特两度再版，从中可以详尽了解萨阿德关于叙利亚社会和文化生活的

“异想天开”。

关于贝鲁特美国大学的著述种类繁多。我主要参考了斯蒂芬·彭罗斯的《叫人得生命》(Beirut, Lebanon, 1970) 以及 John Munro 的 *A Mutual Concern: The Story of the American University of Beirut* (Delmar, New York, Caravan Press, 1977)。查尔斯·马利克关于黎巴嫩希腊正教徒的话摘自 A. Wessels 的 *Arab and Christian/Christians in the Middle East* (Kampen, The Netherlands, Pharos Books, 1984)。

本书选摘的尼采作品《查拉图斯特拉如是说》片段来自 R. J. Hollingdale 执笔翻译的英译本 (Penguin Books, 1961)。

哈利勒·哈维留学剑桥大学期间寄给黛西·埃米尔的信函收录于其作品 *Rasail al-Hubb wa al-Hayat* 当中，于 1987 年在贝鲁特出版。同时，我还参考了贾米尔·贾布尔的 *Khalil Hawi* (Beirut, 1991)。

316 哈利勒·哈维关于阿拉伯语的论述、身为阿拉伯基督徒和阿拉伯人的自豪感可见于 1983 年 7—8 月的 *al-Arabi al-Muasir*，前文已有引用。伊利亚·哈维的小说《纳卜汉》(Beirut, 1986) 让我看到了哈维的另一面。伊赫桑·阿巴斯的作品 *Ghurbat al-Ra'i* (Amman, 1996) 详尽记述了贝鲁特知识阶层在 20 世纪 70 年代末的衰落以及贝鲁特美国大学的困境。我引述了哈利勒·哈维的两篇晚年之作：他对于阿拉伯文化觉醒的幻灭情绪可见于 1980 年 6 月的 *al-Arabi al-Muasir* 上的文章 “Reason and Faith in Arab Culture” 以及发表在该刊 1981 年 12 月号和 1982 年 1 月号的 “The Awakening and the Search for Identity” 当中。

巴亚提献给哈利勒·哈维的诗歌写于西班牙马德里，刊载在 1983 年 6—7 月的 *al-Arabi al-Muasir* 当中。马哈茂德·舒赖赫的作品 *Khalil Hawi wa Anton Saadah* (Sweden, 1995) 讲述了哈利勒·哈维人生的最后岁月以及萨阿德之于哈维的意义。

关于马尔科姆·科尔的生平事迹，我参考了斯坦利·科尔所著《马拉什群狮》(Albany, N.Y., State University of New York Press, 1973）以及安·茨维克尔·科尔所著《和我一起从黎巴嫩而来》(Syracuse, N.Y., Syracuse University Press, 1994）这两部价值很高的作品。我还引用了两篇马尔科姆·科尔本人的文章。其中之一为“Arab Society and the West”，参见 Patrick Seale 编著的 *The Shaping of an Arab Statesman*（London, Quartet, 1983）以及发表于 1981 年 10 月的 *Journal of Arab Affairs* I:1 的“Rich and Poor in the Arab Order”。

涉及贝鲁特早期风貌的作品数量繁多，我参考了其中几部佳作：David Finnie 的 *Pioneers East: The Early American Experience in the Middle East*（Cambridge, Mass., Harvard University Press, 1967）以及 W. M. 汤姆森的《此地与此书》(London, T. Nelson and Sons, 1872)。这两部作品都以文笔优美、内容翔实而拔群出众。

祖先之形

尼扎尔·卡巴尼关于贝鲁特的论述见于科威特日报 *al-Siyasa* 317
(1985 年 5 月 9 日)。他的长诗《巴尔吉斯》是一首反映 20 世纪 80 年代阿拉伯世界生活的代表诗作。作品原稿为手写体，译本很多。曾在我门下求学的丽萨·布滕海姆于 1986 年将其译为英语。得她允许，我将相关译文用在了 1987 年 4 月 6 日的文章“The Silence in Arab Culture”当中。阿多尼斯的著作《阿拉伯诗学》于 1985 年在贝鲁特出版。关于他的生平事迹，我参考了他的创作生涯自述 *Ha Anta Ayyuha al-Waqt*（Beirut, 1993）。本书所引《为我们的时代悲叹》的译文出自我之手。《沙漠》则出自阿卜杜拉·乌达里的译笔，摘自乌达里关于 Samih al-Qasim、阿多尼斯与达维什的著述 *Victims*

of a Map（London, Al Saqi Books, 1984）。阿卜杜拉赫曼·穆妮夫关于阿拉伯文学、阿拉伯政治生活以及流亡生涯的话，见于他的作品 *al-Kateb wa al-Manfa*（Lebanon, 1992）。他的长篇系列小说《盐的诸城》已由彼得·塞鲁译为英语，由 Pantheon Books 出版，译文精彩。我引用的片段即出自塞鲁的译本。威尔弗雷德·塞西杰堪称游记作者与沙漠历史记录者中的翘楚，本书引用的塞西杰作品 *Arabian Sands*（Penguin Book, 1964）是他最为人传诵的代表作。

阿多尼斯的四卷长篇《固有与变换》（Dar Al Saqi, London, 1994）写于 1979 年，阐释了他对于伊朗的思考。萨迪克·阿兹姆批驳阿多尼斯的文章见于 1982 年 2 月贝鲁特文学杂志 *Dirasat Arabiyya*。

迈赫迪·巴扎尔甘致霍梅尼的“公开信”广为流传，于 1986 年被位于得克萨斯州休斯敦市的 Maktab Publications 出版社出版。

尼扎尔·卡巴尼的《扔石头的孩子（三部曲）》于 1988 年在黎巴嫩贝鲁特出版。

马哈茂德·达什维的《从人言中走来》首发于巴黎的阿拉伯杂志
318 《第七日》。1988 年 4 月 5 日，*The New Republic* 刊出该诗英译本，由
我与莱昂·威赛尔蒂尔共同完成，后者还译有一个希伯来语版本。

阿多尼斯哀叹阿拉伯人沉迷于用粉笔写成且可以随意涂改的历史的诗作见于 1997 年 3 月 6 日的《生活报》。诗人的创新巨著《书》于 1995 年由伦敦 Dar Al Saqi 出版社出版。

《经济学人》于 1990 年 5 月 12 日的一篇文章“When History Passes By”记述了阿拉伯人在 1989 年“欧洲之春”（伊拉克人侵科威特之前）的惶惑与慌乱。穆罕默德·海卡尔的文章“Out with the Americans, In With a New Arab Order”参见 1990 年 9 月 12 日的《泰晤士报》。

罗伯特·塔克与戴维·亨德里克森合著的《帝国的诱惑》（New

York, Council on Foreign Relations Press, 1992）对于海湾战争之前的美国心态有一番颇有趣味的描写。约翰 · 密尔的《浅议不干涉》参见 *Dissertations and Discussions, Political, Philosophical, and Historical*，第三卷 (Boston, Mass., William Spencer, 1964-1967)。

我引述了三部关于海湾战争的作品，分别是：鲍勃 · 伍德沃德的《指挥官》(New York, Simon & Schuster, 1991)，詹姆斯 · 贝克的外交的政治（New York, Putnam, 1995）以及科林·鲍威尔的《我的美国之路》(New York, Random House, 1995)。

索阿德 · 阿巴赫关于科威特的记述来自于 1990 年 12 月 4 日、1991 年 1 月 6 日及 1991 年 2 月 6 日的《生活报》登载的相关文章。

T. E. 劳伦斯关于阿拉伯历史命运的阐述来自阿伦比将军的转述，参见《智慧七柱》(Penguin Classics, 1962)。

在埃及

埃及小说可以还原埃及的社会生活，有着独特的意义。我参考的纳吉布 · 马哈富兹作品包括《王座之前》(Cairo, 1983)、《领袖被杀的那天》(Cairo, 1985)，以及《自传的回声》(Cairo, 1997)。优素福 · 卡伊德的《埃及之战》(Cairo, 1979 ）是一部关于 20 世纪 70 年代埃及人心灵状态的杰作。本书引述的另一部作品、索纳拉·易
卜拉欣的《沙拉夫》(Cairo, 1997 ）是一部关于 20 世纪 90 年代中 319
期埃及的佳作。Myral al-Tahhaoui 的 *al-Khiba*（Cairo, 1996）则从女性主义视角批判了宗教极端思潮。

艾哈迈德 · 巴哈丁的《与萨德特对话》(Cairo, 1987 ）是一部关于埃及这位前领导人的公正之作。萨阿德 · 艾丁 · 易卜拉欣的著作《为萨达特平反》(Cairo, 1992 ）在 1993 年被华盛顿特区的华盛顿近东政策研究所译成英文出版（有删节），我选取的片段出自阿

拉伯语原版。

法拉吉·法乌达的《秋天前》(Cairo, 1985) 体现了埃及世俗派知识分子的价值观。多产作家里法特·萨义德的作品中，我参考了 *Misr: Muslimin wa Aqbat* (Cairo, 1993)、*Madha hadath li-Misr?* (Cairo, 1991) 以及 *Wa al-Samat La* (Cairo, 1995)。

我读了不少阿布·扎伊德的作品，其中包括《宗教话语批评》(Cairo, 1994)、《释经的哲学》(Cairo, 1993) 和《理性释经》(Cairo, 1993)。1996 年 9 月 16 日，《生活报》刊载了一篇 Mahmoud al-Wardani 的文章，我提起阿布·扎伊德被迫出国的时候引用了这篇文章的片段。

如本书所述，路易斯·阿瓦德是埃及文坛的巨擘之一。他的巨著《一生的说明》卷帙浩繁，出版于 1989 年，是一部关于 20 世纪三四十年代埃及文化与大学生活的杰作，我在书中曾大量引用。我还参考了阿瓦德的另一部作品 *Tarikh al-Fikr al-Misri al-Hadith* (Cairo, 1986)

320 纳吉布·马哈富兹与美国记者玛丽·安妮·韦弗的对谈参见 1995 年 1 月 30 日的《纽约时报》。侯赛因·艾哈迈德·阿明追怀埃及过往岁月的文章见于 1996 年 6 月 20 日的《生活报》。阿瓦德关于埃及文化中求新之力的叙述出自其作品 *Tarikh al-Fikr al-Misri al-Hadith*。米腊德·汉纳的杰作《埃及人身份的七大柱石》(Cairo, 1994) 讲述了埃及的包容多元。

尼扎尔·卡巴尼那封致埃及的“公开信”见于 1995 年 2 月的埃及文学杂志 *al-Qahira*。

关于尼罗河的文化与象征意义，西蒙·沙玛的《风景与记忆》(New York, Vintage, 1995) 里有一段优雅的描述。同时，我还参考了两部同样讲述尼罗河和埃及水利政治的作品：Wyman Herendeen 的 *From Landscape to Literature: The River and the Myth of*

Geography（Pittsburgh, Pa., Duquesne University Press, 1986）以及 Emil Ludwig 献给埃及与尼罗河的名作 *The Nile in Egypt*（London, George Allen and Unwin, 1937）。

无人喝彩的和平

关于阿多尼斯被逐出阿拉伯作家联盟的故事，我参考了 1995 年 3 月 7 日《纽约时报》关于优素福·易卜拉欣的相关报道。阿拉伯作家联盟也通过自家的月刊 *Al-Mawqif al-Adabi*（1995 年 4 月）阐发了立场。萨阿杜拉·瓦纳斯为阿多尼斯辩护的文章见于 1995 年 4 月 19 日的黎巴嫩日报 *al-Safir*。哈尼·拉希卜力挺阿多尼斯的文章则刊载于 1995 年 3 月的科威特杂志 *al-Arabi*。

卡巴尼的诗歌《急迫的人们》参见 1995 年 10 月 2 日的《生活报》。马哈富兹对于诗歌的评论可见该报的 1995 年 10 月 5 日号。八天之后，卡巴尼以《生活报》作为反击的阵地，阐述了自己的诗歌理念，详情在本书中有详尽记述。

关于哈只·阿明·侯赛尼的生平，我参考了 Philip Mattar 所
著的 *The Mufti of Jerusalem: Hajj Amin al-Husayni and The Palestinian* 321
National Movement（New York, Columbia University Press, 1988）。

《奥斯陆协议》签署之后，爱德华·萨义德为此撰写了大量文章。作为埃及《生活报》的长期撰稿人，他将自己的文章编纂成集，以英语出版。这本文集名为 *Peace and Its Discontents*（New York, Vintage Books, 1995）。各位读者若想了解爱德华·萨义德对此问题的真切态度，还可以参阅他的另一部著作 *The Politics of Dispossession*（New York, Pantheon Books）。在 1995 年 10 月 16 日的《民族报》所载文章“The Mirage of Peace”中，萨义德进一步解释了自己为何反对这个和平协议。

加达 · 卡尔米关于 1993 年《奥斯陆协议》的观点参见她的文章“What Role for the Palestinian Diaspora After Oslo”，该文章收录于 *Palestinian Elections and the Future of Palestine*（Center for Policy Analysis on Palestine, Washington, D. C. 1996）。关于希沙姆 · 沙拉比对于《奥斯陆协议》的反对态度，参见他在 1997 年 2 月 14 日的《生活报》上对 1948 年之前的巴勒斯坦的反思和回忆。在该报 1996 年 7 月 16 日号上也有沙拉比呼吁旅外巴勒斯坦侨民团结一心、反对和平的文著。

梅隆 · 本韦尼斯蒂关于 1996 年 2—3 月间恐怖风暴的阐述出自他的文章“The Twilight War”，刊载于 1996 年 3 月 18 日的《纽约时报》。

爱德华 · 萨义德欢迎本雅明 · 内塔尼亚胡当选以色列总理的言论见于 1996 年 6 月 10 日的《时代》。穆罕默德 · 里马维在 1996 年 6 月 10 日的《生活报》上表达了同样的意见。卡巴尼向 1996 年 6 月一场阿拉伯峰会的喊话参见 1996 年 6 月 21 日的《生活报》。萨吉 · 哈泽姆对于阿以关系正常化与相关抵触情绪的报道参见 1996 年 4 月 9 日《生活报》。

322 关于穆罕默德 · 海卡尔就此问题的观点，我参考了他在 1993 年 10 月 19 日对开罗美国大学学生的演讲稿，以及他的作品 *Misr wa al-Qarn al-Wahid wa al-Ishrin*（Cairo, 1994）。

阿卜杜拉 · 拉鲁伊关于以色列的阐述出自他的作品 *The Crisis of the Arab Intellectual*（University of California Press, 1976）。

批评家兼作家加利 · 舒凯里是埃及文坛最为闪亮的星辰之一。我参考了他的作品 *Balagh ila al Ra'i al-Amm*（Cairo, 1996）和 *Mara'at al-Manfa*（London, Riad El-Rayyes Books, 1989）。

1994 年的以色列之行让剧作家阿里 · 萨利姆成了同行中的众矢之的，他的作品 *Rihla ila Israeel*（Cairo, 1994）记录了那次以色列之旅。

作家穆罕默德·锡德·艾哈迈德关于阿以关系正常化的言论参见 1996 年 6 月 27 日的《金字塔报》。

优素福·伊德的短篇佳作《无辜》初次发表于 1972 年 6 月的《文学》，并收录在小说选集 *Ana Sultan Qanun al-Wujud*（Cairo, 1980）当中。

阿明·马鲁夫的佳作《非洲之狮》已由 Peter Sluglett 译为英语（New Amsterdam Books, New York, 1992）。

关于 1948 年以色列国内的路线交锋以及早期阿以交好的可能性，我参考了 Avi Shlaim 的作品 *Collusion Across the Jordan*（New York, Columbia University Press, 1988）。若想从另一个角度看待同一问题，可阅览 Itamar Rabinovich 的作品 *The Road Not Taken*（Oxford and New York, Oxford University Press, 1991）。

卢特菲·胡利关于哥本哈根会议的辩护词主要见于他发表在 1997 年 4 月 29 日的《金字塔报》的文章中。

致谢

写作本书期间，我得到了多方关心：谢谢约翰霍普金斯大学高级国际研究学院的三位助手；谢谢莱拉·哈马德（Laila al-Hamad）仔细找寻罕有的阿拉伯语资料、帮助我梳理哈利勒·哈维的人生轨迹；谢谢卡米尔·佩卡斯泰英格（Camille Pecastaing），这位年轻学者有着无尽的求知欲，他为莱拉查漏补缺，一步步解开了书中诗作一字一句的谜团与玄机。

谢谢梅根·林（Megan Ring）。她才华惊人，本书几乎是她一手集成。谢谢她的反复推敲，一稿又一稿的修改与订正。谢谢她在国会图书馆（Library of Congress）等地的耐心求证，全书所需的各类故事方才得以收集完毕。林女士来自加州，生性活泼开朗。我这份关于阿拉伯远方的书籍实在有些阴晦冷僻，可是她并未因此泄气。谢谢她为本书所做的贡献，谢谢她的诚心与友谊，我会永远对她怀有无上敬意。

谢谢以下几位朋友对本书的兴致与品读：塔赫辛·巴希尔（Tahseen Basheer）、莱斯利·盖尔勃（Leslie Gelb）、理查德·普尔曼（Richard Pullman）、罗伯特·塔克、梅隆·本韦尼斯蒂、马克·丹纳（Mark Danner）和斯蒂芬·萨博（Stephen Szabo）。身为作家，拥有这样一些读者堪称无上荣幸。谢谢政治哲学研究学者迈克尔·桑德尔（Michael Sandel）独到的支持与指点。虽然他一直谦称阿拉伯研究并非他的专业，可他仍给我带来了大量的启迪。谢谢我的朋友莱昂·韦斯蒂尔与我多年的友情、诤言和合作。我的写作深得他的影响。谢谢他与马丁·佩雷茨（Martin Peretz）引荐我进入《新共和报》（*The New Depulblic*）。谢谢他们的知遇之恩。

谢谢大导演陶菲克·萨利赫、剧作家阿里·萨利姆、马哈茂德·阿巴扎（Mahmoud Abaza）、阿布·扎伊德·拉吉赫（Abu Zeid Rageh）与卡迈勒·阿巴拉什（Kamal El-Ebrashi）的倾心指点，助我进一步了解埃及的国情。他们对故乡充满感情，惊叹那里的生活方式和难以察觉的细微美妙之物。他们的家国之情让我感佩万分。谢谢米歇尔·阿贾米（Michelle Ajami）的支持。她和哲学家迈克尔·桑德尔一样，非常愿意与我分享关于阿拉伯事务的“浅显”认知。其实，她和他一样，对于本书话题的了解都远比他们认为的要多得多。

谢谢《外交事务》（*Foreign Affairs*）的编辑小詹姆斯·霍格（James F. Hoge, Jr.）与主编法里德·扎卡里亚（Fareed Zakaria）。他们为我布置的两项任务——尤其是关于埃及的那项——对我的埃及研究大有裨益，还让我重新思考了埃及的重要性。有了他们两位合作者与读者，我深感荣幸。谢谢《美国新闻与世界报道》（*U.S.News & World Report*）的主编马迪摩尔·祖克曼（Mortimer Zuckerman）与各位同事，谢谢他们为我开辟的言论之路，也谢谢他们资助我完成那次必要的埃及之行。

谢谢编辑琳达·希利（Linda Healey）女士，得到她的帮助，我深感幸运。我曾在她的领导下写作另外一部书，却最终未果。但她的信念却没有动摇，再一次给了我机会。谢谢她提供宝贵的机会，让我与摄影家伊莱·里德（Eli Reed）出版了《贝鲁特：遗憾之城》（*Beirut: City of Regrets*）这部短篇作品。本书的出版也得到了她的无私帮助。1997 年夏天，希利女士的丈夫、才华横溢的记者兼作家托尼·卢卡斯（Tony Lukas）不幸英年早逝。悲痛之中的她，却依然容忍我的小怪癖、体恤我无足轻重的忧虑。本书若有什么优点，都是归功于她对我的信任。

诚挚感谢约翰霍普金斯大学的希拉·伦塔斯（Sheila Rentas）与海伦·海斯麦耶（Helen Haislmaier）的大力支持。

索引

1919 年巴黎和会（Paris Peace Conference of 1919）18

1956 年苏伊士运河战争（Suez War [1956]）7, 11, 73, 76, 117, 123, 193-94

1967 年“六日战争”（The Six-Day War [1967]）7, 27, 83-84, 85, 121, 123, 124, 130, 131, 132, 143, 177-78, 194, 195, 215, 255, 265, 294

1973 年“十月战争”（October War of 1973）123, 130, 131-32,194,198,247,282-83

“1989 奇迹之年”（Annus Mirabilis of 1989）170, 174-75

1990 年马德里和平会议（Madrid Peace Conference[1991]）272

A

A. J. 阿伯里（Arberry, A. J.）72

阿波罗·科热尼奥夫斯基（Korzeniowski, Apollo）300

阿卜杜拉（Abdullah）71, 262, 266, 294, 295, 296, 304

阿卜杜拉·拉鲁伊（Laroui, Abdallah）284

阿卜杜拉·乌达里（al-'Udhari, Abdullah）122

阿卜杜拉赫曼·穆尼夫（Munif, Abdelrahman）xii-xiii, 125-30, 297

阿卜杜拉提夫·卡纳法尼（Kanafani, Abdul-latif）263

阿卜杜勒·侯赛因（Hussein, Adel）204

阿卜杜勒·卡迪尔·侯赛尼（al-Husayni, Abdul Qadir）270

阿卜杜勒·瓦哈卜·巴亚迪（al-Bayati, Abdul al-Wahhab）5

阿道夫·希特勒（Hitler, Adolf）53, 58

阿德南·阿布-乌达（Abu-Odeh, Adnan）308

阿德南·达米里（Damiri, Adnan）162

阿德南·海达尔（Haydar, Adnan）48, 97-98

阿多尼斯（本名阿里·艾哈迈德·萨义德）（Adonis [Ali Ahmad Said]）xii-xiii, 79, 80,

100, 102, 108, 109
安巴拉 · 萨拉姆（Salam, Anbara）16, 18, 88
安东 · 沙马斯（Shammas, Anton）311
安东 · 萨阿德（Saadah, Anton）50-56, 58, 63-67, 69, 86
被捕与被杀（arrests and execution of）51, 56, 64-65, 67, 71, 81, 83
狂热拥趸（cult followers of）50-51, 56, 58, 66-67, 73, 81, 83, 86, 92, 117, 120, 268
知识分子的看法（intellectual pretensions of）52, 53-54, 65
革命思想（revolutionary political philosophy of）50-51, 52-53, 54-56, 62-64, 65, 71, 73
南美岁月（South American years of）50, 51-52, 54, 62, 63, 65
与叙利亚民族主义（Syrian nationalism and）52-53, 55, 63-64, 65, 66, 67, 81, 83, 121
安东尼奥 · 葛兰西（Gramsci, Antonio）215
安多佛神学院（Andover Theological Seminary）106
安曼（Amman）19, 65, 71, 176, 281, 311
安纳托利亚（Anatolia）57, 217
安尼斯 · 弗赖哈（Frayha, Anis）53, 54, 72, 90
安条克（Antioch）65-66
安瓦尔 · 努赛贝（Nusseibah, Anwar）284
安瓦尔 · 萨达特（al-Sadat, Anwar）131, 138, 193-201, 206, 207, 215, 227
遇刺（assassination of）xiii-xiv, 193, 194, 196, 197, 201, 211, 225, 266, 292
性格与脾气（character and personality of）195-97
民主观（democratic principles of）196
虚构作品中的形象（fictional treatment of）198-200
与以色列和解（Israeli peace agreement secured by）194, 197, 199, 211, 261
访问耶路撒冷（Jerusalem visit of）292
政治上的反对势力（political opposition to）194, 195-96, 197
逮捕反对者（repressive arrests by）194, 195, 197
得到西方的支持（Western sympathies of）196-97
盎格鲁 - 撒克逊文化（Anglo-Saxon culture）143, 250
敖德萨（Odessa）33
奥利佛 · 斯通（Stone, Oliver）281
奥伦特斯河（River Orantes）65
奥马尔 · 拜塔尔（Baytar, Omar al-）269
奥马尔伊本哈塔卜清真寺（Omar ibn al-Khattab Mosque）278
《奥斯陆协议》（Oslo Accords）253, 256-58, 261-62, 266-67, 273, 274, 276, 280, 282
奥斯曼帝国（Ottoman empire）4, 131, 168-69, 186, 233
衰落（decline of）36, 283
第四军（Fourth Army of）38
和德国的联盟（German alliance with）36
青年土耳其党（Young Turks of）36, 38, 56
也请见具体的奥斯曼帝国领地

B

巴比伦（Babylon）184
《巴尔福宣言》（Balfour Declaration）295

巴尔福勋爵（Balfour, Lord）52
《巴尔吉斯》（尼扎尔 · 卡巴尼）
（“Balqees” [Nizar Qabbani]）113-14
巴尔吉斯 · 卡巴尼（Qabbani, Balqees）112-14
巴格达（Baghdad）xi, xiii, 3, 4, 125, 131, 156, 167, 168, 172
巴格达迪（Baghdadi）157-58
巴勒斯坦（Palestine）12-13, 17, 18, 51, 58, 59, 106, 261
阿以双方的交锋（Arab-Israeli struggle in）xvi-xvii, 13, 19, 29, 52, 60, 62, 84-85, 87, 253-75
英国的委任统治政府（British mandatory government）19
奥斯曼帝国的统治（Ottoman rule of）28
巴勒斯坦妇女联合会（Palestinian Federation of Women）185
巴勒斯坦和什叶派的纷争（Palestinian-Shia war）136-37
巴勒斯坦教育部（Palestine Department of Education）17
巴勒斯坦民族解放运动（Palestinian National Liberation Movement）51, 130, 131, 132, 161, 261-75
巴勒斯坦民族解放组织（Palestine Liberation Organization, PLO）26, 84, 139, 159, 185, 272, 282
巴勒斯坦民族盟约（Palestine National Covenant）273
巴勒斯坦民族权力机构（Palestine National Authority）267, 268
巴勒斯坦全国委员会（Palestine National Council）266, 273, 283
巴勒斯坦人（Palestinians）：
游击战争（guerrilla warfare of）132, 135, 158-64, 167, 267
在黎巴嫩（in Lebanon）26, 56-57, 62, 67, 80, 84-85, 88, 132, 135—37
左派（Lefist elements of）84
文人与上层社会（literati and upper classes of）62, 80, 143, 159, 263
在难民营（in refugee camps）263, 264
对萨达姆 · 侯赛因的支持（Saddam Hussein supported by）171 , 265
巴黎（Paris）6, 28, 126, 161, 253
陷落（fall of）58
巴林（Bahrain）153, 156, 178, 186
巴隆 · 德 · 托特（De Tott, Baron）49
巴士拉（Basra）168-69, 180
巴亚德 · 道奇（Dodge, Bayard）37, 41, 53, 60
巴以冲突（Israeli-Palestinian conflict）xvi-xvii, 13, 19, 29, 52, 60, 62, 84-85, 87, 253-75
在黎巴嫩（in Lebanon）xi-xii, 10, 26, 98-99, 100-101, 123, 135-36
芭芭拉 · 扬（Young, Barbara）75
柏林墙倒塌（Berlin Wall, fall of）174
拜占庭（Byzantium）33, 65-66
拜占庭研究会（Byzantine Institute）20
鲍勃 · 伍德沃德（Woodward, Bob）175
贝都因人（Bedouins, also Bidoon）128, 168
贝卡谷地（Bekaa Valley）37, 57, 104, 135, 141
贝鲁特（Beirut）xi, xii, 3, 5-6, 7, 11-12, 18-21, 27, 28, 32, 41, 47, 49, 56, 60, 101-2, 131
美国人传教（American mission in）20, 21, 101
伊拉克驻黎巴嫩大使馆遇袭事件

（bombing of Iraqi embassy in）112
陷落（fall of）164
知识分子与文化界的生活（intellectual and literary life of）79-81, 85-86, 88-89, 94-95, 113, 119-120, 121, 164
烈士广场（Martyrs' Square in）38-39
现代性（modernity in）14-15, 113, 135
19 世纪（nighteenth century）35, 106-8
暴力活动与死伤情况（violence and death in）103, 112-13, 116, 121-22, 123, 136-37
西方学校（Western schools）14, 15, 17, 22
也请见“东贝鲁特”“西贝鲁特”
贝鲁特美国大学（American University of Beirut [AUB]）15, 17, 22, 26, 29, 30, 34, 37, 53-54, 84, 100-105, 120, 140, 143, 164
阿拉伯语系（Arabic department of）71, 72, 89, 90
校园环境（campus and gardens of）60, 78, 91,98-99,102
“达尔文事件”（“Darwin affair” rebellion at）89, 250
建立（founding of）60, 102, 108
哈利勒·哈维的求学与教学经历（Hawi as student and professor）26, 47, 57, 67-69, 71, 77-78, 86-91, 96, 98-99
巴勒斯坦与黎巴嫩教师的恩怨（Lebanese and Palestinian rivalry）90
图书馆（library of）44, 91
医学院（medical school）89
学生运动（student rebellion at）89
贝鲁特中央区（Ras Beirut）57,77-8
贝尼托·墨索里尼（Mussolini, Benito）55-56, 225
本土主义（Nativism）xii, xiii, 90, 146
本雅明·内塔尼亚胡（Netanyahu, Benjamin）273, 278-79, 307-8
比布洛斯（Byblos）34, 118
比尔·克林顿（Clinton, Bill）262, 273
比沙拉·塔克拉（Taqla, Bishara）250
比沙利（Bisharri）74
彼得·塞鲁（Theroux, Peter）125, 127
波斯（Persia）80, 137, 149
波斯湾（Persian Gulf）103, 104, 124-25, 130-31, 156
波斯湾的君主制小国（dynastic states of）138, 147-48, 153-54, 169, 170
波斯语（Persian language）17, 149
博福尔要塞（Beaufort Castle）10-11, 107
布尔吉哈穆德（Bourj Hammoud）56, 57
布尔什维克革命（Bolshevik revolution）33, 42, 66
布兰德·海达里（Haidari, Buland）3-9, 79
布特鲁斯·布斯塔尼（al-Bustani, Butrus）43
部族主义（tribalism）8, 121, 137, 172

C

《惨败后的自省》（萨迪克·阿兹姆）（*Self-Criticism after the Defeat* [Sadiq Azm]）143
查尔斯·达尔文（Darwin, Charles）89, 250
查尔斯·多蒂（Doughty, Charles）190
查尔斯·克莱恩（Crane, Charles R.）17-18, 19, 20, 22
查尔斯·马利克（Malik, Charles）66
查尔斯·萨阿德（Saad, Charles）59
查拉拉·瓦达赫（Chrara, Waddah）140
《查拉图斯特拉如是说》（尼采）（*Thus Spake Zarathustra*[Nietzsche]）69-70

F

法蒂玛·阿布·瓦尔达（Abu Warda, Fatima）264

法国（France）14, 16, 32, 35-36, 37, 38, 56, 66, 98, 116

殖民势力的衰退（colonial decline of）55, 58, 117-18

殖民势力（colonial power of）16, 18, 21, 46, 52, 53, 55, 75, 117, 120

文学与文化（literature and culture of）58, 117, 120, 143

法国大革命（French revolution）147

法拉吉·法乌达（Foda, Farag）202, 205-7, 209-10

法里德·阿特拉什（al-Atrash, Farid）250-51

法里斯·帕夏·尼米尔（Nimr, Faris Pasha）17, 22, 23, 250

法瓦兹·图尔基（Turki, Fawaz）264

法沃难民营（Al Fawwar refugee camp）264

法西斯主义（fascism）51, 73, 224-25

法耶兹·索亚格（Suyyagh, Fayiz）80

《反对身份》（莱昂·韦斯蒂尔）（*Against Identity*[Leon Wieseltier]）54

反犹主义（anti-Semitism）17

泛阿拉伯主义（Pan-Arabism）67, 80, 83, 84, 96, 102, 118, 120-21, 124, 130, 131, 146, 169, 173, 234, 245-46

方济各会（Franciscans）56

非洲军团（Afrika Korps）58

《非洲之狮》（阿明·马鲁夫）（*Leo Africanus* [Amin Maalouf]）299

《菲利普二世时代的地中海和地中海世界》（布罗代尔）（*The Mediterranean and the Mediterranean World in the Age of Philip II* [Braudel]）49

腓尼基人（Phoenicians）37, 118, 120

费尔南·布罗代尔（Braudel, Fernand）49

费萨尔二世（伊拉克国王）（Faisal Ⅱ, King of Iraq）5, 14

“愤怒的葡萄”行动（Operation Grapes of Wrath）277

《风景与记忆》（西蒙·沙玛）（*Landscape and Memory* [Simon Schama]）252

弗拉基米尔·亚博廷斯基（Jabotinsky, Vladimir）305

弗雷亚·斯塔克（Stark, Freya）128

弗里德里希·威廉·尼采（Nietzsche, Friedrich Wilhelm）68

《拂晓报》（*al-Fajr*）162

福阿德·帕夏·塞拉吉丁（Serageddin, Fuad Pasha）227-28

父权（Paternalism）61, 172

《父与子：屠格涅夫与自由主义的困境》（以赛亚·伯林）（“Fathers and Children: Turgenev and the Liberal Predicament” [Isaiah Berlin]）162-63

《父与子》（屠格涅夫）（*Fathers and Sons* [Turgenev]）162-63

G

橄榄山（Mount of Olives）18, 33

戈兰高地（Golan Heights）47

格尔特鲁德·贝尔（Bell, Gertrude）128, 190

格拉斯哥大学（Glasgow, University of）42

格蕾丝·道奇·古特利（Guthrie, Grace Dodge）41, 60

工团犹太复国主义（Labor Zionism）305, 306

龚古尔文学奖（Goncourt Prize）300

《共和报》（*al-Jumhuriya*）xv, 181

共和国卫队（Republican Guard）177, 180
共济会（Freemasons）281
古斯塔夫 · 福楼拜（Flaubert, Gustave）58
《股市》(*al-Borsa*) 236
《固有与变幻》(阿多尼斯)(*al-Thabit wa al-Mutahawwil*[Adonis]) 144-46
贵格会（Quakers）54
《国防报》(*al-Difa'a*) 269
国际货币基金组织（International Monetary Fund）235

H
哈尔及（Kharj）192
哈菲兹 · 阿萨德（al-Assad, Hafez）139, 197
哈加纳（Haganah）270
哈立德 · 伊斯坦布里（Istanbuli, Khalid）193-94, 195, 200
哈利迪家族（Khalidi family）88-89
哈利勒 · 哈维（Hawi, Khalil）26-36, 56-60
和安东 · 萨阿德（Anton Saadah and）50-51, 56, 58, 66-67, 73, 81, 83, 86, 92
对阿拉伯民族主义的狂热（Arab nationlist fervor of）27, 29, 30, 32, 34, 51, 56, 62, 67-68, 77, 81-82, 83-84, 96, 97, 111
出生、家乡小村和童年经历（birth and village boyhood of）xii, 27, 31, 32, 35, 40-41, 42, 44-50
为英军监工（British army job of）47, 58-59, 68
受教育（education of）26, 29, 30, 42, 63, 67-69, 71-77
悼念（eulogies for）28-29, 30, 94, 96, 97
名声与成功（fame and success of）xii, 77, 83, 94-95
以哈利勒·纪伯伦为主题的论文（Gibran dissertation of）74, 75-77, 93, 96
希腊正教信仰（Greek Orthodox faith of）26, 32, 34, 44-45, 50, 87, 332
诗作和学术生涯（poetry and intellectual life of）26-29, 30, 32, 45, 47, 48, 82-83, 90, 94-95
政治信仰的变迁（political development of）50-51, 56, 62-63,67, 81-82, 83-84
贫苦生活与体力劳动（poverty and manual labor of）xii, 30, 40-41, 45, 47-49, 50, 56-58, 60, 63, 75, 77, 92, 96
大学教授生涯（professorship of）26, 47, 57, 71
自杀（suicide of）xi-xii, 26, 27, 28, 30, 31,32, 84, 93-94, 95-96
挣扎且孤独的个人生活（trouble and solitary personal life of）xii, 26-27, 29, 30, 31-32, 47-49, 71-72, 78-79
哈利勒 · 纪伯伦（Gibran, Kahlil）58, 74-77, 93, 96
哈利勒 · 萨阿德（Saadah, Khalil）44, 51-52
哈罗德 · 狄克森（Dickson, Harold）154
哈马（Hama）139
哈马运动（Hamas movement）164, 277, 307
哈尼 · 拉希卜（al-Raheb, Hani）254-55
哈桑，伊玛目（Hassan, Imam）150, 153
哈桑 · 塞勒姆（Salame, Ghassan）297
哈瓦加集团（Khawaqa complex）195
哈乌兰（Hawran）37, 39, 46
哈伊姆 · 魏茨曼（Weizmann, Chaim）267
哈泽姆 · 努赛贝（Nusseibah, Hazem）7
哈泽姆 · 萨吉（Saghieh, Hazem）281, 311
哈只 · 阿明 · 侯赛尼（al-Husayni, Hajj

M

122
“沙漠风暴”行动（Operation Desert Storm）
176, 188, 247
也请见“海湾战争”
沙特阿拉伯（Saudi Arabia）12, 104, 125, 138, 147, 148, 167
美国的存在与活动（American role in）174, 187-88, 191
王室的统治（dynastic rule in）153-54
油田（oil fields of）173, 188
什叶派穆斯林（Shia Muslims in）153-55
瓦哈比派狂热分子（Wahhabi zealots）178, 186
社会主义（Socialism）130, 139, 143, 171, 236
《摄影家》（*al-Mussawar*）221
《谁杀害了科威特？》（萨巴赫）（“Who Killed Kuwait?” [Sabah]）166
神创论（creationism）89
神权政治（theocratic politics）xii, xiii, xiv, xv, 7-9, 143, 150
也请见“‘伊斯兰原教旨主义’”
《生活报》（伦敦）（*al-Hayat* [London]）256, 259, 278, 297
圣伯多禄（Peter, Saint）65-66
圣地（Holy Land）106-7
圣殿骑士团（Templars）11
圣公会（Anglican Church）33, 44, 71
《圣经》（Bible）35, 43, 82, 106
圣母安眠大教堂（Dormition abbey）24
圣三一大教堂（Holy Trinity Church）33
圣索菲亚教堂（Saint Sophia church）33
圣约瑟夫大学（东贝鲁特）（St. Joseph University [East Beirut]）120
圣战（Jihad [holy war]）171
诗歌与文学（poetry and literature）27, 29, 62, 67-68, 72, 76-77, 79-81, 92
“十字军”东征（Crusades）10-11, 66, 151
什瓦伊法特（Shwayfat）59
什维尔（Duhur al-Shweir）49, 330
什维尔（Shweir）34, 36-37, 39,40-45, 47, 49, 50, 53, 54, 56, 57, 72, 74, 81-82, 84, 91, 95
什叶派（Shia Muslims）9, 11, 12, 54, 57, 156, 186-87
文化传统（cultural traditions of）135, 141-42, 149, 150-51, 155
在伊朗（in Iran）142-43, 147, 149, 150-51,153,170
在伊拉克（in Iraq）134, 137-39, 148-49, 169
在黎巴嫩（in Lebanon）133-37
清真寺（mosques of）12, 143
和巴勒斯坦人的纷争（Palestinian war with）136-37
极端武装的崛起（radical militant revolt of）105, 131, 132, 133-40, 151, 163-64, 168
在沙特阿拉伯（in Saudi Arabia）153-55, 156
自杀式袭击（suicide operations of）136, 151, 163-64, 188
与逊尼派的纠葛（Sunni struggle against）135, 139, 149, 157, 165, 169, 182, 217
下层社会身份（underclass status of）57, 133-34
石油工业（oil industry）：
和阿拉伯政治（Arab politics and）172-74
“沙漠世界”因为石油工业堕落腐化

T

陶菲克・萨利赫（Saleh, Tawfic）xiv-xv
陶菲克・赛义赫（Sayigh, Tawfiq）80
特拉维夫（Tel Aviv）277, 290
提比里亚（Tiberias）13
《天生杀人狂》（*Natural Born Killers*）281
突尼斯（Tunis）125, 171,173, 176, 261, 262
土耳其（Turkey）18, 57, 101-2, 108, 118, 173-74, 182-83
　　也请见"奥斯曼帝国"
托伦城堡（Toron, Castle 0f）10
托罗斯山（Taurus Mountains）52
《脱下罩袍》（扎因・丁）（*al-Sufur wa al-Hijab*[Zayn al-Din]）15, 16

W

W. M. 汤姆森（Thomson, W. M.）106-8
瓦哈比狂热分子（Wahhabi zealots）178, 186
瓦立德・哈利迪（Khalidi, Walid）297
瓦利德・朱布拉特（Junblatt, Walid）105
《外交的政治》（詹姆斯・贝克）（*The Politics of Diplomacy*[James Baker]）183
外交俱乐部（Diplomatic Club[Cairo]）245
外约旦（Transjordan）58, 296, 304
《王座之前》（纳吉布・马哈富兹）（*Amam al-Arsh*[Naguib Mahfuz]）198-200
《往事与随想》（亚历山大・赫尔岑）（*My Past and Thoughts*[Alexander Herzen]）298
威尔弗雷德・赛西格（Thesiger, Wilfred）128-29
威廉・顾代尔（Goodell, William）106 美国传教士
威廉・霍华德・塔夫脱（Taft, William Howard）17
威廉・吉福德・帕尔格雷夫（Palgrave, William Gifford）154, 190
维克多・雨果（Hugo, Victor）58, 140
维希法国（Vichy France）22, 47, 58-59
《为萨达特平反》（萨阿德・艾丁）（*The Vindication of Sadat*[Saad Eddin Ibrahim]）197-98
《为我们的时代悲叹》（阿多尼斯）（"Lamentations for Our Present Time" [Adonis]）121-22
《未来》（*al-Mostaqbal*）113
《文学》（*al-Adab*）8o
倭马亚王朝（Umayyad dynasty）150
《我们街区的孩子》（纳吉布・马哈富兹）（*Awlad Haratina*[Naguib Mahfuz]）211
沃尔特・里德医院（Walter Reed Hospital）101
沃尔特・罗杰斯（Rogers, Walter）21-23
乌代・侯赛因（Hussein, Udday）180
伍德罗・威尔逊（Wilson, Woodrow）18
"武装起来的教士"（al-faqih al-askari [armed jurist]）142, 145-46

X

西贝鲁特（West Beirut）9-10, 13-14, 26, 95-96, 139, 142
　　阿拉伯人社群（Arab commune in）85, 261
　　和政坛（politics and）13, 15-16, 85, 86, 135
　　被什叶派掌控（Shia dominance in）135-37, 141-42
　　美国大使馆被毁（U. S. Embassy destroyed in）101
西顿（Sidon）10
西顿的雷金纳德（Reginald of Sidon）57

国哲学家
约瑟夫 · 康拉德（Conrad, Joseph）vii, 300-301
“越战综合征”（“Vietnam syndrome”）182

Z

《杂志报》(巴西)(*al-Majalla*[Brazil]) 51
《杂志报》(伦敦)(*al-Majalla*[London]) 9
《在西方的注视下》(康拉德)(*Under Western Eyes*[Conrad]) 300-301
泽夫 · 希夫（Schiff, Ze'ev）159
扎因纳尔 · 阿比丁（伊玛目）(Zayn al-Abidin [Imam]) 155
詹姆斯·D. 沃尔芬森(Wolfensohn, James D.) 262, 274
詹姆斯 · R. 杰维特（Jewett, James R.）89
詹姆斯 · 贝克（Baker, James）182-83
詹姆斯 · 弗雷斯塔尔（Forrestal, James）61
真主党（Hizbollah, or Party of God）139, 140, 153, 273
芝加哥大学（Chicago, University of）53, 269
芝加哥公牛队（Chicago Bulls）17-18
《指挥官》(鲍勃 · 伍德沃德)(*The Commanders* [Bob Woodward]) 175
至亲会（al-Urwa al-Wuthqa）29, 62
《智慧七柱》(T. E. 劳伦斯)(*Seven Pillars of Wisdom* [T. E. Lawrence]) xi
中世纪（Middle Ages）149
自由法国（Free French）59
自由主义（Liberalism）xv, 114, 162, 224-25, 228-29
《自传的回声》(纳吉布 · 马哈富兹)(*Asda' al-Sira al-Dhatiyya* [Naguib Mahfuz]) 226-27
《宗教话语批评》(阿布 · 扎伊德)(*Naqd al-Khitab al-Dini* [Abu Zeid]) 214-15
《宗教思想批判》(萨迪克·阿兹姆)(*Criticism of Religious Thought*[Sadiq Azm]) 143
《祖国之女》(*Abna al-Balad*) 272

M 译丛

imaginist [MIRROR]

001 没有宽恕就没有未来

[南非] 德斯蒙德 · 图图 著

002 漫漫自由路：曼德拉自传

[南非] 纳尔逊 · 曼德拉 著

003 断臂上的花朵：人生与法律的奇幻炼金术

[南非] 奥比 · 萨克斯 著

004 历史的终结与最后的人

[美] 弗朗西斯 · 福山 著

005 政治秩序的起源：从前人类时代到法国大革命

[美] 弗朗西斯 · 福山 著

006 事实即颠覆：无以名之的十年的政治写作

[英] 蒂莫西 · 加顿艾什 著

007 苏联的最后一天：莫斯科，1991 年 12 月 25 日

[爱尔兰] 康纳 · 奥克莱利 著

008 耳语者：斯大林时代苏联的私人生活

[英] 奥兰多 · 费吉斯 著

009 零年：1945：现代世界诞生的时刻

[荷] 伊恩 · 布鲁玛 著

010 大断裂：人类本性与社会秩序的重建

[美] 弗朗西斯 · 福山 著

011 政治秩序与政治衰败：从工业革命到民主全球化

[美] 弗朗西斯 · 福山 著

012 罪孽的报应：德国和日本的战争记忆

[荷] 伊恩 · 布鲁玛 著

013 档案：一部个人史

[英] 蒂莫西 · 加顿艾什 著

014 布达佩斯往事：冷战时期一个东欧家庭的秘密档案

[美] 卡蒂 · 马顿 著

015 古拉格之恋：一个爱情与求生的真实故事

[英] 奥兰多 · 费吉斯 著

016 信任：社会美德与创造经济繁荣

[美] 弗朗西斯 · 福山 著

017 奥斯维辛：一部历史

[英] 劳伦斯 · 里斯 著

018 活着回来的男人：一个普通日本兵的二战及战后生命史

[日] 小熊英二 著

019 我们的后人类未来：生物科技革命的后果

[美] 弗朗西斯 · 福山 著

020　奥斯曼帝国的衰亡：一战中东，1914—1920

[英] 尤金・罗根 著

021　国家构建：21 世纪的国家治理与世界秩序

[美] 弗朗西斯・福山 著

022　战争、枪炮与选票

[英] 保罗・科利尔 著

023　金与铁：俾斯麦、布莱希罗德与德意志帝国的建立

[美] 弗里茨・斯特恩 著

024　创造日本：1853—1964

[荷] 伊恩・布鲁玛 著

025　娜塔莎之舞：俄罗斯文化史

[英] 奥兰多・费吉斯 著

026　日本之镜：日本文化中的英雄与恶人

[荷] 伊恩・布鲁玛 著

027　教宗与墨索里尼：庇护十一世与法西斯崛起秘史

[美] 大卫・I. 科泽 著

028　明治天皇：1852—1912

[美] 唐纳德・基恩 著

029　八月炮火

[美] 巴巴拉・W. 塔奇曼 著

030　资本之都：21 世纪德里的美好与野蛮

[英] 拉纳・达斯古普塔 著

031　回访历史：新东欧之旅

[美] 伊娃・霍夫曼 著

032　克里米亚战争：被遗忘的帝国博弈

[英] 奥兰多・费吉斯 著

033　拉丁美洲被切开的血管

[乌拉圭] 爱德华多・加莱亚诺 著

034　不敢懈怠：曼德拉的总统岁月

[南非] 纳尔逊・曼德拉、曼迪拉・蓝加 著

035　圣经与利剑：英国和巴勒斯坦——从青铜时代到贝尔福宣言

[美] 巴巴拉・W. 塔奇曼 著

036　战争时期日本精神史：1931—1945

[日] 鹤见俊辅 著

037　印尼 Etc.：众神遗落的珍珠

[英] 伊丽莎白・皮萨尼 著

038　第三帝国的到来

[英] 理查德・J. 埃文斯 著

039　当权的第三帝国

[英] 理查德・J. 埃文斯 著

040 战时的第三帝国

[英] 理查德 · J. 埃文斯 著

041 耶路撒冷之前的艾希曼：平庸面具下的大屠杀刽子手

[德] 贝蒂娜 · 施汤内特 著

042 残酷剧场：艺术、电影与战争阴影

[荷] 伊恩 · 布鲁玛 著

043 资本主义的未来

[英] 保罗 · 科利尔 著

044 救赎者：拉丁美洲的面孔与思想

[墨] 恩里克 · 克劳泽 著

045 滔天洪水：第一次世界大战与全球秩序的重建

[英] 亚当 · 图兹 著

046 风雨横渡：英国、奴隶和美国革命

[英] 西蒙 · 沙玛 著

047 崩盘：全球金融危机如何重塑世界

[英] 亚当 · 图兹 著

048 西方政治传统：近代自由主义之发展

[美] 弗雷德里克 · 沃特金斯 著

049 美国的反智传统

[美] 理查德 · 霍夫施塔特 著

050 东京绮梦：日本最后的前卫年代

[荷] 伊恩 · 布鲁玛 著

051 身份政治：对尊严与认同的渴求

[美] 弗朗西斯 · 福山 著

052 漫长的战败：日本的文化创伤、记忆与认同

[美] 桥本明子 著

053 与屠刀为邻：幸存者、刽子手与卢旺达大屠杀的记忆

[法] 让 · 哈茨菲尔德 著

054 破碎的生活：普通德国人经历的 20 世纪

[美] 康拉德 · H. 雅劳施 著

055 刚果战争：失败的利维坦与被遗忘的非洲大战

[美] 贾森 · 斯特恩斯 著

056 阿拉伯人的梦想宫殿：民族主义、世俗化与现代中东的困境

[黎巴嫩] 福阿德 · 阿贾米 著